JN087266

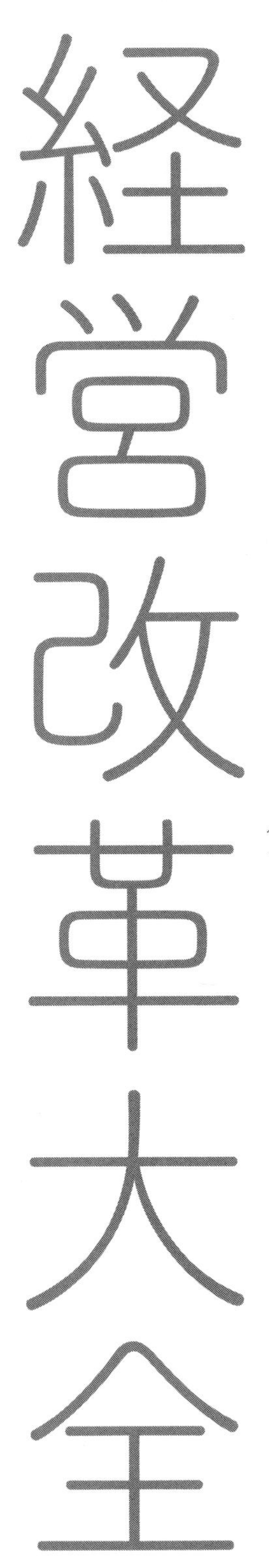

Myth and Truth of Management Innovation

企業を壊す100の誤解

名和高司

Takashi Nawa

日本経済新聞出版

はじめに

「グローバル・スタンダード」に惑わされるな

「グローバル・スタンダード」が、まことしやかに標榜されて久しい。バブル崩壊とともに、日本的経営が行き詰まってから早30年。その間、日本企業の多くは、経営のＯＳを世界標準に切り替えようと努力してきた。

しかし、グローバル・スタンダードという言葉自体、欧米に対して卑屈になりがちな日本人の和製英語にすぎない。そもそも、世界標準などというものは、どこにも存在しないのだ。

グローバルと呼ばれているものは、しょせんアングロサクソン型でしかなく、アメリカ企業のものまねにすぎない。しかも、そのアメリカにおいてすら、旧来のモデルからの脱却が模索されている。たとえば、企業は株主のものであるという通説は、もはや20世紀の遺物でしかない。またそのような前提に立って唱えられてきたＲＯＥ（株主価値）至上主義は、いま抜本的な見なおしを迫られている。

それにもかかわらず、わが国では最近ますますグローバル・スタンダードという教条主義が猛威を振るっている。その象徴が、日本版コーポレート・ガバナンス改革だ。社外取締役や女性の役員の数を増やすことに躍起になっている企業ほど、非連続な未来に向けた企業の舵取りというガバナンスの本質を見失っている。またＲＯＥの数字合わせのために自社株買いに走る経営者は、未来に向けてリスクをとって事業投資をし続けるという、企業家本来の役割に背を向けていると言わざるを得ない。

もう一つのはきちがえの典型が、働き方（Work-Life Balance）改革。ここでも、時短やリモートワークなどといったうわべだけのブームに走っている企業が後を絶たない。それだけでは、アメリカのＧＡＦＡＭ（Google, Apple, Facebook, Amazon, Microsoft）や中国のＢＡＴＨ（Baidu, Alibaba, Tencent, Huawei）との競争において、日本企業の遅れは致命的になるだろう。ひところのゆとり教育の大失態の再現だ。

本来目指すべき方向は、働き甲斐改革なのだ。Work と Life（自己実現）が切り離されるのではなく、Work in Life、あるいは Life in Work という Work と Life が融合する状態をいかに作り上げるかが、21世紀的な働き方の本質となるはずである。

このような間違いだらけの経営論は、枚挙にいとまがない。グローバル経営、デジタル変革（ＤＸ）などといった大上段に振りかざしたものほど、上滑りなものばかり。オープンイノベーションやビジネスモデルイノベーションといったアメリカ型経営モデルも、一過性のブームで終わりがちだ。ＥＳＧやＳＤＧｓなどという最近の潮流を後追いしているだけでは、いつまでたっても周回遅れを取り戻せない。先見性を自負している経営者や勉強熱心なエリート層ほど、間違いだらけの経営モデルに飛びつきがちなので、ますますたちが悪い。

存在理由（パーパス）と「習破離」

このような不毛な努力には、いい加減に終わりを告げようではないか。そのためには、借り物のモデルに振り回されず、まずは自社の存在理由（パーパス）をしっかり見極めなおす必要がある。しかもそれがどこにでもありがちなもの、たとえば、「地球や社会にやさしく」などというものであっては、誰の心も動かさない。自社ならではの志に根差し、多様な顧客や従業員の共感を勝ち得て初めて、その企業としての存在価値が研ぎ澄まされていくはずである。

外にではなく、内にこそ答えがある。自社らしさの原点を見つめなおし、それを起点に非連続な成長を目指していくこと。そのような自分探しの旅の過程で、自社ならではの勝ちパターンが見えてくるはずだ。

筆者は、四半世紀にわたり、マッキンゼー・アンド・カンパニーのシニアパートナー、ボストン・コンサルティング・グループのシニアアドバイザーなどという立場で、１００社を優に超える企業に助言をしてきた。２０１０年に経営学者という立場に転じた後も、社外取締役やカウンセラーという立場で、経営変革のお手伝いをしている企業は30社を超える。

外資系コンサルは、アメリカ流の経営理論やベストプラクティスを持ち込むというスタイルに走りがちだ。また、ビジネススクールのケースやフレームワークも、アメリカのものが大半だ。しかし、それを器用に学ぶだけでは、日本企業独自の優位性は築けない。

日本では古来、武術や芸術などの世界で道を究めるうえで、「守破離」というプロセスが重んじられた。筆者はこれを「習破離」と言い換えている。日本人は学習が得意だと思われがちだが、日本的なイノベーションは、学習したうえで脱学習する力から生まれるのである。これを筆者は「学習優位」と名付け、経営の現場で提唱してきた。詳細は、拙著『学習優位の経営』（ダイヤモンド社）を参照されたい。日本企業は、アメリカの優れたモデルを学んだうえで、それを破り、独自のあらたなモデルを築くことを目指さなければならない。

１００の通説と真説

本書では、世の中に出回っている経営モデルの間違いを指摘し、それらをいかに正しく理解すべきかを説く。ここに挙げたもの以外にもまだまだあるが、きりがいいので、１００の通説と真説という形で列挙した。

第Ⅰ部では、ガバナンス、働き方改革、顧客指向など、最近の上滑りな経営論を取り上げる。いずれも、株主、従業員、顧客などに、「おもねる」経営にすぎない。これらの誤謬を指摘するとともに、正しい方向性を提示する。

第Ⅱ部では、デジタル、グローバル、イノベーションなど、最新の経営モデルを吟味する。ここでも、世の中に流布している通説のウソを暴き、より本質に迫る方法論を展開する。

第Ⅲ部では、通説を超える最先端の経営論を紹介する。経済モデル、組織モデル、人財モデルなどといった経営のファンダメンタルズを取り上げ、21世紀にふさわしい新たな枠組みを提案する。

第Ⅳ部では、従来の日本型モデルとアメリカ型モデルを超える第3の道（ピボット）を提唱する。そこでは、志、和、共感などがキーワードとなる。このハイブリッド型経営モデルは、日本企業が自信を取り戻し、世界を力強くリードしていく礎となるはずだ。

本書では、古典から最新の事例まで登場する。また、経営学に限定せず、哲学や宗教学、生物学や認知科学など、カバーするジャンルも多岐にわたる。時空を超えて、経営、社会、そして人間の本質に迫ることを心掛けたためだ。

１００項目のうち、関心の高いところを拾い読みしていただいてもいい。通勤途中やちょっとした隙間時間に、サクサク読んでいただけることを心掛けたつもりだ。どの項目にも、筆者の基本的な論点が、ぶれずに盛り込まれているはずである。経営者から学生まで、幅広い世代の皆さんに、手に取っていただければ幸いである。

21世紀に入って早20年。そろそろ世界の後追いから、日本発の新しい経営モデルに舵を切りなおそう。

世界各地で、反グローバリズム旋風が吹き荒れている。市場経済という名のグローバリゼーションは、富の一極集中という歪（いびつ）な構造を増殖してきた。とはいえ、そこに背を向けて民族主義に立ち戻ろうとする最近の風潮にも、正しい答えはない。日本企業が、志を基軸とした新しい経営モデルを世界に示すことができれば、世界に共感と融和をもたらすことができるはずだ。

本書がそのような新しいジャーニーに向けて、皆さんの背中を押す一助となればと願っている。

2020年1月

箱根にて　名和　高司

目次

第1部 迎合から先導へ

第1章 株主にへつらうな

第2章 従業員にへつらうな

第6章 戦略論に飛びつくな

第7章 グローバル経営の落とし穴

第8章 事業モデルというコモディティ

第III部 進化する世界

第9章 経済モデルの進化

第10章 組織モデルの進化

第Ⅳ部 日本企業の未来

第14章 岐路に立つ日本企業

第15章 共感を生む日本的価値観

第16章 志本経営（Purpose-driven Management）を目指せ

第Ⅰ部

迎合から先導へ

第1章 株主にへつらうな

1 株主から社会へ

通説

そもそも、企業は誰のものか？

この問いに対して、アメリカ流の定説は「企業は株主のもの」と言い切る。なぜなら、株主こそが企業の所有者だからというのである。

ハーバードビジネススクールのマイケル・ジェンセン教授らによるエージェンシー（代理人）理論が、長らく定説となってきた。経済の主体（プリンシパル）は株主で、経営者はその代理人（エージェント）にすぎないという理論である。

経営者（エージェント）は、株主（プリンシパル）の利益を最大化するように行動しなければならない。しかし、両者の利害はかならずしも一致しないため、経営者を監視する仕組みが必須となる。これが、従来型のアメリカ流コーポレートガバナンスの基盤をなす考え方である。

アメリカのビジネススクールでは、このような一面的な教義が、あたかも公理であるかのように教えられてきた。そこから巣立っていったアメリカの経営者たちは、株主価値の最大化を第一義とすることに、何の疑いも持たない。このような思想教育は、極めて罪深いものである。

それがアメリカ流資本主義のルールとなってしまっている以上、異論を唱えていても無駄だ。「長いものには巻かれろ」という開き直りが、昨今の日本のガバナンス改革の根底に流れている。

真説

リーマンショック以降、当のアメリカにおいてすら、そのような株主至上主義が抜本的に見直されつつある。ここでもハーバードビジネススクールが震源地になっている。なかでも、同大学のジョセフ・バウワー教授らが２０１７年に発表した論文（「健全な資本主義のためのコーポレートガバナンス――エージェンシー理論から企業主体の理論へ」（『ダイヤモンド・ハーバード・ビジネス・レビュー』２０１７年12月号）が注目されている。そこでは、エージェンシー理論の5つの誤謬が指摘されている。

①会社法上、株主は会社の所有者ではなく、株式の所有者にすぎない
②株主（特に投信などの受益株主）は企業経営に関心を寄せるインセンティブがない
③株主は企業活動に責任を持たず、企業利益を守る責任も持たない
④株主中心主義は、経営の視野を極端に狭める
⑤株主の目的はさまざまであり、十把一絡げに経営主体扱いするのは不適切

そして、同教授らは、株主中心から企業中心のコーポレートガバナンスに大きくシフトするよう主張している。なかでも次の3点は、注目に値する。

①企業の役割は、株主価値の最大化ではなく、商品やサービスの提供、雇用の提供、投資機会の創出、イノベーションの推進にある
②経営の時間軸は、目先の業績だけではなく、短期、中期、長期の配慮が必要
③業績評価の対象は、株主利益のみならず、企業理念、戦略目標の達成度、商品やサービスの質、従業員の福利など複数にわたる

ただし、これを企業（カンパニー）中心と名付けているのはうなずけない。企業のみならず、さまざまな関係者の利益を配慮しなければならないはずだ。

アライアンス・フォーラム財団を主催している原丈人氏は、「公益資本主義」を唱えている。そのなかで、これらの多様なステークホルダーを「社中（カンパニー＝仲間）」と呼ぶ。これら社中が共同体を形成し、そのなかに技術、人財、信頼などを蓄積していく。そしてこの蓄積が再投資による会社の持続をもたらすというのである。このように、カンパニーを企業ではなく仲間ととらえなおすのであれば、両者の主張はほぼ一致している。

日本にはかねてより、企業は社会の公器という考え方が根付いていた。江戸時代の近江商人の家訓を起源とする「三方よし」は、その代表例だ。明治時代の渋沢栄一翁の『論語と算盤』（１９１６年）も、伝統的に日本企業のバックボーンとなっている。

株主以外のステークホルダー、ひいては社会全体に配慮する本来の日本型経営こそ、実はアメリカ型資本主義が次に向かおうとしている地平なのである。我々は周回遅れではなく、何周も先を走っているという自負を、取り戻すべきである。旧来型のアメリカモデルにおもねる前に、今一度、原点に立ち返って、企業が果たすべき使命を問いなおす必要がありそうだ。

2　現在価値から将来価値へ

通説

では、「企業価値」とは何か？

ビジネススクールの教科書的には、その企業の将来の業績を予測し、毎年生み出される新たなキャッシュを現在価値（ＮＰＶ）に引き戻した総額（事業価値）に非事業資産（現預金や売却可能な資産）を加えたものが、企業価値となる。いわゆるディスカウント・キャッシュ・フロー（ＤＣＦ）方式と呼ばれるものだ。

このように将来のキャッシュは、現在価値に割引くと、矮小化されてしまう。たとえば年率５％の割引率だと、15年後のキャッシュは、半分の価値に減額されてしまう。

株主主権を主張する短期投資家やアクティビストは、ＲＯＥ（自己資本利益率）を重視する。これは当期純利益を自己資産で割った割合で、企業が、その期に自己資本をいかに効率的に運用して利益を生み出したかを表す指標である。

これを大きくするためには、分子を大きくするか、分母を小さくしなければならない。前者のためには、将来利益より当期利益を優先することになる。そのためには、中長期の利益の源泉となる投資を含めて、できるだけコストを下げることが近道だ。一方、後者のためには、有利子負債を増やすか、長期投資に回す資産を使って自社株買いを行うしかない。

そして、このいずれもが、アクティビストなどが株主価値の向上を求める際の常套手段である。それによって確かにＲＯＥは瞬間的に向上するが、将来のＲＯＥを保証することにはならない。より正確には、将来の利益の源泉を摘み取って、当期に先食いしてしまうことになる。したがって、短期投資家はＲＯＥが意図的に水増しされ、株価が瞬間的に跳ね上がるのを確認して、さっさとその株を売却する。まさに思うつぼである。

このような企業の短期投資家にへつらうような行動が、市場の短期指向（short-termism）をさらに助長しているのである。

真説

そもそも企業の価値は、財務指標に表れるような経済的価値だけではない。**1**で論じたような企業の本来の使命に立ち返れば、従業員、顧客、世間などに対して、社会的な価値を生み続けなければならない。最近、資本市場からも、財務指標だけでなく「非」財務指標を明らかにすることが、強く求められている。この点については、あとで詳述する。

また、現在価値に割り引くことが、つねに正しいとは限らない。現在価値に換金することは、キャッシュアウトしようとする短期投資家にしか意味がない。長期投資家にとっては、今の価値ではなく、たとえば10年後にどれだけの価値を生み出しているか、すなわち将来価値こそが重要なのである。

従来型のＮＰＶにもとづく試算は、「将来のキャッシュフローが固定されている」ことが大前提となっている。言い換えれば、不確実なキャッシュフローは評価できないのだ。それどころか、将来のボラティリティが高いほど割引率も高くなるので、そのようなキャッシュフローはさらに矮小化されてしまう。

これに対して金融の世界では、不確実性に対処するためにオプション商品が考案されている。売買の意思決定そのものを将来に行う権利を保有する商品だ。この考え方を事業評価に応用したものが、リアルオプションバリュー（ＲＯＶ）法である。事業の将来性が判明した時点で継続か撤退を表明すればよい（金融用語で言うところのコールオプションの行使）という考え方である。これによって、不確実な未来に積極的に取り組むことが可能になる。

先が読めない現代においては、将来を静的にとらえるＮＰＶ法ではなく、より動的なＲＯＶ法にもとづいて、企業の将来価値（ＮＦＶ：Net Future Value）を正しく評価する必要がある。そして、企業経営者にとっても、リスクを回避するのではなく、リスクを正しくとって未来に向け投資をすることで、将来価値を高め続けることが最大の課題となるはずだ。

ではＲＯＥは、どうか？　本来は、いかに価値を生み出すことによって、資産を有効利用して、効率よく収益を上げ続けることができるかを示す指標である。だとすれば、作為的にＲＯＥの数字を高めて見せるのではなく、収益構造そのものを高めることが求められる。

そのためには、筆者がＶＣ^{2}（ブイ・シー・スクウェア）と呼ぶ価値方程式がカギとなる。と言うと大層に聞こえるが、Value Creation（価値創造）×Value Capture（価値獲得）というメカニズムのことである。

顧客、そして、従業員や世間に対して、いかに新しい価値を創造し続けられるかが必要条件となる。しかし、それだけでは投資先行型となり、収益につながらない。そこで新しく生み出した価値の一部を自社内に獲得し、それを原資に再投資を行い続けることが十分条件となる。そして、この2つのVCの好循環を通じて、スケーラブル（規模拡大）で、かつ、サステナブル（持続可能）な事業価値が生まれるのである。

したがって、ここでもROEを静的な指標としてとらえてはならない。2つのVCを回し続けるという動的な方程式としてとらえなおすことが、求められているのである。

3　短期指向から長期指向へ

通説

資本市場は、ますます短期指向を強めている。先述のバウワー教授の論文のデータによると、1976年には4～5年だった株式保有期間は、2008年には6カ月にまで低下している。ショートターミズム（short-termism）と呼ばれる現象だ。

このような株主の短期指向は、多くの経営者の判断を短期指向に向かわせることになった。株主至上主義という旧来のパラダイムに従えば、主体（株主）の関心に合わせることこそ、エージェント

（代理人）の役割ということになる。

そのためには、まずは足元の数字を固めなければならない。短期に収益回復が見込めない事業は売却し、リスクの高い投資は絞り込む。キャッシュはため込まずに、配当や自社株買いで株主に返す。こうして当期のROEを見かけ上あげることが、経営者の最優先課題となる。

このように短期に結果を出せない企業は、アクティビストの恰好の標的となる。そして、結果の出せない経営者の首を挿げ替えることこそ、コーポレートガバナンスのキモである。

この株主価値の最大化という観点に立つと、日本型ガバナンスは、抜本的に強化しなければならないということになる。

真説

その際に注意すべきことは、望ましい株主は誰かという点である。

バウワー教授の指摘を待つまでもなく、株主といっても、目的は千差万別だ。短期的な売買差で一山当てようとするデイトレーダーや、株主価値最大化という名目で短期的な収益改善や自社株買いを迫るアクティビストも、一時的には株主となっている。そのような株主にとって、企業の存続や長期的な価値の向上など、どうでもいいことだ。

企業として本来、大切にすべき株主は、長期的な視点で企業の価値創造を支援してくれるような存在だ。たとえば、スターバックスのハワード・シュルツ前CEOやユニリーバのポール・ポールマン前CEOは、短期の業績だけを気にするのであれば、株主になってもらわなくて結構と言い切っていた。そして、従業員や顧客、社会全体にとっての価値が高まれば、長期的な企業価値はかならず高まると確約することも忘れなかった。

株主価値を云々する前に、まず、望ましい株主は誰かを明確にすべきだ。長期的な株主にとって、当期のＲＯＥなどどうでもいい。重要なことは、たとえば10年後のその企業の価値、すなわちＮＦＶなのである。

そのためには、余ったキャッシュは企業にため込むのではなく、将来の収益機会の拡大に向けて、リスクのある事業に投資してもらいたい。あるいは、従業員の給与を増やしてやる気を高め、より付加価値の高い事業にチャレンジし続けてもらいたい。

将来のために長期保有しているのに、キャッシュが余ったので今返すというのではまったくの期待はずれ。それならばその株は売って、より長期のリターンが期待できる別の株に乗り換えようということになる。

それが、長期投資家の実際の声だ。これまで、アクティビストたちの声高な主張にかき消され気味だったが、ショートターミズムに走りがちな経営者たちに、警鐘を鳴らし始めている。

その代表例が、世界最大の資産運用会社であるブラックロックのラリー・フィンクＣＥＯだ。毎年、投資先のＣＥＯに送る手紙のなかで、ショートターミズムを強く戒めている。そして、将来に向けて正しくリスクをとり、長期的にリターンを生み続ける構造を確立するよう促している。

たとえば２０１９年初の手紙は、「パーパス ＆ プロフィット」というタイトルで始まる。このなかで注目すべきは、「パーパス（志）なくしてプロフィット（利益）はない」という主張である。以下、フィンクＣＥＯの言葉を引用してみよう。

「志を呼び覚ますこと（Sense of Purpose）なくして、いかなる企業（公的機関、民間機関を問わず）も、その可能性を最大限発揮することはできない。そのような企業は、いずれ重要なステークホルダーから、事業を継続する権利（License to Operate）を剝奪されるだろう」

このパーパスの重要性については、第Ⅲ部で詳述することにしたい。

では、このような長期的視点で経営する企業は、果たして本当に高い経済価値を生んでいるのだろうか？

この疑問に、２０１８年までマッキンゼーの世界代表を務めていたドミニック・バートンらが、２０１７年の『ハーバード・ビジネス・レビュー』に、一つの有力な調査結果を提示している。そのデータによれば、２００１年以降、長期視点で経営している企業の経済利益は、２０１４年時点で、平均的な企業の１・８倍である。時価総額の差はそこまで顕著ではないが、それでも58％も上回っている。しかもその差はいずれも、リーマンショック以降際立っている。

瞬間風速としての当期ＲＯＥには、まったく意味がない。長期視点で、収益を生む構造を作り続けることが、結果として、長期投資家の期待に応えることにつながる。そして、そのためには、フィンクＣＥＯが主張するように、「プロフィット」以前に「パーパス」を組織のなかにしっかりと埋め込む必要がある。

4　ＥＳＧからＣＳＶへ

通説

　このようなショートターミズムへの反省を踏まえて、資本市場においても、ようやく長期視点の重要性が認識され始めた。象徴的には、ＥＳＧを投資判断に組み込み始めたことである。環境（Ｅ）、社会（Ｓ）そしてガバナンス（Ｇ）の3つに適切に対応することが、企業の長期的な成長の原動力となりうるという考え方である。

　ＥＳＧ投資は当初ヨーロッパで広まったが、最近では世界的な潮流となっている。日本ではまだ比率が低いが、それでも２０１６年には投資全体の３・４％だったものが、２０１８年には18・３％と急上昇している。

　日本企業も、海外の機関投資家の関心を惹きつけるためにも、ＥＳＧを経営課題の一つとして取り組み始めている。ＧＰＩＦが２０１８年4月に発表した上場企業のアンケート結果によると、３分の2近い企業が、ＩＲにＥＳＧを使っていると回答している。しかし、中身をよくみると、成長よりリスク回避が主目的であるというのが実態だ。

　投資家は、企業が環境問題や人権問題などの社会問題を起こすことによって、企業価値を大きく毀損させることを懸念する。ガバナンスも、コンプライアンス違反などのリスク対応が主眼であることが多い。ＧＰＩＦのアンケートでも、企業価値向上そのものよりもリスク低減効果を主目的としている企業が過半数を占めている。

　最近では、統合報告書を作成する企業の数が、上昇の一途をたどっている。従来、独立して公表されていた財務情報と非財務情報を関連付け、長期的な企業価値向上につながる取り組みを一覧できるようにすることで、長期的な機関投資家を開拓するというのが、本来の狙いである。その中身は、中長期的な経営戦略や財務諸表による業績分析に加えて、環境・社会貢献やガバナンスなど、ESGへの取り組みを盛り込んだものとなっている。

このような数字をみても、ESGは今や次世代型経営の重要なアジェンダにしっかり組み込まれつつあるという印象を受ける。

真説

たしかに資本市場においてもESGは注目度が高いが、その多くはいまだにネガティブスクリーニングに使われているのが実態だ。たとえば、化石燃料にかかわる企業には投資しない（Fossil Fuel Divestment）というような潮流である。しかし、ESGをポジティブスクリーニングに活用する投資家は、いまだ少数だ。

かつて日本でもエコファンドやSRIファンドがブームとなったが、今ではすっかり下火になっている。肝心の投資パフォーマンスが悪く、「環境や社会にやさしいだけでは儲からない」という評価が定着してしまったためだ。「ボランティア投資」というあまりありがたくない別名が、その実態をよく表している。

昨今のESG投資ブームを、過去の失敗の再現に終わらせてはならない。そのためには、ESGを「非」財務ではなく、「未」財務ととらえなおす必要がある。すなわち、現在の財務上の数字（たとえばROE）にはまだ表れていないが、将来、反映される先行指標であるという位置付けでなければば、意味がないはずだ。

今の統合報告書の大半は、従来の財務報告書とＣＳＲ（あるいはサステナビリティ）報告書を単にはりつけただけの見掛け倒しだ。これでは、ＥＳＧへの取り組みは、単に企業にとってのコスト負担になるだけとのそしりすら免れない。

経済学的に言えば、これまで企業は、環境コストや社会コストを、「外部不経済」として扱ってきた。平たく言えば、経済活動の当事者以外（地球や社会）にコストを付け替えてしまっていたのである。ＥＳＧは、一義的に、この負の外部経済性を企業が内部化することを迫るのである。

では、この経済外部性を負から正へととらえなおすにはどうすればいいか？　そのために必要なのは、環境や社会への配慮を、コストではなく投資として位置付けなおすことだ。そして、これらの投資が、将来、自社にとっての経済的リターンを生み、企業価値向上につながるというポジティブストーリーを示す必要がある。

そのためには、ＥＳＧが生み出す社会価値が、経済価値にポジティブなインパクトを生み出すという因果関係を、しっかり示す必要がある。ハーバードビジネススクールのマイケル・

図1　CSRからCSVへ

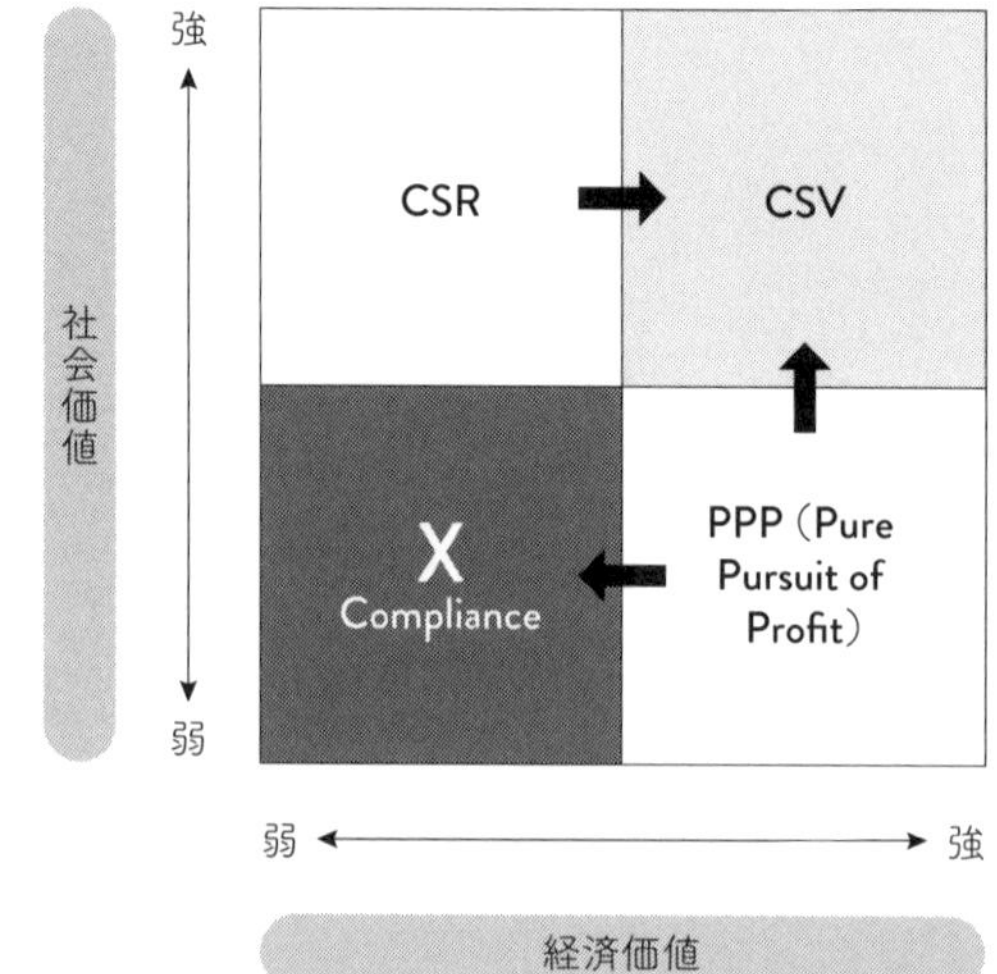

出所：名和高司『CSV経営戦略』東洋経済新報社

ポーター教授が共通価値の創造（Creating Shared Value：ＣＳＶ）と呼ぶ考え方である（図1。詳細は、拙著『ＣＳＶ経営戦略』東洋経済新報社を参照）。

ＣＳＶを実践するためには、ＥＳＧへの取り組みが、いかなるアウトプット（直接指標：結果）につながり、その連鎖が社会価値と同時に、経済価値というアウトカム（間接指標：成果）を生み出すかを示さなければならない。その際には、システムダイナミクスで使われる因果ループが、手法としては役に立つはずだ。筆者自身、ＣＳＶ先進企業に対して、この手法の導入を提唱している。これについては、改めて第Ⅲ部で紹介したい。

ＣＳＶの活用度は、最近ブームとなっているＳＤＧｓの半分にすぎず、残念ながらまだまだ低い。しかし、ＥＳＧやＳＤＧｓを唱えるだけでは、長期的な企業価値向上のストーリーとしての説得力を持ちえない。

その答えは、ＣＳＶにある。そして、そこで問われるのは、前述したVC^2だ。すなわち、いかに価値を創造（Value Create）し、その価値の一部を自社に獲得（Value Capture）し、再投資を続けるかにある。その中身についても第Ⅲ部で詳述することとしたい。

5　外付けのガバナンス（統治）から内なるガバナンス（自治）へ

通説

さて、本章のメインテーマであるガバナンスの問題に戻ろう。前述のＥＳＧという流行語にも組み込まれたキーワードだ。

コーポレートガバナンスは「企業統治」と訳される。つまり企業を統制する仕組みのことだ。そこには、「企業を自律経営に委ねてはならない。外部からしっかり監視する必要がある」といった企業不信、あるいは経営不信が根底にある。

そのためには、まず形式的な仕組みづくりが優先される。そもそも、経営の本当の中身は、その企業に精通した内部者しか知りえない。したがって、経営の透明性という名のもとに、外部にわかりやすい指標が重宝されやすい。

たとえば、取締役会などの責務の強化。２０１８年のコーポレートガバナンスコードの改革では、十分な人数（従来は２人以上）の独立社外取締役を選任することと、女性や外国人の登用などによって取締役会に多様性を持たせることが付け加えられた。

統治の究極の対象は、ＣＥＯ自身だ。２０１８年の改革では、「取締役会は会社の業績の適正な評価を踏まえ、ＣＥＯがその機能を十分発揮していないときは、ＣＥＯを解任するための客観的で透明性のある手続きを確立すること」という内容が加えられた。

この改定を踏まえて、アサヒグループホールディングスが２０１９年に導入した新ルールが注目を集めている。ＲＯＥ、ＲＯＩＣ（投下資本利益率）、売上高などの定量的な経営目標から一定期間下回ると、取締役会で解任することができるというのである。

このようなルールが導入されれば、ＣＥＯは決算ごとに、ＩＲの席上で緊張を強いられるだけでなく、自らの首を洗っておかなければならない。長期リターンのためのリスクテイクやサステナビリティ投資などと、悠長なことは言ってられなくなる。

一方、短期投資家は、待ってましたとほくそ笑んでいるに違いない。

真説

そもそも、統治という外付けの仕組みに頼ること自体、本質的な矛盾をはらんでいる。なぜなら、企業という有機的な組織は、内側からしか制御できないからだ。

外からできることは、せいぜい形式的なルールで締め付けて、想定外の結果を生まないように見守ることくらいであろう。しかし、先が見えない時代に未来を想定することは不可能だ。経営者や従業員が、事業の当事者として現実にコミットし続けて、そのなかで究極の判断をしていくこと以外に、未来を拓く道はない。

株主や独立社外取締役などの外部者にできることは、経営者や従業員などの当事者の力量を信じ、自らの可能性の限界にチャレンジし、自らがリスクを的確に判断する内部の仕組みを整備させることくらいだ。その企業の価値創造のメカニズムをろくに理解せず、ルールで縛ろうとしたり、四半期ごとの業績をあげつらうのは、当事者たちを信頼していないだけでなく、のびやかな企業活動を妨げるだけだ。まさに有害無益である。このままでは、日本企業の復活は、ますますおぼつかなくなる。

日本が見本とする当のアメリカの超優良企業は、そのような形式的な仕組みづくりや、透明性という名のもとの気休めには背を向けている。

たとえば、グーグルに代表されるGAFA型新興企業は、IPO時に議決権種類株を発行し、少数の株を保有している創業者が、大半の議決権を握る構造を採用している。デジタル時代の変化のスピードや、組織文化や人財の重要性を考慮すれば、社外の素人集団の合議制より、トップが壮大な志

（パーパス）を基軸に長期的な成長に向けて、大胆かつ迅速に意思決定できる仕組みの方が、はるかに優れていると判断したからである。その後のＧＡＦＡの企業価値の推移をみれば、経済価値にもたらした成果は明らかだろう。

では社会価値はどうか？　グーグルは、創業当初より、Don't Be Evil（邪悪になるな）という価値観を何よりも大切にしている。

たとえば、２０１８年のドローン開発騒動は記憶に新しい。アメリカ国防総省（ペンタゴン）が極秘に開発を進めていたドローンの映像解析に、グーグルのＡＩが使われていることが発覚したのだ。この報道に対して、３０００人以上のグーグル社員が、サンダー・ピチャイＣＥＯに嘆願書を提出した。軍事技術に加担するのは、Don't Be Evil という価値観に反するというのである。ピチャイＣＥＯは「グーグルはＡＩ技術を兵器開発に使わない」と宣言、今後ペンタゴンとの新たな契約を結ばないことを決定した。

このように正しい価値観を組織にビルトインすることによって、内部から企業の行動を制御する仕組みこそ、本来あるべきガバナンスの姿である。

投資会社に目を転じると、稀代の長期投資家ウォーレン・バフェットＣＥＯが率いるバークシャー・ハサウェイも同様に、種類株によって、２人の創業者が過半数の議決権を握っている。正確に言えば、バフェットの方が先である。バフェットを崇拝するグーグルの創業者が、同社と同様の仕組みをグーグルに取り入れたのである。

バフェットの投資哲学は、「有能な経営者に価値向上を託す」というものだ。そして、コーポレートガバナンスを外付けで整備しなければならないような企業は、はなから投資候補からはずしているのである。

トヨタ自動車が２０１５年7月に発行したＡＡ型種類株も、話題となった。議決権はある一方、5年間は保有し続けなければならない点が、他の種類株との違いだ。

発行価格は普通株式より20％以上高く設定されたにもかかわらず、取得後5年以上保有すれば発行価格でトヨタに買い取りを請求できる。一方で、5年間平均で年1・5％の予想配当利回りが見込まれたため、債券の利回りが低下するなかで、個人投資家を中心に人気を集めた。

トヨタの狙いは、燃料電池車の開発など投資期間が長期化するなかでも、経営の安定化に向けて、長期保有株主を増やすことにあった。いかに望ましい株主を惹きつけるかという観点で、コーポレートガバナンスのあるべき姿に、一石を投じることとなった。

ガバナンス、すなわち、統治というコンセプトそのものが、上から目線の性悪説にもとづいたものだ。しかし、企業の経営者と従業員を信じられないようであれば、株主や独立社外取締役などの外部者が果たせる役割などない。たとえ間違った判断がなされたとしても、それを内側から正し、失敗から学ぶ学習プロセスにこそ期待すべきである。企業は本来、自らの志にもとづいて行動することで、成果を残し続けない限り、長期的に成長することはできない。

外付けのガバナンスは、その意味で、まさに必要悪と言うべきである。目指すべき方向は、そのようなガバナンスが不要な状態を作ること、すなわち、自らを律し、自浄し続ける仕組みを、企業の内部に埋め込むことにある。その時点で、統治という外付けの仕組みに頼る必要はなくなり、自治という内部の仕組みがしっかり駆動し続けることになるはずだ。

そのような次世代のガバナンスの姿は、第Ⅲ部で詳述することとしたい。

第2章 従業員にへつらうな

6 働き方改革から働き甲斐改革へ

通説

2016年9月、内閣官房に働き方改革実現推進室が設置されて以来、働き方改革が国家プロジェクトのごとく進行している。このような挙国一致体制は、戦時中の日本か現在の中国だけかと思っていたら、いまだ日本にも生き残っていることに驚かされる。それにしても、官民一体となって働き方を旗振りしている国も珍しい。

問題視されやすいのが、長時間労働だ。OECDの国別労働時間比較では、日本の男性の一日当たりの平均労働時間は、突出して世界一だ。ドイツと比べると、1・5倍以上の長さである。まさにモーレツサラリーマンの面目躍如？たるところである。

しかし、より深刻なのが、一人当たりの生産性だ。OECDの調査では、日本はG7のなかで、最下位。ドイツの3分の2しかない。1・5倍長く働くことで、なんとかトータルの生産性のつじつまを合わせている勘定になる。

働き方改革では、まずこの長時間労働の撲滅を目指す。しかし、時短だけに終われば、当然ながら企業の生産性はそれだけ低くなる。たとえば、ドイツ並みにすれば、生産性も3分の2になってしまう。同じ生産性を確保するためには、時間当たりの生産性を1・5倍にしなければならない。こちらは時短ほど、簡単には達成できるわけがない。

とすると、日本は国を挙げて、企業の生産性低下を少なくとも一時的には受け入れるという暗黙の合意をしたことになる。

成長国家から成熟国家になるためには、避けて通れない道だというもっともらしい説明をよく聞く。しかしそれならアメリカレベルとは言わないまでも、せめてデンマークやノルウェー並みの給与にならないものか。しかも、これらの北欧の国々では、教育や医療は無料で、共稼ぎは当たり前。そうなると、可処分所得は日本よりはるかに高いはずだ。

そう考えると、時短から始まった働き方改革は、いわばマイナスから出発しただけにすぎない。いかに生産性を高めるかという本質的な命題の解決は、これからだ。

真説

「働き方」改革というネーミングそのものに、ボタンの掛け違いがある。生産性を高めるためには、働き方というHowを論じる前に、働く中身というWhatを見直す必要がある。

働く中身にやりがいを感じるかどうかで、従業員の生産性は大きく変わる。コンサルティング会社ベイン・アンド・カンパニーが面白い調査結果を発表している（図2）。やる気溢れる社員は、「不満」社員の3倍以上、「満足」社員の2倍以上、そして当事者意識のある社員の1・5倍高いパフォーマンスを出すというのである。

しかも、日本の企業にはやる気溢れる社員は10％にも満たないのに対して、「不満」社員は30％に上るという。社員のモチベーションを上げることこそが、生産性向上のカギとなることは明らかだ。

そのために最も重要なレバーは、仕事そのものにやり甲斐を感じられるかどうかだ。いくら時短を進めても、8時間の仕事にやり甲斐を感じられない限り、大きな生産性向上は期待できない。

日本電産の永守重信会長は、これまで64社を買収（2019年末現在）、そのすべてを成功させてきた。その秘訣は、従業員の心に火をつけることにあるという。永守会長は、「歩を『と金』に変える」と、将棋のメタファーを好んで使う。

図2　やる気と生産性の関係

意欲の度合いによる社員の生産性

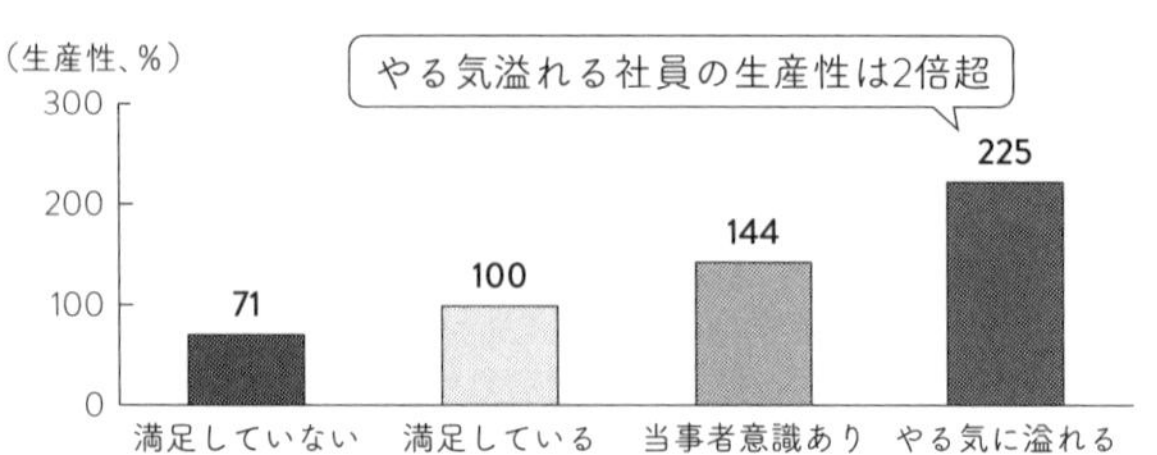

注：ベイン／EIU合同調査（N＝308）

グローバル、日本企業の社員の意欲水準比較

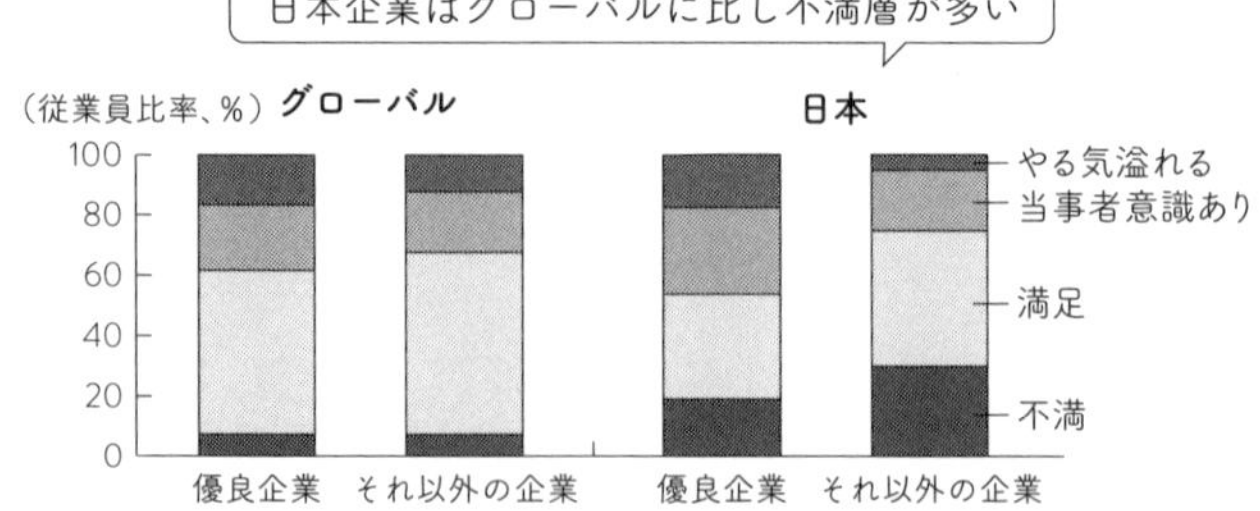

注：ベイン／プレジデント共同調査（N＝462）、ベイン／EIU合同調査（N＝308）
出所：ベイン・アンド・カンパニー（「PRESIDENT Online」2017.10.31）

「優秀な社員と普通の社員の生産性の差は1・5倍程度。しかし、やる気にさせることができれば、普通の社員が2倍、3倍の生産性を発揮する」

従業員の心に火をつけるためには、企業の志そのものに従業員が共感できるかどうかが勝負となる。それをいかに実現するかについては、第Ⅲ部で詳述することにしたい。

いずれにせよ、働き方改革という看板を、働き甲斐改革に書き換えることが第一歩である。

7　ワーク・ライフ・バランスからワーク・イン・ライフへ

通説

働き方改革のなかで呪文のように唱えられるのが、ワーク・ライフ・バランスである。仕事に振り回されてばかりいては生産性が低下する。自分や家族のための本来の生活の時間をしっかり取り戻すことが大事だというのである。

内閣府はワーク・ライフ・バランス憲章で、その狙いを以下のように説明している。

「仕事と生活の調和と経済成長は車の両輪であり、若者が経済的に自立し、性や年齢などにかかわらず誰もが意欲と能力を発揮して労働市場に参加することは、我が国の活力と成長力を高め、ひいては、少子化の流れを変え、持続可能な社会の実現にも資することとなる」

このような目的のもと、働きすぎは罪悪扱いされるとともに、テレワークなどの働きやすい環境づくりが推奨されている。

真説

前述の働き方改革同様、この言葉もはじめからボタンの掛け違いがあるようだ。そもそもワークとライフを切り分け、ワークはやらされ仕事、ライフは大切な自分事と位置付けることにこそ、間違いの発端がある。

これではまるで、仕事の時間は、給料をもらうために生活の一部から会社に切り売りした時間であるかのように聞こえる。ワーク・ライフ・バランス宣言などという仰々しい言い回しは、奴隷解放やプロレタリアート革命などを彷彿とさせる極めて時代錯誤な表現である。21世紀の従業員は、奴隷やプロレタリアートではありえない。

「ブルシット・ジョッブ（Bullshit Jobs）」という言葉をご存じだろうか。人類学者のデイビッド・グレーバーが2018年に出版した本のタイトルだ。「クソのような（どうでもいい）仕事」という意味である。ブルーカラーの仕事だけでなくホワイトカラーの仕事の大半も、ブルシット・ジョッブに堕しているのが実情ではないか。

そもそもそのようなやらされ仕事に、心底、働き甲斐を感じられるわけがない。仕事が自分事となったときにこそ、200%、300%のパフォーマンスが出せるのである。そのときには、仕事は人生のかけがえのない一部になっているはずである。

そのようにスイッチが入った状態では、それこそ、寝食を忘れて、仕事に打ち込んでしまうのが自然だ。それだと健康を害する恐れがあるので、適度に休息をとるべきだというのも一理ある。それにしても、そこまで法律や規則で、口を出すべきことだろうか。

ご丁寧なことに、2019年4月に施行された高度プロフェッショナル（高プロ）制度では、「高度な専門知識を有し、一定水準以上の年収を得る労働者について、労働基準法に定める労働時間規制の対象から除外する」ことを盛り込んでいる。逆に言えば、それ以外の従業者は、プロ意識のない、取り換え可能な部品であるかのような扱いだ。いかにも上から目線の発想であり、プロ意識を持った従業員に対する冒涜ではないだろうか。

仕事に働き甲斐を感じるときには、働き甲斐と生き甲斐は、同心円を描くはずだ。Work のなかに Life があり、Life のなかに Work がある状態こそが、本来あるべき姿である。だとすれば、Work-Life Balance などという時代錯誤な言葉は封印し、Work in Life あるいは Life in Work という21世紀にふさわしい標語を掲げるべきだろう。

8　「働きやすい会社」から「働き甲斐のある会社」へ

通説

ここに、興味深いデータがある。21世紀以降に卒業した学生の20年間にわたる就職意識調査だ（「マイナビ」２０１９年4月15日付）。

これによれば、会社選択上、最も重要なファクターは長らく「自分のやりたい仕事（職種）ができる会社」だったが、近年右肩下がり。一方、「安定している会社」の割合が徐々に上がってきて、ついに２０２０年卒時点でトップになっている。同様に2位につけていた「働き甲斐のある会社」はずっと下がり調子で、２０２０年卒時点では、「福利厚生の良い会社」や「休日・休暇の多い会社」などに抜かれて、6位まで下がっている。

一方、「行きたくない会社」は、ずっと「暗い雰囲気の会社」が1位だったが、2020年卒で「ノルマのきつそうな会社」に抜かれた。またひところ2位だった「仕事の内容が面白くない会社」は5位まで下がり、逆に「休日・休暇のとれない会社」や「転勤の多い会社」が3位、4位につけている。

これだけをみると、最近の学生が求める会社像は明らかだ。ひとことで言うと、「気楽に長く働ける会社」。そして、「きつい会社」ほど敬遠される。

これらはかつて、アメリカの臨床心理学者フレデリック・ハーズバーグが「衛生要因」と名付けた特質だ。これらの要因は、仕事への不満足に直結する。

ミレニアル世代は、衛生要因に敏感だから、彼ら・彼女らを惹きつけるためには、できるだけ「働きやすい会社」を目指さなければならない、というのが、今の一般的な風潮である。

真説

しかし、それはハーズバーグが唱えた「二要因理論」の一面にすぎない。確かにこれらの衛生要因が足りないと、不満がたまる。しかし、衛生要因をいくら上げても、仕事の満足度は上がらない。

仕事の満足度を上げるためには、もう一つの「動機付け要因」が必要となる。たとえばやり甲斐や達成感だ。そのためには、チャレンジングな仕事の機会をどれだけ提供できるかがカギとなる。

確かにミレニアル世代にとって、衛生要因は仕事の必要条件である。それがなければ、「やらされ仕事」になってしまうからだ。

しかし、それだけで、仕事が自分事化するわけではない。「ブルシット・ジョッブ」は、どんなに楽であっても、やり甲斐をもてるはずがない。彼ら・彼女らの心に火をつけるためには、動機付け要因が不可欠である。前述のデータをみても、「やりたい仕事ができる会社」は依然、極めて高い志望理由であることに変わりはないのだ。

理想的な職場として評価の高い企業をみてみよう。ここに2つのグローバル・ランキングがある。

一つ目が、『フォーチュン』誌が毎年公表している Great Place to Work ランキングだ。こちらは、日本でのランキングも発表しており、外資系企業に交じって、ホテル・レストラン・ウェディング・バンケット等の企画・運営会社である Plan・Do・See や、半導体の切削機器メーカーであるディスコが、2位・3位につけている。いずれも、やり甲斐のある職場として定評がある企業だ。

二つ目が、『フォーブス』誌と提携している Best Places to Work ランキングだ。こちらで特徴的なことは、経営コンサルティング会社のベインがトップ、ボストン・コンサルティング・グループが5位にランクされていることだ。ちなみにマッキンゼーは２０１８年に12位、19年には少し下がったがそれでも19位につけている。

これらのコンサルティング会社の実態を熟知している筆者にとって、このランキングは極めて興味深い。これらの企業は、決して気楽な職場ではない。死ぬような思いで知的格闘に挑まなければ、あっという間に淘汰される世界だ。いわば「きつい会社」の典型である。それにもかかわらず従業員の満足度が高いのは、動機付け要因が圧倒的に優れているからである。

衛生要因は、必要条件にすぎない。従業員の心に火をつけるには、動機付け要因が不可欠だ。これは洋の東西を問わず、変わらない。

そして、ミレニアル世代の方が、そのメリハリがもっと明確だ。衛生要因が低い会社は、はなから対象外だ。しかし、高いレベルで仕事をするためには、動機付け要因を求めているのである。

従業員のモチベーションを上げ、生産性を2倍、3倍に高めるためには、「働きやすい会社」（衛生要因基軸）から「働き甲斐のある会社」（動機付け要因基軸）への発想の転換が問われている。

9　現在価値（NPV）から将来価値（NFV）へ

通説

従業員にとっての幸せとは何か？　それは先のアンケート結果をみると、「安心してのびのびと働ける会社」であるらしい。

１００年人生を考えると、安定を維持していけるかが、ますます重要なポイントになる。この長期安定志向にいかに報いるかが、若者に選ばれるための第一条件となるはずだ。

少子高齢化が進むなかで、若者の獲得もさることながら、いかにシニア層を職場にとどめ続けるかが喫緊の経営課題となる。内閣府の調査によれば、65歳以上の世代が労働人口に占める割合は右肩上がりの一途をたどっている。２０１７年には12％。あと数年で5人に１人の割合になる見込みだ。

この流れをうけて、定年を延長、さらには廃止する企業も増え続けている。厚生労働省の高年齢者の雇用状況調査によると２０１７年時点で、定年を65歳以上に設定している企業が17・０％、定年制度を廃止した企業は２・６％。合計すると5社に１社、過去10年間で約2倍になっている。

従業員にとっても、企業にとっても、「いつまでも楽しく仕事ができること」が、いい会社のカギとなるのだ。

いい会社といえば、坂本光司・元法政大学院教授の『日本でいちばん大切にしたい会社』(2008年〜)シリーズが有名である。トータル37社が紹介されているが、圧巻はなんといっても伊那食品工業だろう。長野の寒天メーカーで、売上高は200億円弱(2018年12月現在)だが、国内市場のシェアは約80%、世界では15%の小さな巨人だ。創業以来、48年連続増収増益を続けている。伊那食品の塚越寛会長は、著書『リストラなしの「年輪経営」』(2009年)でも、安定こそがいい会社になるための絶対条件だと断言している。

真説

右肩上がりの時代には、無理をしなくても「年輪経営」は達成できた。寒天のような超ニッチな世界では、そのような生き方もまだ当分は通用するかもしれない。

しかし、非連続な環境変化のもとでは、これまでの延長線上に答えはない。安定にしがみつくこと自体が、最大のリスクとなる。新たな可能性に向けて、リスクをとってチャレンジし続けることなくして、現状維持どころか、生き残ることすら危うい。言い換えれば、今安定しているように見える会社ほど、実は将来は相当怪しいのである。

従業員の立場からみても、働きやすい会社で働くほど、実は過酷な未来が待ち構えている。たとえその会社がなんとか生き延びたとしても、本人は成長する機会を逸するからだ。

人材採用・入社後活躍サービスを展開するエン・ジャパンの越智通勝会長は、この問題点をずばり指摘している。今の間違った「やさしさ競争」では、人財は育たない。特に育ちざかりの若者が、そのような企業で甘やかされると、せっかくの成長機会を失ってしまうとしている。１００年人生という長い道のりの最初で大きく躓いてしまうのだ。

越智会長は、企業の人材活用度の指標として「人間成長®」CareerSelectAbility®という自身の造語を好んで使う。従業員が自分の能力を高めることによって、さらにチャレンジングな仕事が選択できるようになる、という考え方だ。たとえば、先に挙げたPlan・Do・Seeやディスコでは、従業員一人ひとりが切磋琢磨することによって、さらに高いレベルのチャレンジができる仕組みが整備されている。

ファーストリテイリングの柳井正ＣＥＯも、自身のツイッターで、次のように語っている。

「僕は、人間の可能性をトコトン信じていますから、社員に対しても容赦なく指摘します。社員にただ好かれることが経営者の役割なんですか。それは違うでしょう。経営者が担っているのは、シビアな経営責任なんですよ」（柳井正 BOT @yanai_BOT ２０１３年6月9日付）

社員を徹底的にチャレンジさせ、その可能性を最大限引き出すことこそ、経営者の責務だという。たしかに、同社の社外取締役という筆者の立場からみても、ファーストリテイリングは決して働きやすい企業ではない。しかし、働き甲斐がある企業だ。そしてそのなかで、元気な若者たちは、欧米やアジア、中国の一流の人材に交わって大きく育ち、世界に羽ばたいている。

働き方改革は、ひところのゆとり教育の失敗を彷彿とさせる。学力の低下を招いただけなら取り返しはつく。しかし、貪欲に学び、成長しようとする意欲そのものを去勢された若者たちは不幸だ。

同様に、CareerSelectAbility®のないシニア世代も、１００年人生に夢は持てないだろう。せいぜい、自社の定年延長や定年廃止を期待するしかない。それこそ、悪名高き終身雇用というくびきに、一生つながれ続けなければならなくなってしまう。

第1章でも述べたように、企業にとって重要なのは、現在価値（NPV）ではなく将来価値（NFV）である。従業員にとっても、現在の働きやすさ（NPV）より、将来に向けた成長度（NFV）こそがかけがえなく大切なはずである。柳井さん流に言えば、「経営者には、若者の将来価値を毀損する権利はない」のである。

10　スマートワークからハードワークへ

通説

単に時短を進めても、企業の生産性はその分低下するだけだ。労働生産性を高めるためには、ICTを活用して、場所や時間に縛られない柔軟な働き方が不可欠となる。

このような狙いのもと、働き方改革2・0は、スマートワークへと向かう。その典型例がテレワークだ。たとえば自宅から遠隔で仕事ができる。これによって、「痛勤」電車で往復2時間以上無駄にすることもなくなり、家事や介護の合間に仕事を効率よく片付けることができる。ワーク・ライフ・バランスも格段に実現しやすくなり、女性やシニアの活躍機会も増えるので、いいことずくめだ。

厚生労働省の働き方・休み方改善ポータルサイトには、自己診断方法から先進的な取り組み事例まで、丁寧に紹介している。政府の力の入れようには、ここでも感心させられる。これだけ国家ぐるみで取り組んでいるのは、２０１１年にスマートワークガイドラインを出した韓国以外では、日本くらいだろう。

ＩＣＴの活用は、職場においても、韓国や中国などと比較しても、日本企業は圧倒的に遅れている。仕事のインフラとしての最新のＩＣＴ活用は、今や重要な衛生要因の一つである。政府の後押しがないと進まないというのは、なんとも情けない話ではあるが、四の五の言っている場合ではない。リーマンショック以来、世界の最先端から10年は遅れてしまった状況を、いかに挽回するかが急務となっている。

真説

たしかにスマートワークは、生産性向上の必要条件である。ただし、決して十分条件ではない。心に火をつけるには、スマートすなわち「賢く」に加えてハード、すなわち「懸命」という要素が不可欠となる。

ハードワークと言うと、どうしてもきつい仕事という悪い印象がつきまとう。いかにもブラックな会社のイメージだ。先のアンケートでは「ノルマのきつそうな会社」として、最も嫌われるタイプである。しかし、ノルマというようにやらされ仕事と他律的にとらえれば、きつい仕事などやっていられないだろう。しかしそれが自分事だと主体的にとらえるなら、まったく違うはずだ。

スポーツで腕を磨こうと思えば、誰でも訓練に打ち込むはずだ。それをノルマがきつくてやってられないと思うのであれば、はじめからそのスポーツはやめた方がいい。中国やインドの若者たちが真剣に腕を磨き、ＡＩが驚異的なスピードで人間以上にスマートになっていくなかで、スマートワークで気楽に仕事をしているようでは、あっという間に落ちこぼれてしまうだろう。

本田宗一郎は、次のような名言を残している。

「時間だけは神様が平等に与えて下さった。これをいかに有効に使うかはその人の才覚であって、うまく利用した人がこの世の中の成功者なんだ。長い目で見れば人生にはムダがない。身のまわりにいくらでも転がっている幸福から、自分のものを選び出し、それを最高のものに高めることだね」

スマートワークなどといった悠長な話ではない。24時間を真剣に使うかが問われているのだ。

また、計測機器で多くの世界一を誇る堀場製作所は、創業者の「おもしろおかしく」を社是として掲げ続けている。もちろん従業員は、遊んでいるわけではない。自分が魂を込めた仕事に、全身全霊で取り組んでいるのである。

最近では、日本電産の豹変ぶりが話題となっている。「人の2倍働く」を信条としてきた同社の永守重信会長が、突然、残業ゼロを掲げたからだ。ただし、そのためには、生産性を2倍にしなければならない、と付け加えることも忘れない。

ではハードワークの看板は、下ろしたのだろうか？　知的ハードワークと2文字が付け加えられて、いまなお高らかに掲げられている。長時間の物理的なハードワークではなく、頭に汗をかいて知恵を絞り出すことで、生産性を2倍にするというのである。

そのためには意識改革がカギを握ると、永守会長は語る。会社側もいろいろな仕組みを整備する必要はあるが、従業員自身の心に火をつけ、考えたことは即実行していく圧倒的な当事者意識をどこまで植えつけられるかが勝負どころだ。

破壊的イノベーションが進行しているアメリカ西海岸に目を転じてみよう。

シリコンバレーでは、インテルのアンディ・グローブ元ＣＥＯの著書（１９８８年）のタイトル「パラノイアだけが生き残る」というフレーズが今でも語り草だ。生き馬の目を抜くデジタルの時代の競争には、偏執的にならない限り、勝ち残り続けられないという覚悟を端的に示した言葉である。

シアトルに本社を構えるアマゾンでは、Work hard, Have fun, and Make history! という行動原理が浸透している。上場直後の１９９７年に、ジェフ・ベゾスＣＥＯが最初の株主宛の手紙で述べていた以下のくだりが、どうやらその出所らしい。

「採用インタビューの時に、私は次のように言うことにしている。『君は長時間働くことも、ハードに働くことも、スマートに働くこともできるだろう。しかしアマゾン・ドット・コムでは、この３つのうちの２つだけ選ぶということはできない』」（筆者注：３つとも求められる）

もちろんスマートワークも思いきり楽しむのも大いに結構。しかしハードワークができないようであれば、アマゾンにいる資格はない。そしてそれは、不確実性の時代に生きる者の基本的な生存条件だろう。

最近ジェフ・ベゾスＣＥＯは、新入社員に対して、Work-Life Balance という幻想は捨てるように明言しているという。なぜなら、その言葉は Work ＆ Life がトレードオフ関係にあることを前提としているからだ。そして Work-Life Harmony こそが目指すべき姿であると唱えている。Work と Life は、シンメトリー（左右対称）の関係にあり、かつサークル（円環）状をなしているというのである。デジタル時代の旗手が語るこの東洋的な思想に、日本のリーダーも今一度しっかり耳を傾けるべきではないだろうか。

第3章 顧客にへつらうな

11 「既」顧客から「未」顧客へ

通説

20世紀型マーケティングは、いかに顧客の関心を喚起し、実際に消費行動を起こさせるかが主な関心事だった。その後、獲得した顧客に継続利用を促すことに関心が移っていった。顧客獲得コストを大きく上回るＬＴＶ（Life Time Value：顧客生涯価値）を高めることが、マーケティングの知恵の絞りどころとなったのである。ポイント制などのロイヤルティプログラム、最近ではサブスクリプションプログラムが、次々に市場に送り出されていった。

そのような動向のなかから、顧客のロイヤルティを測定する指標としてＮＰＳ（Net Promoter Score）が、ベインなどから提唱された。単に顧客になるだけでなく、プロモーター、すなわち、知人にも推奨するくらいのファンの数と、逆に批判に回る人の数の差をとったものである。まさにＳＮＳ時代にぴったりの指標だ。

GAFAMをはじめ、ネット企業の多くが採用している。アメリカのフォーチュン500企業では3社に1社以上がすでに採用しているというレポートもある。

デジタル時代においてマス・マーケティングは死語となった。かわりに台頭してきたのが、マス・パーソナリゼーションだ。ビッグデータとAIを駆使して、一人ひとりの顧客の体験価値（CX：Customer Experience）を最適化することが、主眼となっている。

このように顧客を獲得するだけでなく、いかに顧客エンゲージメントを高めるかが、デジタル時代の主戦場となる。

真説

第Ⅱ部でも詳述するが、DX（Digital Transformation：デジタル革命）の本質は、D（デジタル技術）ではなく、X（変革）にある。デジタル技術を駆使して既存顧客との関係性を深める前に、今一度、顧客は誰か、そして顧客は何を求めているのかという基本的な問いに立ち返る必要がある。

経営論の古典を紐解いてみよう。ピーター・ドラッカーは、著書『現代の経営』（1954年）のなかで、「企業の目的は顧客を創造すること」と語っている。既存の顧客を満足させることではなく、顧客を新しく創造することが重要だということだ。

また、ハーバードビジネススクールのセオドア・レビット教授は、論文「マーケティング近視眼」（1960年）で、顧客が本来求めているものの本質を広くとらえなおす必要性を説いている。

たとえば、アメリカの鉄道会社は自らの事業ドメインを鉄道事業ととらえたために、自動車や航空機の台頭に対応できず衰退した。輸送事業ととらえなおしていれば、環境変化を機会に変えることができたはずだというのである。この「近視眼」に陥らないために、移動革命が進行している今、鉄道会社や自動車会社は、事業の軸足をＭａａＳ（Mobility as a Service）に大きくシフトさせようとしている。

既存のコア顧客に焦点を当てすぎると、このような事業機会を取り逃がすことになる。たとえば21世紀初頭のゲーム業界をみてみよう。

プレイステーション（ＰＳ）で業界トップに躍り出たソニーは、既存顧客を驚かせようと、ＰＳ3を家庭用スーパーコンピュータに仕立て上げた。もちろん、ヘビーユーザーたちは、この高性能マシーンに熱狂した。

一方、同じ時期に任天堂は、これまでのゲーマーではない顧客を想定して、Ｗｉｉを投入した。直感的なユーザーインターフェースを採用するなど、普段あまりゲームをしない女性や小さな子供もすぐに遊べるように工夫を凝らした結果、ゲーム人口の裾野を広げることに成功した。結果はＷｉｉの圧勝である。

顧客を既顧客と非顧客とにデジタルに切り分けてしまうと、マーケティング活動を既顧客に集中させた方が、費用対効果は当然高い。これが、ソニーの陥ったマーケティング近視眼だ。一方任天堂は、「既」と「非」の間に、「未」というゾーンがあることに気づき、ドラッカーの言う顧客の創造に成功したのである（図3）。

非連続な環境変化のもとでは、既存顧客にとらわれすぎると、足元を大きくすくわれることになる。いかに将来の顧客、すなわち「未」のゾーンを見極めるかが勝負となる。

ハーバードビジネススクールのクレイトン・クリステンセン教授は、著書『イノベーションのジレンマ』（1996年）で、この法則を見事にえぐり出してみせた。既存事業の成功者（イノベーター）は、「既」顧客の声に耳を傾けすぎるために、次世代のイノベーション機会に乗り遅れてしまうのである。

かつてソニーは、ウォークマンで「未」顧客ゾーンで顧客を創造することに成功した。しかし21世紀初頭には、アップルはiPodでウォークマン顧客を掘り下げていったソニーを尻目に、ウォークマン時代の「未」顧客を開拓し、既顧客もあっという間に取り込んでしまった。その後、アップルはiPodを進化させる一方で、iPhoneを世に送ることで大きく顧客基盤を広げ、iPodユーザーを自ら飲み込んでいったのである。もちろん、アップルも自ら「未」顧客を開拓し続けない限り、市場の先端にとどまり続けることはできない。

既存顧客にへつらってばかりいると、イノベーションのジレンマから抜け出せない。いかに顧客ゾーンを「未」顧客へとずらすか。もちろん、「非」顧客ゾーンに飛び込んでしまうと、勝算はない。「既」でもなく「非」でもない「未」を見極める力が、あらゆる顧客にリーチできるデジタル時代において、ますます重要になってきている。

図3　市場のとらえ方

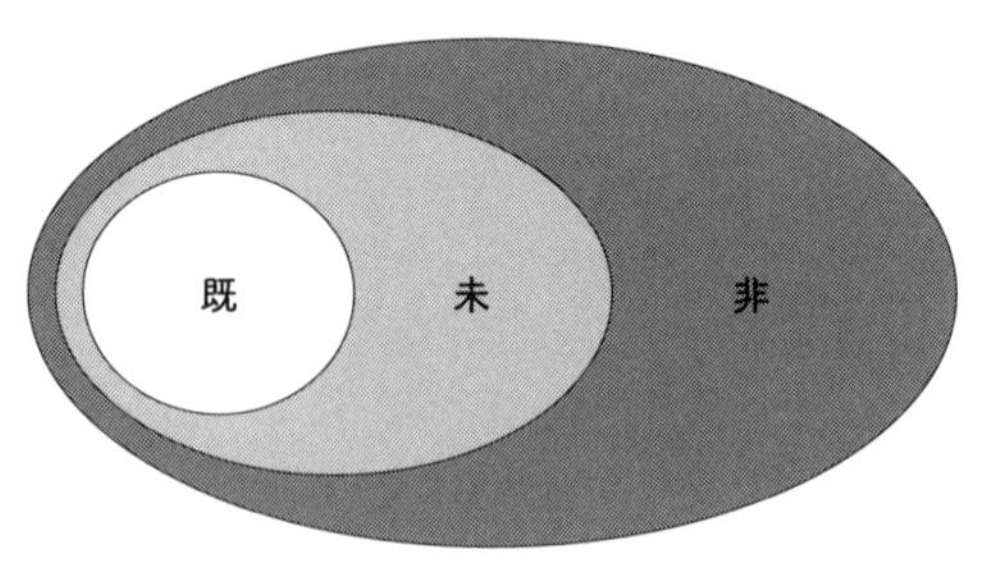

出所：筆者作成

12　顧客価値から社会価値へ

通説

マーケティングの教科書は、マントラのように「顧客起点」を唱えてきた。

これは、企業がともすれば「商品・サービス起点」に走りやすいことへの戒めでもある。プロダクト・アウトではなく、マーケット・インという発想である。単に商品を並べて顧客を待っている酒屋がプロダクト・アウトだとすると、御用聞きをする三河屋はマーケット・インの先駆者だ。

マーケティングの本場であるアメリカに目を移してみよう。たとえば、世界最大の企業となったウォルマート。創業者のサム・ウォールトンは、顧客指向を組織全体に徹底させたことで有名だ。しかも「顧客に迎合しているだけではだめ」と言う。そして、成功の10カ条の一つに、「顧客の期待を超える」を掲げた。

そのウォルマートを企業価値で大きく抜き去ったアマゾンも、「世界で最も顧客本位の企業」を目指している。Customer Obsession（顧客に徹底的にこだわり続ける）が企業理念であり、The Customer Rules!（お客様が決めるんだ）が合言葉だ。ＡＩを搭載したアマゾン・アレクサなどは、まさに究極の三河屋モデルと言えよう。

モバイル端末で顧客が情報武装し、ＳＮＳを通じて顧客が情報発信源となっている。デジタル時代には、顧客を中心に置く企業しか生き残れない。

真説

ＳＮＳは、顧客第一主義そのものにすら変容を迫る。一人ひとりの顧客の欲望を刺激するだけではなく、より多くの顧客の共感を喚起する必要がある。そのためには、顧客の集合体としての社会に焦点を当てなければならない。

マーケティングの大御所、フィリップ・コトラー教授が「マーケティング３・０」と呼ぶ世界である。マーケティング１・０は製品中心、２・０は顧客中心、そして３・０は社会中心となる。「環境にやさしい」「弱者を応援する」「幸福を分かち合う」などといった価値観が尊ばれるようになる。特にミレニアル世代は、このような利他的な価値を大切にする。欲望経済をあおり立てるような２・０モデルは、通用しないどころか逆効果だ。

このパラダイムシフトをより明確に描いてみせたのが、先述のマイケル・ポーター教授のＣＳＶ（Creating Shared Value：共通価値の創造）モデルだ。そこでは、顧客価値を超えた「社会価値」が指向される。20世紀のように、顧客の欲望によりそって、環境や社会を毀損することは許されない。本業を通じて環境や社会をより良くし、その結果、経済価値を高めることこそ、21世紀型の経営モデルである。

顧客第一を標榜していたアマゾンも、方向転換を迫られている。顧客主義を免罪符としてこれまで犠牲を強いてきた従業員やサプライヤーなど、顧客以外のステークホルダーに対しても、配慮せざるを得なくなりつつある。

２０１４年には、同社として初のサステナビリティ担当にカラ・ハーストをリクルートした。サステナビリティ・コンソーシアムのＣＥＯなど、この分野で長く活躍してきた人物だ。その後数年間で、再生エネルギー、パッケージング、責任調達などの分野で、意欲的な取り組みを展開している。

顧客の変容をしっかりとらえていれば、その関心が大きく社会価値へと移り始めていることに気づくはずだ。感度の高いマーケターは、顧客から社会へと基軸を大きくシフトさせている。顧客第一主義などという時代錯誤にいつまでも縛られているようでは、経営者も当の顧客に置き去りにされてしまうだろう。

13　欲望経済から共感経済へ

通説

欲望は、足ることを知らない。テネシー・ウィリアムズ原作の『欲望という名の電車』（1951年に映画化）ではないが、戦後のアメリカ社会は欲望に突き動かされ、世界中の人々がそのような消費生活を夢見た。20世紀後半の驚異的な経済発展は、まさにこの欲望経済によって支えられていた。

アメリカの心理学者アブラハム・マズローは、1943年に欲求5段階説を発表し、このような経済発展を心理学の切り口で裏付けてみせた。第1、第2段階は、「生きるか死ぬか」や安全などという物質的欲求、その上の第3、第4、第5は「自分のものにしたい」「他人に認められたい」「自分の夢をかなえたい」などという精神的欲求とされる。第2章で紹介したハーズバーグ理論を借りれば、前者が衛生要因、後者が動機付け要因ということになる。

一方、ミシガン大学のC・K・プラハラード教授は、BOP（Bottom of Pyramid：最貧層）ビジネスを提唱した。同教授は著書 *"The Fortune at the Bottom of the Pyramid: Eradicating Poverty Through Profits"*（2002年、邦訳『ネクスト・マーケット』2005年）で、新興国のBOP10億人市場が次の宝の山だと主張。まさに未顧客にターゲットを絞った事業戦略である。

BOP市場は、マズローの第1段階、第2段階の真っただ中。このような基本的な人権に寄与する事業は、社会価値が満載だ。ただ、インフラの未整備や要求価格レベルの低さなどから、経済価値をひねり出すのは難しい。したがって、どうしてもNPOまたはCSR的な性格になってしまう。CSVとして両立させるのは至難の業だ。

しかし、それもしばらくの辛抱である。今のインドのように、所得が6〜7％の成長を続けた場合、7年後には1・5倍以上の大きさになる。インドの一人当たりのGDPが2000ドル弱（2017年時点）から、あっという間に3000ドルを超える計算だ。

3000ドルは、BOPがMOP（Middle of Pyramid：中間層）になる分水嶺と言われている。ここを超えると、一人当たりの可処分所得が一気に増える。その結果、移動の主体が二輪車から四輪車になり、使い捨てオムツなどの市場が拡大する。ユニクロが新興国に進出する場合にも、この3000ドルのラインが一つの見極めポイントだ。最近では3000ドルクラブ入りしたベトナム、そして次にポテンシャルの高いインドが進出先として選ばれている。

新興国こそ、次の大きな欲望市場としての成長が期待されているのである。

真説

しかし、こうした新興国を中心に、世界の人口が60億人から100億人へと膨らんでいくなかで、顧客の欲望にだけ応え続けていくと、いずれ地球は破綻してしまう。限りなく膨張する欲望経済をいかにコントロールするかが、21世紀の大命題となっている。

ローマクラブが「成長の限界」を唱えたのは、1972年だ。資源と地球の有限性に着目し、「人口増加や環境汚染などの現在の傾向が続けば、100年以内に地球上の成長は限界に達する」と警鐘を鳴らした。

それから半世紀近く過ぎ、環境問題や資源の枯渇は、いよいよ抜き差しならない事態となりつつある。欲望を成長のドライバーとする従来型のパラダイムは、大きく変容を迫られているのである。

マズローは晩年に、段階説にはもう一つ先があると主張した(図4)。第5段階は自己実現であるのに対して、他人や社会のために尽くしたいという自己超越欲求が第6段階にくるというのである。ただし、そのレベルにまで到達できる人は一握りだと付け加えることを忘れなかった。

図4　マズローの欲求段階説との関係

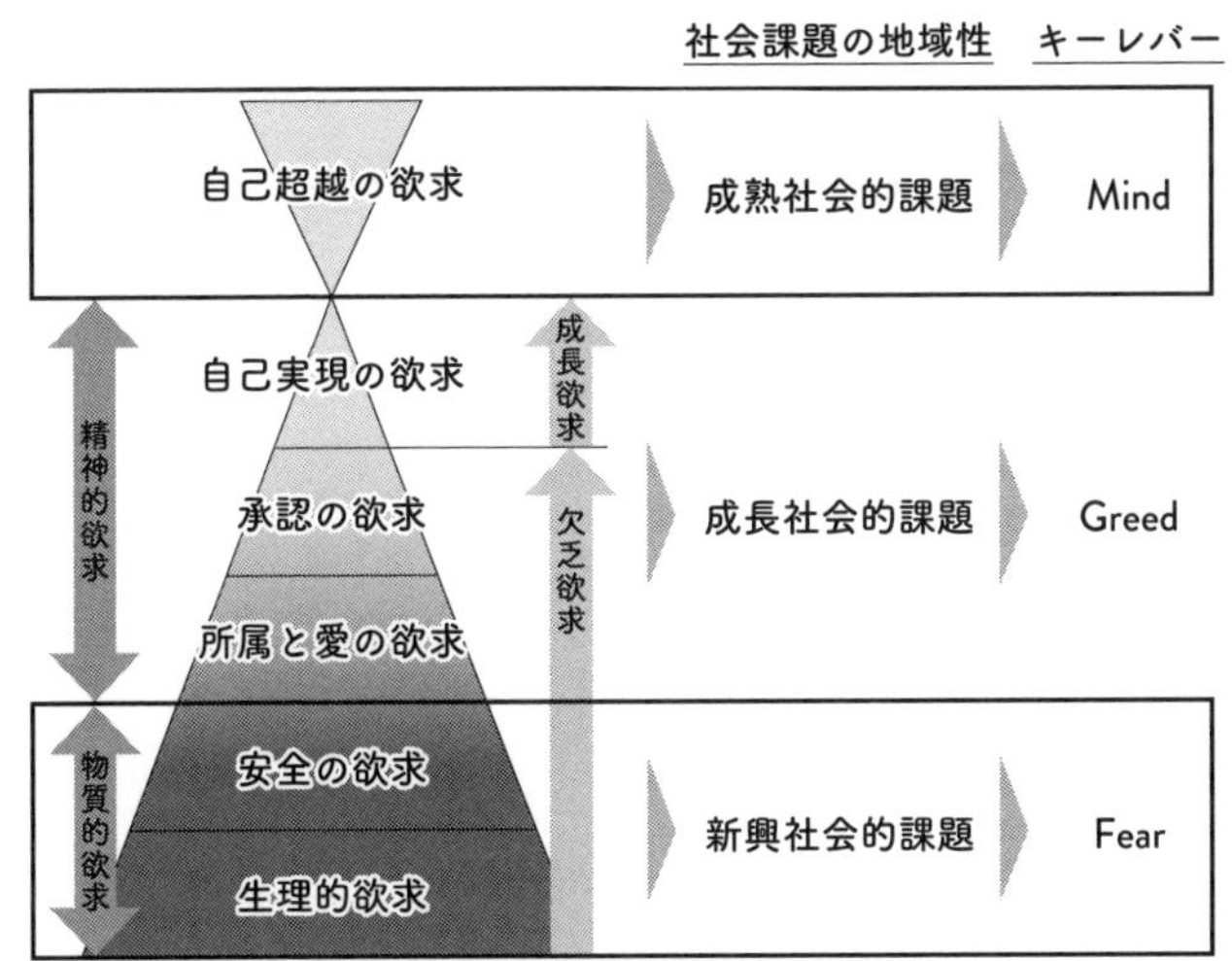

出所：名和高司『コンサルを超える問題解決と価値創造の全技法』ディスカヴァー・トゥエンティワン

しかし、今のミレニアル世代の多くは、そのような利他の心を自然に身につけている。自分のためにはがむしゃらにならなくとも、被災者や困窮者のためにはできるだけのことをしたいと考える。環境や社会には、できるだけやさしくあろうとする。

先進国では、エシカル消費に対する関心は、ミレニアル世代のみならず高まっている。世界的な消費財メーカーであるユニリーバの23カ国2万5000人を対象にした調査によると、購買の際に環境や社会要因を考慮に入れる消費者は60％に上るという。消費者庁の調査によると、日本ではエシカル消費を実践している消費者の割合はまだその半分にも満たないが、「今後実践したい」という数を加えると、同様のレベルにまで進む可能性がある。

そのドライバーとなっているのが、SNSによって拡散される共感だ。環境や社会にやさしい姿勢は、広く共感を生む。逆に環境や社会を毀損するものには、あっという間に反感の輪が広がる。消費者の支持を大事にする企業ほど、このような動向に敏感だ。最近のプラスティックストロー廃止をめぐるヒステリックなまでの騒動は、その典型例である。

新興国にとっても、対岸の火事ではない。環境破壊や社会問題は、新興国こそ深刻だ。エシカル消費という消費者側の良心に期待する前に、企業側がこれらの問題に真剣に取り組まなければならない。欲望だけで市場の成長をドライブし続けることは、もはや不可能なのである。CSVが次世代の経営モデルとして期待されるゆえんである。

第4章 世間にへつらうな

14 「いいね（Like）！」から「まさか（Dare）!?」へ

通説

ＳＮＳ全盛期においては、共感が世間の価値観の代替指標となる。共感を集めたら、それが世の中の規範（ノーム）となるのだ。

「いいね（Like）！」がデジタル民主主義時代の清き一票となる。デジタル経済においても、「いいね！」を集めた企業が勝ち残る。

たとえば、アメリカの Motif Investing 社が提供している Lots of Likes という投資ファンドは、大変ユニークだ。フェイスブック上で「いいね（Like）！」を獲得したトップ20社に投資するというもの。１年間のリターンは、２０１９年4月末時点で20％を超えており、Ｓ＆Ｐ５００の平均の2倍に近い。

共感を集めるうえで重要な役割を果たすのが、インフルエンサーだ。多くのフォロワーを持つ彼ら・彼女らの発言が、ＳＮＳ上での共感のゆくえと大きさを左右する。その声を企業が巧みに利用するインフルエンサー・マーケティングも大流行だ。

ただし言動には注意が必要になる。反感の輪は、共感以上に、伝播性が高い。流行りのインフルエンサー・マーケティングも、企業側のやらせ、すなわちステマ（ステルスマーケティング）ととられてしまうと、一挙に炎上を招くリスクがある。

企業が情報を操作できる時代は、過去のものとなった。企業のＰＲ（パブリック・リレーションズ）活動は、世の中のトレンドや世論の動向に感度を高めることが、デジタル時代の成功の必要条件となっている。

真説

情報が氾濫するデジタル時代には、意味のある情報を見極めるのは至難の業だ。そのため特定のテーマに絞って情報を整理するキュレーションが、メディアの新しい機能として注目される。とはいえ、そこで収集・整理された情報の真偽や関連性は、保証の限りではない。ＤｅＮＡをはじめ、キュレーションメディアが社会問題としてたたかれたことは、記憶に新しい。

「いいね！」は、確かに共感の表現である。しかし共感の数が多いことが、正しいことであるとは限らない。そして、それは実は今に始まったことではない。

かつてスペインの社会思想家オルテガ・イ・ガセットは、著書『大衆の反逆』（１９２９年）で、一部のエリート層に煽動されやすい大衆社会の特質をえぐり出してみせた。またアメリカの社会学者デイビッド・リースマンは著書『孤独な群衆』（１９５０年）で、社会はやがて他人指向型に移行し、それが“me too”型の消費を助長すると予言している。

20世紀後半は、マスメディアがそのような大衆社会を演出する装置となった。21世紀はソーシャルメディアが、共感を媒体として、巧みに思想操作を行っている。しかも、双方向メディアであるだけに、今まで以上に世間に迎合することが求められている。たとえば、政治の世界における新ポピュリズムの台頭は、そのような文脈でとらえなおすと理解しやすい。

オックスフォード大学出版局は、２０１６年のWord of the yearに、「ポスト真実（post truth）」を選んだ。「世論を形成する際に、客観的な事実よりも、むしろ感情や個人的信条へのアピールの方がより影響力があるような状況」を示す言葉である。そして、それは政治の世界に限った話ではない。インフルエンサーは、さしずめ共感市場における新種のデマゴーグと呼べそうだ。共感市場は、あっという間に衆愚市場に堕する危険性をはらんでいる。

「いいね！」を広く引き出すには、「あるある」ネタや「あったらいいな」話が便利である。世の中の空気を読んで、いかにもありそうな話題をふりまく。逆にこの空気が読めない人は、ＫＹとして社会から後ろ指をさされる。

後述するように、ＩoＴ、ビッグデータ、ＡＩなどが日常に浸透するデジタル社会においては、リアルとバーチャルの世界が融合し始める。今までのパラレルワールドが交錯し始めるのだ。そうなると、何がリアルでバーチャルかの区別がつかなくなる。むしろ、バーチャルの方が自由度が高いため、勝手にどこまでも膨らんでいく。そうなると、リアリティが圧倒的に希少価値を持つことになるはずだ。まさに「事実は小説よりも奇なり」という世界である。

だとすれば、世の中に安易に迎合することなく、不都合な真実を伝える姿勢や、常識の壁にチャレンジする言動こそが、価値を生むはずだ。「いいね（Like）！」ではなく、「本当（Really）？」とか「まさか（Dare）？」のような意外性ボタンが求められるのではないだろうか。

15　コミュニティからコモンズへ

通説

「社会」とは、共同体や集団を総称する、と言われてもあまりに抽象的だ。そこで、「コミュニティ」と読み替えれば、もう少し具体的なイメージが浮かんでくる。たとえば、家族（血縁）、市町村（地縁）、学校（学縁）、会社（社縁）などだ。そこには「縁」、すなわち何らかの関係性や帰属性、共通性が想定される。

コミュニティで、最も想起されやすいのが、地域コミュニティだろう。今、日本には地方創生旋風が吹いている。東京一極集中を是正し、地方の人口減少に歯止めをかけ、日本全体の活力を上げることを目的とした一連の政策が、政府の肝いりで進んでいる。なかでも、ＩｏＴやビッグデータなどのデジタル技術を駆使したスマートシティ構想が目白押しだ。

このように地域コミュニティの再生は、社会を対象にした恰好の取り組みとして、今後ますます各地で広がっていくはずだ。ただ、それがその地域に閉じた取り組みで終わってしまっては、経済効果は限定的だ。

ネット上では、特定地域を越えて、無数のコミュニティが生成されている。しかし、リアルとバーチャルが融合すればするほど、生活圏という物理的な制約が意味を持つようになる。
たとえば、イギリスでは、今なお、『Saga Magazine』という雑誌が、シニアコミュニティから根強く支持されている。毎月の発行部数が60万部を超えるイギリス最大の月刊誌で、家庭とガーデニング、健康関連、財形や保険、さらには恋愛や葬式までと、シニアの生活に関するさまざまな情報が満載だ。ネットという一見便利ではありながら、魑魅魍魎（ちみもうりょう）の世界は、シニアが信頼に足る生活情報を獲得する際には敬遠されてしまう。

大量の情報が氾濫する時代に、最も求められているのは、信頼に足る情報と親身なアドバイスだ。バーチャルな世界が広がるほど、リアルとの接点を持つコミュニティの価値は高くなっていく。

真説

コミュニティは確かに、社会の一つの断面としてとらえやすい。しかし、一方でコミュニティは、参加者に帰属性や共同性を求める。逆に言えば、属性や考え方が異なる者は排除される。また、コミュニティとしての一体感を保つために、メンバーは一定の価値観の共有や規範の遵守が求められる。

したがってコミュニティに帰属するということは、何らかの枠組みに自らをはめてしまうことになる。その中に安住している間は、極めて心地いい。しかし、一方で、異質なものを排除するため、発想が一面的で自己正当化しやすくなってしまう。

コミュニティの存在を揺るがすような自己否定はご法度となり、進化に不可欠な「ゆらぎ」や「ずらし」は起こりにくい。その結果、コミュニティはいずれ不活性化し、弱体化していく。

そうしたなかで、特定のコミュニティに属さないという選択が、注目されている。日常編集家を自称するアサダワタル氏が提唱する「コミュニティ難民」だ。アサダ氏によれば、「個人の生産活動において、特定の分野のコミュニティに重点的に属さず、同時に表現手段も拡散させることで、新たな社会との実践的な関わりを生み出す人々」を指す。多様な職業に従事するフリーランサーなどは、まさに特定のコミュニティ、たとえば社縁に縛られない生き方を選んでいる。

これは１９８０年代初頭に、元祖アサダとも言うべき哲学者・浅田彰氏が「ノマド」と表現した生き方にも通底している。一カ所に定住することなく、コミュニティからコミュニティへと放浪を続ける。コミュニティが閉鎖系であるのに対して、開放系（アサダワタルの言う「住み開き」）の社会を指向すべきだという姿勢だ。

脱コミュニティの動きは、世界的にも巻き起こっている。いずれもコミュニティではなく「コモンズ（どこにも属さない公共の場所）」を目指す動きである。背景には、大きく3つの潮流がある。

１つ目は、持続可能性（サステナビリティ）をめぐる問題である。グローバル資本主義は、環境や社会などの公共財（common goods）を私物化し、巨額の富を築いてきた。その一方で、不要なものはゴミであれ、人間であれ、外部性という名のもとに吐き出してきた。しかしそのような外部不経済を含めて、すべての財を公共のもの（コモンズ）としてとらえなおすべき、という見方である。

２つ目は、民族主義の台頭に対する警鐘である。コミュニティの利害を守るという名目のもとに、難民の受け入れ拒否や移民排除の動きが世界中に広がっている。コミュニティではなくコモンズという価値観を打ち出すことで、より高い人道主義を目指そうという考え方である。

３つ目は、デジタル時代の財の所属の問題である。ＧＡＦＡＭなどの巨大プラットフォーマーが、ビッグデータを私物化することを阻止しようという動きが、ヨーロッパを中心に本格化している。これらのビッグデータは公共財として位置付けるべきだという議論である。

いずれもコモンズという開放的・公共的な価値観を持ち込むことによって、コミュニティという閉鎖的・独善的な価値観を超えようとする動きである。「社会＝コミュニティ」という近視眼レンズは、そろそろ取り外すべきだろう。

そういえば、トヨタグループの創始者、豊田佐吉の言葉が聞こえてきそうだ。

「障子を開けてみよ、外は広いぞ」

16 人間愛から万物愛へ

通説

ＡＩが人間の知性を超えるというシンギュラリティの到来が、まことしやかに囁かれている。未来学者レイ・カーツワイルは、２００５年時点で、シンギュラリティは２０４５年にやってくると予言した。最近では２０３０年になるという気の早い説や、シンギュラリティは永久に来ないという楽観（？）論などが飛び交っている。いずれにせよ、ＡＩが人間の知性に近づくことは間違いない。

そうなると、逆に、人間とは何かが、改めて問われることになる。

ヘブライ大学の歴史学者ユヴァル・ノア・ハラリの『サピエンス全史』（２０１４年）が、世界的なベストセラーになった。そのなかでハラリは、人類は、貨幣や宗教という共同虚構を作り上げてきたと語る。

そのハラリは、『ホモ・デウス』（２０１６年）で、超・人類至上主義（ポスト・ヒューマニズム）の未来を展望した。先端的な人類の一部が、ＩＴとバイオテクノロジーを駆使して、不死と至福を手に入れようとする。

それが神の座にアップグレードされた超人（神人）の姿であり、欲望社会の頂点に立つ存在である。人類の多くがＡＩ（アルゴリズム）に支配されるなかで、彼らだけが特権階級として君臨するというのである。

そのようなディストピア（反理想郷）を避けるためにも、欲望社会から共感社会へのパラダイムシフトが求められる。その切り札になるのが、自己愛を超える隣人愛、ギリシア語の「アガペー」だ。もっともアガペーの語源は、「神の人間に対する愛」である。アガペーを求めようとする姿勢自体が、神の姿を目指すホモ・デウスのもう一つの姿と言えそうだ。

真説

そもそも人間至上主義という概念に、人類の驕りがあるのではないか。

『旧約聖書』の創世記のなかに、「海の魚、空の鳥、地の上を這う生き物をすべて支配せよ」という一節がある。そこから、「自然環境は人間が利用するための存在である」、さらには、「人間が最も進化した存在である」という考えが根付いていった。そのような人間至上主義は、科学の進化とともに、人間が自然環境を制覇していくプロセスを正当化する恰好の思想基盤となった。

そのような人類の驕りを、地質学的な観点から論じたのが、オゾンホールの研究で１９９５年にノーベル化学賞を受賞したドイツ人科学者パウル・クルッツェンである。同氏は「人新世（アントロポセン)」という造語を提唱している。人類が地球の生態系や気候に大きな影響を及ぼすようになった時代であり、これまでの完新世の次の地質時代を指す。

このような観点に立てば、人類は科学の力で生態系を破壊し続けてきた犯罪者ということになる。そしてその悪影響は、人類そのものにもふりかかってくる。環境人文学者ヴァイバー・クリガン＝リードの近著 *"Primate Change: How the world we made is remaking us"*（邦訳『サピエンス異変――新たな時代「人新世」の衝撃』２０１８年）は、そのような異変に改めて、警鐘を鳴らしている。

アガペーが人間愛であったとすれば、それを超える万物愛が求められているのである。そのような文脈のなかから、万物一体論を出発点としている東洋哲学が改めて関心を集めている。

ハラリは最新著 *"21 Lessons for the 21st Century"*（２０１８年、邦訳『21Ｌｅｓｓｏｎｓ――21世紀の人類のための21の思考』２０１９年）の最終章で、そのようなディストピアを避けるために、瞑想をすすめている。またクリガン＝リードは、前出の著書で身体性を取り戻すことを推奨している。いずれも禅の教えに通じるものである。

たとえば道元は「仏道は身をもって得るなり」と説く。また現代の禅師・藤田一照は、悟りとは、仏教的瞑想を通じて「身体化された気づき（embodied awareness)」を体得することだと語る。

このような価値観の転換を背景に、マインドフルネス運動が、世界中に広まりつつある。この点については、第Ⅲ部で詳しくみることにしたい。

17　Post Truth から Pre Truth へ

通説

デジタル社会では、誰もが発信者になる。さらにＩｏＴによって、モノが発信する情報量が爆発する。フェイクニュースが溢れ、前述した Post Truth がまことしやかに喧伝される。そのなかで、情報の真偽を見極め、意味のある情報を手繰り寄せて、正しい判断を下すのは、至難の業である。

そこで、ＡＩに情報をスクリーニングさせる、さらには、ＡＩそのものに判断させるというシーンが、現実のものとなっている。中国では、個人のＩＤが顔認証で特定され、アリペイの支払い情報から、その人の信用力を即座に判明する仕組みが導入されている。レベル5の自動運転が普及すると、安全はＡＩに委ねることになる。ドライバーに判断させるより、圧倒的に事故率が下がるという実証実験結果も、各地で報告されている。

情報の真偽に関しては、ブロックチェーン技術でデータの履歴を正確にトレースできるようになれば、信頼性が担保されるようになる。フェイクニュースや Post Truth のような情報操作を根絶することが可能になるだろう。

ハラリが主張しているように、近代文明は共同虚構を構築してきた歴史である。その生成のプロセスをＡＩがディープラーニングすることができれば、人間より一貫性が高く、正確な判断が下せるようになる。さらに、そこで学習したアルゴリズムを、他のシチュエーションに転移させる（トランスファーラーニング）ことができるようになれば、応用範囲が格段に広がるはずだ。

このように、ＡＩのアルゴリズムを正しく使いこなせるようになれば、デジタル社会は人間にとって合理的で、秩序立ったものになっていく可能性が高い。

真説

しかし、真偽ではなく善悪の判断となると、話は別だ。そこには価値観というアルゴリズムが必要となる。英米のような判例法国では、過去の判例を判断の根拠として重視する。それであれば、ＡＩが機械学習を通じて、正しい判断を下せそうだ。しかし、言うまでもなく、自動的な前例主義だけで善悪を判断するのは早計である。実際に判例とは異なる判断が下された事例は、少なくない。判断の根拠となる価値観は、時代や場所によって変わりうるのである。

もう一つの判断軸が、世論である。世間一般の風説や議論。これは判断軸としては、かなり怪しい。

２０１６年に、マイクロソフトが世の中に送り出したチャットボットのTayが、突然、「イスラム教徒を殺せ」とか、「ハイル・ヒットラー」などと言い始めるという事件があった。どうやら悪意を持ったユーザーが、人種差別、性差別ととれる言葉や陰謀論などを意図的に大量流布したらしい。現在のＡＩは、ビッグデータのなかに頻繁に登場するコンセプトを抽出して、今これが世論であるらしいと判断してしまうからだ。

たとえ情報の真偽を見極められたとしても、ビッグデータは所詮、過去のデータでしかない。それを分析することによって、将来予測はある程度可能である。しかし、これまでのデータにない非連続な将来を予測することは不可能だ。それに対して人間は、現実に働きかけることによって、未来を作り上げることができる。

言い換えれば、バックミラー（ビッグデータ）に映る虚像（Post Truth）ではなく、フロントに広がるこれから実現するであろう真実（Pre Truth）を視野に入れながら、未来に向けて現実を駆動していかなければならない。

パーソナル・コンピュータの生みの親と呼ばれるアラン・ケイは、未来に関して次のような名言を残している。

「未来を予測する最も確実な方法は、それを発明することだ」

18　共通善から進化善へ

通説

価値観に関しては、アリストテレスの「共通善」（Common Good）という概念が、長い時を経て再評価されている。アリストテレスは、『ニコマコス倫理学』で社会における共通善の重要性を説き、その中核となるのが「友愛（philia）」としている。共感社会を目指すという21世紀型の共通の価値観とも符合する。

「白熱教室」で人気のハーバード大学のマイケル・サンデル教授は、「共同体（コミュニティ）全体の道徳的な目的」に合致する価値観を「正義」と表現する。共同体は伝統の上に成り立っており、そこでは、利己的な目的にもとづいた言動は許されない。市場原理を超えた共同体原理こそが、21世紀型の価値観の基盤となるという立場である。

この共通善というコンセプトを経営論に持ち込んだのが、野中郁次郎・一橋大学名誉教授である。同教授は、２０１１年に『ハーバード・ビジネス・レビュー』に掲載された論文「賢慮のリーダー」のなかで、「共通善（Common Good）を基軸に、個々の文脈のなかで、最善の判断ができる実践的な知性」として「実践知（フロネシス）」の必要性を説く。そして、実践知を体得することこそが21世紀型リーダーの条件だと主張している。

真説

しかし共通善は、定義上、閉鎖的な共同体の価値観を色濃く反映する。しかも、伝統的な秩序を維持しようという力が働き、保守的なものになってしまう。このようなエントロピーゼロの世界は、安定しているものの変化が起こらない。共通善という絶対的な価値観からは、破壊的な発想は生まれないのである。

しかし実際には、共同体の垣根の外には、多様な価値観が渦巻いている。そのような混沌が持つエネルギーから新しい価値が生まれ、やがてパラダイムシフトを迫る。これが政治や社会の秩序に革命をもたらし、経済的な枠組みを破壊していく。経済学者ヨーゼフ・シュンペーターがかつて「創造的破壊」と呼び、クリステンセン教授が「破壊的イノベーション」と名付けたダイナミズムである。

では秩序の破壊は善か悪か？　秩序を守る側の旧来的なコミュニティに属するのか、失うものはない新興コミュニティに属するかで、当然その判断は真逆になる。では、守る側か壊す側かというデジタルな選択肢しかないのであろうか？

実は、第3の選択肢がある。ヘーゲルが定式化した弁証法で言うところの「アウフヘーベン（止揚）」という立ち位置である。これまでの秩序が〈正〉、破壊が〈反〉だとすると、〈合〉、すなわちその両方を包含する、より高次の価値観を目指すという思考法だ。この立場をとれば、共通善は従来の価値観にとらわれない自由な発想を取り込みながら、より一段高いレベルへと進化し続けることになる。言うならば「進化善」である。

日本では、千利休以来、「守破離（しゅはり）」が道を究めるための教えとして受け継がれている。これはまさに弁証法的進化のプロセスそのものだ。「あれか、これか」というデジタルな発想を超える思考法こそ、日本人が常に外から学びつつ、さらなる高みを目指し続けるアルゴリズムなのである。

19　客観正義（正統）から主観正義（異端）へ

通説

共通善は、広くコミュニティ全体に正しい規範として受け入れられたものである。欧米人は、自分たちの価値観を世界共通の規範として広めることに長けている。キリスト教しかり、ギリシア哲学しかり、自然科学しかり。共通善として認められた価値観は、正義として位置付けられる。しかも正統性、客観性を持った価値観として、世界中に伝播されていく。

最近では、ＳＤＧｓがその好例だ。「持続可能な開発目標（Sustainable Development Goals）」と題して、17の大項目、１６９の小項目が、２０３０年までに達成すべき目標として、国連から提唱されている。

一つひとつは、文句のつけようがないくらい納得性のあるものだ。もっといえば、なぜこのような当たり前の目標を、しかも具体的な目標値を示さず、強制力も持たないまま、わざわざ国連で合意したのかが、不思議なくらいである。

実は、先進国、新興国いずれも、これらを共通善として共通認識したことこそが、ＳＤＧｓの最大の成果である。それによって、これらの目標は、客観正義として異論の余地のない正統性を与えられたのである。

真説

このようなあまりにも当たり前のことは、いわば世の中の常識の後付けにすぎない。しかも世の中にはまだ広く認知されていないエッジの立った価値観は、当然ながらリストから外されている。

たとえば、安全や健康は謳われているが、安心や幸福といった、より高次の価値観は入っていない。また人や自然との共生は謳われているが、ロボットやＡＩとの共生はどこにもない。この17項目に入っていない価値観こそ、２０３０年のさらに先の目標として、しっかりと世界に発信していく必要がある。

さらに、ここに合意されている価値観に関しても、いたずらに迎合する必要はない。異論があれば、しっかりと唱えるべきである。

たとえば、ＳＤＧｓの13番の気候変動問題。温暖化の原因としてCO_2が槍玉に挙げられ、「脱炭素社会」が客観正義として標榜されている。

これに対して、三菱ケミカルホールディングスグループは、異論を唱えている。「脱」ではなく

「新炭素社会」を目指すべきだというのである。同社の小林喜光会長は、ＳＤＧｓが合意される5年も前から、次のように語っている。

「化学産業は炭素を加工して付加価値の高い製品を作り出すいわば〝錬炭術〟。リチウムイオン電池も太陽電池も炭素繊維も、温暖化ガス排出削減につながるイノベーションはすべて炭素を使った技術だ。英語では『Low carbon society』などとは言わない。むしろ『新炭素社会』と言うべきではないか」（『日本経済新聞』２０１０年3月8日付朝刊）

共通善に従うのは、企業としての最低限の責務である。しかし、単に世の中におもねっているばかりでは、その企業の存在意義が問われる。自らの信念にもとづいて、まだ客観正義として認知されていない価値観を、正々堂々と主張する勇気こそ、本来の正義感ではないだろうか。

先に紹介したエン・ジャパンの越智通勝会長は、筆者との対談で次のように語っている。

「業界全体が転職をあおるなか、私たちは『転職は慎重に。』という真逆のメッセージを発信してきました。当初は私個人の主観的な主張でしたが、考え方を地道に伝えていくうちに、求職者も企業も世の中も支持してくれるようになりました。ある程度、業界全体にも良い影響を与えられたのではないでしょうか。周りから認められるようになったことで、自分なりの仮説の正義が、結果として『社会正義』に近づいていると思います」

越智会長は、このような自らの信念にもとづく正義を「主観正義」と呼ぶ。21世紀に求められるのは、客観正義にへつらうことではなく、主観正義を堂々と主張し、それを客観正義にまで認めさせる努力を惜しまないことではないだろうか。

第II部

シフトからアップグレードへ

第5章 デジタルの先へ

20 C（サイバー）からP（フィジカル）へ

通説

デジタル旋風が吹き荒れている。とはいえ、技術的にはすでになじみのあるもののオンパレードだ。具体的には、クラウド、アナリティクス、モバイル、ソーシャル＆セキュリティ。IBMではこれらを「CAMS」と呼んでいる。これらの要素技術を組み合わせることで、IoT、AR／VR、ロボティクス、3Dプリンティングなどの多様なアプリケーション技術が登場することになる。

従来のネットビジネスは、コミュニケーションやEコマース、エンターテインメントなど、バーチャルなBtoC型のアプリケーションが主体だった。しかし、ドイツではこれを製造業に広げて、「インダストリー4・0」と名付けている。さらに、アメリカでは「インダストリアル・インターネット」が標榜され、製造業にエネルギー・ヘルスケア・公共・運輸を加えた5つの産業を対象にしている。日本では、同様のモデルを経産省が「コネクテッド・インダストリーズ」として2017年に発表、さらに、経団連や内閣府が、対象を産業から社会全体にまで広げた「ソサエティ5・0」を発表している。いずれも、産業や社会、そしてバーチャルとリアルが融合した世界に広がっている点が共通している。

それを可能にしたのが、IoTだ。ヒトとヒトだけでなく、あらゆるモノがネットにつながるようになったことで、リアルな世界をバーチャルな世界から制御できるようになったのである。

これらインダストリー4・0、あるいはインダストリアル・インターネットの本質を示したものが、図5のCPSモデルだ。サイバー・フィジカル・システム、すなわち、サイバー（バーチャル）な世界とフィジカル（リアル）を融合させるシステムである。

サイバー空間とフィジカル空間では、カギとなる知識ドメインが大きく異なる。前者はIT（Information Technology：情報技術）、後者はOT（Operation Technology：制御技術）。前者はシリコンバレーや中国が他を圧倒しているのに対して、後者はいまだに日本やドイツが世界をリードしている。

CPSに軸足が移った現在、日本企業としては、フィジカルな世界における優位性を武器に、サイバーの世界の知恵をいかに取り込むかが問われている。

図5　CPS

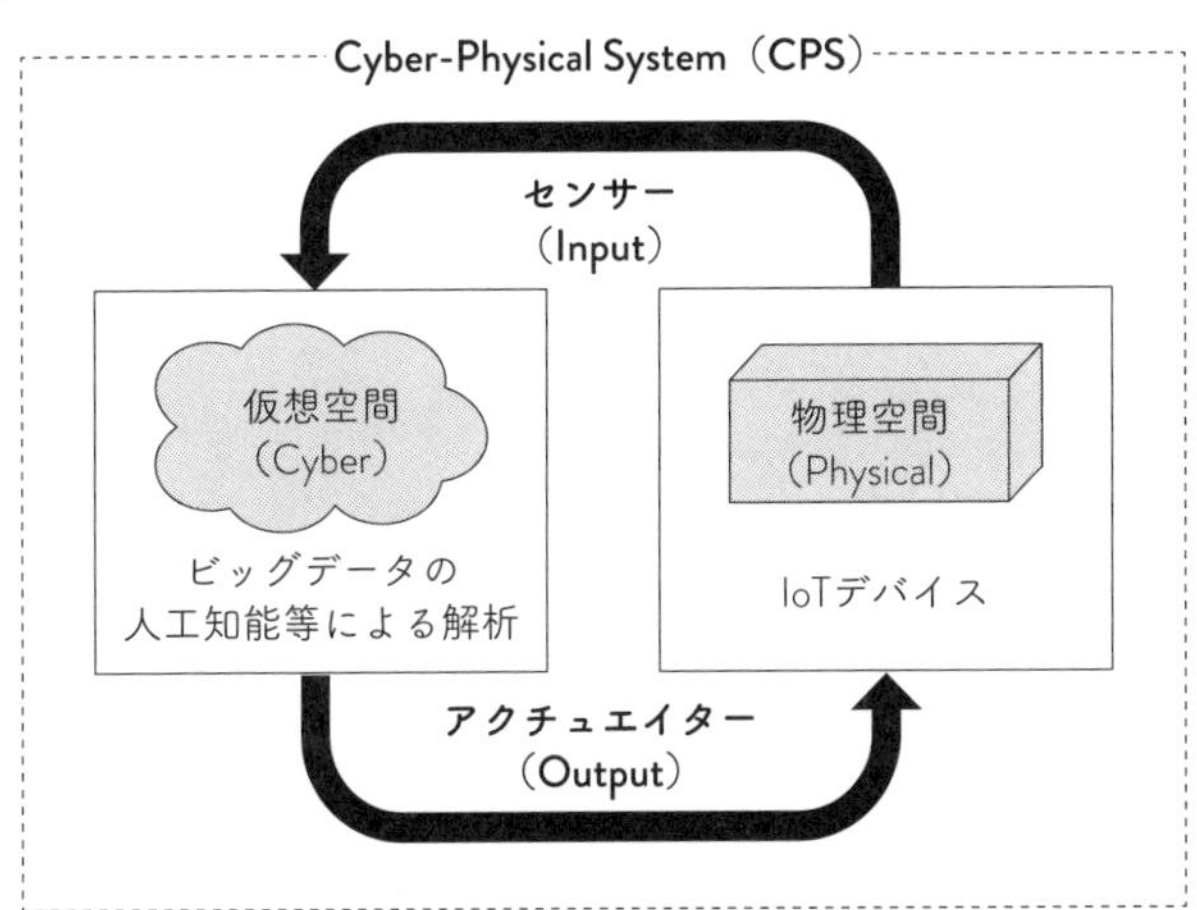

出所：筆者作成

真説

サイバーの世界では、情報を処理することで、瞬時に正しい答えが導き出せるかのような錯覚に陥りやすい。しかし、フィジカルな世界は、ロジカルな答えだけでは通用しない。現実の世界は複雑系の常として、予測不可能な非線形の動きをする。さらにそのなかのアクターとしての機械や人間は、それぞれ固有の個性（クセ）を持ち、想定通りの行動をとるとは限らない。ＣＡＭＳなどというデジタル技術を組み合わせただけでは、現実の世界を制御することは不可能なのである。

そのためには、現場に密接にかかわり合い、現場を動かす深いアナログの知恵が必須となる。それは理性以上に、クラフト（工芸）、あるいはアート（芸術）とでも言うべき鋭い感性が求められる。

日本におけるＡＩの第一人者である東京大学の松尾豊教授は、ＡＩ時代を引っ張るのは高等専門学校（高専）出身者だと看破する。以下、同教授のインタビューコメントだ（『日経産業新聞』２０１８年11月15日付）。

「高専出身者は、とにかく手が動く。普通に東大に入学した学生は口はうまいが、やらない。高専出身者はとにかくやってみて、結果を私のところに持ってくる。こちらも的確な指導ができて、次のチャレンジにどんどん進んでくれる。いろいろなモノを使えるようにする実装力がある。プロジェクトのリーダーとしてもふさわしい」

「ぼくからすると、この日のために高専があるといってもいいくらいだ。『よくぞ（日本固有の高専教育を）作ってくれていたなぁ』と思う。高専は高度成長期に製造業の現場を強くしようとする目的で作られた。今のイノベーションの素養と高専教育が一致している。聞けば聞くほどよくできたシステムだ」

「高専生は日本の宝だ。こんな人材が毎年1万人も輩出していることはすごいことだ。ただ残念ながら高専自身がその価値に気づいていない。高専生は『自分たちがすごいところにいる』と認識してほしい。20歳そこそこで活躍の場が大きく広がっている」

ＡＩ人財の獲得は、あらゆる産業において、喫緊の課題となっている。政府肝いりで、ＡＩ教育を強化しようと大慌てだ。いかにも日本的な浮足立った光景である。

もちろん、ＡＩの専門家は一定程度必要だ。しかし、ＡＩのようなロジカルな世界は、あっという間にコモディティ化する。

ＣＰＳ時代の最大の希少資源は、フィジカルの世界を絶妙に操れる匠の知恵だ。日本はそれを現場が豊かに蓄えてきた。それこそが、ＡＩのプロである松尾教授が言う「日本の宝」なのである。

シリコンバレーやテルアビブ、深圳ばかり気にしている日本の経営者は、デジタルにへつらうモードからいい加減に脱却すべきである。ソサイエティ5・0の真価は、デジタルの先に日本、そして世界の未来を描けるかにかかっているのである。

21　クラウドからエッジへ

通説

クラウドコンピューティング全盛期である。5G、さらに6G時代になれば、ますます手元にコンピューティングパワーを持つ必要はなくなる。クラウド側がビッグデータを集積し、そこでアナリティクスを駆使して最適の答えを送ってくれる。

そこでは頭脳はクラウド側が担い、現場は目となり、手足となりさえすればいいということになる。しかもその中枢（頭脳）に座っているのはＡＩ。そして現場は、センサー（眼）でありロボット（手足）がいれば十分ということになる。では人間の役割はどうなってしまうのか？

デジタル技術の専門家であるバブソン大学のトーマス・ダベンポート教授は、ＡＩ時代の人間の役割は5つ（Step Up, Step Aside, Step In, Step Narrowly, Step Forward）あると語っている。いずれもStepという言葉で表現しているところがなかなか面白い。

この5つの役割のうち、ＡＩには簡単に担えないものが2つある。

1つ目は、最初のStep Up。大局観を持って高度な判断を行うというもの。ＡＩは個別具体的なものをディープラーニングすることは得意だが、ズームアウトして全体を見渡し、そこから本質を見抜く判断力を身につけるには、ロジックを超えた洞察力が必要となる。

もう1つは、最後のStep Forward。先を読む先見力を持って、先述した「未」を「既」に変えていく創造力である。ビッグデータは所詮、過去と現在のものでしかない、そこから未来はある程度予測できても、データがない未知の世界を読み解くのは不可能だ。

この2つのＡＩを超えるパワーを磨き上げた人間こそ、第4章で紹介したハラリ教授に言わせれば「ホモ・デウス」である。それ以外の3つの役割にとどまる人間は、ＡＩと同じレベルでホモ・デウスに使われることになる。そして、ＡＩと共生もできない人間は、ＡＩに使われる最下層に身を落とすことになる。いかにもＳＦ映画に出てきそうなシーンである。

好むと好まざるとにかかわらず、ＡＩの進化とともに、クラウドの中枢で、アナリティクスやアルゴリズムといった「脳」力を持った存在が世界をコントロールする日が、すぐそこまできているのである。

真説

クラウドという怪しげな雲のなかで、すべてが意思決定され、指示が下されるというモデルは、極めて中央集権的な20世紀型の世界観である。第10章で紹介する組織モデルで言うと、機械論（オレンジ）のパラダイムである。クラウドが頭脳で、現場は手足にすぎないということになる。

これに対して、最近台頭しているのがエッジコンピューティングだ。エッジ、すなわち末端（現場）にこそ頭脳が宿るというモデルである。コンピューティングパワーが希少資源であった時代には、それを中央で集約して効率よく活用するしかなかった。しかし、半導体などのデバイスの進化によってあらゆるモノ（エッジ）にコンピューティングパワーを実装できるようになると、現場が頭脳を持つようになる。

それどころか、サイバー空間からCPS空間に移動すれば、フィジカル（現実）の世界で瞬時に意思決定し、現実を動かさなければならなくなる。

たとえば、自動運転が実用化されるためには、いちいちネットワークを介してクラウドコンピューティングをしていたのでは危険極まりない。クラウドとのやり取りにおける情報伝達のわずかな遅れや途絶は命取りだ。ブレーキやステアリングという物理的な制御装置（エッジ）に、頭脳を実装しなければならないのである。

これは自動車に限らない。工場や医療など現場での高度な判断が要求される場合、悠長にクラウドコンピューティングに頼っているわけにはいかない。そのようなミッションクリティカルな現場に導入されつつあるのが、エッジコンピューティングである。エッジ、すなわち現場のデバイスにコンピューティングパワーが実装されているモデルだ（図6）。

この図を作成したプリファードネットワークスは、日本随一のユニコーン企業である。同社は創業者・西川徹社長をはじめとするＡＩの天才技術者の集団だ。ディープラーニング技術を半導体に実装することで、自動車やロボットなどに頭脳を埋め込んでいる。その結果、考える自動車や考える工場が実現するのである。トヨタ、ファナックなどがいち早く同社に出資したのもうなずける。

西川社長は、インタビューのなかで次のようにコメントしている。

「当社はＡＩと、そのＡＩ技術（ソフト）を使って動く対象物（ハード）の両方を徹底的に知り尽くすのが強みだ。ＡＩだけ売りにする企業は多いが、実はハードとのすりあわせが難しい。それが重要な技術で、勝ち残りのカギだ」（『日本経済新聞』２０１９年6月5日付朝刊）

図6　CLOUD→EDGE COMPUTING

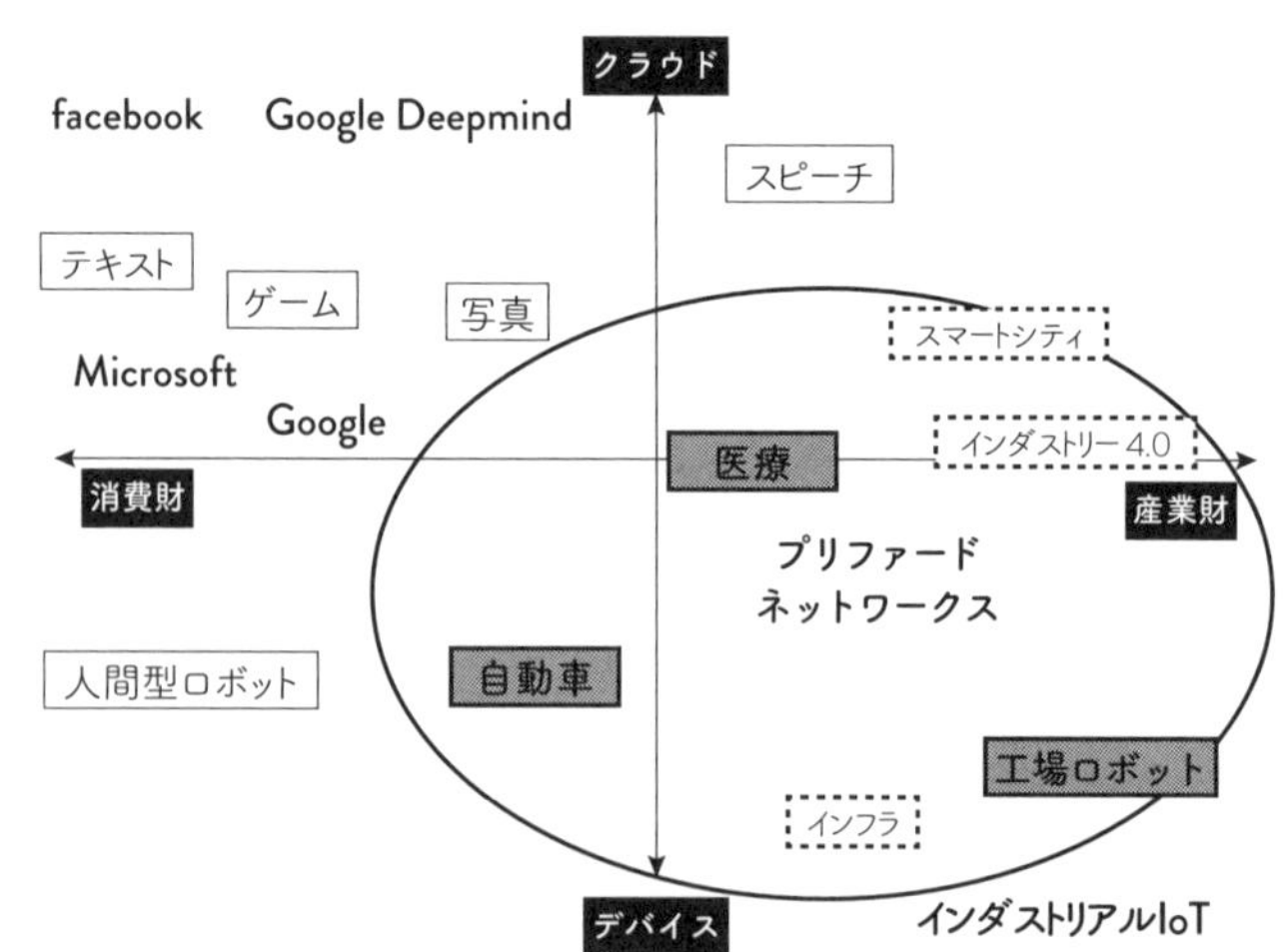

出所：プリファードネットワークス

世の中でもてはやされているビッグデータは、使われない限り単なるゴミの山でしかない。ましてその膨大なデータから、役に立つデータを掘り起こすのは、途方に暮れるような作業量である。もちろんコンピュータがパワーアップし、量子コンピュータなどが実用化すれば、データマイニングなど瞬時にこなしてしまうだろう。もっとも、そこで生じる膨大な熱量たるや、今の温暖化問題どころではなくなるだろうが。

現場で本当に必要なデータは、ビッグデータではなく、その時、その場所、その事態に最も適したピンポイントデータなのである。そのようなデータ処理のアルゴリズムを、いかにそれぞれの現場に実装するかが勝負となる。

〈クラウド＝中枢〉ではなく〈エッジ＝現場〉にこそ頭脳がある――。これが、21世紀の自律分散型パラダイムにおける「デジタルの先」のモデルである。

22 デジタルハブ（出島）からクロスカプリングハブ（異業種結節点）へ

通説

多くの企業が、デジタルシフトに躍起になっている。しかしその実態は、業務プロセスの自動化やネットを活用した顧客とのダイレクトコミュニケーションの強化など、従来のＩＴ化の延長であることが多い。

なかには、ＡＩを試験的に導入するなど、先進的な取り組みを始めたところもある。ただ、現状の業務をそのままＡＩに移行させようとして、これまでよりパフォーマンスが落ちた、あるいは、大幅なコスト上昇につながったなどという失敗例も後を絶たない。ここは従来のＩＴ化同様、まずは業務の断捨離や業務プロセスの整流化が大前提となる。

ただ、いずれにせよ、内向きのデジタルシフトでは限界がある。デジタルを駆使した新しい事業モデルの開発こそが、ＤＸの本命であるはずだ。そのためには、既存の事業や機能から独立した「デジタルビジネスハブ」と呼ばれる「出島」が必要となる。

日本生産性本部の調査によると、イノベーションを目的とした出島を設立している日本企業は4～5社に1社程度。そのうちの半数は国内かつ社内に設置しており、海外に出島を出しているところは、5社に1社以下。全体でみると5％以下にすぎない。

デジタル事業の本場は、なんといってもシリコンバレー。ここにアンテナ拠点を設置している企業は多いが、事業開発の拠点を置いているところはまだ少数だ。

中枢（国内、本社）は、デジタル変革の波頭から最も遠い。波打ち際に立つエッジ（海外、別組織）こそがデジタルシフトの担い手になるべきである。

真説

既存勢力にとって、デジタルシフトをするうえで、自社のフィジカルな資産は「負債」と受け止められがちだ。しかし、出島を拠点に、ゼロベースでデジタルに突っ込んでも、勝算はない。いかに既存の資産を活用するかが、既存企業の知恵の絞りどころとなる。

一方、デジタル企業は、リアルの世界に乗り出すうえで、これまで持ちえなかったフィジカルな資産や実業の知見は、のどから手が出るほど欲しい。先述したCPSへの流れは、サイバー企業とフィジカル企業が手を組むことによる絶好の成長機会をもたらす。

そのあたりの動向を、筆者の論文「学習優位の競争戦略」（『ダイヤモンド・ハーバード・ビジネス・レビュー』２０１８年10月号）から一部引用して紹介しよう。

「シリコンバレーでは、ホンダ・イノベーションズが、グーグルのお膝元のマウンテンビューで、ベンチャー企業とのコラボレーションを加速している。ＡＩやアプリケーションソフトは、実機に実装してみない限り、本当の有用性は実証されない。自動車会社の方は、コラボする以上、まずは自社に囲い込みたがる。一方、ベンチャー企業側は、それだと自動車会社の思惑一つで、技術がいつまでも日の目をみなかったり、広く拡販する自由度を奪われたりすることを危惧する。そこでホンダ・イノベーションズでは、このような縛りなく、ベンチャーの技術を本社側に紹介し、実機に実装する仕組みを提供している。その自由度が好感されて、地元のベンチャー企業群が腕によりをかけた技術をもちこんできている。

同社の隣にオフィスを構えるパナソニックβの取り組みも面白い。そもそも同社はオペレーショナル・エクセレンスを極めるパナソニック本体（いわば「パナソニックα」）とは全く異なり、シリコンバレー流のリーンスタートアップ方式を採用している。オフィスのなかにプロトタイプが簡単に作れる工房を備え、現地企業とまさに「同じ釜の飯を食う」関係を作り上げている。

ただそれだけでは、どこにでもありがちなシリコンバレーの出島部隊でしかない。同社が優れているのは、本社の若手を3カ月、半年といった期間で同社に駐在させ、シリコンバレー流をしっかり刷り込んでいる点である。その結果、本社側の現場そのものが、シリコンバレー流の仕事の仕方を身につけるようになる。

しかもパナソニックβのトップである馬場渉氏は、同時に本社（α会社）のビジネスイノベーション本部長でもある。したがってシリコンバレーではジーンズとTシャツ姿の馬場氏は、門真の本社では、背広姿に変身してシリコンバレー流の伝道師になっている。このような仕掛けを通じて、オペレーショナル・エクセレンスに長けた門真と、事業モデルイノベーションの宝庫であるシリコンバレーを通底させることができれば、パナソニックが「サイバー・フィジカル・システム」の覇者に躍り出ることも、夢ではあるまい」

単に出島を作っただけでは、たとえ新規事業が成功したとしても、その企業ならではのものにはならない。ましてや、全社変革へとつながる導線とはなりえない。

出島ではなく、本体と異質なプレーヤーとの結節点（クロスカプリング）となること――それが、CPS、そしてエッジコンピューティング時代におけるデジタルハブの本質的な役割なのである。

23　深層学習から転移学習へ

通説

認知科学によれば、認知の基本はパターン認識である。我々の知恵は、さまざまな情報をパターン認識することによって、分類され、蓄積され、加工、利用されてきた。

コンピュータは、プログラムされなければただの箱にすぎない。従来のAIは、外部からのプログラミングによって初めて情報処理をすることができた。

そのAIが近年、飛躍的な進化を遂げたのは、機械学習（マシーンラーニング）や深層学習（ディープラーニング）によるところが大きい。外部からのプログラミングを必要とせず、自ら学習し、自ら情報を的確に処理できるようになったのである。

そのトリガーとなったのが、AIが「眼」を持ったことだと松尾豊東大教授は指摘する。センサーというIoTと深層学習によって、AIが自ら画像処理を行えるようになった。たとえば、従来であれば、AIが猫を認識するためには、猫の特徴を事細かに入力する必要があった、しかし、深層学習ができるようになると、猫の画像を何枚も見ることによって猫の特徴を自らパターン認識し、猫を猫として識別できるようになる。松尾教授は、「動物が眼を持つことによって、大きく進化したカンブリア紀と同じ大変革期が、AIにも訪れた」と語る。

もっとも人間の五感と比較すると、視覚に続き、聴覚もある程度進化し始めたものの、味覚や嗅覚、触覚は、人間のレベルには遠く及ばない。しかし、味覚センサーなどのセンシング技術の進化に伴い、AIが人間と同等、そして人間を超える認知能力を備えるのは、時間の問題だろう。

真説

猫を猫として自ら認識できるのは、大きな進歩である。しかし、人間は猫のイメージをメタファーとして他のものに転写することができる。

たとえば、ミュージカルのCATSや、バットマンに出てくるキャットウーマンを見たAIは、どう理解するだろうか？　ルイス・キャロルや村上春樹などに出てくる言葉をしゃべる猫は、ＡＩをひどく混乱させるのではないだろうか？　擬人化や擬猫化とも言うべき技は、機械学習だけではなかなか身につかないはずだ。

人間は、現実をほかのものに転写したり、多様に組み合わせることで、創造力をかき立てることができる。たとえば、山火事という自然現象にヒントを得て、自ら火をおこすことを覚える。鳥のように空を飛ぶことを夢見て、やがて飛行機を発明する、といった具合だ。

機械学習は、一つのカテゴリーに分類したり、同一カテゴリー内の規則性を見極めたりすることは得意だ。しかし、それをまったく違うカテゴリーに応用するためには、類推（アソシエーション）という認知パワーが求められる。

そのような想像力と創造力をいかんなく発揮する営みが、アート（芸術）である。ＡＩが進化すればするほど、アートのような、ロジックでは処理できない世界の希少価値が高まる。

少し前に、レンブラントの画法を習得したマイクロソフトのＡＩがレンブラントばりの新作を描いたというニュースが話題となった。

機械学習によって、画法そのものを身につけることはできるだろう。場合によっては、本人以上に本人らしい新作が作れるかもしれない。しかし、画法そのものを一から作ることはできない。まして、そのパターンを自ら壊して新しい画法を生み出せと言われても、途方に暮れることだろう。もっとも、レンブラント風をダビンチ風にアレンジするくらいのことは、朝飯前かもしれないが。

ただし、ＡＩの世界でも、転移学習（トランスファーラーニング）という新たな境地が試みられている。機械学習で学んだパターンやアルゴリズムを、まったく別のカテゴリーに転写する手法である。まだまだ実験段階ではあるが、この「ずらし」の力を身につけたＡＩは、さらに進化を大きく加速させることだろう。

24 人工知能（Artificial Intelligence）から拡張知能（Augmented Intelligence）へ

通説

シンギュラリティの到来が、まことしやかに語られている。ＡＩが人間の知恵を超える技術的特異点だ。ＡＩの世界的権威であるレイ・カーツワイルが、シンギュラリティが２０４５年に到来すると予言して10年以上が経つ。あと、四半世紀で実現するというわけだ。

これに対して、ＡＩの限界を指摘する声も少なくない。たとえば、東大に合格するロボット（東ロボくん）プロジェクトのリーダーである新井紀子教授（国立情報学研究所社会共有知研究センター長）は「シンギュラリティは来ない」と断言している。

いずれにせよＡＩ万能論者は少数派だ。しかし一方で、ＡＩを脅威ととらえる人が少なくない。ＡＩに仕事を奪われるのではないかという漠然とした不安。なかんずく、ＡＩを理解していない人ほど、そのような不安を覚えているようだ。

一方ＡＩを理解している人の多くは具体的な懸念を口にする。おおむね、次のような3つのパターンに集約される。

1つ目は、AIがなぜそう判断したのかをトレースできないことへの不安。AIは、自ら学習したアルゴリズムをベースに勝手に判断する。たとえその判断が間違っていたとしても、ロジックをたどりようがない。いわばブラックボックスだ。そうなると、トヨタのようにWhyを5回唱えて問題解決をする道が絶たれてしまう。ただ最近は、アルゴリズムをあえて見える化する「ホワイトボックス型AI」も登場している。

2つ目は、AIはロジカルではあっても、感性にもとづく判断はできないというもの。たとえば、大手企業の採用担当部門のなかには、膨大な応募書類から面接対象を絞り込む際にAIを使っているところが出てきた。その企業が求める人財のプロフィールは、ある程度ロジックで絞り込める。しかし、それだけでは、これまでの規格をはずれた変わり種を除外しかねない。筆者がマッキンゼーで新人採用のリーダーをしていた経験を鑑みれば、AIが選ばなかったであろう人財にこそ真の逸材が存在することが多い。要は使いようである。

3つ目は、AIが悪意を持った場合を懸念する声だ。たとえば、スティーブン・ホーキング博士は、「人工知能の発明は人類史上最大の出来事だった。だが同時に『最後』の出来事になってしまう可能性もある」と語っている。またテスラの創業者イーロン・マスクCEOは、「人工知能は悪魔を呼び出すようなもの」と警鐘を鳴らしている。

AIが暴走しないようにいかに管理するかは、21世紀の大きな課題の一つである。

真説

シンギュラリティが来るか来ないかという議論は、神学論争に近い。より重要なポイントは、いずれにせよＡＩが急速に人間の知能に近づきつつある点である。プレ・シンギュラリティ――すなわち、シンギュラリティが到来する以前に、ＡＩが大きな変化をもたらす時代が訪れる。

ＡＩ（Artificial Intelligence：人工知能）という言葉が最初に使われたのは、１９５６年に開催されたダートマス会議、今から半世紀以上前である。まだ、科学に対する期待やあこがれが高かった時代だ。この会議が、認知科学（Cognitive Science）の発祥とされている。

しかし、Artificial（人工）という言葉には、いかにも不自然で狡猾なニュアンスがつきまとう。悪意とまでは言わないまでも、作為を感じさせる。

そろそろ新しいネーミングを考える時期にきているのではないだろうか。

たとえばＩＢＭはＡＩではなく、コグニティブ・システムという概念を好んで使う。日本ＩＢＭの武田浩一氏（東京基礎研究所技術理事）によれば、コグニティブ・システムの最も重要な特徴は、人との自然なインタラクションだという。

そういえば、ドラえもんは22世紀からやってきたネコ型ロボットという設定である。そう、ＡＩは猫を見分けられるだけでなく、猫にすらなれるのだ。ドラえもんがのび太の身に降りかかる災難を克服しようとする姿には、ＡＩと人間の共生の姿が生き生きと描かれている。

武田氏は、コグニティブ・システムは「人の意思決定を支援するという明確な目的意識を設計思想の中心にする」とも語っている。科学のための科学ではなく、人間を支援することを目的としている点で、従来のＡＩとは一線を画すという。

そうであれば、同じＡＩでもAugmented Intelligence（拡張知能）というネーミングの方がふさわしいのではないだろうか。これであれば、人間に対峙する存在ではなく、人間の知能を増強する機能という意味合いが強くなるはずだ。

ＡＩの別の読み替え方として、Artistic Intelligence というのもどうだろうか？　フランスの知の巨人ジャック・アタリは自身のホームページに「Artistic Intelligence は存在するか？」というコラムを執筆している。ＶＲを活用して、芸術家の想像力をかき立ててみるのはどうか、というのである。

従来、サイエンスとアートは、左脳と右脳くらい、別の世界の活動と考えられてきた。Artistic Intelligence はこの両者を結ぶことで、我々をより高次元の世界へと導いてくれる可能性があるのではないだろうか。

25　ＡＲからＡＨへ

通説

Augmented といえば、ＩoＴの分野では Augmented Reality（ＡＲ：拡張現実）の商用化が期待されて久しい。

図7はガートナーが毎年発表している『先進テクノロジのハイプ・サイクル』の２０１８年度版だ。ＡＲはまさに、幻滅期のどん底にある。しかし、アップルのティム・クックＣＥＯは、「ＡＲは次のコンピュータプラットフォームになる」と期待を寄せている（『日本経済新聞』２０１９年12月11日付夕刊）。これから「啓蒙活動期」に進化していく可能性が高い。

最近話題を呼んでいるのが、ＭＲ（Mixed Reality：複合現実）である。ＶＲ（Virtual Reality：仮想現実）とＡＲを融合させたものだ。マイクロソフトのHoloLensが代表例だ。現実世界に高解像度のホログラムを投影し、操作することができる。自分のデスク上や会議室など、あらゆる場所・空間であたかもそこに存在するようにホログラムを見ることができる。シミュレーションツールとしてもコラボレーションツールとしても、幅広い活用が期待されている。ただし、図7のガートナーのハイプ・サイクルでは、下降局面まっしぐらということになってはいるが。

ちなみに、このガートナーの予測によれば、ＡＩ技術として注目度の高いディープラーニングやデジタル・ツインは、ハイプ・サイクルの頂点にいるということになる。技術的な可能性と事業としての成功は別物だ。

真説

ＡＲが事業として成功するかどうかは予断を許さない。一方で、ＡＲの専門家の間では、ＡＲを超えたAugmented Human（人間拡張）がより本質的な未来として議論されている。

たとえば、北米のＡＲの第一人者ヘレン・パパヤニス博士が

図7　先進技術のハイプサイクル

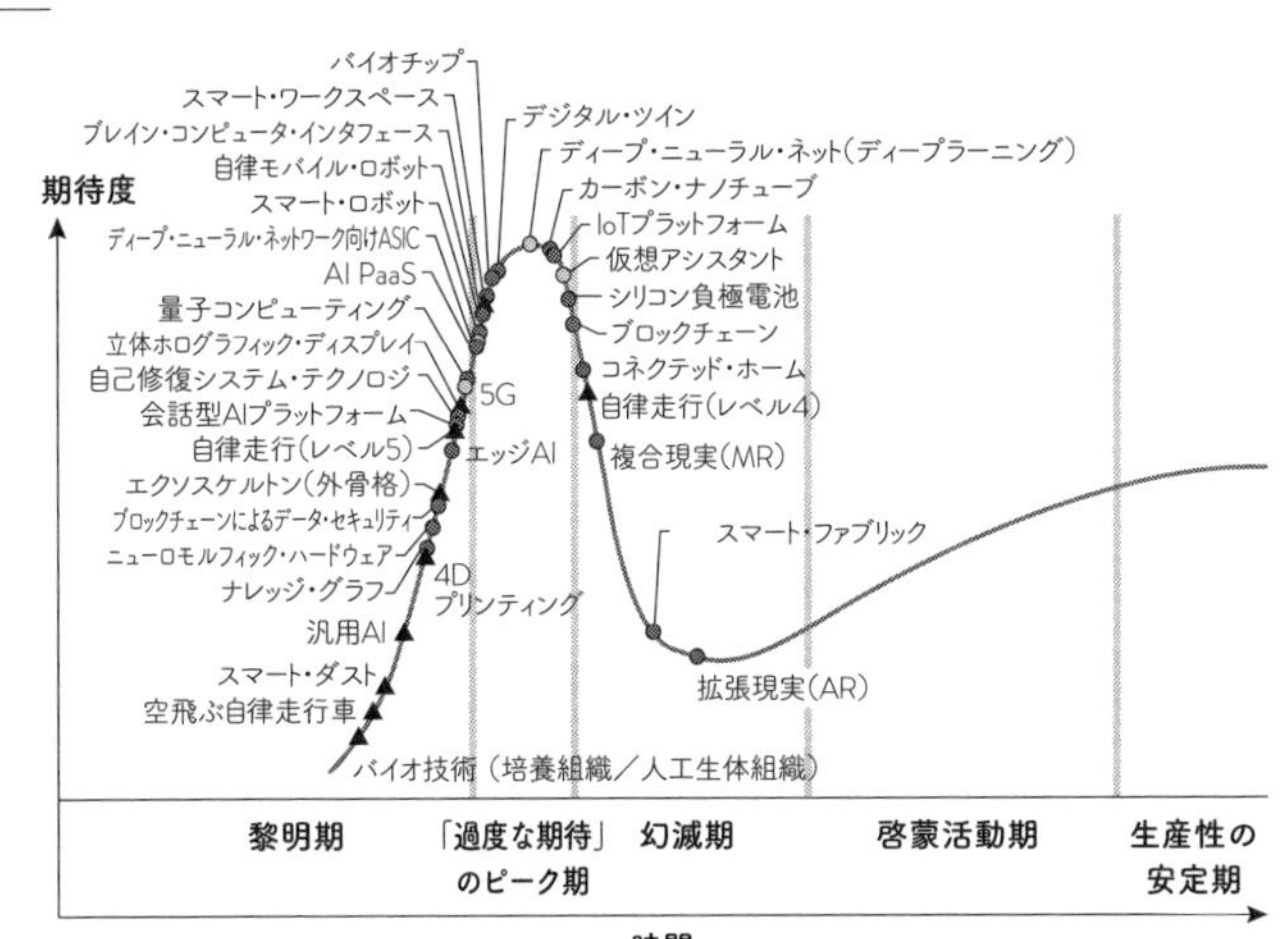

注：2018年8月現在
出所：ガートナー『先進テクノロジのハイプ・サイクル2018年版』

2017年に出版した同名の本が話題になった。日本でも、東京大学の暦本純一教授らが『オーグメンテッド・ヒューマン』を2018年に出版している。

従来のARは、人間と機械のかかわり方としてのインターフェースの研究が中心だった。しかし、これからは両者を一体化させることが目指されるという。暦本教授は、「人馬一体」という感覚に例えて、「人機一体」、すなわちHuman Computer Integrationこそが、究極の姿だと語る。

SFによく登場するサイボーグは、“cybernetic organism”からきた造語だ。ロボットが自律的に存在するモノであるのに対して、サイボーグは機械と人間が合体・融合した存在である。

これまでのコンピュータは知力の増強を目的としていたが、これからは身体の増強の領域に踏み込んでくる。その結果、人間そのものの機能を拡張し、進化させるのだという。

暦本研では、その第一歩として人間の視覚能力をコンピュータによって拡張するAided Eye、人間の手指動作を機能性電気刺激によって制御するPossessed Hand、体外離脱視点をドローンで実現するFlying Eyes、人間と人間の感覚をネットワークで接続するJack-Inなどの研究を進めているという。

「現実世界で生活する人間に対する自然なインタラクション手段を提供します。たとえばSmart Skinと呼ぶシステムはテーブル内に組み込まれた電界センサーによって人間の微妙な手の動きを認識します。Squamaは人間の行動や環境によって透明度が変化する『窓』で、日照やプライバシーの制御などを行います。このようなセンシング技術とインタラクションの融合により、生活環境の多様な場面がデジタル世界と自然に融合していきます。

以上のようなテーマは、多岐にわたる基盤技術の上に成り立っています。コンピュータサイエンス・ネットワーク・センシングなどの工学的知見、デザイン、認知心理学、ユーザビリティなどの知見を使いますが、何より大事なのは『未来をイメージする力』でしょう。こんなことが可能になったら世界はどう変化するのだろうか。どんな便利な世の中ができるのか。自分は何が欲しいのだろうか。これらを大胆にイメージし、それをテクノロジーで具現化していく。必要な知識や技術は目的ドリブンで、どんどん学んでいくという態度が重要なのではないかと思います」（暦本研ウェブサイト）

暦本教授は、ＩｏＴの先にＩｏＡが来ると予言する。Internet of Ability、すなわち、モノではなくヒトの可能性を無限大に広げる世界がやってくるというのである。

ここでもまた、機械から人間へ、そして〈中枢＝脳〉から〈エッジ＝身体〉へと、パラダイムシフトが起こりつつあるのである。

26　バリューチェーンからバリューネットワークへ

通説

かつてネットバブル全盛期には、ボストン・コンサルティング・グループが「デコンストラクシオン」（脱構築）という概念を提唱した。インターネットを通した新車の販売や、保険会社による低価格ダイレクト販売などが例として挙げられた。

最近のデジタル・ディスラプションも、基本的にこの20年前の脱構築の再来としてとらえられることが多い。ＡＩやＩｏＴを駆使すれば、物理的な店舗や工場を所有しなくても顧客の欲しいものをダイレクトに届けられるというのである。

ファストファッションの世界でも、新興オンラインブランドが台頭してきている。これらのオンラインストアは、若者をターゲットにしたファッショナブルで手頃な価格の服を専門に扱っており、ソーシャルメディアを駆使してトレンドの先端を走っている。さらにデジタルを駆使してバリューチェーンを効率化し、圧倒的なスピードを実現している。

たとえばＡＳＯＳは製品の企画から販売までが２～８週間、ｂｏｏｈｏｏであれば２週間、Ｍｉｓｓｇｕｉｄｅｄに至ってはわずか１週間だという。この速さは、ＺＡＲＡの５週間を上回り、Ｈ＆Ｍの６カ月をはるかにしのぐ。

ＤＸ時代を迎え、ファストファッションの世界王者も、いよいよ大きな試練を迎えている。

真説

ＣＰＳのパワーは、ここでも威力を発揮する。サイバーの世界をいかにフィジカルの世界と結び付けるかが、勝負のカギを握る。20年前のネットバブル時代に「クリック＆モルタル」と呼ばれたモデルだ。ここのところ「オムニチャネル」や「Ｏ２Ｏ（Online-to-Offline)」、さらに最近では「ＯＭＯ（Online merges with Offline)」などと呼ばれているが、本質は驚くほど変わっていない。

オンラインを軸に快進撃を続けてきたアマゾンも、ここ数年、リアル店舗への進出を強化している。２０１７年にはオーガニック食品で有名な高級スーパー、ホールフーズ・マーケットを買収して、世界中を驚かせた。自らも食料品や日用品を販売する無人店舗 Amazon Go、書籍を販売する Amazon Books、カスタマーレビューで星４つ以上を獲得したアイテムを販売する Amazon 4-Star を矢継ぎ早に展開、オフライン空間に大きく乗り出してきている。

オンラインが急成長しているとはいえ、小売りの9割はオフラインだ。そのオフラインの王者ウォルマートは、逆にオンラインに大きく乗り出している。ミレニアル層の獲得を狙って、Eコマースのベンチャー企業Jet.comや、男性衣料品オンラインベンチャーのbonobosなどを矢継ぎ早に買収。最近ではグーグルアシスタントを使って音声で食料雑貨の注文ができる、家庭の冷蔵庫の中にまで配達するなど、次々にオムニチャネル戦略を打ち出している。

ファストファッションの業界でも、ZARAはオムニチャネル戦略を強化し、反撃に出ている。たとえば、オンラインで注文を受けた商品の発送を世界のおよそ2000店舗で行う新たなシス

図8　デジタル化による新しい産業モデル（有明モデル）

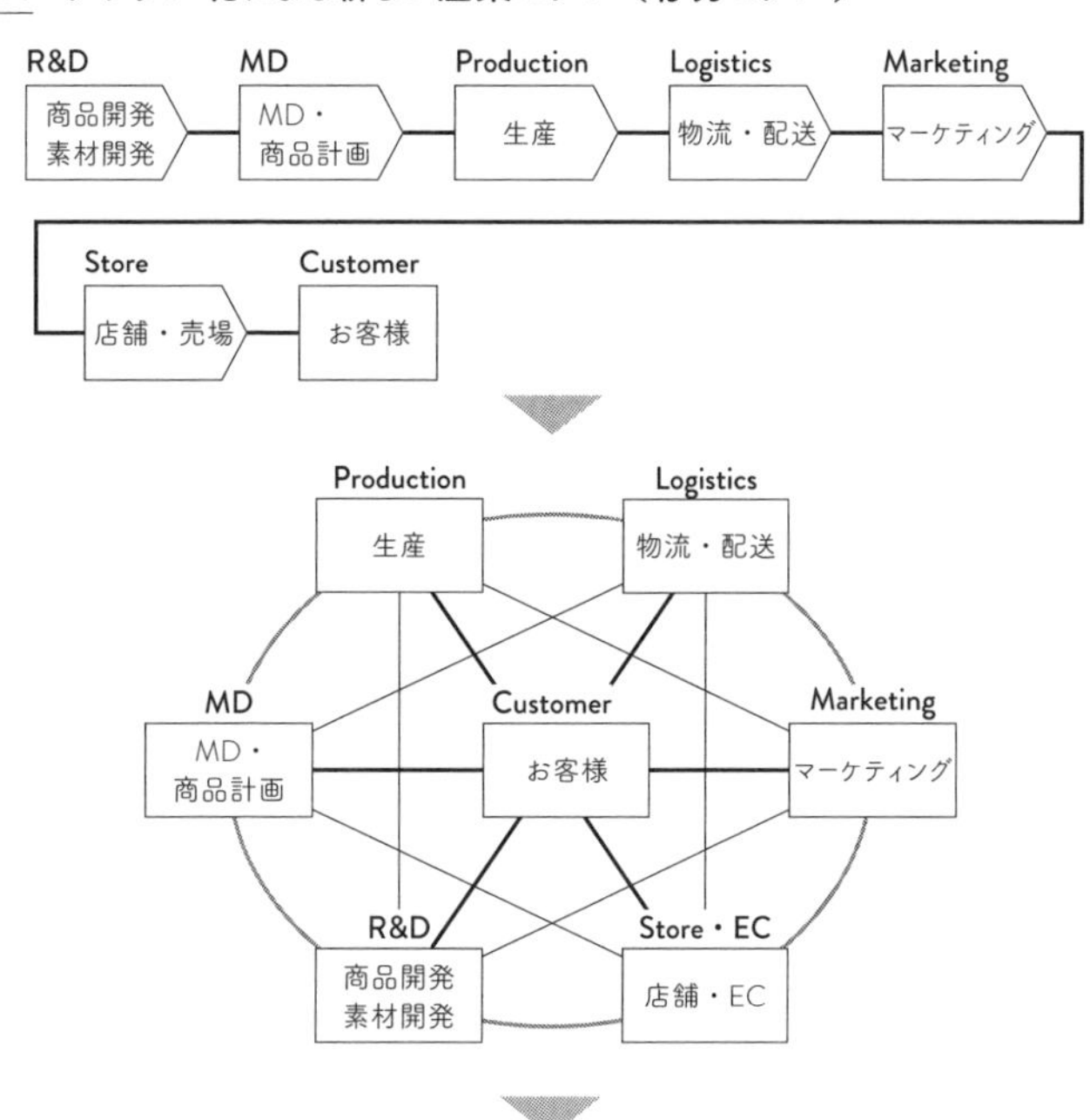

出所：名和高司『企業変革の教科書』東洋経済新報社

テムを導入している。

一方、ＺＡＲＡを追いかけるユニクロは、さらに大きな構造変化を仕掛けている。バリューチェーンからバリューネットワークへの脱却である。

図8は、同社が有明で構築中の「有明モデル」を示したものである。従来のバリューチェーンのように商品と情報がリレー方式で移動するのではなく、消費者を起点にすべての関係者が情報を共有するというモデルだ。情報プラットフォームをベースにＡＩなどテクノロジーを活用し、客の要望をリアルタイムに近い形で商品化に反映することを目指している。

脱構築ではなく「再構築」こそが、「デジタルの先」のキーワードとなる。そのためには、サイバーとフィジカルの力を融合させる知恵が求められているのである。

27　Ｄ（デジタル）からＸ（トランスフォーメーション）へ

通説

かつてのネットブームの最中に、当時ソニーの社長だった出井伸之氏が「インターネット隕石説」を唱えて話題となった。恐竜が巨大隕石の衝突による気候変動で死滅したように、ネットという新たな環境に適応できない企業は衰退するというのである。当のソニーがその隕石のインパクトをまともに食らって、あっという間に失速していったのは皮肉な顚末ではあるが。

その20年後の今日、ＤＸ（デジタル・トランスフォーメーション）旋風が吹き荒れるなかで、またぞろ新種の「隕石」説が都市伝説となりつつある。たとえばデジタル・ディスラプション。デジタルの到来によって、既存の構造や秩序が破壊されるというのである。

デジタルによって、あらゆる情報が見える化され、瞬時に伝達・加工・利用される。従来のように情報を自らのプロセスのなかに抱え込んでいるより、プラットフォームの上で他社と共有した方が、はるかに効率を高め、イノベーションを起こしやすくなる。

このデジタルの破壊力は、既存事業者にとっては大きな脅威、新規参入者にとっては絶好の機会となる。既存事業者が「イノベーションのジレンマ」に陥らないためには、自らを破壊する（セルフ・ディスラプション）覚悟が必要になる。このあたりは、第6章で詳述する。

一方、デジタルを武器に攻め入る新規参入者も、既存事業者が囲い込んでいる資産（たとえば顧客ベースやブランド）を活用することで、スケールとスピードを獲得することが可能になる。前述のようにアマゾンによるホールフーズの買収、あるいはJet.comのウォルマートへの売却は、オムニチャネルに向けたデジタルとリアルの手組である。

いずれにせよ、DX時代には、すべてをデジタル起点で考えるといった発想の転換が求められている。そのためには、いかなる業界においても、IoT、AI、ロボティクス、ブロックチェーンなど、デジタル技術のフロンティアを学び、貪欲に取り込む姿勢が必要となる。

真説

デジタルは所詮、ツールでしかない。これは20年前のネットブームの時と、本質的には何も変わっていない。

ネットバブル時代には、雨後の筍のようにドット・コム企業が登場した。しかし、そのなかで今も勝ち残り続けているのは、GAFAMと呼ばれるプラットフォーム化できた一握りの企業だけだ。

一方、「隕石」で絶滅するはずだった恐竜のなかにも、しっかり生き残っている企業が一握りだが存在する。先述したウォルマートやZARA、ユニクロなどがその代表例である。

デジタルのパワーの本質は、デジタル化された情報は急速にコモディティ化することにある。デジタル化に走るということは、コモディティ化の道を転がり落ちることにほかならない。デジタル技術を使えば、誰でも同じ事業モデルを模倣することができるからだ。

デジタルに立脚したビジネスは、一気にコモディティ化してしまい、優位性を築けなくなる。その結果、市場開拓（value creation）も利益確保（value capture）もままならなくなる。これがデジタルのピュアプレイの限界だ。アマゾンもグーグルもアリババも、リアルの世界の取り込みに躍起になっている。

デジタルがコモディティ化するなかで、希少価値を持つのは実はアナログの資産なのである。リアルの世界を深く知り、それを現実に動かす知恵を持つものが、他社に模倣されない優位性を築くことができる。

もちろん、アナログの世界にとどまっていては、20世紀型の勝ちパターンから脱却できない。いかにデジタルのパワーを活用して、アナログの知恵を多重化し、成長のスケールとスピードを獲得するかが勝負どころとなる。

アナログとデジタルの融合、すなわちCPSモデルを構築できるものが、DX時代の覇者となる。そのためには、アナログ陣営もデジタル陣営も、自社の強みに立脚しつつ、相手の資産を取り込むべく、ピボット（大きく一歩踏み出す）することが求められている。

繰り返すが、DXのD、すなわちデジタル技術は、すぐにコモディティ（汎用）化するツールでしかない。デジタルは起点ではなく、あくまで前提ととらえるべきである。DXの本質はX、すなわちいかに自らをトランスフォーム（変革）できるかにあるのだ。

その際には、大きく5つの変革を目指す必要がある（図9）。

①MTP（Massive Transformative Purpose）：変革の目的としての「巨大で革命的な志」を共有する。「北極星」であり、グーグルのいう「ムーンショット」である。できるだけ大きく、非連続的であることが望ましい。しかし一方で、自社の原点（パーパス）にしっかり立脚している必要がある。これがないとDXは始まらない。いわば前提条件である

②Wave-1：まずは自社内のデジタル化を進める。そもそも「ブルシット・ジョブ」（ルーティンワーク）から従業員を解放する。いわば「人間性の回復」だ。そのうえで戦略レ

図9　DX n.0

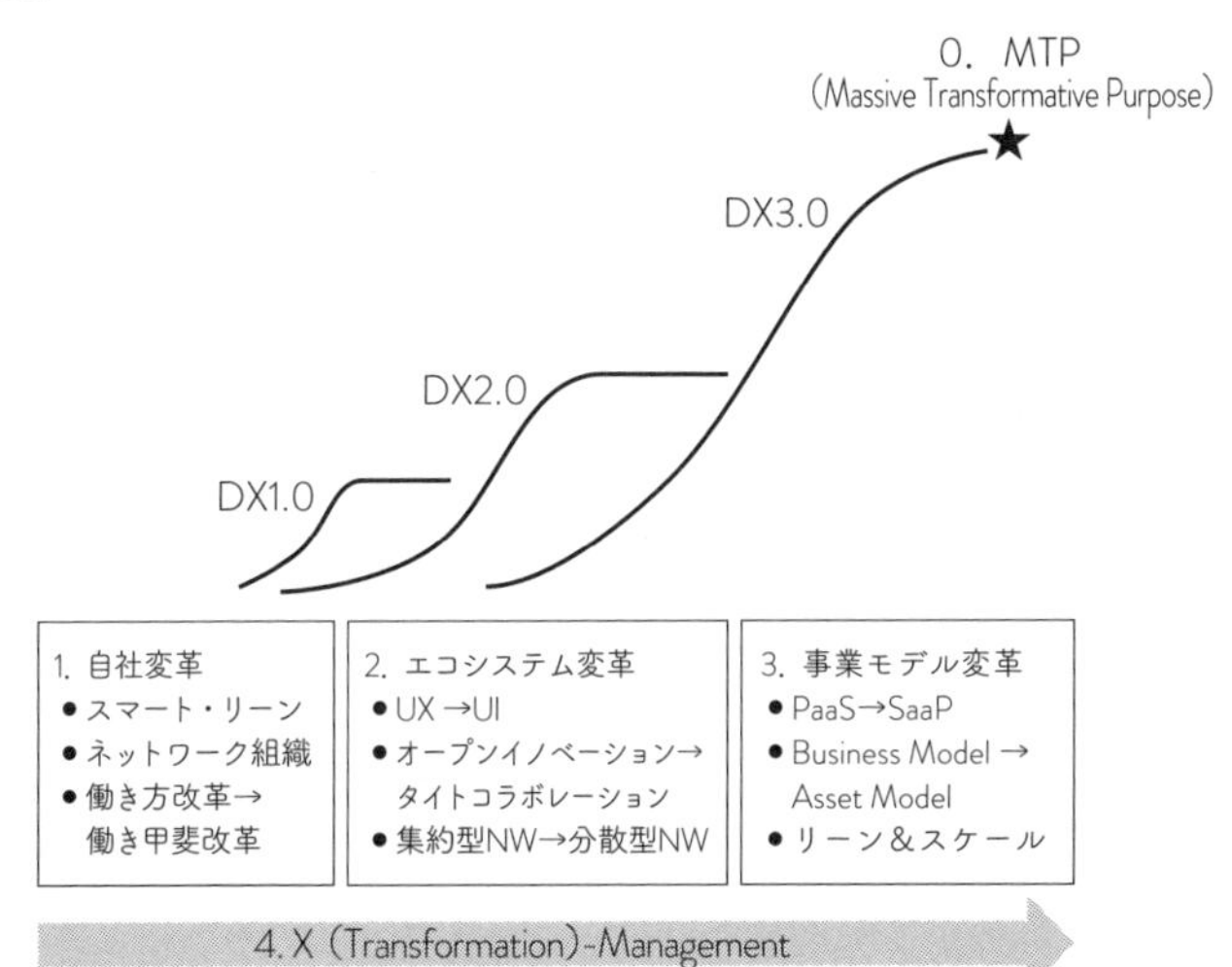

出所：名和高司『企業変革の教科書』東洋経済新報社

ベル、組織レベル、オペレーションレベルで効率と効果の飛躍的改善を目指す。自社の決断でどんどん取り組めるはずで、本気で取り組めばすぐに結果に結び付く

③Wave-2：エコシステムのデジタル化を進める。顧客や同業・異業種のプレーヤーなどと、デジタルを駆使して共創を実践する。いわゆるオープンイノベーションもここに入る。関係性の構築に少し時間がかかるが、他社の資産をレバレッジすることで10Ｘ（資産の10倍化）の実現を目指す

④Wave-3：ビジネスモデルのデジタル化を進める。具体的には、サービス化、プラットフォーム化などによって、マネタイズの仕組み（誰に、いつ、何に対して、どのように課金するか）を再設計する。また後述する「リーン＆スケール」という事業化の仕組みのアルゴリズム化もここでの重要なテーマとなる

⑤X（Transformation）-Management：上記４つの打ち手を通じて、全社変革を進める。デジタルはツールにすぎず、本質的な経営課題はいかに組織全体の進化を実現するかにある。①のＭＴＰを高らかに掲げ、全社の士気を高揚させることにより、現状維持バイアスを克服し、自己変革を駆動させ続けるリーダーシップが求められる

まず①を組織全体で共有したうえで、②③④を同時並行で進める。ただし、難易度・複雑度のレベルの違いで、結果が出るタイミングがずれる。したがって、③も④も②の結果を待つのではなく、早く着手する必要がある。そして、この全体の変革のプロセスをつかさどる⑤の巧拙が、ＤＸの成果を大きく左右することを、経営者は肝に銘じなければならない。

第6章 戦略論に飛びつくな

28 戦略から実践へ

通説

戦略論といえば、ハーバードビジネススクールのマイケル・ポーター教授の競争戦略が代表例である。筆者が同ビジネススクールに通った1980年代後半は、ポーターの競争戦略にあらずんば戦略にあらずという状態だった。その驚くほど当たり前で、何のひねりもない点が、逆説的に言うと新鮮味につながった。80年代という右肩上がりで先が見えやすい時代には、シンプルでわかりやすい戦略として広く受け入れられたのである。

日本企業も例外ではない。せっかくオペレーショナル・エクセレンスで世界を席巻していたにもかかわらず、なだれをうってポーター流の戦略論に飛びついていった。その後、日本企業が急速に競争力を失い、「失われた20年」（さらには今や「30年」）に突入していったのは偶然の一致ではあるまい。

21世紀になると、右肩上がりからVUCA時代へと市場環境が激変する。そのなかで、コロンビアビジネススクールのリタ・マグレイス教授は著書『競争優位の終焉』(2013年)で、戦略にもとづく持続的な競争優位などもはやありえない、と論じた。変化が常態化する時代においては、変化への適応力こそが競争力の源泉になるというのである。

戦略論者も、このような環境激変のなかで、ポーターのような静態的な構造論から、より動態的な運動論へと重心を大きく移していく。まさに「戦略シフト」である。その代表格が、ハーバードビジネススクールのクレイ・クリステンセン教授の「破壊的イノベーション」論だ。これについては、次章でさらに検証したい。

真説

ポーター教授の戦略万能論に対して、マギル大学のヘンリー・ミンツバーグ教授は、戦略の優劣ではなく、実践力こそが競争力の源泉だと異論を唱えた。経営の本質は、「工芸(クラフティング)」というプロセスそのものにあるとミンツバーグ教授は主張する。頭で戦略を編み出すのではなく、身体を使って現実とかかわっていくなかで経営としての実態が生まれていくというのである。

21世紀に入ると、実業界から『経営は「実行」』(2011年)という書籍が登場。GE出身のラリー・ボシディと経営コンサルタントのラム・チャランの共著である。企業の業績は、戦略の質ではなく、実行力によって差が出るという主張は、派手ではないが経営の本質を語ったものとして、戦略論に満足できない見識の高い経営者の支持を集めた。

さらに2017年には、ハーバードビジネススクール准教授のラファエラ・サドゥンらの論文「なぜ経営能力は軽視されているのか」が、マッキンゼー賞を受賞して話題となった。卓越した実践力、すなわちオペレーショナル・エクセレンスこそが、業績の差につながることを実証したのである。

少し知恵をひねり出せば、戦略は描ける。しかも、戦略こそ、実は模倣しやすい。一方、戦略は実践できなければ、単なる絵にかいたモチにすぎない。「あとは実行あるのみ」とたかをくくっていると、そこで足をすくわれる。戦略を徹底する組織的規律こそが、優位性の源泉だというのである。

しかし、オペレーショナル・エクセレンスだけでは、同質的な競争原理から抜け出せない。非連続な成長を目指すには、戦略シフトが必須となる。したがって、ポーター／クリステンセン的な戦略も、ミンツバーグ／サドゥン的なオペレーショナル・エクセレンスのいずれも必要なのである。

この両者を実装する際に、大きく2つのアプローチがある。

一つは、経営から働きかけるトップダウン方式だ。欧米の戦略論者は、このような演繹的なアプローチを好む。オペレーション・エクセレンスに安住せず、戦略ポジショニングを考えろと主張しているポーターは、その典型である。

もう一つは、現場から発想するボトムアップ方式だ。オペレーションのなかから帰納的に新しい法則や「型」を生み出す。たとえば、トヨタ生産方式（ＴＰＳ）は、まさにオペレーションの試行錯誤から編み出された事業モデルである。『トヨタ物語』（２０１８年）の冒頭に、トヨタのケンタッキー工場に設立当初から勤務し続けているアメリカ人の現場リーダーが、「トヨタ生産方式とは考える人間を作るシステムです」と述懐するくだりがある。

考える現場――これこそが、日本企業がオペレーションからイノベーションを生み出す仕組みなのである。ビジネススクールやコンサルタントは、トップダウン方式を得意とする。しかし、そのようなスマートなブレインワーク（戦略力）に頼るのではなく、リアリティ満載なフットワーク（現場力）こそが、日本企業の成長エンジンを生み出す知恵の源泉となるのである。

29　破壊からずらしへ

通説

ヨーゼフ・シュンペーターはかつて、「創造的破壊」から経済発展が生まれると説いた。そして、その原動力は、企業内部のイノベーションであるとした。

しかしながら、そのようなイノベーションの担い手となるのは、既存勢力ではなく、新興勢力であることがほとんどである。その基本的な力学を示したのが、ハーバードビジネススクールのクレイトン・クリステンセン教授の『イノベーションのジレンマ』（１９９７年）である。イノベーションによって市場を築いた既存勢力はそのパラダイムに執着し続けるため、次世代の破壊的なイノベーションをかつぐ新興勢力に敗北していく姿を克明に描いてみせた。

21世紀を迎え、デジタル革命、エネルギー革命、バイオ革命など、技術革新が急テンポで進むなかで、破壊的なイノベーションの機会は幾何級数的に増えている。ポーター的な戦略優位の終焉である。

このような局面において勝ち残るためには、自らが破壊的イノベーターになるしかないと、クリステンセン教授は提言する。「自己破壊（セルフ・ディスラプション）」のススメである。創造的破壊を実現するには、自社を攻撃するセルフ・アタッカーを自ら生み落とすしか、生き残りの道はない。

アマゾンのジェフ・ベゾスCEOのキーワードは、Day One!（初心に帰れ）だ。創業から四半世紀近く経ってなお、ベンチャーとしての精神を大切にしている。そのためには、自社のこれまでの成果を自ら否定することも厭わない。

「Change or Die」――過去の成功体験を断ち切る経営者の英断が問われているのである。

真説

イノベーションは0から1を作る営みである。ベンチャー企業にとっては、それが本業だ。何も失うもの（既得権益）がないので、自己否定も不要である。

一方、既存勢力には、これまで築き上げてきた市場や資産がある。それに比べると、またゼロからイノベーションを起こすのは骨が折れるし、そもそも成功より失敗の確率の方がはるかに高い。ましてや、自社の市場や資産をゼロクリアしてしまうと、一介のベンチャーと変わらなくなる。規模が大きいだけに、むしろ動きが遅いというハンディまで背負わされる。既存勢力にとって、イノベーションは極めて勝算の悪いゲームなのである。

図10　日東電工のイノベーション創出型事業モデル

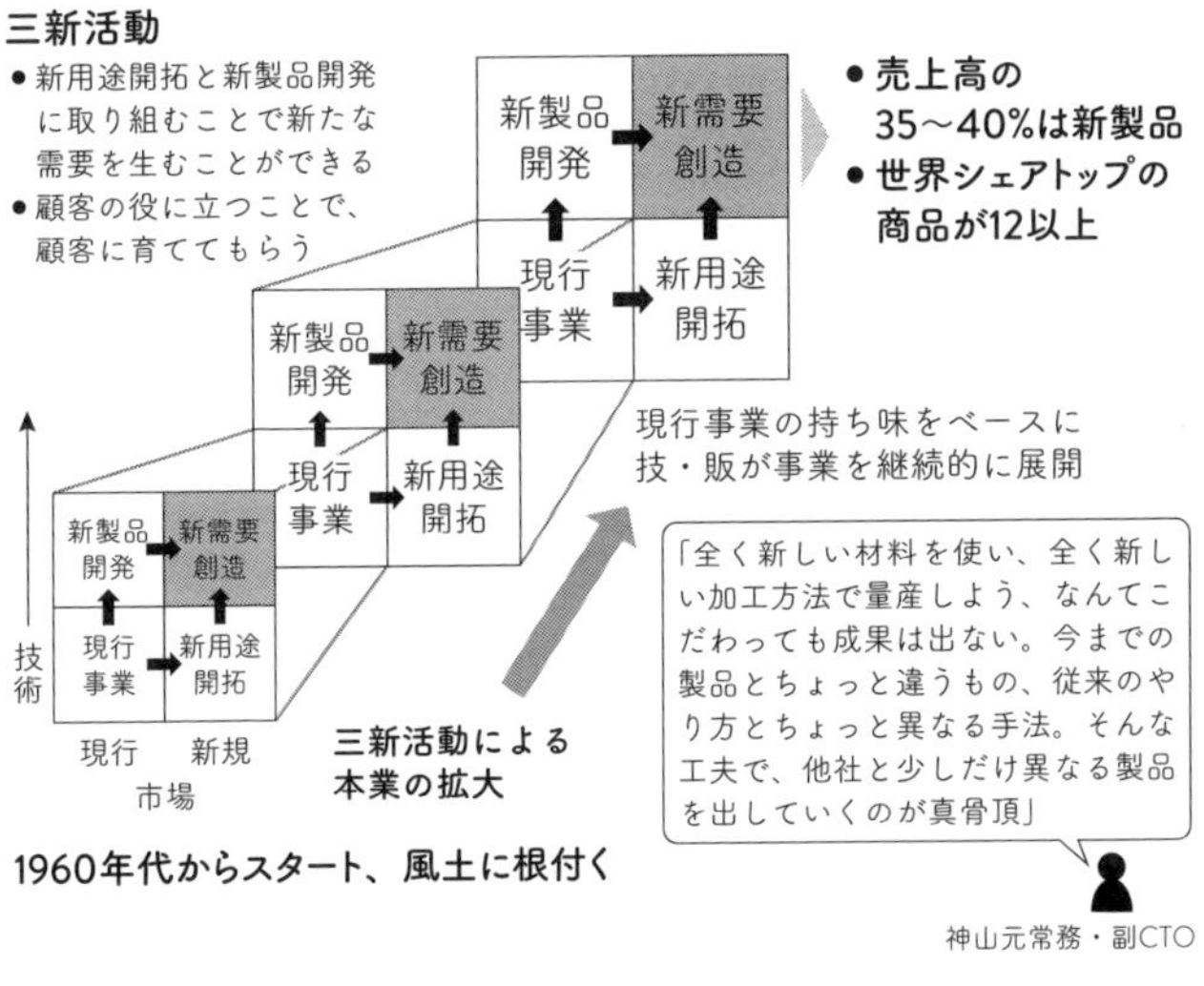

出所：日東電工（筆者が加筆）

しかし、既存勢力のなかでも、イノベーションを得意としてきた企業が一握りだが存在する。たとえば3Mやアルファベット（グーグルの親会社）。日本でいえば、日東電工やリクルートホールディングス。彼らには、3つの共通点がある。

---

①組織を少数精鋭の事業ユニットに分けて、ベンチャー的な敏捷性や適応性を醸成している
②個々の事業ユニットが、その企業が持つ無形資産（たとえば、知識資産や顧客資産）を自由に活用できる
③自社独自の事業開発プロセスを仕組み化し、常に進化させ続けている

一つひとつの新規事業をみると、あたかも0から1のイノベーションのように見える。しかし、全体を俯瞰してみると、実は「リノベーション」運動を持続していることに気づかされる。つまり環境変化に合わせて自社固有の強みをずらすことで、新たな事業機会を創出し続ける方法論を確立しているのである。したがって、再現性があり、かつ、展開性も高い。

たとえば3M。まず自社が持つ技術資産を46のモジュールに要素分解する。そして、それらを市場のニーズに合わせて組み合わせる。これが3Mのリノベーションの基本方程式である。

一方、日東電工はどうか（図10）。市場と技術をそれぞれ既存と新規に分け、片方の既存分野を軸足に、もう片方を新規分野に踏み出す。これを3回進めることで、新需要を創造する。一般的には、アンゾフの成長マトリクスとして知られている方法論だ。同社ではこれを「三新活動」と呼び、60年近く、この方程式で新事業を開拓し続けてきた。グーグルやリクルートの方程式は、次章で詳述した

い。

「自己破壊」が必ずしも解ではない。特に既存勢力にとっては、持てる資産をいかに「ずらす」かがカギとなるのである。

30　オープンイノベーションからタイトカプリングへ

通説

企業は、資産を自ら抱え込む習性がある。実力のある企業ほど、その傾向が強い。これがＮＩＨ症候群（Not Invented Here Syndrome）と呼ばれる症状である。「自社で発明されたもの以外は利用しない」という姿勢、すなわち強烈な自前主義のことを指している。

しかし自社で抱え込んでばかりいては、資産規模ばかり膨れ上がる一方だ。しかもゼロから自ら育成するのでは時間もかかりすぎる。まして、業界の垣根が崩れ、異業種プレーヤーとの競争が激化するなかで、新たな領域のスキルを身につけるのは容易ではない。

このような事態を背景に、21世紀に入ってオープンイノベーションがブームとなっている。これまでＮＩＨに凝り固まっていた企業ほど、オープンイノベーションに飛びつく傾向が多いのは、いささか滑稽なくらいである。

オープンイノベーションの成功事例としてよく取り上げられるのが、Ｐ＆Ｇの取り組みだ。Ｒ＆Ｄ（Research & Develop）ではなく、Ｃ＆Ｄ（Connect & Develop）、つまり他社とコラボすることによって事業開発を加速するという仕組みである。しかも、すべての部門に、50％のアイデアを外部から獲得することを義務付けたのだから、半端ではない。

P&Gは、社長直轄のC&D部門を設立。技術資産を持った他社に声をかけ、社内事業部とのオープンイノベーションに持ち込むという「出島」機能を担わせた。

「世界の賢い人たちが全員、自社にいると思うな」と言ったのは、サン・マイクロシステムズの創始者で伝説のソフトエンジニアであるビル・ジョイだ。世界中の頭脳から知恵をもらうことができれば、スピードにおいてもスケールにおいても、自前主義のR&Dの比ではない。

真説

ブームとは裏腹に、オープンイノベーションの成功確率は、驚くほど低い。最も成功したと言われているP&Gですら、その後長らく、大スランプに落ち込んだ。

外部の知恵に安易に頼ったために、自社のR&D投資比率は半減。その結果、新商品がなかなか出てこない事態に直面した。頼みの他社も、独自の最新技術資産を軽視するP&Gと組むより、ウォルマートやコストコに直接持ち込んだ方がいいことに気づく。オープンイノベーションに頼りすぎたつけが回ってきたのだ。

オープンイノベーションを成功させるには、次の5つの要件を満たす必要がある。

---

①他社にない独自資産に磨きをかけている
②あえて自社では持たない領域を決め、その分野で超一流のプレーヤーと組む

③単に補完関係にとどまらず、両者が切磋琢磨して真のシナジー効果を生み出す
④両者以外の他社を広く巻き込み、事業規模を大きくスケールさせる
⑤他社との利害関係をダイナミックにマネージする

Ｐ＆Ｇの場合、①という最も基本的な要件をおろそかにしたことが、オープンイノベーションだけでなく、自社の本質的な優位性を維持できなくなった最大の敗因だと言えよう。

オープンイノベーションは、いかにも他力本願のように見える。しかし逆説的だが、実は自らの資産をいかに磨き上げるかがカギとなるのである。自らが2流であれば、2流以下のプレーヤーとしか組むことができない。2流×2流は4流である。それでは初めから勝負はついてしまっている。

対等なコラボレーションではなく、出資によって、相手のノウハウを取り込もうとする試みも、死屍累々である。ＣＶＣ（コーポレート・ベンチャー・キャピタル）、ベンチャーへのマイノリティ出資、大手企業とのＪＶなど、大きく成果を上げたという事例はほとんど耳にしない。なぜか？

まず②が阻害要因となるケースが少なくない。相手のノウハウを自社に取り込もうという意図が見え見えであれば、相手が警戒してそもそも欲しい資産へのアクセスすらできなくなってしまう。

最も多い失敗例は、③である。1＋1が2となるだけであれば、補完関係にすぎず、普通の取引関係でも実現できてしまう。イノベーションと言う以上、3以上の相乗効果を目指さなければならない。そのためには、自社としての資産を徹底的に磨き（①）、相手を深く信頼したうえで（②）、徹底的にコミットし合う緊密な関係性を築く必要がある。それでも成果を上げるには、それなりに時間がかかる。オープンイノベーションの即効性を期待しすぎると、失望を生む結果になる。

せっかく③までたどり着けたとしても、それで満足していては、大きな成果につながらない。両者以外の他社を巻き込んで、大きくスケールさせる工夫が必要となる（④）。これは第8章の事業モデルで、詳しく取り上げたい。

④まで進めばしめたものだが、このような関係性は常に不安定であることを忘れてはならない。たとえなんとかウィンウィンの関係が築けたとしても、お互いの経営上のプライオリティやリスク・リターンへの思惑がずれてくると、握手した当初の蜜月関係は保てなくなる。関係性をダイナミックにマネージしていくスキル（⑤）が、双方に問われるのである。

これらの5つのハードルをクリアしてオープンイノベーションを成功させるためには、極めて高度な組織能力が求められる。安易に他力本願に頼らず、まずは①の自社「ならでは」の資産を磨き上げることに注力すべきである。

31　プラットフォームからエコシステムへ

通説

プラットフォームモデルがもてはやされている。西海岸のＧＡＦＡＭや中国のＢＡＴＨが21世紀に入って異次元の成長を遂げているのは、ＳＮＳ時代のプラットフォーマーになったからである。

プラットフォームとは、「第三者に何らかの『場』を提供する業態」を指す。場の参加者が増えるにつれ、ネットワーク効果によって収益が指数関数的に高まる。ＧＡＦＡＭが、指数関数的成長企業（Exponential Organizations）略して「ＥｘＯｓ」と呼ばれる所以である。

彼らメガ・プラットフォーマーたちは、デジタル時代の激烈な覇権争いを繰り広げている。日本企業が今からおっとり刀で出て行っても、とても太刀打ちできる話ではない。

しかし、だからといってプラットフォーム戦略をあきらめる必要はない。その他の企業は、それぞれの得意分野でのプラットフォーム構築を目指せばいいのである。

モノづくりの分野を例にとろう。ここではシーメンスが同社のＩｏＴ基盤 MindSphere をプラットフォームとして、即時性や信頼性の高い産業用プラットフォーム構築に乗り出している。ＧＥも、同社のＩｏＴ基盤 Predix を核に仲間づくりに余念がない。日本でも、先述したエッジコンピューティングの台頭を背景に、三菱電機が中心となってエッジクロスコンソーシアムを立ち上げた。

上記のスマートファクトリー関連に限らず、メド（医療）テック、エド（教育）テック、アグリ（農業）テック、インシュア（保険）テックなど、あらゆる分野で、多様なプレーヤーを巻き込んだＤＸが進んでいる。それぞれの分野で、開放型のプラットフォームの構築が目指され、デファクト標準をめぐるプラットフォーム間競争が激しさを増すはずである。

真説

プラットフォーム戦略の成否は、いかに多くの参加者を集めるかがカギを握る。プラットフォーマーがプラットフォームから収益を上げようとすると、参加者との利害関係が損なわれる。したがって、プラットフォームはそれ自体では、収益源として多くを期待できない。プラットフォームが標準化を標榜すればするほど、収益化は困難となる。

たとえばオープンソースをベースとしたコンピュータＯＳの Linux は、その典型だ。「フリーミアム」と呼ばれる収益ゼロの事業モデルである。レッドハットなど、Linux 関連企業は、Linux そのものではなく、サポートサービスやアドオンビジネスで収益を上げている。

筆者はマッキンゼーのディレクターとして自動車業界のアジア地域リーダーをしていた時代に、自動車業界のＩＣＴ技術の標準化活動に深くかかわった。２００２年、欧州では、ドイツを中心に、AUTOSAR と呼ばれる自動車用ソフトの標準化団体が発足した。これに呼応して日本でも、JASPAR を立ち上げ、国内プレーヤー間の標準化を進めつつ、AUTOSAR とも連携を行っていった。

基本ソフトを個別に作らなくて済んだため、自動車会社各社にとってはコスト削減効果につながった。ただでさえ爆発的に増え始めていたソフト開発の工数削減につながったことも大きかった。しかし、それ以上に恩恵を受けたのは、アプリケーションソフトを開発する企業群だった。自動車メーカー別に個別のアプリを作る煩雑さから解放され、規模の経済を享受することが可能になったからだ。

標準化は利点がある半面、そのレイヤーでは競争が起こらないために、技術の進化が遅れるという問題が起こりやすい。そこで AUTOSAR ではＯＳを Classic Platform 領域と Adaptive Platform 領域に分けている。前者は合意済みの従来型プラットフォーム、後者は最新の技術に対応したアドオンプラットフォームである。これによって、技術革新を標準に取り込むというダイナミックなモデルが指向されることになった。

自動車は、業界内でのＯＳの標準化が進んだだけまだましな方だ。スマートファクトリーのプラットフォームは、有力なプラットフォームが乱立しており、競争が激化している。

エッジコンピューティング分野においても、前述のエッジクロスコンソーシアムより1年半早く、

FIELD system が名乗りを上げている。FIELD は、FANUC Intelligent Edge Link and Drive の略で、ファナックが開発する製造業向けＩｏＴプラットフォームだ。複数台の産業用ロボットの学習情報を共有して学習時間を短縮したり、機械に取り付けられたセンサーの情報をディープラーニングで解析することで故障予知が可能になるとしている。

当初から、アメリカのシスコシステムズやロックウェル・オートメーション、そして前述した東大発ベンチャーのプリファードネットワークスが、開発に加わっている。その後、アメリカからはエヌビディア、日本からはＮＴＴ、トヨタ、ホンダ、日立など約２００社が参加している。

プラットフォーム間競争の結果、標準化が進めば進むほど、その領域では差異化はできなくなる。競争優位を確立するには、標準プラットフォーム上で、自社グループ独自のプラットフォームを構築する必要がある。

エッジクロスの場合も、基本ソフトは三菱電機の製品などをベースに開発するのではなく参加企業のいいとこどりとなっている。実際、幹事企業の7社は、アドバンテックが WISE-PaaS、オムロンが i-BELT、ＮＥＣが NEC Industrial IoT、日本ＩＢＭが Watson IoT、日本オラクルが Oracle Cloud、三菱電機が e-F@ctory、そして日立が Lumada など、各社がそれぞれ独自のＩｏＴプラットフォームを展開している。エッジクロスは、これら各社の製品を大幅に変更することなく接続や連携を可能にする基本ソフトウェアという位置付けでしかない。

たとえば、日立は、エッジクロスの幹事企業の1社でありつつ、FIELD system にも参加している。その FIELD system での動きの一環として、２０１８年初に、ファナック、プリファードネットワークスとの合弁会社 Intelligent Edge System の設立を発表した。同社の社長は、直前まで日立の副社長、同年4月からファナックの副社長に就く齊藤裕氏が就任することとなった。日立のＩＴとＯＴ（オペレーショナルテクノロジー）のノウハウを取り込みたい2社と、Lumada をＩｏＴ基盤として広げていきたい日立の思惑が一致したからだろう。

日立の東原敏昭社長兼ＣＥＯは、２０１９年6月の２０２１中期経営計画発表の場で、「当社は社会価値、環境価値、経済価値の3つの価値を追求し、人々のＱｏＬ（Quality of Life）の向上、顧客企業の価値の向上を図ることに取り組む」と宣言。さらに、東原社長兼ＣＥＯは、２０２１年度には Lumada 関連で1兆６０００億円を目標にしていることを公表。社内に対しては、2兆円を目指すように要望を出していることも明かした。そして、Lumada に対する投資を、過去3年間の１０００億円から、今後3年間には最低でも１５００億円に引き上げるとも語った。自社独自プラットフォームである Lumada こそが、収益のドライバーであることを、強く印象付ける会見となった。

一方、Industrial Internet 構想を掲げてデジタル化に猛突進していたＧＥは、早くも失速。その中核と位置付けていたＩｏＴ基盤 Predix は、シーメンスの MindSphere に比べて現場での使い勝手が悪く、当初目標の10分の1にも届いていない。

結局、２０１８年10月に着任したローレンス・カルプ新ＣＥＯは、同年12月にデジタル事業を分社化すると発表した。ジェフ・イメルト元最高経営責任者（ＣＥＯ）が打ち出したデジタル分野を中心とした成長戦略を見直し、航空機エンジンなど手堅い製造業に経営資源を集中することになった。日立の賭けが吉と出るか、凶と出るか。どのプラットフォームに参加するかは、自由に選べばいい。決断さえすれば、投資もいたって簡単だ。

プラットフォームが重要なのではない。そのうえでいかに仲間づくりができるか、すなわちエコシステムの構築こそが、カギを握るのである。そのためには、プラットフォームを活用して、いかに市場開拓（Value Creation）と収益獲得（Value Capture）ができるかの知恵が求められる。プラットフォーム戦略という流行語に飛びつく前に、自社のなかでこの2つのエンジンに磨きをかけ続けることが問われているのである。そしてそれは、あらゆる企業、産業に共通した最大のチャレンジである。

32 コトからモノへ

通説

所有価値としてのモノ消費から体験価値としてのコト消費への移行が不可逆的な流れになっている。マーケティングの世界ではかねてより、所有価値から体験価値へのシフトは定説ですらあった。なかでも、前述のハーバードビジネススクールの名物教授セオドア・レビットが50年以上前に唱えた「ドリルの穴理論」は有名である。「ドリルを購入する消費者が真に求めているのは、ドリルではなく穴である」というたとえ話だ。もっとも、なかにはドリルそのものをこよなく愛する「モノフェチ」が多少紛れ込んでいるかもしれないが。

最近のデジタル革命は、この動向を一挙に加速させている。シェアリング・エコノミーの台頭だ。モノもコトもトキすらも、多くの人と共有・交換して利用する消費形態である。Airbnb（エアビーアンドビー）などの空き部屋シェアリング、ウーバーなどのライド・シェアリング、メルカリなどのSNS上のフリーマーケットなどが代表例だ。プライスウォーターハウスクーパース社によると、

2013年に約150億ドルだったシェアリング・エコノミーの市場規模は、2025年には約3350億ドル規模に成長する見込みだという。

このような動向のなかで、モノづくりやモノ売りに徹していた製造業や小売業も抜本的な発想の転換を求められている。モノではなく、モノを利用した体験価値を訴求するという考え方である。

デジタルの世界では、これを「XaaS（ザース）」と呼ぶ。「aaS」はas a serviceの略で、サービスとして提供するという意味である。

Xには何を入れてもいい。SaaS（Software as a Service）や、MaaS（Mobility as a Service）などがよく知られている。実際には、AからZまであらゆるものが入ってくる。たとえば、AaaS（Analytics as a Service）、BaaS（Blockchain as a Service）といった具合だ。さすがにZは難しいかと思っていたら、ZaaS（Zangyo as a Service）という言葉まで飛び交っている（もっともこれは絶滅危惧種に属するのかもしれないが）。まさにEverything as a Serviceとも言うべき様相である。

20世紀はモノの機能を売りにする時代だった。21世紀はエモ（共感）を売りにする時代である。

真説

コトに価値がシフトするほど、その裏で実はモノの価値こそが高まる。ここに気づかずに、表面的なコト消費に気をとられてしまうと、大きく足元をすくわれる。

最近もてはやされている事業モデルは、いずれもさんざん使い古されてきたものにすぎない。たとえばリカーリングモデルは富山の薬売りが得意としていたし、サブスクモデルなど、新聞・雑誌や各種通販ではおなじみのものだ。この手の課金モデルはいくらでも模倣可能であり、究極のコモディティにすぎない。より本質的な価値は、そこで得られる体験の質の高さである。そのためには、コトを演出するモノに仕組まれた価値の高さが改めて問われる。

第5章で紹介したCPS（Cyber-Physical System）時代には、リアルの世界におけるモノに込められた体験価値が勝負となる。サービスそのものも、従来のように人手をかけて個別に体験を誘導していたのでは、コストがかかりすぎ、質もばらついてしまう。いかにソフトやハードという再現可能な仕組みのなかにサービスプロセスを仕込むかがカギとなる。

たとえば、警備は本来、極めて労働集約的なサービスである。かつてセコムは、それを機械化・仕組み化することによって、収益性の高いビジネスに変質させることに成功した。

したがって、XaaSではなく、SaaX（Service as an X：サークス）こそが、DX時代の知恵の絞りどころとなる。Xはそれぞれの事業のコアの部分だ。ハードでもソフトでもインフラでも何でもいい。いかにサービス提供の仕組みをXに埋め込むか。

そのイネーブラーとして注目されるのが、第5章で紹介したエッジコンピューティングだ（図6）。AIを内蔵した半導体が、あらゆる現場に埋め込まれ、それがお互いに同期しながらサービスを提供する。言い換えればサービスの知識工学化こそが、DXの本質なのである。

ただし、出荷前にすべてをビルトインするという工業化時代の発想は通用しない。実際にサービスを提供し、顧客体験のフィードバックを受けながら、サービスレベルを向上し続けなければならない。

そのためには、後から書き換えや追加が可能なプログラミングの仕組みを、事前にXに埋め込んでおく必要がある。PLD（Programmable Logical Device）と呼ばれる装置だ。なかでも動作中に回路を変更できるものを、ダイナミック・リコンフィギュラブル・デバイスと呼ぶ。自動運転などでは、空中からソフトを車に送り込んでアルゴリズムを修正・追加するＯＴＡ（Over The Air）という仕組みが取り入れられている。

ディープラーニングなどのＡＩ技術が進化すれば、外からのプログラミングは必要なくなり、Ｘそのものが自律的に学習するようになる。その場合でも、他での学習を共有することでシステム全体でのバージョンアップが容易になる。

たとえば世界中で稼働しているペッパーたちは、それぞれの現場での学習を共有する仕組みが埋め込まれている。そのような学習の集積が進めば、一人の人間の学習能力をあっという間に超えることが可能になる。「考える現場」の数が増えるほど、システム全体の知識レベルが上がるのである。

リカーリングやサブスクリプションなどの事業モデルは、お金の取り方の工夫にすぎない。コト消費やトキ消費も、空間や時間を演出する道具立てとしてのモノの質の違いが本質的な価値の源泉となる。たとえば快適や癒やし、感動や共感を提供するためには、五感（さらには第六感）を揺さぶる「質」感がカギとなる。

もちろん、そのためには個々のモノの機能を磨き込むだけではなく、体験全体としての価値や飽きさせない工夫、そして奥行きの深さなどが必要となる。そこで求められるのが、３つのＳ、すなわちシステミック（空間的な広がり）、スパイラル（時間的な進化）そしてスピリチュアル（精神的な充足感）だ。この３つのＳについては、第11章で詳述したい。

これまでは、それらはシステムデザイナー、デベロッパー、プロデューサーなどの才覚や、現場を担う一人ひとりの人間の創意工夫に委ねられていた。ＤＸ時代に、コト消費やトキ消費を豊かにするためには、これら３つのＳを演出する仕掛けを、モノそのものにいかに埋め込む（エンベッド）かが、本質的な課題となるのである。

33　リーンからスケールへ

通説

デジタル技術の進展に伴い、シリコンバレーを中心に、完成度の高さから市場導入のスピードへと、競争のパラダイムが大きく変わってきた。いわゆる「リーン・スタートアップ」方式である。企業家のエリック・リースが２０１１年に出版した同名の書籍で、一気に火がついた。

コストをそれほどかけずに最低限の機能を持った商品やサービスを短期間で作ってしまう。ＭＶＰ(Minimum Viable Product：実用最小限の商品)と呼ばれる試作品だ。それをアーリーアダプター(Early Adopters：初期採用者)と呼ばれる、流行に敏感で、情報収集を自ら行い、判断するような人々に提供して、その反応を観察。その結果を分析し、製品、サービスが市場に受け入れられるか否かを判断する。

市場価値がないと判断されれば撤退、可能性ありと判断されれば市場の声を試作品に反映させる。いわゆる「ピボット」(方向転換)だ。このサイクルを繰り返すことで、起業や新規事業の成功率が飛躍的に高まる。

これまでのフロントローディング型開発プロセスも、「アジャイル」開発に取って代わられようとしている。早く試作品を作るというプロセスを何度も繰り返すことにより、徐々に完成度を高めていく開発手法である。

また、開発の過程で視覚的効果を重視するデザイン思考が、これらの動向に拍車をかけている。特に、プロトタイピングの重要性に着目している点が、リーン・スタートアップと共通している。

シリコンバレーでは、当初、ソフトやサービスなど、サイバー系の商品開発や事業開発で盛んに導入されていった。それが今では、フィジカルな世界にも広がっている。

たとえばテスラは、クルマの開発という最も信頼性が要求される世界にこの方式を持ち込んで、周りを驚かせた。テスラは常時、ＯＴＡによって、ユーザーの手元にあるクルマのソフトを書き換えている。従来の常識であればリコール扱いすべきバグとりを、「バージョンアップ」と呼んで平然としているところが、いかにもディスラプターらしい。

ベンチャー系のテスラならまだしも、老舗のＧＥまでリーン・スタートアップを積極的に取り入れ始めたことに、世間はまたも驚かされた。ジェフ・イメルトＣＥＯ（当時）がリーン・スタートアップの提唱者であるエリック・リースをコンサルタントとして迎え入れ、ＧＥ流の Fast Works を全社に導入していったのである。

どんなに事前に完璧を期そうとしても、結果は予測できない。だとすればむしろ、まずは市場に出してみてそこから学んで修正を加えていく方が、はるかに成功の確率は高まる。ネットベンチャーに限らず、従来型の業界や企業こそ、失敗を恐れず、リーン・スタートアップを積極的に取り入れるべきである。

真説

リーン・スタートアップは、シリコンバレーにおいてすら、完全に下火になっている。あまりにも安易な試作品（MVP）が世の中に出回り、「がらくた市」状態になってしまったからだ。鳴り物入りで始まったGEのFast Worksも、その後、市場を席巻したという成功例はついぞ耳にしない。

シリコンバレーのなかでも、アップルは、当初からリーン・スタートアップには背を向けていた。市場に出すスピードより圧倒的な完成度の高さに注力してきた。事実、アップルはすべてのジャンルにおいて、「後出しじゃんけん」で勝ち進んできている。たとえば、次のような展開だ。

- 音楽再生機：ナップスター　→　iPod
- スマートフォン：ブラックベリー　→　iPhone
- PDA：パーム　→　iPad

フォロワーであっても、圧倒的に完成度の高い商品を出すことによって、市場を席巻できたのである。MVPなどというい加減な商品を出すこと自体、アップルにとっては自殺行為に等しい。

ペイパルの創業者で投資家でもあるピーター・ティールは、著書『ゼロ・トゥ・ワン』（2014年）で、イノベーションを生み出すための心構えを語っている。そして、安易なリーン・スタートアップを以下のように戒めている。

---

①闇雲にピボットするのではなく、計画を持つべきである
②既顧客ではなく、競争のない市場（「未」顧客）を狙うべきである
③段階的ではなく、初めから大きなビジョンを掲げよ

④プロダクトだけでなく、マーケティングもセールスも重要である

思いつきの「0→1」は粗大ゴミでしかない。「1→n」に成長する見込みのある1をはじめから目指すべきだ。大化けする1を狙わない限り、初めから失敗が見えているというのである。

ティールは、①のアイデアがピカピカであることの重要性を説く。しかし、アイデアは所詮コモディティでしかなく、かつ、再現性がない。筋のいい1をnにする力こそが、再現性の高い組織能力なのである。この「スケール力」をいかに磨き上げ、組織に実装するかが、本質的に問われている。

最近シリコンバレーでは「リーン&スケール」が唱えられている。リーン、すなわち小さく生んで、スケール、すなわち大きく化けさせることこそが、真の成功の方程式なのである。

第7章 グローバル経営の落とし穴

34 ボーダーレスからボーダーフルへ

通説

トーマス・フリードマンの『フラット化する世界』（２００６年）がベストセラーになってから、早15年。グローバル化は加速する一方だ。

なかでも、新興国の経済の台頭には目を見張るものがある。数十億人をかかえる市場が、世界経済に連結されていく。フリードマンは上記の本のタイトルをインドのバンガロールを訪れて発想したというが、今やそれは、キガリ（ルワンダの首都）で実感できる。

英『エコノミスト』誌が「The Hopeless Continent」と題してアフリカを特集したのが２０００年5月。しかし２０１１年12月には、同誌は「Africa Rising」という特集を組んだ。

ルワンダでも、１９９４年にジェノサイド（大虐殺）が勃発。１００日間で人口の１割に当たる

80万人以上が殺害された痛ましい出来事だった。

しかしそれから15年後、国民から絶大な支持を集めるポール・カガメ大統領のリーダーシップのもと、ルワンダは近代的なＩＴ国家に生まれ変わった。２０１５年のダボス会議レポートのなかでも、「ＩＣＴの活用促進に最も成功した政府」として、2位のアラブ首長国連邦、3位のシンガポールを抑え、世界一に選ばれている。

今や世界中の情報が、ネット上を飛び交っている。情報そのものはコモディティでしかない。むしろビッグデータが溢れかえっており、途方に暮れてしまうくらいだ。そのような人間を尻目に、ＡＩがはるかに素早く的確に、意味のある情報をマイニングし、加工していく。

さらに５Ｇの時代となり、物理的な距離も克服されていく。新興国の病院にいる患者を、先進国の名医が自国から遠隔で手術することができる。車いす生活のシニア層が、本当に現地を歩いている感覚で、バーチャル世界遺産めぐりを堪能できる。

国境という人為的な境界線も、意味をなさなくなる。自家用ドローンで飛べば、国境など一またぎだ。宇宙から眺めれば、国境などどこにも存在しない。地球がボーダーレスであることを、自分の目で確かめられる日も遠くないだろう。

真説

１００年前にT型フォードが登場するまで、人々の多くは、半径３マイル以内のコミュニティで暮らしていた。今や飛行機を乗り継げば、48時間以内に、世界中どこにでも行ける時代になった。

しかし、やはり多くの人々は、せいぜい半径30マイル以内で生活の大半を送っている。さらにその大半が、スターバックスの言う「第一の場所（家庭）」と「第二の場所（職場・学校）」のまわりである。

デジタル環境が整備され、リモートワークやリモート学習などが広がると、普段は「第二の場所」にすら行かなくて済むようになる。もっともいつも家にいるのは窮屈なので、近所の「第三の場所」（コーヒーショップやコワーキングスペース）にも足を運ぶことはあるだろう。それでも、生活の実態はまた3マイル以内に収斂していくはずだ。

より進んだ生活パターンとして、ワークとバケーションが一体となったワーケーションが注目されている。ワーク・ライフ・バランスなどという時代遅れの二律背反論議を超えた世界を目指したものである。

生活かつ仕事かつバケーションの場として選ばれるのは、自然が満喫でき、安心で快適な「居場所」である。都会に住むのは、20世紀的な労働者かロボットだけということになりかねない。

そうなると、地場のリアルな生活圏の価値が、ますます高まってくる。ボーダーレスなバーチャル体験は、「いつでも、どこでも」可能である。だからこそ、「いまだけ、ここだけ」のリアルな体験がいっそう価値を持つのである。

ただし、移動の自由度が増すにつれ、一定のコミュニティに定住する必要はなくなる。ミレニアル世代のギグワーカーの間では、ノマド型のシェアハウス生活が広がっている。世界中のシェアハウスを転々と移り住む生活スタイルだ。第4章で紹介した「コミュニティ難民」（アサダワタル）という選択肢である。

その時々に所属するコミュニティのメンバーとは交感し合う。しかし、そこに安住せず、新しい出会いを求めて、世界中を「逃走」（浅田彰）する。そのような生き方を選ぶミレニアル世代にとって、世界は「ボーダーフル」であり、かつ「コミュニティフル」な存在であるはずだ。

35　2層構造から3層構造へ

通説

グローバル経営の王道として「Think Global, Act Local」が呪文のように唱えられる。世界的視野に立ちつつ、それぞれの現地にしっかり根を下ろせという教えである。これだと長すぎるので、「glocal」というキーワードもよく使われている。

グローバル企業の歴史は古い。イギリスやオランダで東インド会社が設立されたのは４００年以上前だ。ただし、当時、どこまでact localが徹底されていたかはかなり疑問だが。

日本にも、グローバル企業を標榜しているところは多い。しかし実態は、「日本人による日本のための経営」がほとんどである。もっともこの傾向は、海外の多国籍企業も変わらない。

一方市場では、グローバル経済とデジタル経済の同時進行によって、世界中で同じような現象が同時多発的に起こっている。たとえばアーバナイゼーション（都市化）。米Frost&Sullivanの予測によれば、２０５０年までに先進国では市民の80％が、新興国でも60％以上が都市部に居住するようになるという。

そして都市は競い合って「スマートシティ」化を目指している。そのためのイネーブリング・テクノロジーとして挙げられるのが、AI（人工知能）を筆頭に、個別化医療、ロボット技術、先進運転支援システム（ADAS）、分散型発電など。同社の試算によれば、これらを中心に、スマートシティ関連の市場規模は世界全体で２０２５年までに2兆米ドル（２２０兆円）以上に到達するという。

真説

グローバルに事業を展開しつつ、ローカル市場に深く根を下ろす――。これが、グローバル経営の要諦である。ただし、単にローカル事業の総和がグローバル事業になるわけではない。

たとえばホンダは、ある時期まで、商品や売り方をローカル市場に適合させてきた。特に二輪事業においては、中国、ブラジル、インド、さらに最近はアフリカにおいて、現地化を徹底することによって、成功してきた。

四輪車においても、地域専用モデルが、各地域の成長のエンジンとなってきた。たとえば、日本の軽自動車「Nシリーズ」、北米の「パイロット」、中国の「クライダー」などである。一方で、各地域のニーズに対して個別対応を行ってきた結果、モデル数（車種）や派生品が増え続け、経営効率が悪化していった。

そこで、２０１９年5月、ホンダの八郷隆弘社長は、グローバルモデルの派生数を２０２５年までに現在の3分の1に削減する方針を示した。一方で、「ホンダアーキテクチャー」にもとづくグローバルモデルを２０２０年から発売していくと宣言。その結果、２０２５年までに量産車の開発工数を30％削減し、工数を減らしたことで生まれるリソースを将来に向けた先進領域の研究・開発に利用して、「ホンダの将来を支える新技術」を生み出していくと語った。

フォルクスワーゲングループがMQB（Modulare Quer Baukasten）と呼ばれるモジュール化を、そして、トヨタがTNGA（Toyota New Global Architecture）というアーキテクチャー化を打ち出したのがともに2012年。それから遅れること7年で、ホンダもようやくグローバル化に大きく舵を切ることにしたのである。

ただし、アーキテクチャーやモジュールは共通化しつつ、そのうえで、各地域のニーズに合ったモノづくりやモノ売りを続けていくこと。この二律背反をいかに解くかが、知恵の絞りどころとなる。

同様に、前述のスマートシティ構想も、「サイロ化」が危惧される。それぞれ自己完結型で進んでいるため、同じような機能が盛り込まれている。まさにAct Localだ。今後は相互接続を進めることで、ソリューションが単一プラットフォームに統一される統合型へと移行することがカギとなる。そうなれば、ローカルなニーズに寄り添いつつ、世界的に連結された真にグローカルなスマートシティへと進化するはずだ。

ファーストリテイリングの柳井正社長は、「グローバル・イズ・ローカル、ローカル・イズ・グローバル」というメッセージを高らかに掲げている。この不思議な両義性を実現するためには、次の3つの要件（3層構造）を組織のなかにいかに埋め込むかがカギとなる。

---

①「志（パーパス）」をグローバルに共有していること。この基盤の上に立って、それぞれのローカルが自由な発想を広げることで、全体のベクトルがそろった形で、組織全体が進化していくようになる

②共通要素やプロセスをくくり出す「因数分解」ができること。その結果、上記のアーキテクチャー、モジュール、プラットフォームなどが生み出され、無形資産の多重化が可能になる
③そのうえで、それぞれのローカルの知恵を磨き上げていくこと。その地域の特性や文化、こだわりが盛り込まれることによって、「ならでは」のストーリーが生まれ、共感が醸成される

「二律背反を超えるときに、イノベーションが生まれる」。柳井社長は、自身のこの信条を、グローバル経営にいかんなく発揮しようとしている。

36　アービトラージ（鞘抜き）からアウフヘーベン（止揚）へ

通説

1980年代から1990年代にかけて、「トランスナショナルモデル」がグローバル経営の定説となっていた。ハーバードビジネススクールのクリストファー・バートレット教授らが“*Managing Across Borders - The Transnational Solution*”（1989年、邦訳『地球市場時代の企業戦略』日本経済新聞出版社、1990年）で提唱したモデルである。

グローバル経営の本質は、グローバル化とローカル化という二律背反をいかに解くかにある。バートレット教授らは、前者を軸足としている企業をグローバル企業、後者を軸足としている企業をマルチナショナル企業、そしてこれらの両立を目指す企業をトランスナショナル企業と呼ぶ（図11）。

21世紀になって新たにグローバル経営論を打ち立てたのが、筆者のハーバードビジネススクールでの指導教官でもあったパンカジ・ゲマワット教授（現ニューヨーク大学教授）だ。同氏は、「世界はボーダーレスどころか、ますますボーダーフルになっている」と主張する。最近の欧米における自国優先型ナショナリズムの台頭を、早くから予見していた。

そのゲマワット教授が、2007年に「トリプルAのグローバル戦略」（『ダイヤモンド・ハーバード・ビジネス・レビュー』）という論文を発表して注目された。トリプルAとは、アダプト（Adapt）、アグリゲート（Aggregate）、アービトラージ（Arbitrage）の3つの頭文字をとったものだ。

アダプトはローカル化、アグリゲートはグローバル化を指す。先のトランスナショナルモデルの2つの軸と同じだ。特徴的な軸が、もう一つのアービトラージ（差異活用）。たとえば、低賃金のエリアに生産拠点をシフトさせることを指す。アダプトとアグリゲートだけであれば二律背反となるが、これによって、ローカルの差異をうまく使って、グローバル化を進めることが可能になる。

差異こそが、価値の源泉になる――トリプルAは、ダイバ

図11　トランスナショナル・モデル

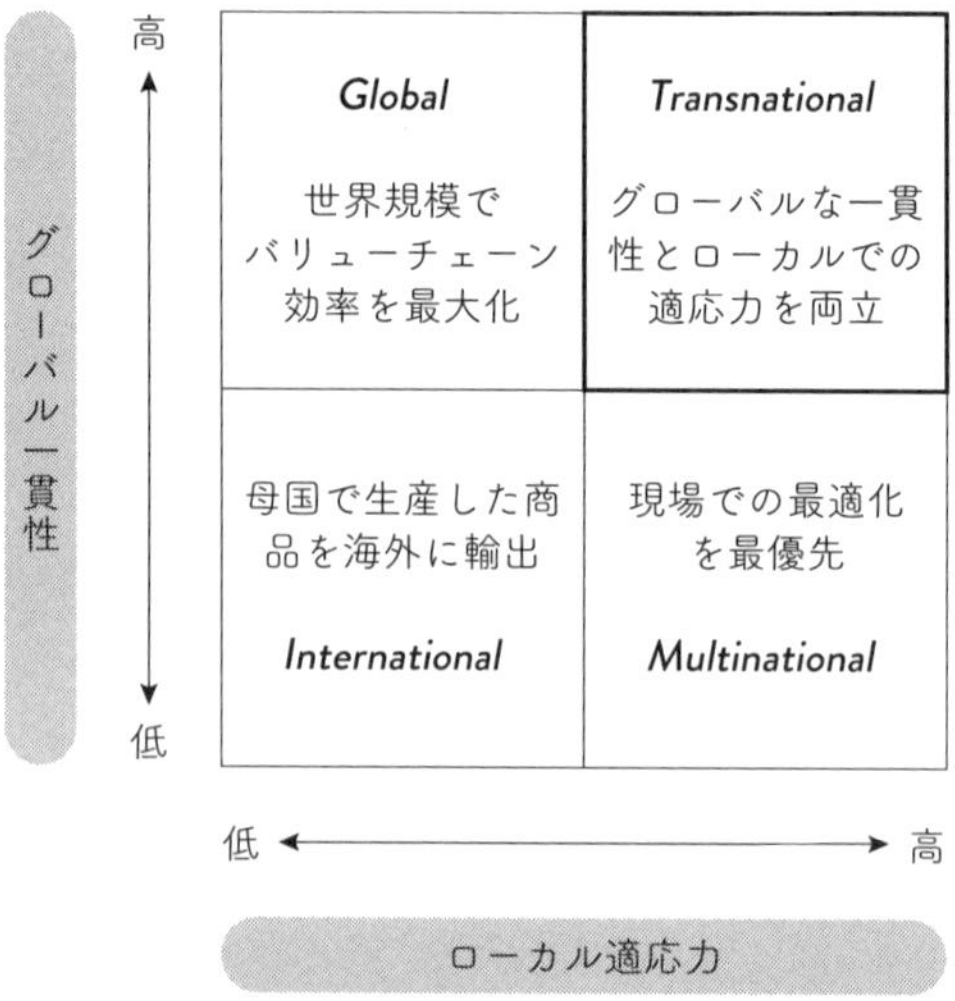

出所：バートレット＆ゴシャール『地球市場時代の企業戦略』日本経済新聞出版社を加筆修正

ーシティが求められている時代の本質を、グローバル規模で言い当てたものと言えよう。

真説

ゲマワット教授の学説は、いわば「トリプルA 1・0」と呼ぶべきものである。今後は、それをさらに進化させた「トリプルA 2・0」や「トリプルA 3・0」を目指すべきだ（図12）。

第1のAのアダプトを、ゲマワットはローカル適応、すなわち空間軸でとらえている。これに対して筆者は、時間的なアダプトにも着目すべきだと考える。

「時間の適応」とは、「変化する世の中に対して、それを先取りして自分も変化し適応すること」である。それぞれの現場が、周りの変化に応じて、自分自身を自律的に作り変えていく能力を持つことが、変化の激しい時代には必須だ。筆者は、このような変化に適応する能力を「アダプティビティ（Adaptivity）」と呼んでいる。

第2のAのアグリゲートも、むやみに標準化をしすぎると単純で画一的な世界が広がり、イノベーションが起こらなくなる。

図12　Triple A モデルの進化

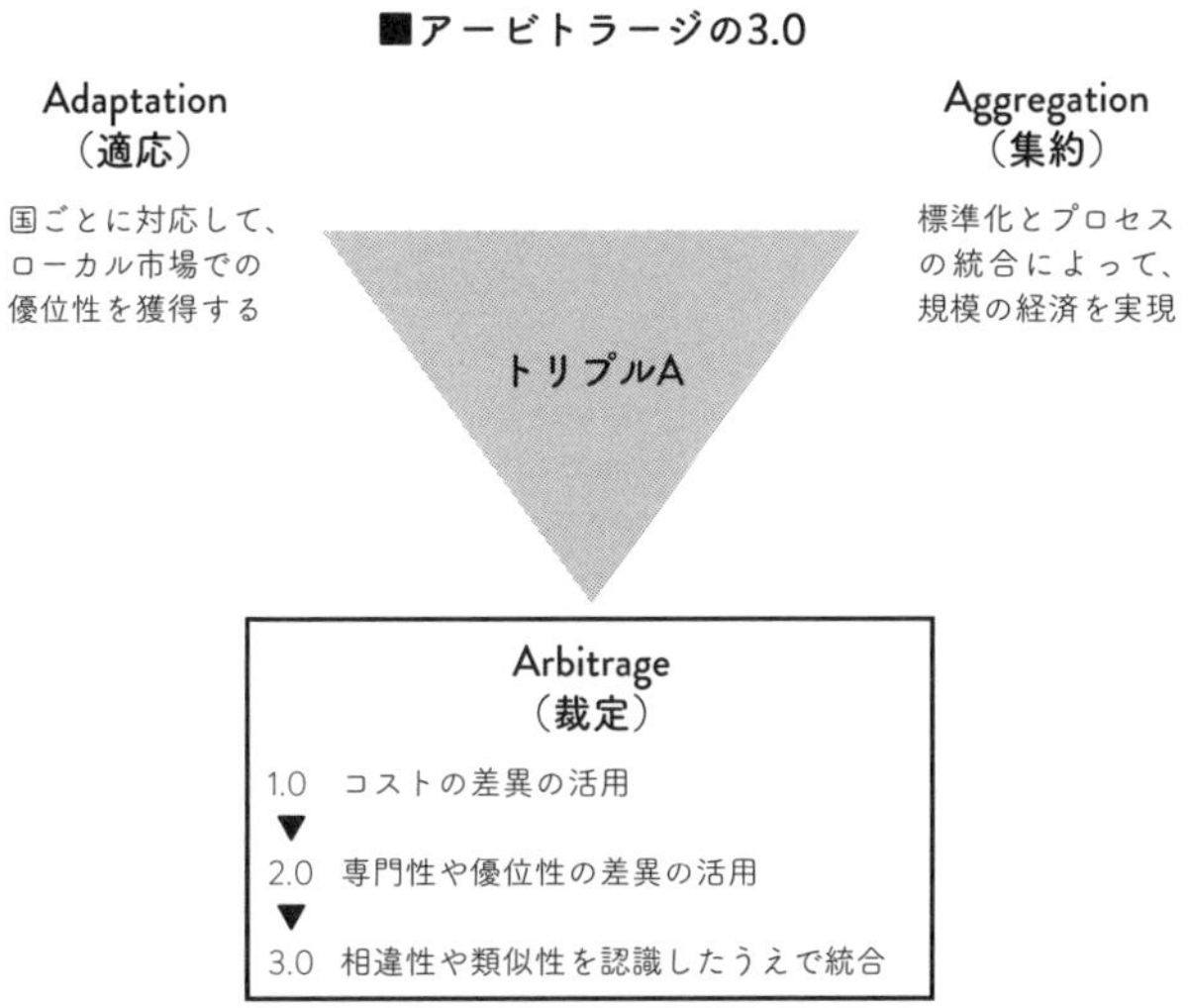

■アービトラージの3.0

Adaptation（適応）
国ごとに対応して、ローカル市場での優位性を獲得する

Aggregation（集約）
標準化とプロセスの統合によって、規模の経済を実現

トリプルA

Arbitrage（裁定）
1.0　コストの差異の活用
▼
2.0　専門性や優位性の差異の活用
▼
3.0　相違性や類似性を認識したうえで統合

出所：名和高司「進化するアービトラージ（裁定）」（Harvard Business Review Online 2015.4.27）

たとえば前述したマッキンゼー。効率を求めてグローバルな標準化を徹底しすぎた結果、各国の現場からイノベーティブな考え方が生まれにくくなっている。

そこで求められるのが、前述した3層構造化である。経営の基盤（アーキテクチャー）とプロセス（モジュール、プラットフォーム）を標準化したうえで、現場のアダプティビティを誘発し、そこから新たな標準を生み出し続けるという発想の転換が求められる。

第3のAのアービトラージは、その対象と方法を「ずらす」工夫が求められる。

まず対象を、賃金のような目に見える資産から、スキルのような見えざる資産にシフトする必要がある。たとえば日本企業は、製品のクオリティへのこだわりが高く、完成度が高い（スマート）ものを作る。逆に中国は、スピードが早く、コストが安い（リーン）。これらの異なる特性を結び付けることによって、スマート・リーン型のイノベーションが生まれるはずだ。

その好例がダイキンの中国での家庭用エアコン事業である。ダイキンはインバーター技術などを駆使した高性能の製品には定評があった。しかし、それだけでは、富裕層市場では戦えても、大きな成長が見込める中間層市場では太刀打ちできない。そこで、世界のコモディティ市場でトップシェアを握る中国メーカーの格力電器との提携に踏み切った。中国人特有の安いモノづくり力と大量の物量をさばく販売力を活用することが狙いだ。このように日本人の知恵と中国人の知恵を結合することによって、ダイキンの中国事業は大きく成長している。

アービトラージ（鞘抜き）という方法論も進化が必要だ。世界経済が平準化していくにつれ、コスト面でのアービトラージの余地は少なくなる。また情報の伝達スピードが速くなるにつれ、「時差は金なり」などといった情報のアービトラージも難しくなる。

同質なものの差を活用するという引き算ではなく、異質なものを掛け合わせるという掛け算での発想が求められる。範囲の経済（Economies of Scope）の活用だ。たとえば、シリコンバレー流のサイバーの世界の知恵と、日本のモノづくりの知恵を掛け合わせることによって、先述したCPS（サイバー・フィジカル・システム、図5）の世界を実現することができるようになる。

ヨーゼフ・シュンペーターはかつて、「新結合」がイノベーションを生むと喝破した。これを筆者は「異結合（クロス・カプリング）」と呼び変えている。異質な知が結合することによって、新たな知が生み出されるのである。

さらに歴史をさかのぼると、ギリシア哲学からドイツ観念論へと脈々と受け継がれてきた弁証法にも近い考え方である。ヘーゲルは、ある命題（テーゼ＝正）と、それと矛盾する命題（アンチテーゼ＝反）という二項対立を超えることをアウフヘーベン（aufheben＝合）と呼んだ。この弁証法的な進化は、第4章でも説明した通りである。アービトラージをアウフヘーベンと読み替えることによって、トリプルAはこの進化のダイナミズムを取り込むことができるようになる。

ゲマワットのトリプルAは静的で平面的なモデルである。このモデルを時間軸でとらえなおし、有形資産から無形資産へと奥行きを広げていくことで、二項対立を超えた新しい高みに向かうことができるはずだ。

37　リバース・イノベーションからエッジ・イノベーションへ

通説

イノベーションは先進国で生まれ、いずれ新興国にも広がっていくというのが、これまでの定説だった。しかし最近は、新興国発のイノベーションが登場している。しかもそのイノベーションが新興国発から先進国に逆流し始めている。「リバース・イノベーション」と呼ばれるモデルである。

２００９年９月に、ＧＥのジェフ・イメルトＣＥＯ（当時）とダートマス大学のビジャイ・ゴビンダラジャン教授らが『ハーバード・ビジネス・レビュー』に"How GE is disrupting itself"（「ＧＥ：リバース・イノベーション戦略」）という題名で、同社のリバース・イノベーション手法を紹介。グローバル経営の新潮流として一躍注目を浴びた。

新興国では通信や電力などのインフラが未整備なうえ、原材料・部品・資金なども不足がちだ。これらの供給側のボトルネックに加えて、需要側の購買力も低い。このような市場では、低価格、簡素な設計、単純な機能、高い耐久性などが必須となり、先進国とは根本的に異なる発想が求められる。逆に制約が大きいからこそ、斬新な技術や画期的な発想によるイノベーションが生まれやすいのである。

当初低技術と見下されていたものから次世代のイノベーションが生まれる現象を、クリステンセン教授は「破壊的イノベーション」と呼んだ。リバース・イノベーションは、グローバル市場における破壊的イノベーションの典型的なパターンと言えよう。

真説

リバース・イノベーション・フィーバーは、多くの経営流行語がそうであるように、あっという間に過ぎ去った。

たとえば、鳴り物入りでデビューしたタタ自動車の「ナノ」。2008年1月の北米自動車ショーにお目見えした時は、世界をあっと驚かせた。当時最安値だったマルチ・スズキの「マルチ800」が20万ルピー、その半額の10万ルピー（当時の為替レートで28万円弱）という破格の価格をつけたのである。

しかし、この世界最安値のクルマはデザインも性能も悪く、さすがのインドでもさっぱり人気が出なかった。発売当初は発火事故などの安全性の問題も噴出し、出鼻を大きくくじかれた。その後もブランドの立て直しは難しく、世界をゆるがすリバース・イノベーションの先兵にはなれなかった。

当のGEにおいても、インドと中国で1ケースずつ成功して以来、さっぱり鳴りを潜めている。イメルトCEO（当時）はその後、リバース・イノベーションという看板を、「IXFX」に付け替えた。IはIn、FはFor、Xにはそれぞれの地域名が入る。インドであればIn India For India、中国であればIn China For China。つまり、それぞれの市場に突き刺さるディープ・イノベーションに切り替えていったのだ。

インドにしても中国にしてもローカル市場だけでも十分に広く深い。「リバース」まで視野に入れる前に、いかにそれぞれの市場を深耕できるかが勝負となる。そのためには、グローバルな無形資産を活用しつつも、いかにそれぞれの現場が自律的にイノベーションを起こしていけるかがカギを握る。

そしてそれは、新興国に限らない。イノベーションの源泉は現場（Edge）にあるのだ。シリコンバレーでも、「イノベーション@エッジ（Inovation@edge）」がキーワードとなっている。

マッキンゼー時代に筆者の同志だったジョン・ヘーゲルは現在、シリコンバレーのシンギュラリティ大学で教鞭をとるかたわら、デロイト社のCenter for the Edgeの所長を務めている。

ヘーゲルは、イノベーションはセンター、すなわち本社や本業から起こるのではなく、エッジである海外子会社や傍流事業から立ち上がっていくものであると主張する。なぜならば、それらのエッジこそが非連続性の波が最初に打ち寄せる現場に近いからだという。エッジ（辺境）だからこそ、エッジ（独自性）が立ちやすいのだという。

ＤＸにおいても、クラウド・コンピューティングからエッジ・コンピューティングへとパラダイム・シフトが起こっていることは、前述した通りである。クラウド（センター、大本営）ではなくエッジ（現場、最前線）こそが、新しいイノベーションの「場」となるはずだ。

グローバル経営においても、各地域の現場がイノベーションを起こし、それを世界中に伝播させていく仕組みが求められる。リバース・イノベーションではなく、エッジ・イノベーションが本質なのだ。

第8章 事業モデルというコモディティ

38 頭脳から身体へ

通説

かつてポーター教授は、日本企業には戦略が不在だと断じた。そして、日本企業が得意としてきたオペレーショナル・エクセレンスの戦いはいずれ平準化され、日本企業はグローバル競争から脱落すると警鐘を鳴らした。日本企業は、伝統を守り、和を尊び、調整指向が強い。しかし戦略には厳しい選択が求められる。日本企業は戦略を学んで、この日本固有の文化的呪縛から自らを解き放つ必要があると、ポーター教授は主張する。

日本の現場の実践力は、確かに世界に冠たるものかもしれない。しかし、そのような現場からたたき上げてトップに立つ経営者には、戦略脳が備わっていない。ＫＫＤ（経験と勘と度胸）だけでは、戦略的な意思決定が必要な近代戦は戦えない。ましてや、先が読めない時代において、非連続な成長はリードできない。

日本の次世代リーダーは、弱点である戦略脳を徹底的に鍛え上げなければならない。そのためにはビジネススクールで、戦略の千本ノックを受ける必要がある。戦略コンサルをブレインに引き入れて、戦略的指向をコーチングしてもらうのも有効だろう。場合によっては、戦略立案に長けたプロ経営者を迎え入れることも、選択肢に入れるべきだ。

それでも間に合わないようであれば、海外企業やプライベートエクイティに身売りするのが、最後の手になるかもしれない。そうすれば、否応なく欧米型の戦略を注入され、再生の道がひらけてくるかもしれない。

真説

ポーター教授の日本的経営批判は、本当にその通りだろうか。ポーター流の戦略を習得することで、日本企業は再生できるのだろうか。

たとえば家電業界の雄だったソニー。ポーターが戦略ポジショニングを明確にしてきた例外的な日本企業の一つとして、取り上げていた企業だ。確かにソニーには、ベタなオペレーションを軽視し、洗練された戦略論を好む傾向が強かった。しかし、ソニーの家電事業がその後失速していったのは、むしろ戦略論にかまけすぎていたからではなかったか？

実は、それはほかの多くの日本企業が陥った罠でもあった（詳細は、２０１４年7月22日付「ダイヤモンド・ハーバード・ビジネス・オンライン」掲載の拙論「日本企業をダメにした3つの罪」を参照）。

ポーター理論が一世を風靡した１９８０年代、勤勉な日本企業はポーター的な戦略論を我先にと取り入れようとした。そして、90年代以降、日本企業は一気に「失われた20年」（そして今や30年になろうとしている）に突入していった。これはポーター教授の予言通り、日本企業が戦略を学ばなかったからだろうか？　それとも、皮肉なことに戦略論にとらわれすぎたからだろうか？

筆者は、21世紀に入っても成長し続けている世界の大手企業１００社を分析した（詳細は拙著『成長企業の法則』ディスカヴァー・トゥエンティワンを参照）。そこには日本企業も、ファーストリテイリング、ダイキン、トヨタなど10社がランクインした。

いずれも奇をてらった戦略ではなく、オペレーショナル・エクセレンスをぶれずに磨き続けてきた企業群だ。ポーターの予言に反して、圧倒的なオペレーショナル・エクセレンスこそが持続的な競争優位性の基盤となっていたのである。まさにサドゥン准教授らが論じている通りだ。

しかし、「日本企業の伝統芸の勝利！」と留飲を下げるのはちょっと待った方がよさそうだ。同様にポーター流の戦略万能主義に背を向け、オペレーショナル・エクセレンスを磨き続けてきたはずの他の「伝統的な」（？）日本企業は、なぜそこまで圧倒的なパフォーマンスを出すことができなかったのか？　サドゥンらが論じるように、オペレーショナル・エクセレンスだけが、本当に成功の要件なのだろうか？

筆者は日本企業だけを対象に、「失われた20年」の勝ち組企業の成功要件を分析してみた（図13。なお詳細は拙著『失われた20年の勝ち組企業　１００社の成功法則』ＰＨＰ研究所を参照）。その際に用いたモデルが、図14のように経営を４つの要件に要素分解したものだ。

基盤となるのが「オペレーション力」。その上に、「市場開拓力（Value Creation）」と「事業モデル構築力（Value Capture）」という２つの成長エンジン、最上位に「経営変革力」という推進力を位置

図13　「失われた20年」(1990～2010年)の勝ち組100社リスト*

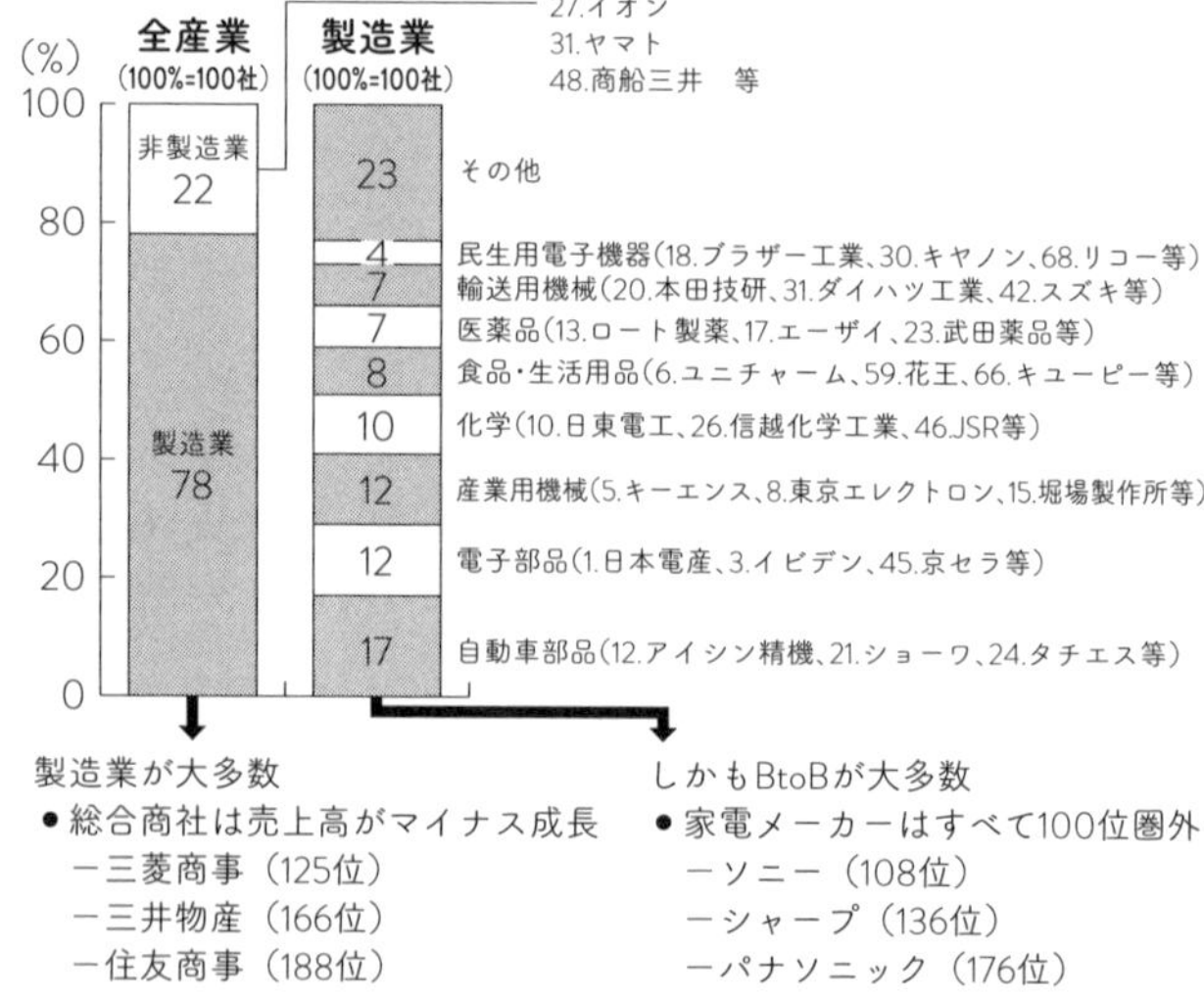

*売上高・収益・時価総額の伸び率順位の合計; 2010年時点で売上高1,000億円以上の上場企業が対象
出所:名和高司『失われた20年の勝ち組企業　100社の成功法則』PHP研究所

図14　次世代経営モデルの基本構造

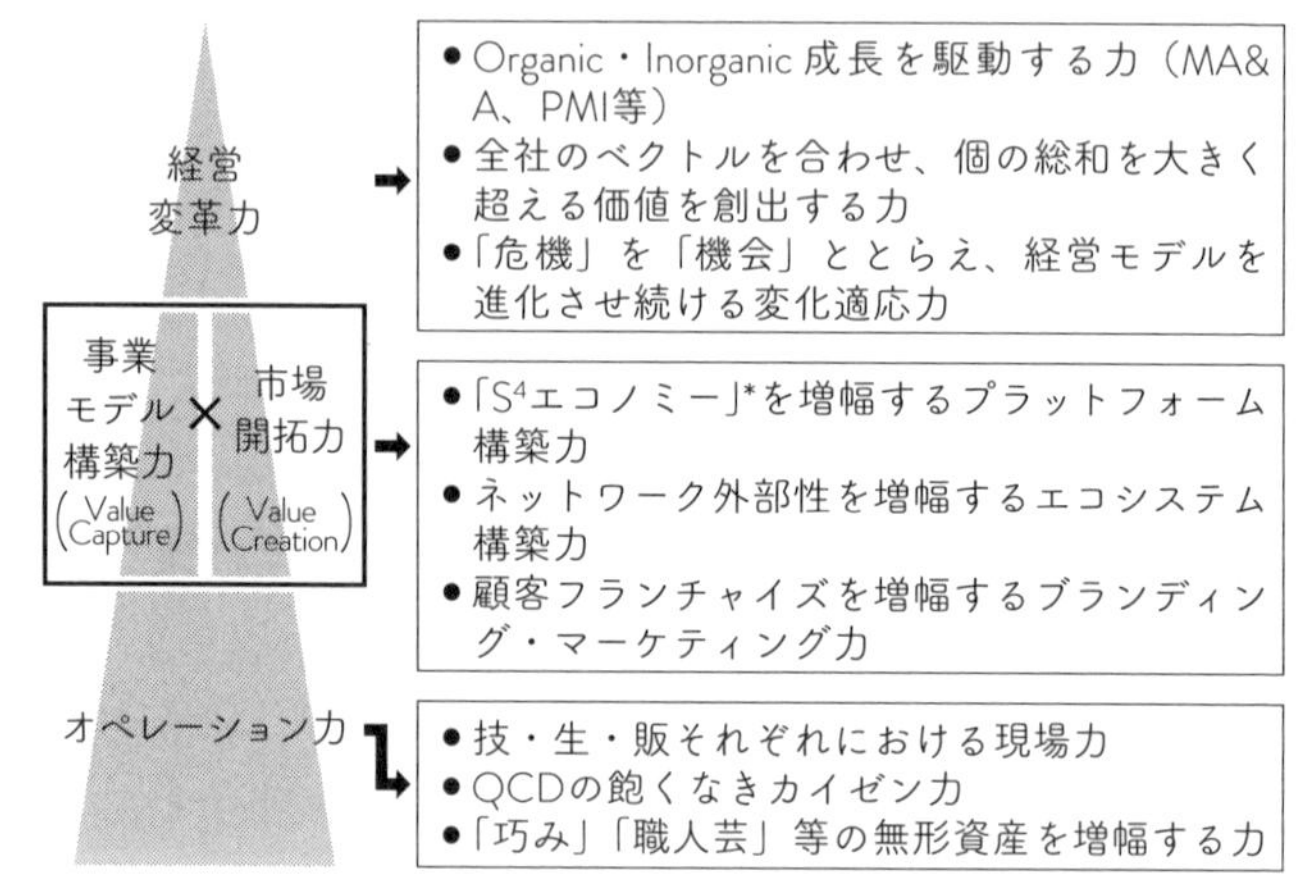

*Economies of Scale, Scope, Skill, Speed

出所:名和高司『失われた20年の勝ち組企業　100社の成功法則』PHP研究所

付けている。

ちなみにこの経営モデルは、私も委員の一人として参加した「競争力強化に関する研究会」から安倍政権に対して示された、成長戦略「第三の矢」を構想するうえでの提言にも盛り込まれた。もっとも、その後安倍政権は、他の3つは各企業の課題だと割り切り、最上位の経営変革力の抜本的てこ入れを目的に、コーポレートガバナンスの強化に踏み切った。これが前述したように時代に逆行する流れにつながってしまったことは、残念なことである。

日本の勝ち組100社を、これら4つの要件に照らし合わせて分析してみると、大きく4つのタイプに分けられる（図15）。

第1に、オペレーション力だけで勝ち抜いてきた企業群。自動車や精密機械など、現場におけるすり合わせ力が競争優位を決定付ける領域で戦っている企業が多い。100社中、大半がこのタイプだ。日本の伝統的な勝ちパターンを踏襲していることから、「タイプJ」と呼ぶ。

第2に、オペレーション力と経営変革力を兼ね備えた企業群。100社中トップを飾る日本電産がその典型だ。

図15　4つの類型

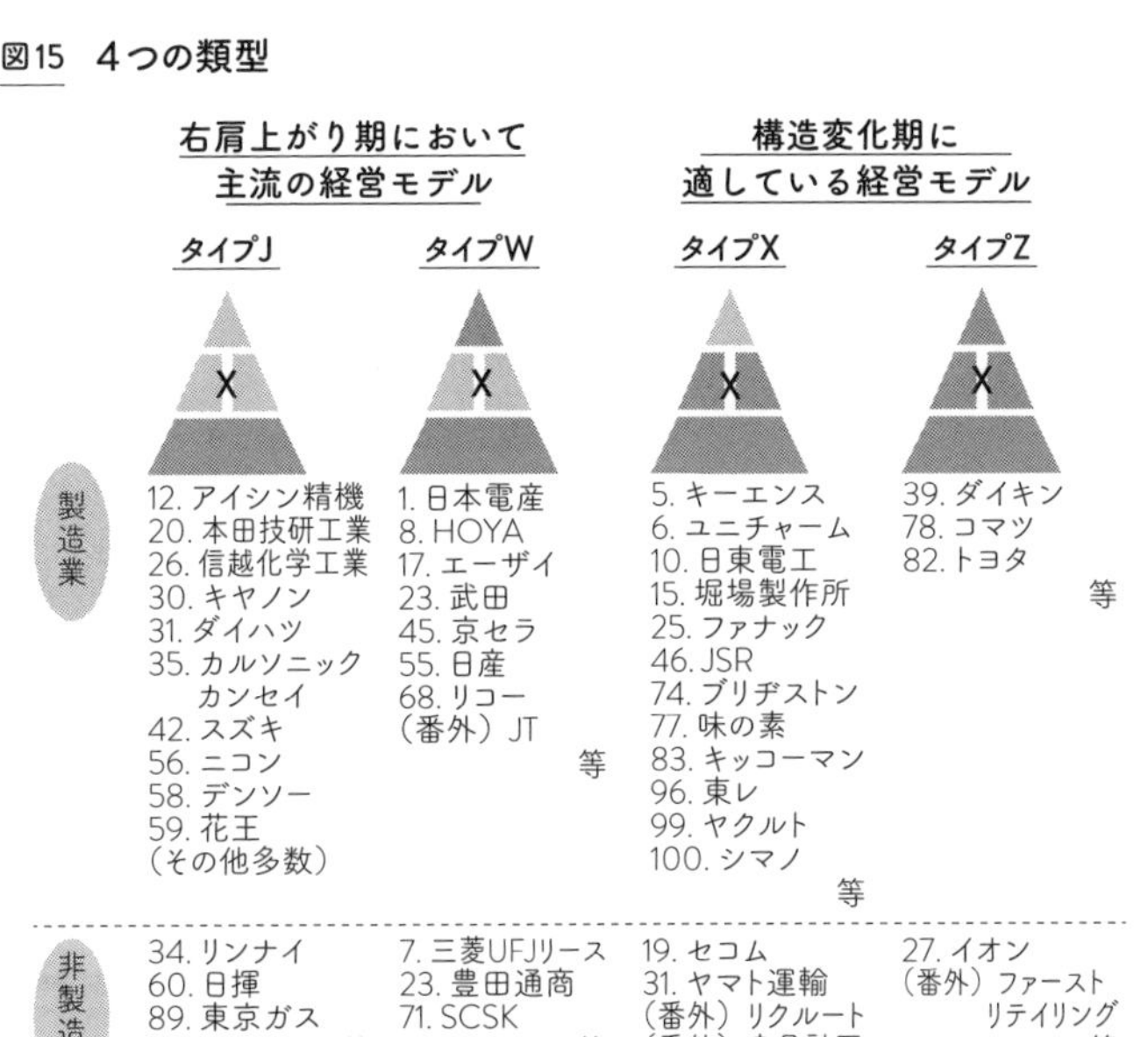

出所：名和高司『失われた20年の勝ち組企業　100社の成功法則』PHP研究所

同社は、これまでに国内外の64社（２０１９年末現在）を買収し、幾何級数的な成長を遂げてきた。その成功のカギは、買収した企業に日本電産流のオペレーショナル・エクセレンスを徹底的に移植することで、大きな価値創造を実現してきたことにある。日本のお家芸であるオペレーション力と欧米流の経営変革力をダブルで発揮していることから、「タイプW」と呼ぶ。

第3に、オペレーション力に加えて、市場開拓力と事業モデル構築力を成長エンジンとして回し続ける企業群。オペレーショナル・エクセレンスを回すだけではカイゼンに終始するが、その上に2つのターボエンジンを駆動させることによって、非連続な成長を実現していく。キーエンスやユニ・チャームがその代表例だ。2つのエンジンをクロス（X）させ続けていることから、「タイプX」と呼ぶ。

第4に、これら4つをすべて兼ね備えている企業群だ。世界トップ１００社にもランクインしたファーストリテイリング、ダイキン、トヨタなど、ごく少数の企業がこれにあたる。これらの企業群はオペレーショナル・エクセレンスを基軸としつつも、イノベーション、マーケティング、チェンジマネジメントといった広範な経営能力を発揮している。究極のモデルということで「タイプZ」と呼ぶ。

これら4つの勝ちパターンに共通しているのが、オペレーション力だ。オペレーションが競争力の必要条件であることは、この分析からも見て取れる。

右肩上がりの成長が見通せる時代には、オペレーション力を基軸としたタイプJやタイプWでも十分戦えた。同質的な競争の世界では、「Do More Better（カイゼン）」（タイプJ）と「Scale Up（規模の経済のあくなき追求）」（タイプW）が、優位性の源泉となりえたからだ。

しかし、今の延長線上に答えがない以上、それだけでは不十分だ。市場開拓力と事業モデル構築力という次世代の成長エンジンが不可欠となる。これらのエンジンを内包したタイプXやタイプZこそが、非連続な時代の成功モデルとなるはずだ。

ではどちらのタイプが望ましいか？　すべてを兼ね備えたタイプZこそが、理想的だと思われがちだが、本当にそうだろうか？

たしかにタイプZ企業は、トップの強力なリーダーシップが成長を牽引し続けている。しかし、そのような企業は、実は経営者リスクにさらされている。卓越したトップの存在が、成長の前提条件となるからだ。逆に言えば、トップ交代がこれらの企業の成長の変曲点となりかねない。タイプZ企業の多くで、トップが長期政権を維持している（せざるを得ない？）のは、そのような弱点の裏返しでもある。

それに比べてタイプX企業は、経営変革力に依存しすぎないところに特徴がある。誤解を恐れずに言えば、誰がトップになっても、成長を持続していくことができる。なぜならば、2つの成長エンジンがオペレーションのなかにしっかり実装されているからである。逆に言えば、成長エンジンをそこまで現場に埋め込むことこそが、経営者の真のリーダーシップと言ってもいいだろう。事実、タイプZ企業のトップにとって、いかにタイプXに移行できるかが最大の経営課題となっている。

富士フイルムの古森重隆会長は、自著『魂の経営』（2013年、東洋経済新報社）で「ビジネス五体論」を説く。頭だけではなく五感を担う身体知の総和が経営の神髄だというのである。

そのためには「マッスル・インテリジェンス」が求められるという。同氏によれば、マッスル・インテリジェンスとは、ある種の野性的な賢さや勘、力、気迫を指すらしい。

筆者はこの言葉を、まさに文字通りにとらえてみると面白いと考えている。筋肉のなかに脳が埋め込まれているイメージだ。これこそ、ポーターの言う戦略脳と日本企業が得意とするオペレーショナル・エクセレンスが、トレードオンされている姿である。かつ、それをポーター教授や古森会長が言うように、経営者やリーダーのレベルにとどめず、現場に実装することによって初めて、エッジの立った自律分散型の経営が実現するはずである。

39 ブルー・オーシャンからパープル・オーシャンへ

通説

あらゆる企業において、イノベーションが経営課題リストのトップ3に入っている。イノベーションと言っても技術の革新ではなく、事業の革新だ。ベンチャーにとって、イノベーションが本業である。既存企業にとっても、現業は遅かれ早かれ頭打ちとなるので、次世代事業なくして未来はない。

イノベーションの教科書として、ＩＮＳＥＡＤのチャン・キム教授他著『ブルー・オーシャン戦略』（２００５年）が有名だ。競争の激しい既存市場（レッド・オーシャン）ではなく、競争のない未開拓市場（ブルー・オーシャン）を攻めよと説く。そのためには、既存の業界慣行から何かを減らす・取り除く、そのうえで特定の機能を増やす・付け加えることにより、顧客と企業の双方にとって価値向上を目指す（バリューイノベーション）ことができると主張している。

同書には、日本の例として、10分１０００円（当時）のヘアカットチェーンのＱＢハウスやＮＴＴドコモのｉ-モードが紹介されている。どちらも確かに大成功事例であり、ブルー・オーシャン理論で説明がつく。

ただし、このモデルの最大の弱点は、着眼点さえわかれば、すぐにまねされやすいことである。事実、QBハウスはその後、積極的に海外に進出したものの、現地での模倣企業の出現に悩まされた。なかにはQBハウスに勤務していた従業員が興したケースや現地パートナーが関係解消後に手掛けているケースもあるという。

さらに、持続可能性がなく、一過性のブームに終わりやすい。たとえばｉモードに至っては、ガラケーからスマホへの世代交代とともに、歴史の1ページとなっていった。

ポーター教授の競争戦略論は、低価格戦略か差別化戦略のいずれかの選択を迫る。このようなありきたりのトレードオフ論に陥らず、両者を両立させることでイノベーションを目指すというブルー・オーシャンモデルは、戦略論に新境地を開いたものと言えよう。ただし、あらゆる戦略論同様、模倣されやすく、持続可能性が欠如していることを忘れてはならない。ブルー・オーシャンは青ければ青いほど、あっという間に赤く染まってレッド・オーシャンになるのだ。

図16　スマート・リーン戦略

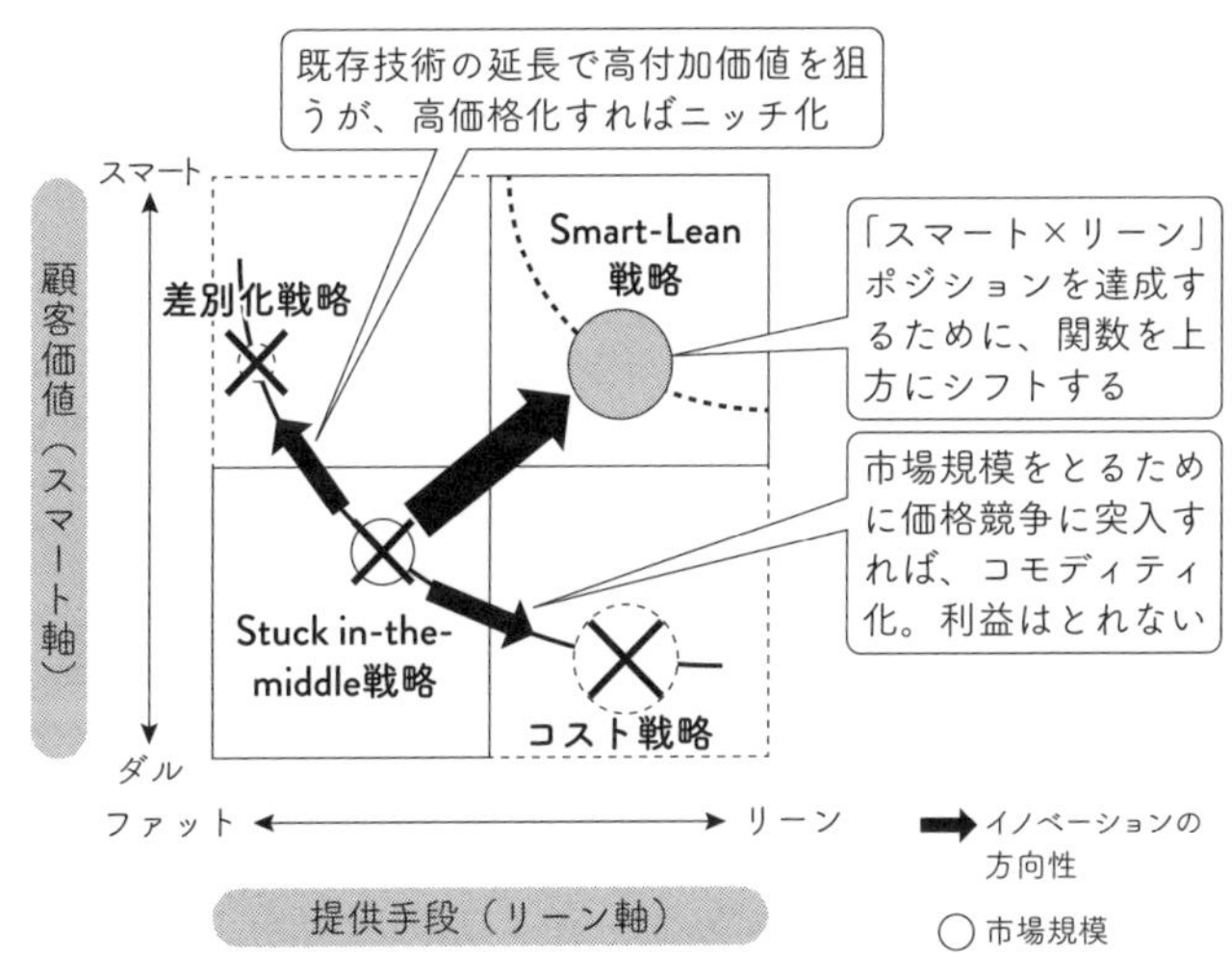

出所：名和高司『学習優位の経営』ダイヤモンド社

真説

そこで筆者は、ブルー・オーシャンではなく、レッド・オーシャンの周辺にある「パープル・オーシャン」を目指すことを提唱している。レッドとブルーの間なので、パープルと呼んでいる。まったくの飛び地を目指すのではなく隣接地を目指すので、拡業戦略とも呼ぶ。詳細は、拙著『学習優位の経営』（ダイヤモンド社）を参照してほしい。

簡単に紹介すると、まずスマート・リーンを基軸に置く（図16）。これはバリューを上げ、コストを下げるという点では、ブルー・

図17　iPod による「スマート×リーン」イノベーション

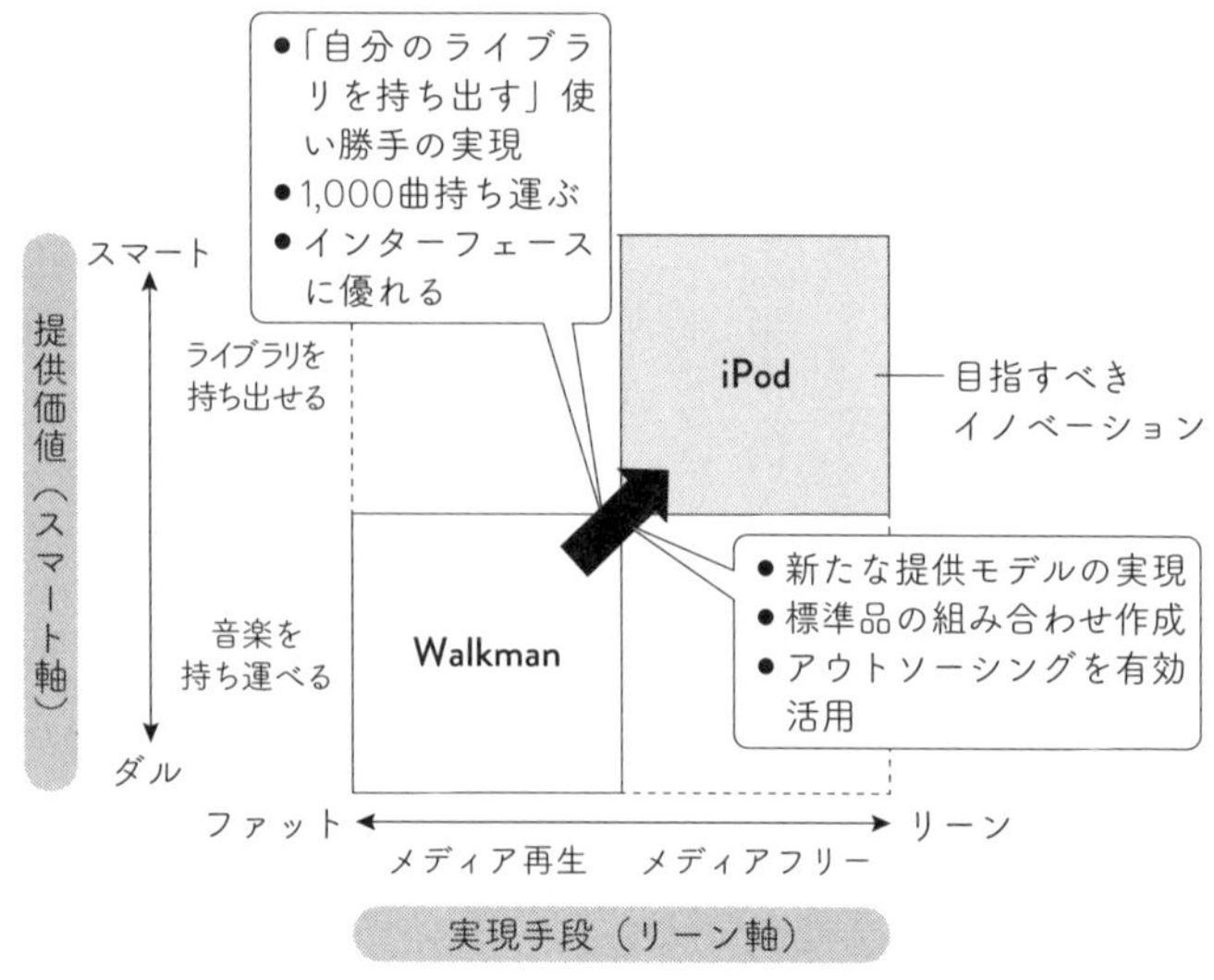

出所：名和高司『学習優位の経営』ダイヤモンド社

図18　アップルにおけるスマート・リーンモデルの横展開（「伸化」）

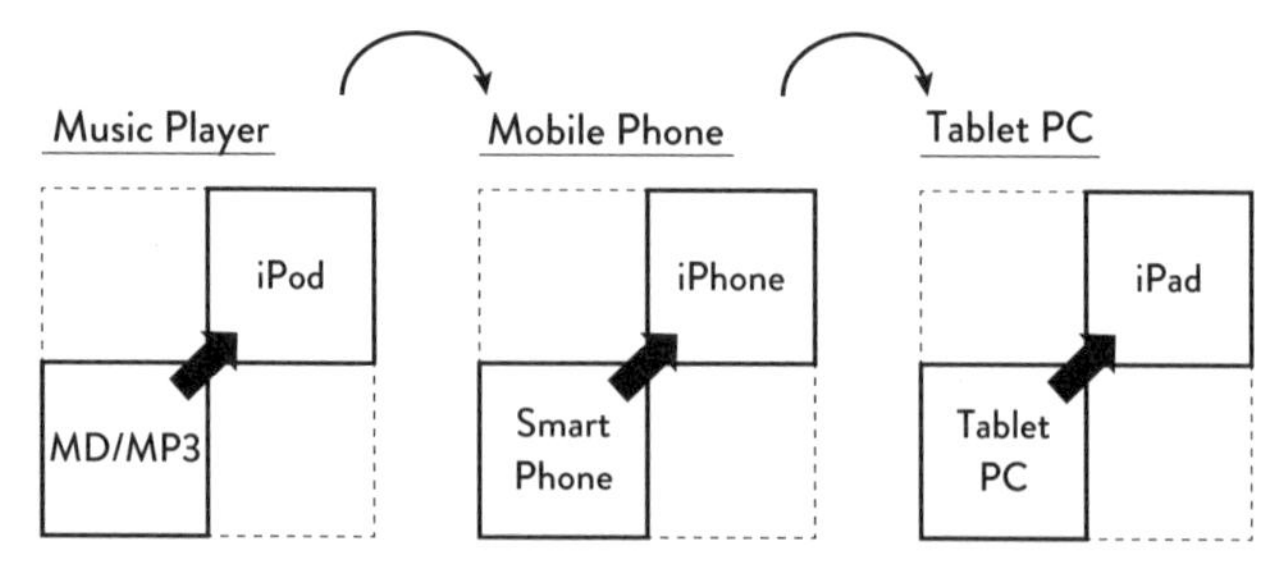

出所：名和高司『学習優位の経営』ダイヤモンド社

オーシャン戦略と同じ発想である。たとえば、アップルは、iPodにおいて見事にこのスマート・リーン戦略を実践してみせた（図17）。

しかし、本当の勝負はそこからスタートする。いったん築いた事業モデルを深める（深化させる）だけでは、いずれ頭打ちになる。とはいえ、これを破壊してまったくの飛び地を目指したのでは持続優位性は築けない。そこで、さらに2つの方向性を模索する。

1つ目は、他のフォーマットへの横展開（伸化）だ。たとえばアップルは、iPodで切り開いたスマート・リーンモデルを、iPhoneやiPadへと伸化させている（図18）。

2つ目は、次世代のフォーマットへのバージョンアップ（新化）だ。たとえば、ファーストリテイリングは、スマート軸、リーン軸の延長線上に、セオリーやジーユーといった派生型の「拡業」を展開した。そして現在、有明を舞台に次世代のスマート・リーン事業（図8の「有明モデル」）を構築中である（図19）。

ブルー・オーシャンのような突然変異待望論は、所詮一時しのぎにすぎない。企業としてより重要な使命は、いかに持続的

図19　ファーストリテイリングにおけるスマート・リーンモデルの「新化」

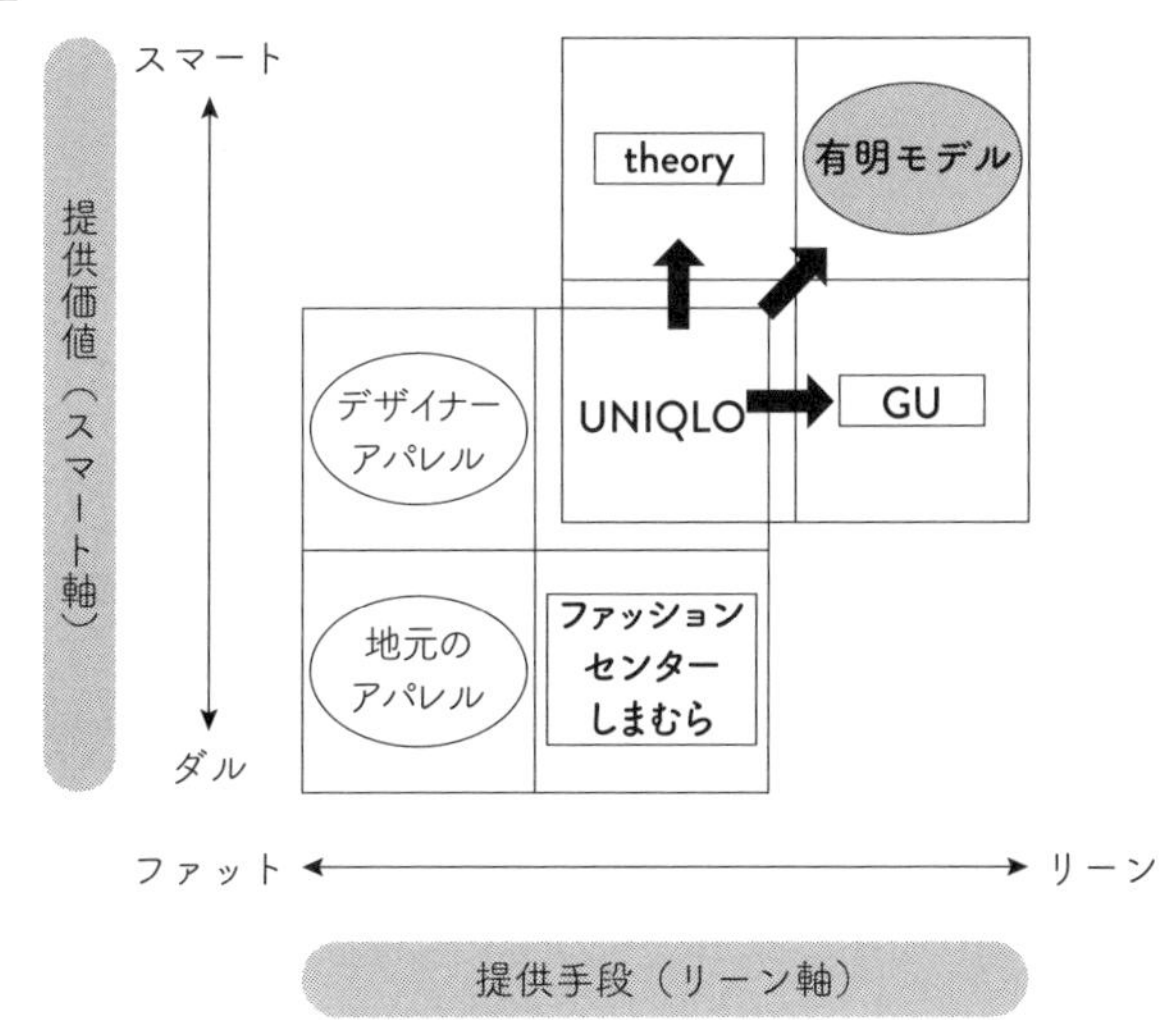

出所：筆者作成

にイノベーションを実現し続けるかである。そのためには、現業をいかにリノベート（バージョンアップ）するかが、より本質的な課題となるはずだ。現業に軸足を置きつつ、もう一方の足を大きく踏み出すピボットの動きを、組織全体で習得する必要がある。

言い換えれば、ポーター教授のポジショニングや、キム教授のブルー・オーシャンなどの戦略論より、組織論こそが、持続的競争優位構築のカギを握るのである。

40　ビジネスモデルからアセットモデルへ

通説

ＤＸ時代の競争優位の源泉は、ビジネスモデルである。デジタル技術そのものは、コモディティにすぎない。勝者と敗者を分けるのは、デジタル技術を使って革新的な儲けの仕組みを構築できるかにある。技術のイノベーションではなく、ビジネスモデルのイノベーションが問われているのである。

そこで一時期もてはやされたのが、ビジネスモデル・キャンバスだ。１枚の紙の上に、ビジネスモデルの基本的な要素を配置することができるという優れものだ。

しかし、使ってみると、肝心のイノベーションには簡単には結び付かないことに気づく。既存のビジネスモデルを書き込むことはできるが、それでは整理学でしかない。このキャンバスに描かれたありきたりの世界を壊さない限り、イノベーションは生まれないのだ。

その点、スイスのザンクトガレン大学ビジネスモデル・イノベーション研究所のオリヴァー・ガスマン教授らが2013年に提唱したマジック・トライアングル（図20）には、少し工夫がある（詳細は邦訳『ビジネスモデル・ナビゲーター』翔泳社、2016年を参照）。

ビジネスモデルを構成する4つのキークエスチョン（Who, What, How, Why）のうち、2つ以上をずらすことによって、イノベーションを起こすことができるという。たとえば、ネスレのネスプレッソは、これらすべての軸をずらすことによって、成熟したコーヒー市

図20　マジック・トライアングル

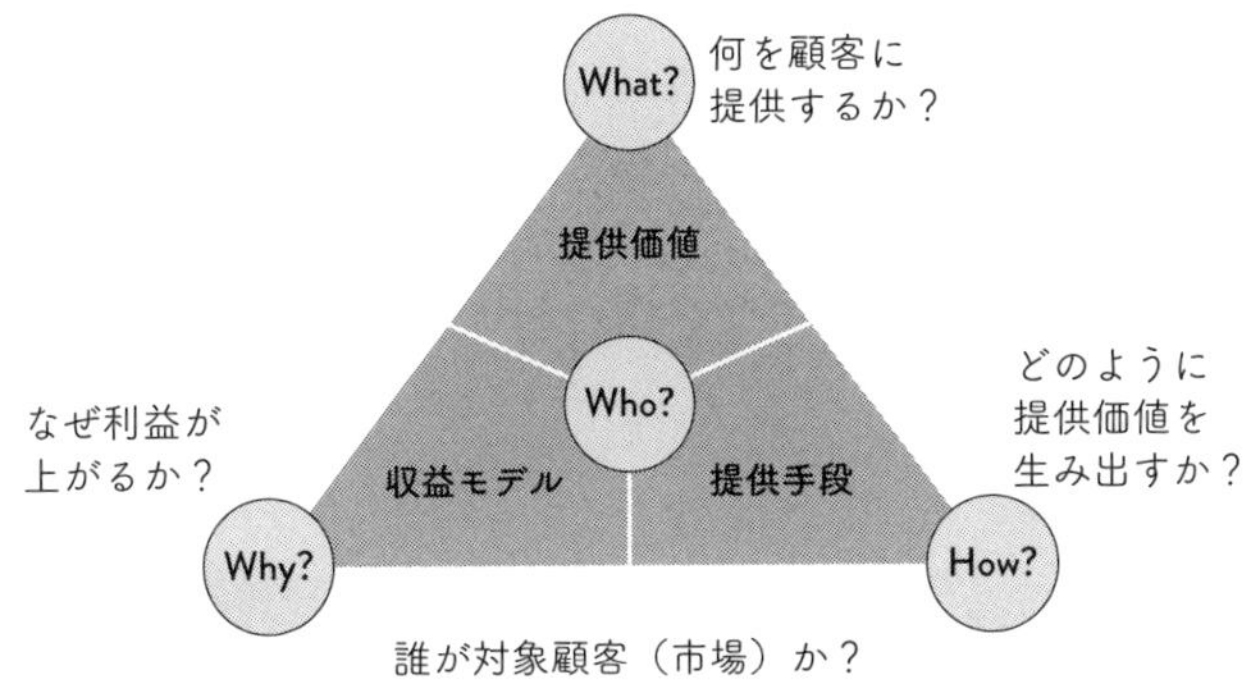

出所：ガスマン他『ビジネスモデル・ナビゲーター』翔泳社

〈ネスプレッソのケース〉

①Who（対象市場）
- 旧モデル：大衆向け
- 新モデル：高級品市場（個人）、オフィス向け

②What（提供する財）
- 旧モデル：コーヒー粉末（コモディティ）
- 新モデル：高級エスプレッソ用マシンとカプセル

③How（提供方法）
- 旧モデル：小売店（例：スーパー）
- 新モデル：直販

④Why（収益モデル）
- 旧モデル：バルク販売による利益
- 新モデル：マシンは原価で提供、カプセルが収益源

場に革新的なイノベーションを起こすことに成功した。

このビジネスモデルの転換によって、ネスレはキロ当たりの販売単価を２０００円から1万円へと5倍に増やすことができた。まさに技術イノベーションではなく、ビジネスモデル・イノベーションの見事な成功事例である。

真説

戦略がコモディティであるように、ビジネスモデルそのものもコモディティでしかない。しかも、簡単に模倣可能である。戦略コンサルのマッキンゼーとＢＣＧで四半世紀にわたって仕事をした筆者が言うのだから、まず間違いはない。

ガスマン教授らも前掲の『ビジネスモデル・ナビゲーター』で、55のパターンを提唱している（図21）。過去25年間、２５０社を超える企業のビジネスモデルを分析した結果、55のパターンの組み合わせが、繰り返し出てきているにすぎないことを発見したというのである。

図21　ビジネスモデルの55パターン

1	アドオン	30	マスカスタマイゼーション
2	アフィリエイト	31	ノーフリル
3	合気道	32	オープンビジネスモデル
4	オークション	33	オープンソース
5	バーター	34	オーケストレータ
6	キャッシュマシン	35	ペイ・パー・ユーズ
7	クロスセル	36	欲しいものだけ支払い
8	クラウドファンディング	37	ピア・ツー・ピア
9	クラウドソーシング	38	パフォーマンス・ベース契約
10	顧客ロイヤルティ	39	レイザー・アンド・ブレード（ジレットモデル）
11	デジタル化	40	レンタル
12	ダイレクト販売	41	収益シェアリング
13	Eコマース	42	リバースエンジニアリング
14	経験の販売	43	リバースイノベーション
15	フラットレート	44	ロビンフッド
16	部分的な所有	45	セルフサービス
17	フランチャイジング	46	ショップ・イン・ショップ
18	フリーミアム	47	ソリューション・プロバイダ—
19	プッシュからプルへ	48	サブスクリプション
20	可用性保証	49	スーパーマーケット
21	隠された収入	50	貧困層へのターゲティング
22	中身のブランディング	51	ゴミからカネへ（トラッシュ・ツー・キャッシュ）
23	インテグレータ	52	ツーサイド・マーケット
24	レイヤープレーヤー	53	究極の贅沢
25	顧客データ活用	54	顧客によるデザイン
26	ライセンス	55	ホワイトラベル
27	ロックイン		
28	ロングテール		
29	多重化		

出所：ガスマン他『ビジネスモデル・ナビゲーター』翔泳社を筆者が一部加筆修正

確かに、ビジネスモデルの大半がデジャブでしかない。先のネスプレッソも、実はジレット方式のレイザー・アンド・ブレードモデル（39番）、ロックインモデル（27番）、Ｅコマースモデル（13番）などを組み合わせたものにすぎない。最近話題のサブスクリプションモデルも、48番にあるように使い古されたモデルだ。

『ビジネスモデル・ナビゲーター』のセッションでは、これら55パターンをカードにして配り、それらを適用して次世代ビジネスモデルを考案するワークショップが行われる。

ガスマン教授らは、デジタル技術を駆使して、さらに新しいビジネスモデルが考案される可能性はあると認めている。そのために、これまでの55枚のカードのほか、5枚ほど白紙カードを用意しているほどの念の入れようだ。とはいえ、新たなビジネスモデルは、他のカード同様、あっという間に模倣され、コモディティ化していくことは間違いない。

個々のビジネスモデルに気をとられていても、真のイノベーションは起こせない。ビジネスモデル・イノベーションの真の狙いは、活用する資産（Asset）の経済性（Economics）を飛躍的に高めることにある。だとすれば、資産の持ち方を工夫することが基本となるはずだ。

そこで筆者は、「資産の三枚おろし」を提唱している（詳細は、前掲『学習優位の経営』を参照）。資産を共層、協創、競争の三つの目的に分けてとらえなおすという考え方だ（図22）。

一番下の共層は、他の事業者と共有するのが望ましい資産である。規模の経済（Economies of Scale）が決め手となる領域だ。有形資産の多くがこの層に属する。仮にこの層を自前で持つのであれば、他社にも提供するなど、徹底的にスケールをとりにいく必要がある。

一番上の競争は、本格的な戦いを展開する領域である。競争優位の源泉となる資産だ。自社ならではのノウハウやスキルなどの無形資産がこれに当たる。ここでは、技能の経済（Economies of Skill）が決め手となる。

真ん中の協創は、自社の資産と他社の資産を組み合わせて新しい価値を生み出す領域である。異質なプレーヤーが持つ無形資産を掛け合わせる（クロスカプリング）ことにより、イノベーションを起こすことを狙う。ここでは範囲の経済（Economies of Scope）がカギとなる。

そして、これら3つの資産を巧みに組み合わせることにより、自力で取り組むより、圧倒的に速く、事業モデルを展開できる。結果として、スピードの経済（Economies of Speed）が生まれるのである。

ビジネスモデルそのものではなく、このアセットモデルこそが、4つの経済性の飛躍的増大をもたらすのだ。P／Lは瞬間風速であり、静止画であり、結果でしかない。BSの中身をいかに有形資産から無形資産へと入れ替え、新陳代謝を続けるかが経済性のドライバーとなる、この本質をしっかり押さえることが、ビジネスモデル・イノベーションの基本となる。

図22　資産の三枚おろし——外部性を梃子とした「4つの経済性」の獲得

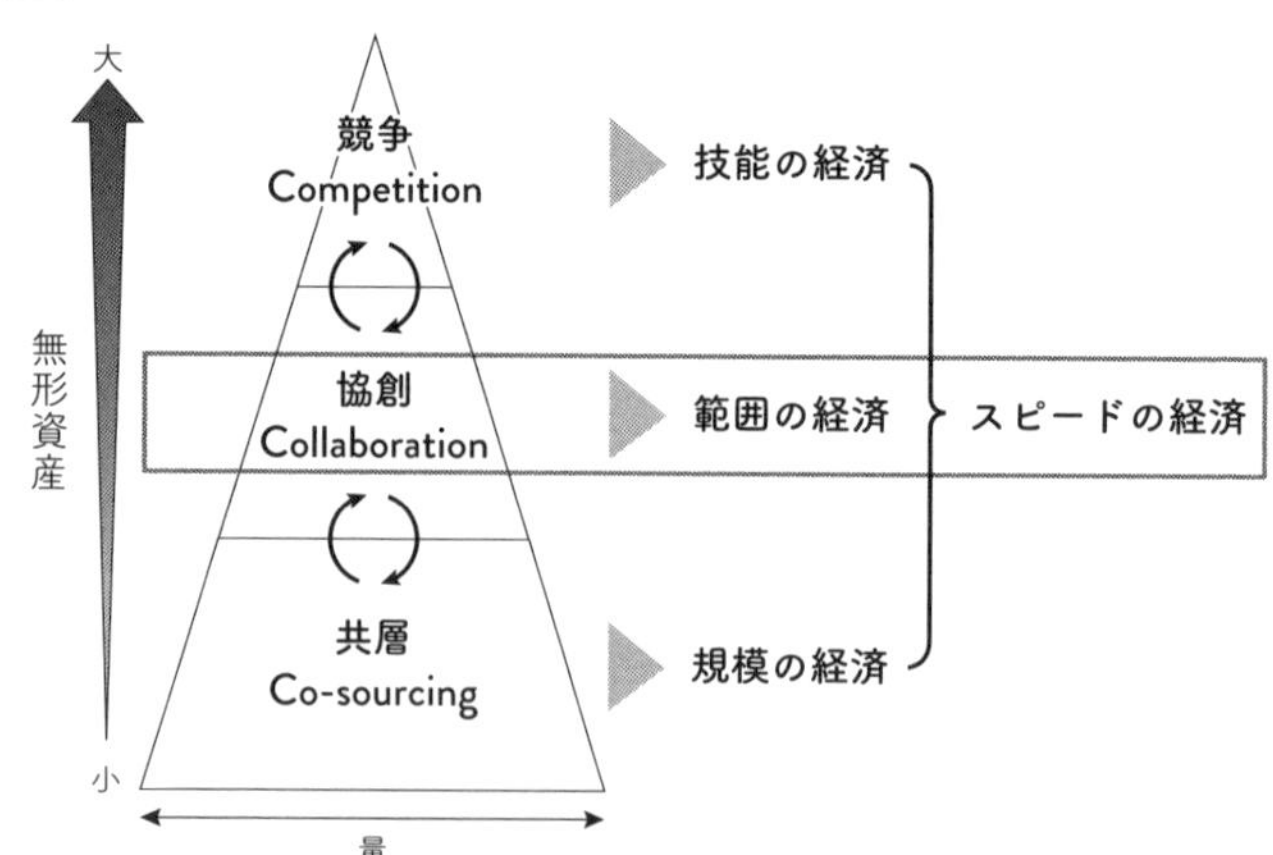

出所：名和高司『企業変革の教科書』東洋経済新報社

41 想像力から展開力へ

通説

真のイノベーションは、0から1を発見することである。非連続な時代を迎えて、各社ともこの1の発見に血眼になっている。新興企業は言わずもがな、既存企業においても、次の成長の種を見つけられなければ明日がない。

第6章でも紹介したように、多くの企業がリーン・スタートアップ手法を取り入れようとしている。そこここで、ハッカソンやアイデアコンテストが開かれている。筆者も、そのような場に、審査員として何回となく呼ばれる。

そこで、発想法があらためて見直されている。水平思考、右脳思考などのクリエイティブな発想法が、従来型のロジカルシンキングよりもブームとなっている。またデザイン思考を標榜するセミナーや道場なども人気だ。これらの手法を取り入れた「イノベーション・ハブ」と称する場も、あちこちに設置されている。2つのソウゾウリョク、すなわち想像力と創造力をいかに育むかが、イノベーション力強化の最大の命題となる。

真説

「0から1」は、実はコモディティである。奇想天外なアイデアは掃いて捨てるほどある。アイデアコンテストをやるのであれば、「ヨソ者、ワカ者、バカ者」を集めるに限る。制約、常識にとらわれず、自由な発想で、無邪気なアイデアをシャワーのように浴びせてくれるはずだ。

筆者も、投資家、審査員、コンサルタントの立場で、この手の場面には嫌というほど遭遇した。たとえば2000年前後のネットバブル時に、「アクセラレータ@マッキンゼー」を立ち上げ、その日本代表を務めたことがある。ネットベンチャーに投資し、無料でコンサルティングをするというスキームだ。100社以上の候補企業からの提案を受けたが、どれも筋がいいとは思えない。結局1社にだけ投資、そこもすぐに大企業に売却して、なんとかコンサルフィーの元がとれた程度に終わった。「0から1」の難しさを、身をもって痛感させられた。

「0から1」が難しいのは、その1が、いずれ10や100になる見通しが立たないからである。逆に言えば、1→10、そして10→100の方法論が確立していれば、0→1の対象も絞り込みやすい。

リーン・スタートアップが失敗の山を作るだけに終わりがちなことは、前述した通りである。ハッカソンやイノベーション・ハブは、10、ましてや100に育たない1のゴミの山を作るのがオチだ。0→1以上に、1→10、10→100の方法論こそがキモとなるのである。

事業開発に長けた企業は、この3つのステージに沿って、その企業独自のアルゴリズムを確立している。リクルートを例にとろう（図23）。

まず0→1については、世の中の「不」に着目する。不足、不便、不満のようなペインポイントである。それをNew RING（Recruit Innovation Group）という事業インキュベーションの仕組みでふるいにかける。

ここで重要なのは、その後1→10、そして10→100へと化ける可能性がないアイデアを、入口（0→1）で徹底的に排除することである。New RINGには、その際の基準が3つある。

①Unique（独自性）
②Repeatable（持続性）
③Sherable（拡張性）

①は新規事業であれば当然と言えば当然。いわば大前提だ。ただ、me too のような焼き直しだったり、すぐ考え付きそうな単純な思い付きは、排除される。

②は、それが事業として持続可能かどうかを問うキークエスチョンの一つである。「一発花火」に陥らないためには、その事業モデルが進化しうるものかどうかがカギとなる。時間軸に関する問いかけだ。

③は、その事業モデルが、他の事業にも広げていけるかどうかを問うもう一つのキークエスチョンだ。骨太の事業に育つには、その構想がどこまで他の事業にも応用され、大きく広がっていくかどうかが勝負となる。空間軸上の問いである。

図23 リクルートの事業開発手法

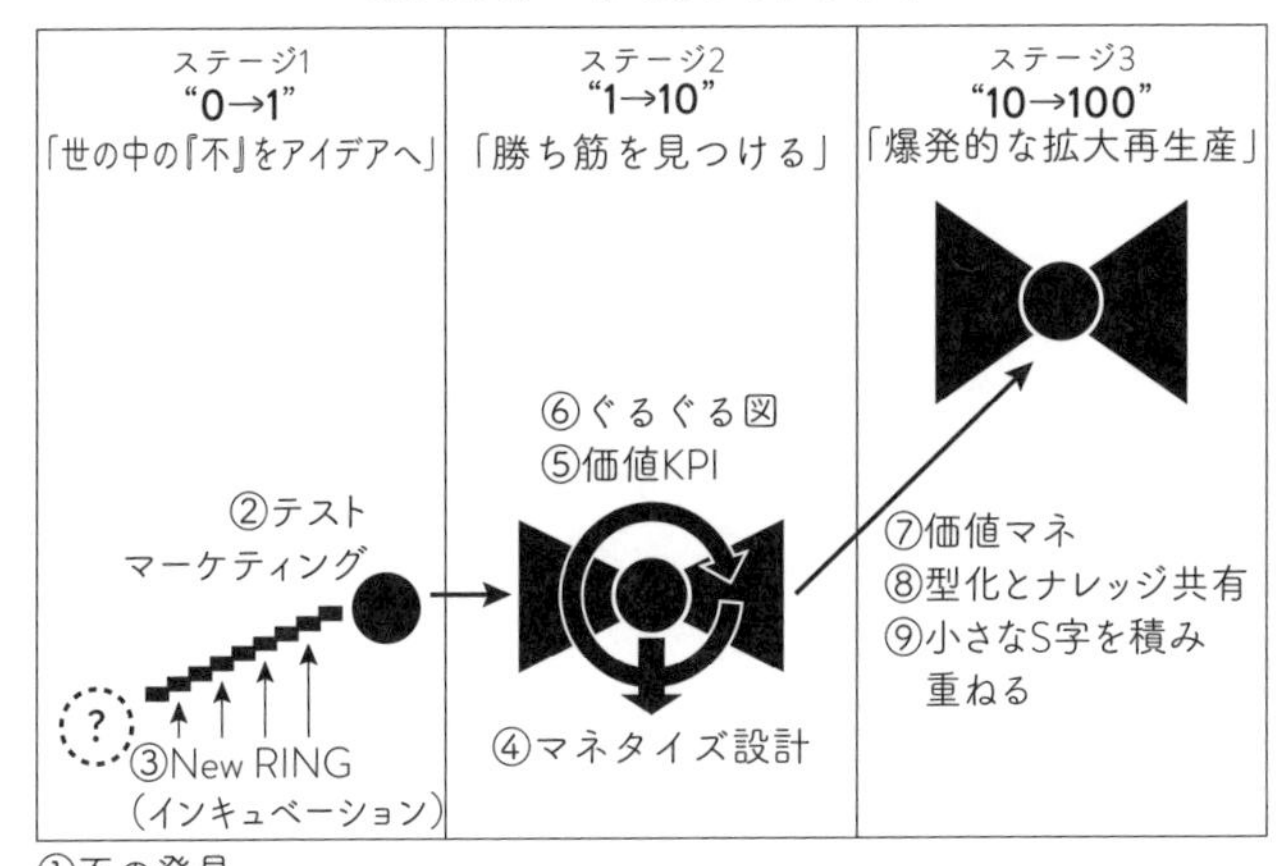

メソッド①不の発見…新規事業の起点となる「不」を探す
メソッド②テストマーケティング…発見した「不」がビジネスとして成立するのかを見極める
メソッド③New RING（インキュベーション）…アイデアを事業に育てるサポート
メソッド④マネタイズ設計…圧倒的な収益を獲得するためのモデル設計
メソッド⑤価値KPI…勝ちにつながる行動や指標を発見・特定する
メソッド⑥ぐるぐる図…PDSを高速に回しながら、勝ち筋を探る手法
メソッド⑦価値マネ…発見した価値KPIにもとづき、拡大させていくためのマネジメント
メソッド⑧型化とナレッジ共有…価値マネを実践するための行動を「型」に落とし込んで共有する
メソッド⑨小さなS字を積み重ねる…現場でつかんだ"兆し"を吸い上げる仕組み

出所：杉田浩章『リクルートすごい構"創"力』日本経済新聞出版社を一部修正

この3つのふるいにかけることによって、その着想のスケーラビリティを入口でしっかり見極めることができる。シンプルなようでいて、極めてパワフルな規律だと言えよう。

もちろん0→1のスクリーニングは、発射台にすぎない。さらに重要な仕組みは後の2つのステージにある。

1→10は「勝ち筋」を見つけるステージだ。ここでのキモは「圧倒的な収益を獲得するためのモデル設計」にある。良い企業の大半は、まず価値創造（value creation）に血道をあげる。しかし、それだけでは市場は創造できても、いつまでも収益化のめどが立たない。この段階から価値獲得（value capture）の仕組みを徹底的に作り上げることが、事業を成功させるために不可欠な要件となる。

10→１００は「爆発的な拡大再生産」、すなわち指数関数的なスケーリングを仕掛けるステージだ。ここでのキモは2つだ。まず、価値創造と価値獲得のアルゴリズムを、現場の行動の型に落とし込むこと。ただしそれだけでは、スケールはできてもいずれ陳腐化は免れない。そこで現場での「ゆらぎ」をとらえて、型そのものを進化させていく仕組みを埋め込んでいる。まさに前述したイノベーション@エッジの実践であり、後述する「メタ・ルーティン」（型を作る型）の仕組み化である。

この0を１００にするアルゴリズムをビルトインしたリクルートには、高い将来価値（Net Future Value）が期待できる。同社の企業価値が高いのは、今のＲＯＥが高いからではなく、このぶれない方程式が確立しているためである。

42 型化から進化へ

通説

かつて経営の三種の神器は、ＫＫＤ、すなわち勘と経験と度胸だと言われてきた。さすがに今や死語になっている。「経営の科学化」が標榜されて久しく、デジタル技術がそれに拍車をかけている。勘に代わって、ビッグデータとデータマイニング技術によって、意味のある情報を瞬時に抽出することが可能になる。ＳＮＳによって、無数の経験や知恵にアクセスすることができる。そして、度胸に頼ることなく、シミュレーション技術を使って、意思決定の結果を事前に予測できる。

このような意思決定プロセスそのものがデジタル情報として蓄積され、再活用されるようになる。その結果、より精度が高いものになり、ばらつきが少なくなる。さらにＡＩの一種であるエキスパートシステムを活用することで、初心者でも専門家レベルの意思決定ができるようになる。そうなれば、経営コンサルタントを雇う必要さえなくなってくるだろう。

電子政府で知られる北欧のエストニアでは、政府機能はほぼすべて電子化されている。公的部門の効率化を熱心に進めるこの国では、すでにＡＩは一部の行政の事務仕事を担っている。２０１９年には、さらなる行政業務の効率化を目指して、「ロボット裁判官」プロジェクトの推進を発表。ただし当初は少額訴訟に限られ、結果に納得しない場合は人間の裁判官に上訴することが可能だという。ＡＩ導入に対応した法的なフレームワークの構築は、今後数年かけて進められる予定となっている。

ＡＩが人間以上に公平な判断を下せるかどうかは議論が分かれるところだ。しかし、判断基準を明確にし、データを収集し、データをその基準に合わせて分析するという基本的な意思決定プロセスを定型化できれば、ＡＩを活用することで判断の精度とスピードが格段に増すことは間違いない。

そうなるといずれ経営幹部や取締役のメンバーさえも、ロボットがとってかわる日が遠からず訪れるに違いない。

真説

上記のような経営の科学化のカギを握るのは、アルゴリズム化である。したがってＡＩを活用する以前に、リクルートのように、人の創意工夫に依存していた業務や作業を、いかに型に落とし込むことができるかが勝負となる。

しかし一方で、型に落として標準化してしまうと、効率性や再現性は高まるが、イノベーションが起こらない。イノベーションとインテグレーション（標準化）は、二律背反の関係に陥りがちだからだ。

図24をご覧いただきたい。クリエイティビティはイノベーション（n＝1）の源泉である。一方、ルーティンはインテグレーション（n＝∞）を担保するメカニズムである。しかしそれは決められたことの拡大再生産でしかなく、イノベーションは排除される。先述した「ブルシット・ジョブ」である。

図24　二律背反を超える変換装置　クリエイティブ・ルーティン

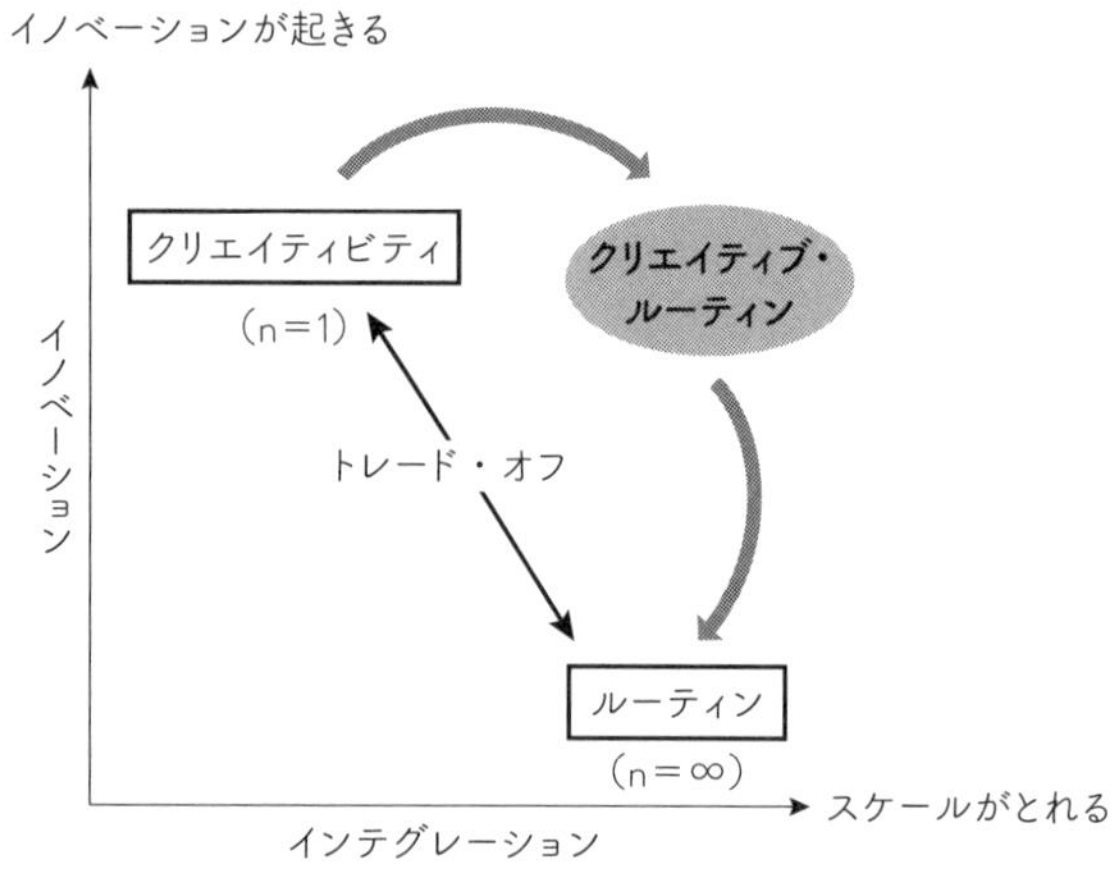

出所：名和高司『企業変革の教科書』東洋経済新報社

そこでクリエイティビティをルーティンに変換する装置が必要となる。これが、「クリエイティブ・ルーティン」だ。このコンセプトを生み出した野中郁次郎・一橋大学名誉教授は、新しいルーティンを作る仕掛けという意味で、メタ・ルーティンとも呼んでいる。この変換装置によって、イノベーションをスケールさせ、アルゴリズムを常に進化させることが可能になる。

このダイナミズムを実現するためには、4つのプロセスを組織内にビルトインする必要がある。

第1に、現場には型を踏襲するだけでなく、その枠を超えた取り組みを奨励すること。まさに「型破り」のススメである。これによって、前述したイノベーション@エッジ（現場発イノベーション）を起こしやすい組織風土を築く必要がある。

第2に、現場で生まれたイノベーションを新しい型に落とし込むこと。これがクリエイティブ・ルーティン活動である。これによって、新しい方法論として共有され、組織全体にスケールさせることが可能になる。

第3に、古くなった型や知恵を新しいものに入れ替えること。断捨離のススメである。これによって、新陳代謝が進み、組織は常に最新のアルゴリズムにもとづいて活動することが可能になる。

第4に、ここまでのプロセスを組織の運動論として埋め込むこと。いわばメタ・アルゴリズム（アルゴリズムを生むアルゴリズム）のススメである。これによって常にアルゴリズムを生み出し、進化させ続けることが可能になる。

マッキンゼーのような組織力を最大の武器とするコンサルティングファームでは、このような知恵を進化させ、世界中で共有し続ける仕組みが、成長のエンジンとなっている。クリエイティブ・ルーティンの役割を担うのが、業界軸や機能軸で活動するプラクティス集団のリーダーである。筆者もマッキンゼー時代は、自動車・製造業のアジア地域プラクティス・リーダー、東京オフィスのデジタル産業プラクティス・リーダー、そして、全社のイノベーション・プラクティスのナレッジ・リーダーとして、組織全体のアルゴリズムの進化の一翼を担っていた。

ＡＩが人間の知恵に拮抗し始めるプレ・シンギュラリティ時代が訪れると、標準化された活動の多くは、ロボットに代替されるだろう。異質性に着目してそれを標準に落とし込むクリエイティブ・ルーティンすらも、ディープラーニングが難なくこなすはずだ。

そうなると人間に残された領域は、２つに絞られる。

１つ目は、新しい異質性を作り出す領域だ。そこで求められるのは、標準を受け入れず、創意工夫で新たな現実を作り出すパワーと知恵である。

２つ目は、それを個々の現実に実装する領域だ。ルーティンを個別の現場に応用する活動である。これは、図5で紹介したＣＰＳと同じ原理だ。すなわち、アルゴリズムはサイバーの世界におけるプロセシングの産物である。それを進化させるためには、現場の異質性をセンシングして既存のアルゴリズムとの差異を生み出し、さらにアルゴリズムにもとづいて現場をアクチュエートするフィジカルな世界の活動が必須となる。それこそが、センサーやロボットと協働して人間が果たすべき役割なのである。

アルゴリズムの本質は、「型化」による同質化にある。一方、そのアルゴリズムを使いこなす人間の本質は、いかに差異を見つけ、差異を生み出すことにより、「ゆらぎ、つなぎ、ずらし」という異質化の運動を担うかにあると言えよう。

43 ネットワーク外部性からネットワーク内部性へ

通説

デジタル経済は、自然独占を誘発する。ネットワークの経済によって、ビッグデータを握ったプレーヤーが、圧倒的な規模の経済と範囲の経済を獲得することができるからだ。業界を超えたプラットフォーマーが出現し、あっという間に指数関数的な成長を遂げていく。アメリカを起点とするＧＡＦＡＭ、中国発のＢＡＴＨらがその代表例である。

一方で、この戦いに乗り遅れたヨーロッパや日本では、個人データの利用を規制することで対抗しようと試みている。しかし、顧客側の利便性を考えれば、個人データが正しく活用される限り、パーソナライズされた情報提供は何よりも望むところだ。

日本においてもグーグル、アマゾン、フェイスブックなどのサービスが突然使えなくなると、日常生活に支障が出るはずだ。過去の履歴や自分の趣味・嗜好、友人・知人とのネットワークという貴重な個人情報にアクセスできなくなるからだ。筆者も中国に行くたびに、グーグルのサービスが使えずに大変不便な思いをさせられる。

好むと好まざるとにかかわらず、デジタルプラットフォームは、生活や社会の基本的なインフラとなりつつある。たとえばクレジットカードや携帯サービスがそうであったように、インフラである以上、多数の選択肢があるより、できるだけ共通化された方が便利だ。

こうして、グーグル経済圏、アマゾン経済圏、アリババ経済圏などがより巨大化していく。そして頂上決戦の末、勝ち残った経済圏が、自然独占へと向かう。20世紀後半のＩＴバブル時代に、Winner takes all と呼ばれた力学の再来である。

真説

まさにその20世紀の歴史が証明しているように、Winner takes all は現実には起こりにくい。たとえ実現したとしても、一過性のものに終わってしまう。競争原理が働かなくなり、経済圏そのものの進化が滞るなかで、新たなディスラプターの出現を許してしまうからだ。

古くはＡＴ＆ＴやＮＴＴが分割の憂き目にあった。その後もＩＢＭやマイクロソフトが、それぞれメインフレームやＯＳを武器に覇権に手が届きそうになったところで、クライアント・サーバー・モデルやクラウドコンピューティングなどのディスラプション（破壊）の波にさらわれてしまった。その後各社は覇権モデルから共創モデルへと大きく舵を切りなおして、持続可能性の高い成長路線を歩み始めている。

デジタル経済における指数関数的な成長は、市場が青天井であることを前提にしている。いわば開放系モデルである。一つのエコシステムは、系の外部を内部化することによって、永久に成長することが可能であるかのような錯覚である。これは3つの点で、間違っている。

第1に、エコシステムの巨大化に伴い、複雑性も指数関数的に増し、制御不可能になる。かつては巨大帝国が、最近では巨大企業が直面する規模の不経済だ。

第2に、成長には新陳代謝が不可欠であることを考慮に入れていない。外部経済を取り込むだけでは成長ではなく、膨張にすぎない。内部化と同じスピードで、古くなった資産を外部化していかない限り、いずれ機能不全に陥る。

第3に、外部経済にまつわる視野狭窄性だ。開放系のなかであれば、外部経済を取り込み、不要なものを外部化すれば、自己最適化が図れるという極めて自己中心的な発想にもとづいている。しかし、実は地球という全体系そのものは閉鎖系である。そのなかで、それぞれのエコシステムが全体にバランスをとって成長しない限り、いずれ成長の限界を迎える。50年前にローマクラブが指摘した通りだ。

そこで、個別のエコシステム間の相互連結性を考慮に入れたよりバランスのとれた進化モデルが求められる。そこでは、生物の生態系の進化にも似たシステム思考がカギとなる。その際には、2つのエコシステムに配慮しなければならない。エコノミー、すなわち経済学と、エコロジー、すなわち生態学である。市場経済は、需要（買い手）と供給（売り手）にしか着目しない。それに対して、生態学的視点に立てば、社会、他の生物、ひいては地球や環境も視野に入れることになる。

このような全体システムにおける要素間のかかわり合いを因果関係の連鎖（因果ループ）として描き、コンピュータでシミュレートしようとするアプローチがシステムダイナミクスと呼ばれるものである。1956年にMITのジェイ・フォレスター教授が開発し、その後、企業行動から都市計画に至るまで幅広く応用されるようになった。筆者もマッキンゼー時代の初期、システムダイナミクスを活用したプロジェクトをいくつも手掛けた。

ローマクラブは、このシステムダイナミクスを利用して、成長の限界をシミュレーションしてみせたのである。そこでは企業活動が正の経済外部性（相互補完関係）と同時に、負の経済外部性（環境などの負荷の増大）をもたらすことがモデルに組み込まれている。スーパーコンピュータによるシミュレーションは、システム全体の持続可能性を超えた成長をもくろむと、システム全体を縮小、さらには破綻に導き、当事者そのものも負のスパイラルに巻き込まれる結果になることを描き出した。

複雑系のモデル化自体が、極めて難しく、かつ小さな誤差が大きく増幅されて結果を左右してしまうため、システムダイナミクスという手法そのものは下火になった。しかし、外部経済として切り離してきたものを内部化してとらえなおすというシステム思考の重要性は、今日ますます高まってきている。

たとえば、CSV（共通価値の創造）をモデル化する場合には、システムダイナミクスの手法が有効である。図25は、因果関係ループを図示することで、社会や環境に配慮することが経済価値向上につながることを説明したものである。定量的なシミュレーションにまでは持ち込めないものの、企業価値創造ストーリーを描くうえでの下絵としては十分機能する。

図25　CSVの因果ループ図

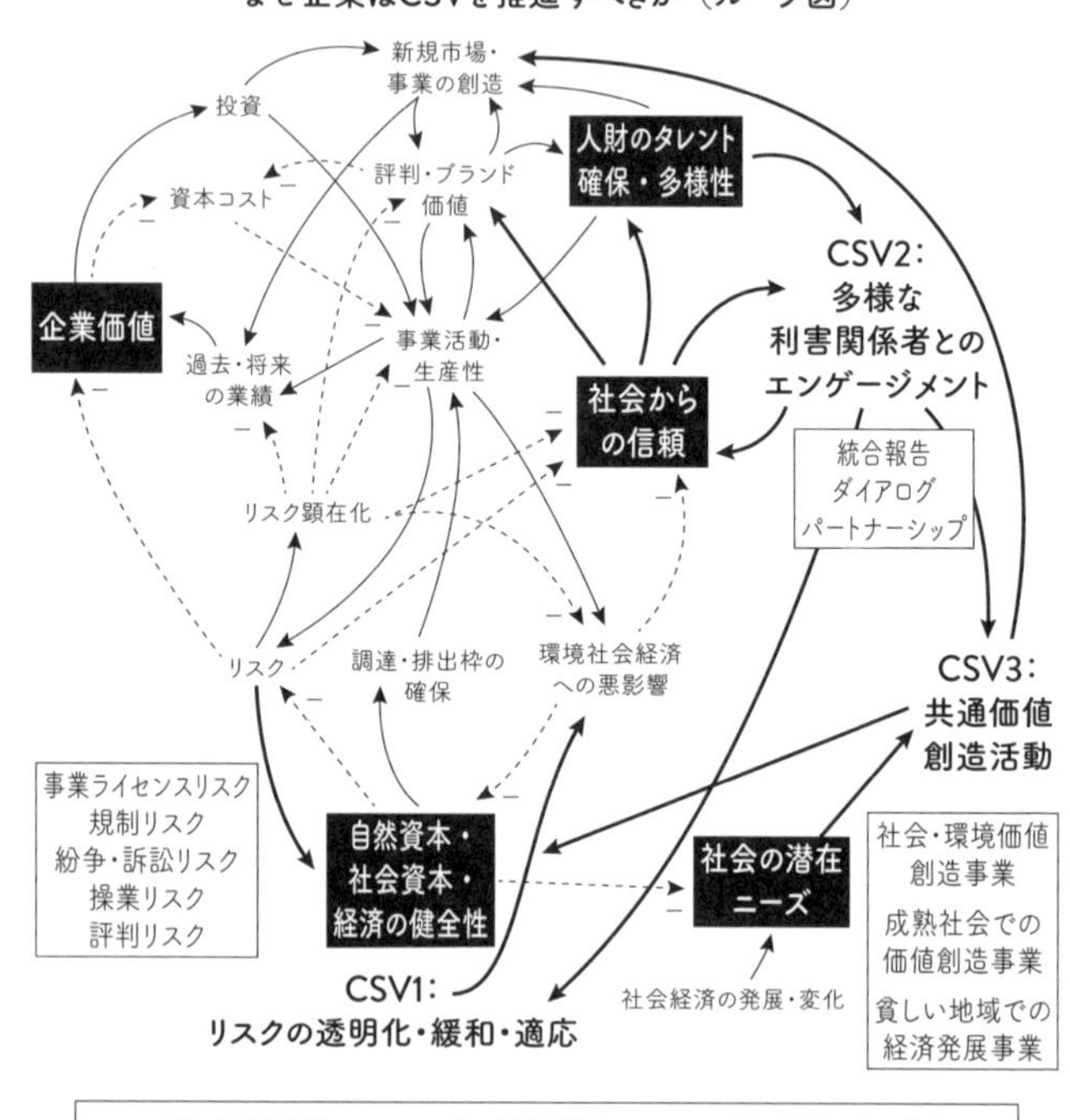

出所：「東洋経済Online」2013.11.11を一部修正

あらゆる企業が、このようなシステム全体、しかも生態系的な視点を持つことによって初めて、持続的な成長を目指せる。なかでもプラットフォーマーは、正の外部経済のみならず負の外部経済を視野に入れ、かつ「一人勝ち」のサイクルに陥らないようにすることを肝に銘じる必要がある。

44　SコインからEコインへ

通説

従来は、経済価値と社会価値は二律背反するものだと考えられてきた。それに対して、21世紀には、先進的なグローバル企業の間で、この2つを両立させようという動きが台頭してきた。先述したCSV（Creating Shared Value：共通価値の創造）である（図1）。

企業が価値を創出するためのエンジンであるイノベーション力を活用すれば、社会課題そのものを解決し、かつ、経済価値も生み出すことができる。そのためには、各企業が自社の本業のなかでこそ、それを実現しなければならない。これがポーター教授が説くCSV理論の骨子である。

たとえばネスレは、本業で「栄養、健康、ウェルネス」という社会価値を創造しつつ、食品メーカーとして世界最大の利益を創出している。同様にユニリーバは、本業で「健やかな暮らし」という社会価値を実現しつつ、日用消費財メーカーとして世界最大の利益をたたき出している。

資本市場からも、企業価値の毀損リスクを避けるために、ESG（Environment, Society, Governance）を遵守することが強く求められ始めている。さらに2015年に国連で採決された

ＳＤＧｓ（Sustainable Development Goals）がそれに拍車をかける。このような動きを受けて、企業は財務指標のみならず、環境、社会、ガバナンスなどにかかわる非財務指標も定量化することが求められている。

もはや経済価値、すなわち「Ｅ（Economic）コイン」を稼ぐことだけが企業の目的であってはならない。社会価値、すなわち「Ｓ（Social）コイン」の獲得も同時に追求しなければならないのである。

真説

ＣＳＶはＥコインとＳコインの「二兎を追う」ことを説く。しかし現実には極めて困難だ。なぜなら、当然ながら、両者はトレードオフの関係に陥りやすいからである。トレードオフのはざまに陥って立ち往生する（Stuck in the middle）事態を避け、どちらかを選択すべきだと説き続けてきたポーターが、二兎を追えと説いていることにそもそも無理がありそうだ。

実際にＣＳＶを推進している経営の現場では、この二律背反をいかに解くかが最大の課題となる。たとえば、三菱ケミカルホールディングスは、ポーターがＣＳＶを唱えた同じ２０１１年から、「ＫＡＩＴＥＫＩ経営」を掲げてきたＣＳＶ先進企業である。

同社のＣＳＶは、図26のように3軸で構成されている。社会性の指標としてのＭＯＳ（Measurement of Sustainability）と経済性の指標としてのＭＯＥ（Measurement of Economics）の間に、イノベーションの指標としてのＭＯＴ（Measurement of Technology）を加えているところが、ポーターの2軸のモデルより優れたところである。

ＭＯＳを化学技術のイノベーションによって、ＭＯＥにつなげること――。それが、同社「ならでは」の価値創造のアルゴリズムの本質である。

最大のチャレンジは、これら3つの軸の時間軸が異なることだ。MOS（社会課題の解決）は100年単位、MOT（技術イノベーション）は10年単位、そしてMOE（収益性の追求）は四半期といった具合だ。したがって、「時間軸のマネジメントこそが、本質的な課題」と、同社の越智仁社長は語る。

そもそも財務指標と非財務指標というデジタルな二分論は、本質を見誤っている。民間企業が取り組む以上、今はまだ経済価値につながらないものも、将来は経済価値を生むものでなければならない。そうであるならば、「非」財務指標ではなく、「未」財務指標と呼ぶべきであろう。先述（図3）した「既」と「非」の間の「未」である。Sコインをためることで満足している企業が後を絶たないが、Sコインが将来Eコインとなる道筋をいかに骨太に作るかが、企業経営に問われる本質的な課題である。

二宮尊徳は、「道徳なき経済は犯罪であり、経済なき道徳は寝言である」という名言を残した。最近のESGやSDGs狂騒曲は、「犯罪」を避けようとするあまり、「寝言」に走ってしまっていると言わざるを得ない。経営者は、このような時流に流されるのではなく、今一度、次の2つの本質的な問いに立ち返るべき

図26　三菱ケミカルのKAITEKI経営

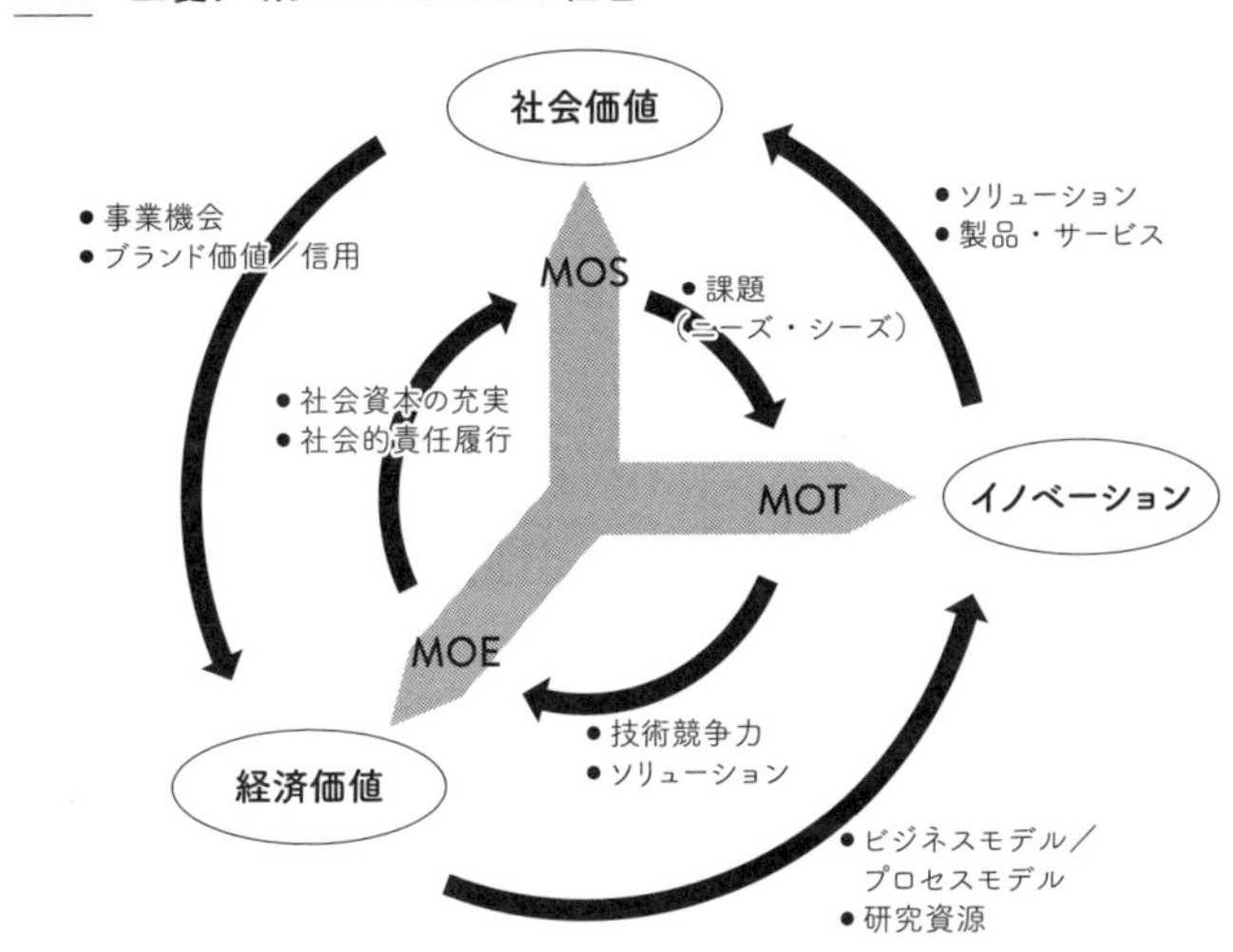

出所：三菱ケミカルホールディングス

である。

①自社の志（パーパス）は何か？　その企業の存在意義と言い換えてもいい。ＥＳＧでもＳＤＧｓの17枚のカードでもなく、自社独自のＳコインを定義すべきである。そのＳコインは、次の３つの要素が詰め込まれていなければならない

- 「ならでは」要素：どこにでもある17枚のカードではなく、その企業「ならでは」のものか？
- 「ワクワク」要素：どこの教科書やホームページにも掲げられているようなありきたりのものではなく、社員を含むマルチステークホルダーを、ワクワクさせるものかどうか？
- 「できる！」要素：ただの夢に終わらせないためには、社員の間に「やれる感」が漲っている必要がある。Yes, we can! という思いをいかに醸成することができるか？

②それらのＳコインをＥコインに変換するアルゴリズムを構築すること。①がValue Creation（価値創造）を狙うものであるのに対して、この②はValue Capture（価値獲得）を確実にするものである。これがない限り、いつまでたっても「寝言」をつぶやき続けることになるだろう

ＳコインとＥコインの間に、いかに因果関係ループを設計するか？　ここでもシステムダイナミクスの視点がカギを握る。

第III部 進化する世界

第9章 経済モデルの進化

45 資本主義から志本主義へ

通説

資本主義の原点は、アダム・スミスの『国富論』（1776年）にさかのぼる。スミスはヒト・モノ・カネを経営の3要素ととらえた。なかでも、労働、すなわちヒトこそが、価値の源泉と考えていた。しかし資本主義は、このうちの資本、すなわちカネこそ、すべての資源を生む元手であると位置付けなおした。ここに、資本か労働かという本質的な二項対立が産み落とされたのである。

カール・マルクスは、その約1世紀後、『資本論』（1867年）で、資本を「自己増殖する価値の運動体」ととらえた。資本主義のもとでは資本家に富が集中し、格差が広がっていくと唱えた。このマルクスの予言は、産業資本主義が世界市場を席巻していった20世紀に現実のものとなった。

パワーが一極集中しがちな資本主義を牽制する役割が期待されたのが、民主主義の流れである。しかし民主主義は、ともすると「衆愚」に堕しやすい。ホセ・オルテガ・イ・ガセットは、著書『大衆の反逆』（１９２９年）で警鐘を鳴らした。ここでオルテガが言う「大衆」は、マルクスの言う労働者（プロレタリアート）ではなく、近代化に伴い新たにエリート層として台頭し始めた専門家層である。オルテガは特に科学者に対し、「近代の原始人、近代の野蛮人」と極めて批判的だ。

この流れは、21世紀になっても脈々と続いている。政治の世界では、イギリスのＥＵ離脱やアメリカ大統領選のトランプ氏勝利などにみられる「ポピュリズム」がその象徴である。

一方、経済の世界では、21世紀に入って、産業資本主義から情報資本主義へのシフトが唱えられ始めた。カネではなく情報の多寡が、新たな支配関係を成立させるというのである。アメリカのＧＡＦＡＭや中国のＢＡＴＨによる市場支配の構造が、そのような実態を如実に表している。産業資本が情報資本に変質したとしても、経済の一極集中は強まるばかりである。

このような傾向に対する反論も喧しい。リーマンショックがその大きな引き金となった。そのような時代背景のなかで、トマ・ピケティは『21世紀の資本』（２０１３年）で富の分配メカニズムの必要性を説き、世界中で注目された。

日本においては、原丈人が著書『21世紀の国富論』（２００７年）で唱えた「公益資本主義」が注目されている。利益は株主だけでなく、従業員、顧客、取引先、地域社会、さらには地球全体に還元されるべきだという考え方である。今、世界中に広がっているＥＳＧやＳＤＧｓの流れを先導する視点である。

真説

これらの思想は、いずれも「資本」をベースとしている点においては同根である。ヒト・モノ・カネ（さらに情報）という資源のなかで、カネが元手となるという考え方である。

これに対して、伊丹敬之・一橋大学名誉教授は１９８７年に「人本主義」を提唱。株主でも経営者でもなく、従業員こそが企業活動の元手であると主張した。アダム・スミスの『国富論』、すなわち労働こそ価値の源泉という原則に立ち戻った発想とも言えよう。そして「企業は従業員のもの」という考え方に立って、株主主権ではなく、従業員主権の重要性を唱えた。

企業活動の主軸をカネからヒトに、大きくシフトさせた点において、人本主義は他の修正資本主義を大きく踏み越えた画期的な概念である。この「ヒト」を従業員から、顧客、パートナー企業の従業員、社会を構成する人々、さらには地球、すなわち「将来の子供たち」に広げることで、より今日的な「六方よし」（株主も入れて）にバージョンアップすることができるはずだ。

では元手としてのヒトが価値を生み出す源泉は何か？　スミスやマルクスの時代は、それは労働力そのものであった。しかし、それだけでは決められたルーティンをこなす単純作業（labor）でしかなかった。産業革命によって、その多くが、機械やロボットに取って代わられつつある。

一方で、ヒトの仕事の中身は、知的活動（work）に置き換わっていった。ヒトは仕事に主体的にかかわることで、創意工夫を発揮するからだ。そして情報革命が、単純作業（labor）から知的活動（work）へのシフトを後押ししていった。

では、この知的活動（work）のパワーの源泉は何か？　それはヒトの知恵であり、情熱である。２０１９年5月の講演で、伊丹教授は次のように語っている。

「組織の競争力の源泉とはいったい何か。決してカネではない。カネは競争力をつくるための１つの要素にすぎない。最も大切なのは、そこで働くヒトの知恵とエネルギーだ」

この知恵と情熱（心のエネルギー）のうち、知恵の多くはやがてＡＩに取って代わられるようになるだろう。ＡＩの知性がヒトの知性を超えるシンギュラリティの到来も、声高に唱えられている。そうなったときに、ヒトの手に残される元手は「情熱」だけとなるはずだ。

では情熱の源泉は何か？

20世紀初頭、マックス・ウェーバーは『プロテスタンティズムの倫理と資本主義の精神』（１９０４年）で、プロテスタンティズムという「宗教」が欧米型資本主義のエンジンであると論じた。ひたすら財を創造し、それを再投資し続けようとするエネルギーの源泉が、「天職」に没頭せよという宗教的な教えだというのである。

宗教を「人間の力や自然の力を超えた存在を中心とする観念」と定義するなら、そのようにヒトを勤勉に追い立てるパワーは、プロテスタンティズムに限らず、多くの宗教が持ちうるはずだ。日本における国体論も、明治革命から第二次世界大戦まで、日本の国家主義の支柱となった。

他方、宗教そのものを否定する声も根強い。フリードリヒ・ニーチェは19世紀末に、『ツァラトゥストラかく語りき』（１８５５年）で「神は死んだ」と宣言した。そして神に代わるものとして「超人」の登場を予言した。その思想はナチスによって曲解されるという不幸な歴史を経て、戦後も実存主義哲学へと受け継がれていった。

21世紀に入り、科学技術が指数関数的な進化を遂げるなかで、この超人構想が再登場する。ヘブライ大学のユヴァル・ノア・ハラリ教授が２０１５年に出版した著書『ホモ・デウス――テクノロジーとサピエンスの未来』は世界中で注目を集めた。ホモ・デウス、すなわちＡＩを駆使した超人が神に取って代わるという未来を、警鐘を込めて示唆したからである。

神は不在、そして知恵はＡＩに代替される時代に、ヒトを駆り立てるものは何か？　それは何かを成し遂げたいという情熱である。特に今すでに30代から40代になりつつある世界中のミレニアル世代の多くは、「ほかの誰かの役に立ちたい」という強い思いが行動の駆動力となっている。

その中心にあるのは「志」だ。志という漢字は、「士（さむらい）」の「心」と書くせいか、どこか日本固有の武士道を彷彿とさせる響きがある。しかし、これを「パーパス」と訳せば、経営の原点としてパーパスを見極めようとする世界中の動きと呼応するものとも言えよう。本書では、そのような経済を「志本」主義と呼び、そのような思想に立脚した経営を「志本」経営と呼ぶことを提案したい。

46　有形資産から無形資産へ

通説

ヒト・モノ・カネという3大経営資源のうち、ヒトだけは会計処理上、費用（コスト）として扱われる。「人財」と口では資産扱いしていながら、これではいかにも言行不一致だ。しかし、仮にバランスシートに載せようとした場合、以下のような3つの課題に直面することになる。

第1に、固定資産か流動資産か？　これは比較的考えやすい。正規社員は固定資産、非正規社員は流動資産という整理になるだろう。

第2に、価値をいかに算定するか？　個々の社員の能力は当然異なる。さらに将来価値は未知数だ。減価する社員もいれば、増価する社員もいる。償却年数も実際には、大きくばらつくはずだ。

第3に、そもそも資産なのか？　余剰社員はあきらかに「負債」である。現在の会計処理上も、将来従業員に支払われる退職金・退職年金のうち、すでに発生している部分は退職給付債務として処理される。しかし、そもそも余剰社員を簡単に解雇できない日本的慣行においては、雇用義務そのものが債務扱いされるべきものではないか。

このようにヒトをバランスシートに計上することは、現行の会計システムでは困難だ。しかし、不採算事業の撤退や事業縮小という局面において、経営側は従業員という資産（というより実際には負債）の削減に踏み切らざるを得なくなる。いわゆるリストラだ。

そもそもこのリストラは、典型的な和製英語である。欧米における「リストラクチャリング」とは事業や組織の再構築のことであり、人員削減だけを意味するわけではない。しかし日本では解雇というストレートな言葉を避けて、リストラというあいまいな英語を使うようになったのである。

このヒトを含めて保有資産をできるだけ軽くする「アセットライト」（asset light）が、経営手法として注目されている。そもそも今流行りのコーポレートガバナンス改革が、不要不急の資産の売却を迫る。

アセットライトは、さらに踏み込んで、事業に不可欠な資産すら極力外部化する手法である。リースやＲＥＩＴ（Real Estate Investment Trust：不動産投資信託）、「ファブレス」や「ファブライト」などが典型である。もちろん、ヒトという資産も例外ではない。正規社員から派遣社員への切り替え、業務のアウトソーシングなどは、今やどこでも行われている。

日本企業は本来、自前主義の傾向が強かった。自分の城は自分で守るという発想だ。しかしバブル崩壊以降、日本企業の多くは、このような「持たざる経営」に舵を大きく切り始めた。最近のコーポレートガバナンス改革は、これに拍車をかけたにすぎない。

もちろん、何を外部化するかはよく考える必要がある。さらに言えば、何を内部資産化するかの選択が、企業戦略の根幹である。容易に外部化できるようになった時代だからこそ、市場では獲得できない資産を内部化しておくことの重要性が、ますます高くなってきている。

資産は競争力の源泉である。在庫であれ、施設であれ、希少な戦略資源であれば内部化し、それ以外は外に出すというバランスシートの再構築、すなわち本来の意味でのリストラクチャリングが求められているのである。

真説

企業の資産は、有形資産と無形資産から構成される。無形資産とは、たとえば特許権や商標権などが、権利として確立しているのでわかりやすい。さらには、ヒト、技術、ノウハウ、ネットワーク、顧客データ、ブランドなども広義の無形資産だ。ただし会計上は、自然発生した無形資産は対象外となり、売買取引を通じて取得したもののみ資産計上される。

したがって、企業価値を考える際には、バランスシートに載っていない「見えざる資産」をしっかりと見極める必要がある。

企業価値向上のコンサルティングを手掛けているバリュークリエイト社は、企業が保有する資産を大きく5つに分類している。このうち、物的資産と金融資産は、バランスシートに載っているモノとカネである。そして次の残りの3つが「見えざる資産」だ。

①顧客資産：顧客の笑顔。「ニコニコ」資産とも呼ぶ
②人的資産：従業員のやる気や活力。「イキイキ」資産とも呼ぶ
③組織資産：その企業固有の文化や価値観、情熱。「ワクワク」資産とも呼ぶ

これらはいずれも、広義のヒトに関するものである。①は顧客という外部のヒト。ただし、ファンになることによって、広い意味でその企業の生態系の一員となる。②はずばり従業員という内部のヒト。そして③はそのようなヒトの集まり（空間軸）と歴史（時間軸）によって構成される。いずれにせよ、バランスシートに計上されない極めて重要な資産である。

モノやカネなどの有形資産は、使用したり時間が経つと価値が下がる。ところが、これらの無形資産は、使えば使うほど、そして時間とともに価値が上がるのである。

これら3つの無形資産は、お互いに不可分にかかわり合っている。①の顧客資産は、単に企業が提供している財を通してだけではなく、その背後にある②の従業員や③の組織独自の価値観への共感によって生まれる。②の人的資産と③の組織資産も、従業員という個と、組織という集合との関係にある。従業員が組織を構成し、組織がその企業らしい従業員を生み出すのである。

この3つの無形資産のなかでも、バリュークリエイト社は、組織資産に最も重点を置く。図27が示すように、組織資産に組み込まれている価値観こそが、その企業固有の長期的な価値の源泉となるからだ。中期的な価値を生む戦略、短期的な価値を生む日常の行動は、いずれもこの組織資産が基軸となっているのである。

これは奇しくも、半世紀以上にわたり、マッキンゼーが経営の基本モデルとしてきた7Sとも符

合する。ここで戦略（Strategy）や組織（Structure）、システム（System：各種プロセス・仕組みを指す）などのハードSは、スタッフ（Staff：陣容）・スキル（Skill：技能）・スタイル（Style：行動様式）などのソフトSのいわばデリバティブ（派生）でしかないとされる。そして、ソフトSの中核に存在するのが、価値観（Shared Value）である。

有形資産の多くは、外部から調達することが可能だ。その企業固有の価値を生むためには、価値観に代表される無形資産をいかに組織内部に育むかが勝負となる。

47　規模の経済から範囲の経済へ

通説

前章でも述べたように、デジタル経済は指数関数的成長をもたらす。そこではいかにScaleさせるかが、呪文のように問われる。

原子（アトム）としての重量を持つ有形資産は、規模が拡大するにつれ、成長は頭打ちとなる。しかし、重量を持たない情報（ビッ

図27　組織資産の重要性

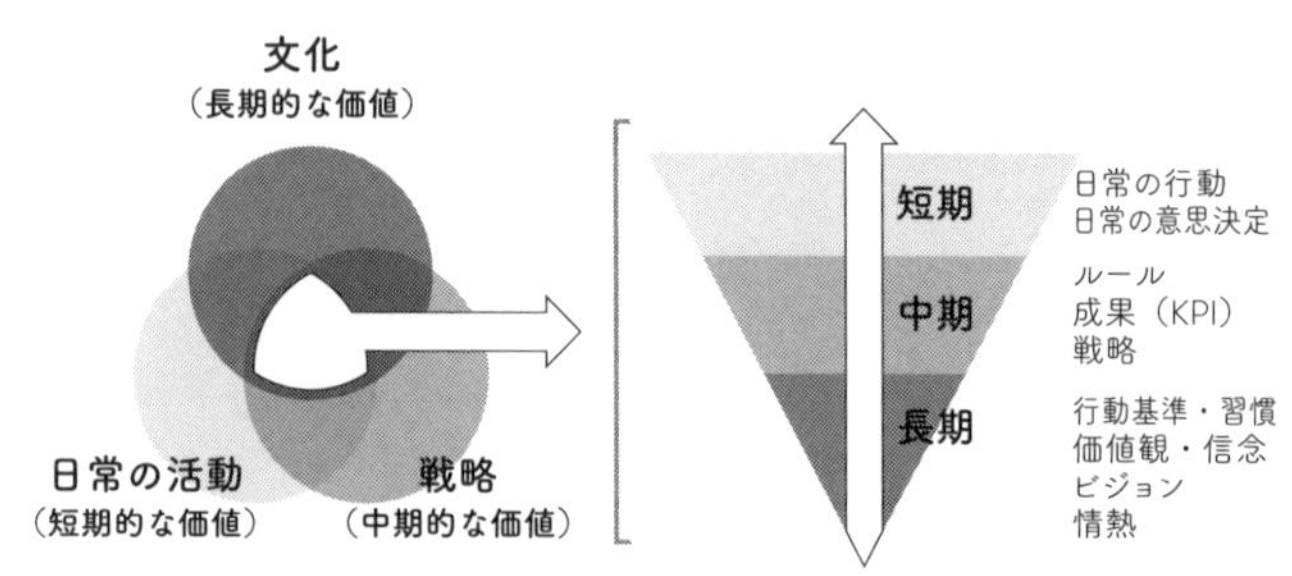

出所：バリュークリエイト社HP

ト）としての無形資産は、規模が拡大するにつれ、さらに成長を加速させる。ビッグデータを集め、そこから意味のあるアルゴリズムを抽出できたものが、Winner takes allとして覇権を握るようになる。ＧＡＦＡＭやＢＡＴＨに代表される巨大プラットフォーマーの出現だ。

20世紀の大企業は、「規模の不経済」に苛（さいな）まれる。有形資産が大きな負債となって、企業価値を毀損するからだ。世界一の売上高を誇るウォルマートは、アマゾンの急進撃に防戦を強いられている。超優良企業ともてはやされたＧＥは、デジタル経済へのシフトを急ぎすぎ、東芝同様、解体の憂き目にさらされている。

一方、一芸に秀でた中小企業は、デジタルを追い風に大躍進を遂げることが可能となる。海外での成功事例の筆頭は、宅配ピザチェーンのドミノピザだ。１９６０年に産声を上げた同社の株価は、２０１０年以降17年までの７年間で２０００％以上も上昇している。ＧＡＦＡＭを大きく上回る成長率である。

この成長を後押ししたのが、AnyWareというデジタルプラットフォームだ。どこにいても・どんな端末機器からでも注文が可能。しかもプロファイルという顧客専用のページを作成することで、ピザの注文がどこからきてもスピーディに完結できる。Google Home、Amazon Echo、Facebook Messenger、スマートテレビ、スマートウォッチ、コネクテッドカー、テキストメッセージ、Twitterなど、あらゆるチャネルが入口だ。複数の巨大プラットフォーマーを活用することで、プラットフォーマーを上回る成長を達成しているのである。

現在の規模の大小を問わず、いかにデジタル経済のパワーを取り込み、異次元の成長を目指すかが問われている、まさにScale or Dieである。

真説

デジタルの本質は、すべての情報を0と1に置き換えてしまうことにある。そこでは異質なものの情報が、0と1に還元されることにより、新たな組み合わせを生み出すことができる。そしてこの異質のものの結合こそ、かつてシュンペーターが「新結合」と呼び、筆者が「異結合」と呼び変えているイノベーションの原動力なのだ。

したがって、デジタル経済のパワーの本質は、規模（scale）の経済ではなく、範囲（scope）の経済ととらえなおすべきである。

そもそも、同質なもの同士をネットワークで接続すれば、規模の経済を実現することは難しいことではない。自動車業界ではかつて「1000万台クラブでなければ生きられない」などという神話が、まことしやかに流布していた。だとするとスバルやスズキはおろか、ホンダですら、あっという間に負け組になってしまう。しかし、実際には、自動車メーカー間の緩やかな連携のもとで次世代技術開発などに求められる規模の経済を担保しつつ、各社とも自社ならではのクルマづくりで、独自の市場ポジションを築き上げている。

昨今のビッグデータ狂騒曲も、規模だけを追うと足をすくわれることになる。確かにセンサーなどのIoTから集まるデータは、これまでとは桁違いだ。しかし、それをいくら集めてもゴミの山ができるだけである。そこで、なんとか粒度や精度を上げようとするが、同質のデータを一定以上集めても新たな発見にはつながらない。

価値があるのは、異質なデータの集積である。たとえば健康寿命を向上させるためには、健康診断情報に加えて、食事や運動などのインプット・アウトプットにかかわる情報が必須だ。さらには、ワーク・ライフ全般にかかわる情報や喜怒哀楽や幸福度など心の状態にかかわる情報も有効である。

そのような異質なデータを突合させて健康維持・向上のアルゴリズムを生み出すことで、生命保険業界にイノベーションを起こした企業がある。ディスカバリー社という南アフリカの企業だ。1992年に創業以来、世界中で事業を展開し、今では世界最大級の健康改善プログラムを展開している。日本でも、2018年に住友生命と組んで、事業を開始している。

「バイタリティ・プログラム」と名付けられた同社のプログラムは、「健康になればなるほど、みんなが得をする」ことを目指したものだ。会員、参加企業、そして保険を提供する自社の3社にトリプルウィンをもたらす「三方よし」のプログラムである。まさにCSVの世界的な成功例だ。

仕組みはいたって簡単。会員はアップルウォッチなどで身体情報をモニターする。さらに、食事や運動など、健康状態を改善して、ポイントを獲得する。そして貯めたポイントを使って、旅行や娯楽など、さまざまな特典や割引を楽しむ。よくあるポイント制モデルだ。

その原資を提供するのが、生保商品を提供するディスカバリー社である。なぜなら、健康になればなるほど、会員の健康寿命が高まり、支出が減るからである。さらにポイントが貯まれば貯まるほど、他の生保に乗り換えられる解約率も激減する。

この事業モデルのキモは、食事や運動の質・量と健康、寿命との相関関係を数値化することにある。同社はこれら異質なデータを20年近く蓄積し、マイニングすることによって、独自のアルゴリズムを開発している。他社がすぐにはマネができない事業モデルである。

このケースのように、同質のデータではなく、相関性の高い異質なデータをいかに集めるかが知恵の絞りどころとなる。規模の経済ではなく、範囲の経済こそがカギを握るのである。

48　価値逓減から価値逓増へ

通説

事業にはライフサイクルがある。成長のSカーブと呼ばれるものだ。事業は、この成長曲線に沿って、創生期、成長期、安定期を経て、衰退期に向かう。ボストン・コンサルティング・グループの古典的な事業ポートフォリオは、これをマーケットシェアにかけ合わせてマトリクス化したものにすぎない。

スタンフォードビジネススクールのチャールズ・オライリー教授らは、クリステンセン教授の「イノベーションのジレンマ」を解決する経営モデルを提唱している（“*Lead and Disrupt : How to Solve the Innovator's Dilemma*”（２０１６年、邦訳『両利きの経営』）。それによると、企業は創生期には「探求」（Exploration）に尽力するが、それが主力事業として成長するにつれて、目先の収益拡大のために「深化」（Exploitation）に注力しがちになる。Success Trap（成功の罠）と呼ばれる現象である。

この状況に陥らないためには、探求と深化の両方をバランスよく保ち続ける必要がある。これをオライリー教授らは「両利きの経営」と呼ぶ。しかし、そもそもそれができないことにこそ、「イノベーションのジレンマ」の本質があるわけで、まったく答えになっていない。

むしろ、クリステンセン教授が提案する“*The Innovator's Solution*”（２００３年、邦訳『イノベーションへの解』）の方が、実ははるかに役に立つ。プロセス（または仕組み）との整合性を縦軸に、価値観（または文化）との整合性を横軸にとって、事業を４つのタイプに分類したものである。

①タイプ1：プロセスも価値観も現在と整合性のあるもの。いわば本業（Business as Usual）そのもの。これは主流の人財を少数投入すれば、確実にものにできる
②タイプ2：価値観は整合性があるが、プロセスを新たに作る必要があるもの。ここには主流の人財を数多く投入する必要がある。いわば「第2の創業」である
③タイプ3：プロセスは活用できるが、価値観が合わないもの。ここには非主流の人財を少数投入すればよい。辺境（edge）事業という位置付けと言えよう
④タイプ4：プロセスも価値観も整合性がないもの。まったくの「Away 事業」である。ここには非主流の人財を大量に投入する必要がある。M＆Aが最も有力な手段と言えよう

既存企業の多くは、タイプ1に資源を過度に投入しがちである。4象限の事業ポートフォリオをバランスよくマネージすることにより、「イノベーションのジレンマ」を克服することが可能となる。

真説

シリコンバレーのシンギュラリティ大学では「指数関数的成長」（Exponential Growth）というコンセプトが喧伝されている。20世紀の工業社会では規模の経済が支配し、価値逓減の法則が働く。それに対して21世紀の情報社会では、指数関数的な成長を実現する価値逓増の法則が働くというのである。

しかし、よくみると、価値逓増の法則はSカーブの前半を、そして価値逓減の法則は後半を指しているにすぎない。情報社会においても、事業はいずれ価値逓減フェーズに移行するはずだ。事実、破竹の勢いだったGAFAMも、いよいよピークアウトの時期に差し掛かりつつある。

より現実的な解は、Sカーブを連続することによって持続的成長を目指すことである。その際に既存のSカーブと新規のSカーブの間が非連続（disruptive）であると、既存プレーヤーは「イノベーションのジレンマ」に直面することになる。これを避けるには、非連続な飛び地にいきなり向かうのではなく、このシフトが連続的になるように工夫すればよい。

たとえば、先述したクリステンセン教授のモデルのタイプ2とタイプ3は、それぞれ価値観、またはプロセスの整合性を基軸に、新しい領域に踏み出そうという試みである。タイプ4はまったくの「飛び地」（Away）なので成功の確率は0。しかし、一方の整合性をよりどころとすることができれば、単純化してしまえば、成功の確率は50％となる。

さらにタイプ2またはタイプ3にしっかり足場を築くことができれば、非整合を整合化させることができる。そのうえで、そのどちらかを基軸にタイプ4に踏み出していくことができれば、成功の確率は0％から一気に50％に跳ね上がる。このように、プロセスや価値観といった既存の強み伝いに「ずらす」ことで、一つの事業のSカーブの呪縛から逃れて、新たなSカーブを描くことができるようになるはずだ。

クリステンセン教授は、このような運動論にまったく言及しておらず、破壊的イノベーションを起こすにはタイプ4が不可欠としか語っていない。しかし、上記のように迂回してタイプ4に向かうパスこそが、このモデルが暗示している真の解だと言えよう。

実は、そのことに半世紀以上前から気づいていた経営学者がいた。カーネギーメロン大学で教鞭をとっていたイゴール・アンゾフ教授である。同教授は「アンゾフの成長マトリクス」という極めてシンプルなモデルを提示した。

事業を市場と商品という2つの軸でとらえ、どちらかの軸を1つ動かすことで、新市場または新製品の開発が可能になる。一方、両方の軸を一足飛びに動かす「多角化」は極めてハードルが高いとも指摘している。

このモデルを忠実に実践してきたのが、日東電工である。同社では「三新活動」と呼んでいる（図10）。市場、または技術の軸のどちらかを「ずらす」ことで、「一新」「二新」を実現する。そして、それらをさらに1つずらすことによって（「三新」）、まったく新しい需要を創造するという運動論である。たとえば、祖業の工業用テープを医療用に展開し、さらには薬剤塗布技術を加えることによって、経皮吸収薬を開発することに成功している。

また、写真フィルムという本業がなくなるという危機に直面した富士フイルムも、このアンゾフのマトリクスを応用することによって、新たな事業を創出することに成功している。コラーゲンやナノテクノロジーなど、写真フィルムに使っていた技術を活用して、アンチエージング効果の高い機能性化粧品の分野を切り開いたのは、その典型例である。

破壊的イノベーションの前で立ちすくむ必要はない。かといって、自己破壊的な飛び地を目指しても、勝算はない。自社の持てる資産を「ずらす」ことによって、新しい価値創造を目指すことこそ、持続的な成長カーブを描き続ける秘訣となるのである。

49　リアルバリューからオプションバリューへ

通説

資源も時間も、限定性が高い。限られた時間のなかで、限られた資源をいかに有効に活用するかが、経営の要諦となる。このような高度な意思決定こそが、経営者の最大の使命と言ってもいい。

そこで求められるのが決断力である。トヨタの豊田章男社長は、決断の本質は「断ずる（やめる）こと」を決めることだと語っている。「あれもこれも」ではなく「あれ」に賭けるのであれば、「これ」を捨てるのが決断である（もっともトヨタは、内燃機関も、ハイブリッドも、EVも、FCVもと、あらゆる選択肢を追い求め続けているようにもみえるが）。

その際に判断基準となるのが、そこで投下される資源が将来もたらすと期待されるキャッシュである。ただし、その実現時期が異なれば、実際の価値が異なるので、一定の割引率を使って現在時点まで割り戻す。こうして、その事業の正味現在価値（Net Present Value）が割り出され、それによって投資の是非が判断される。

機械的な作業のようでいて、その事業が将来どれだけキャッシュを生み出すかは、極めて予測困難だ。たとえば10年後にその事業がどうなっているかなど、予測しようがない。とはいえ、10年後のキャッシュは、現在価値に割り引くと（割引率にもよるが）、半減してしまう。

一方で、たとえば10年目と同様のキャッシュをその後も永続的に生み出すと仮定すると、その事業の永続価値（perpetual value）は、（割引率にもよるが）その事業の現在価値全体の3分の2程度を占めることになってしまう。ただし、10年先のキャッシュ創造の蓋然性は、極めて疑わしい（眉唾である）ことも否めない。このように永続価値をどうみるかが、事業投資の判断を大きく左右することになる。

これは企業価値を判断するうえでも、大きな差をもたらす。上記のように10年以降の永続価値を視野に入れた場合の企業の価値評価を１００とすると、10年未満で判断すると30％以下、１年の短期で判断すると５％以下の価値しか視野に入れないことになる。短期投資家にとっては10年先のキャッシュなど眼中にはなく、この５％以下の価値に関心を集中させることになる。

これが今の資本市場における現実である。

真説

一つの投資が将来もたらす価値を予測すること自体、右肩上がりの成長が予測できた時代の過去の産物でしかない。先が見えない時代に重要になってくるのが、その投資がもたらす新たな価値創造の可能性である。

先に紹介したシステムダイナミクスが示すように、一つの投資が原因となって因果関係の連鎖が生まれ、新たな価値創造につながることがある。もちろん負の連鎖もありうる（たとえば、外部経済として無視されがちな環境コストが全体の系に与える負の影響など）。

一方で、たとえばエコシステム全体に対して正の連鎖を生み出し、それが将来自社にとってプラスの結果をもたらすことも少なくない（たとえば生産のために進出した新興地域の経済成長が促進され、消費市場としての価値が高まるなど）。

したがって、一つの事業の採算性だけで投資判断してしまうと、経済活動の有機性や発展性を無視した視野狭窄に陥ってしまう。

より開放型のシステム思考でとらえなおすことにより、一つの投資がもたらすフラクタルな価値の連鎖を展望することができるようになる。当面の事業の価値を実際価値と呼ぶとすれば、それを超えて将来生まれうる価値をオプションバリューと呼ぶことができよう。このオプションバリューをいかに読み込むかが、システムダイナミクス的な世界実現に向けた投資判断においてはカギとなる。

そもそも現在価値に無理やり換算すること自体、どれだけ意味があるのか。10年先に実現する可能性に賭けて長期投資する場合、10年後の将来価値こそが重要なのだ。そのためには10年間のキャッシュフローの現在価値の最大化ではなく、10年後にいかに大きく化ける事業に成長させるかが本質的な課題となる。

長期投資家が期待するのも、まさにこの10年後の将来価値である。そのためには、しっかりと長期計画を構築し、そこからバックキャストして、当面の短期計画をしっかり実施していくというディシプリンが求められる。日本の大半の企業が策定に血道をあげている3年先などという中途半端な中期計画は、まったく無用の長物（というか、「中物」）でしかない。

日本企業は、１９９０年以降、「失われた30年」という袋小路に陥っている。それは、現在価値という刹那的なＫＰＩに翻弄され、「中計病」に縛られた結果と言ってもいいだろう。そのような短期的な時間軸では、縮小均衡に陥らざるを得ないからである。

先が見えない時代であればこそ、目をつぶって決断を下すことは無謀である。将来の可能性に向けて多様な種をまき、そしてそこから出てきた芽をいかに育てるかを走りながら考えていく。そのためには、「あれかこれか」（ＯＲ）を迫る決断ではなく、「あれもこれも」（ＡＮＤ）という「未断」が美徳となるはずだ。

将来の可能性を広げる先見力、そして決断を先送りする勇気こそが、次世代の成長に向けて今こそ求められているのである。

50　理論経済から行動経済へ

通説

古典的な理論経済学は、経済性の追求を旨とする。そこでは、各個人が自分にとっての利益の最大化を最優先するものと想定されている。このように、経済的合理性のみにもとづいて個人主義的に行動する人間像を「ホモ・エコノミクス」と呼ぶ。そしてそのような各個人の利己的な行動の集積が、社会全体の利益をもたらすとされる。アダム・スミスが「神の見えざる手」と名付けた市場の調整機能である。

このような経済合理性を前提とした考え方に異論を唱えたのが、1998年にノーベル経済学賞を受賞したインド出身の経済学者、アマルティア・センである。センは功利的にふるまう人間像を「合理的な愚か者（rational fool）」と呼ぶ。そしてそのような利己主義が、貧困や国際的な紛争を引き起こすと警告する。経済学と倫理学の融合を目指そうとする視座は、現在のESGやSDGsの流れにつながるものと言えよう。

また、経済学に心理学のエッセンスを注入しようという行動経済学も、最近注目されている。経済合理性に縛られず、人間の心理的、感情的側面を重視する考え方である。２０１７年にノーベル経済学賞を受賞したシカゴ大学のリチャード・セイラー教授は、その代表的論客である。同氏の「ナッジ理論」は、強制や金銭的なインセンティブに依存することなく、ちょっとした工夫によって人々を賢い選択へと導くことができるというものだ。経済のみならず、政治の世界でも注目されている。
いずれにせよ、経済合理性のあくなき追求というアダム・スミス以来の近代経済学は、21世紀を迎えて大きなパラダイムシフトを迫られているのである。

真説

アマルティア・センは、貧困の拡大を憂い、公益という視点から功利主義を批判した。これは、リーマンショック後、フランスの経済学者トマ・ピケティが『21世紀の資本』で唱えた格差論へと受け継がれていく。ただし格差論は、富の分配のメカニズムに偏りすぎ、そもそもいかに富を創出するかという資本主義の本来の機能については、切り込めていない。
しかしセンは、人々をそのようなポジティブなエネルギーに向かわせる3つのキーワードを提示している。共感、コミットメントそしてケイパビリティである。

- 共感――自身の利益に直接関係がない事態や行動に心が動かされることを指す。たとえば弱者への共感、自然環境保護への共感である
- コミットメント――そのように共感したものに対して、自らかかわろうとする心の動きや行動を指す。弱者への支援、環境保護活動への参加などである

●ケイパビリティ――個々人の潜在能力である。共感の輪を広げるインターパーソナルスキル、望ましい結果を生み出す現場力などである

ミレニアル世代やZ世代には、まさにこれら3つを原動力として、社会に共感し、新時代づくりにコミットし、自らのケイパビリティに磨きをかけようとする若者が多い。センの理論は難解なため、あまり日本では知られていないが、まさに21世紀の経済の在り方を正しく予言したと言えよう。

一方、行動経済学は、人間の非合理な側面に光を当てた功績は大きい。しかし、富の創出に向けて人間の行動を駆り立てるといった側面にまでは、十分迫れてはいない。

人間の主体性に焦点を当てたのは、第二次世界大戦後に大きな潮流となった実存哲学である。なかでもフランスの哲学者ポール・サルトルが唱えたEngagement（フランス語で「アンガージュマン」）は、主体的な行動への参加を促したものとして注目された。ただし、当時は、反体制を唱える学生運動の精神的な支柱として、急速に政治運動へと変質していった。

このEngagement（働きかけ）が、今、経営用語として注目されている。顧客、従業員、コミュニティ、株主などに積極的に働きかけ、これら幅広い関係者（multi-stakeholders）からの共感とコミットメントを獲得しようというものである。このような主体的な働きかけを通じて、社会価値と経済価値を創出していく――。まさに、CSV（共通価値の創造）の根幹となる行動原理である。

そのためには、個々人を超えて、企業、そして生態系全体のケイパビリティを高めていく必要がある。そのような組織能力を育成し、実装する力こそが、経営に求められる本質的な課題となっているのである。

51　交換経済から交感経済へ

通説

古来、市場は財の交換の場として機能してきた。売り手と買い手が出会う場である。そのような場は、かつては物理的に存在していたが、いまではネット上のバーチャル市場が隆盛を極めている。いわゆるＢtoＣマーケットプレースやＢtoＢマーケットプレースと言われるものである。アマゾンやアリババなどが、代表的なプレーヤーだ。

最近は、Ｐ２Ｐ（Peer-to-Peer）という個人間の取引が立ち上がっている。中央のサーバーがマーケットプレース役を果たすのではなく、端末（peer）間だけで財の交換を行う方式である。市場という第三者を介在させない新たな交換経済の仕組みである。

たとえばSkypeやLineは、まさにＰ２Ｐのコミュニケーションツールである。その上に情報や財の交換機能をのせることで、Ｐ２Ｐの交換経済が成立する。さらに最近では、Ｐ２Ｐレンディング（カネの貸し借り）などが横行し、改めて信用をいかに担保するかが、大きな社会問題になっている。

一方、市場における財の交換には、古くから貨幣が利用されてきた。かつては貝殻や石などの物品貨幣、その後金貨や銀貨などの金属貨幣、中世以降近代まで紙幣が主流となって使われてきた。そして最近では、電子マネーが急速に流通している。いわゆるキャッシュレス社会の到来である。

このような流れのなかで新たに登場して話題を呼んだのが、ビットコインだ。Ｐ２Ｐの仕組みを使うため、中央で市場調整機能を果たす機関は存在しない。そのため、決済コストを下げることができるが、一方で、信用リスク、不正リスク、投機リスクなど、さまざまな懸念材料も内包している。

ビットコインを可能にしたのは、ブロックチェーンと呼ばれる分散型台帳技術だ。中央の取引市場を介することなく、当事者間（Ｐ２Ｐ）で取引を可能にする画期的な技術である。ビットコインなど、通貨としての利用には、上記のようなリスクが存在するが、取引の自動化を促進するツールとして、さらなる応用が期待されている。

真説

財の「交換」は、経済活動の即物的な側面にすぎない。最近、より重視され始めているのが「交感」、すなわち、感情の交わりであり、共感の輪の広がりである。

ソーシャルネットワーク時代においては、「いいね（Like）！」の数が共感指標となる。その一例として、アメリカのベンチャー企業である Motif Investing が運営している Lots of Likes が注目される。同ファンドは、フェイスブックで「いいね（Like）！」を多く集めた企業トップ20に投資するというユニークなものだ。これらの企業の企業価値上昇率は、Ｓ＆Ｐ５００などの指標を大幅に上回っている。

投資とそのリターンという経済活動の因果律も、見直しを迫られている。従来は、投資の見返りにリターン（利益）を得る、すなわち Pay Back が基本だった。しかし、最近は Pay Forward（英語表現上、正しくは Pay it Forward）が新しい潮流となりつつある。借りをもとの貸し手に返済するのではなく、必要としている別の借り手に貸し出すというもの。日本では、古来「恩送り」と呼ばれている行動原理だ。

この概念は、欧米でも古くから存在していたようだ。しかし、21世紀になって、再度見直されるようになった。そのきっかけとなったのは、２０００年に発表された小説『ペイ・フォワード 可能の王国』であり、同名の映画の大ヒットだ。同年にペイ・イット・フォワード財団が設立され、学校の生徒、親、教師などに、この考え方を広める活動をしている。

ミレニアル世代、そして次のZ世代の多くが、利他的な心と行動を大切にしているのは、このような思想の広がりが背景にあると言えよう。

さらに貨幣という側面において注目されるのが、前述のSコインだ。とはいえ、ビットコインの一種ではない。SはSocial（社会性）のSであり、Sustainability（持続可能性）のSであり、Serendipity（偶発性）のSだ。社会や環境への善い行いによって獲得することができる「徳」であり、尊敬である。

このような経済価値に変換しにくいものは、これまで非財務指標として扱われてきた。しかし、近年、資本市場においてもESGが企業価値に組み込まれるようになるにつれ、このようなSコインの重要性が認識され始めている。

経済理論や経営理論は、このような潮流や新たな価値観を取り込めないでいる。天文学においてコペルニクス的転換が果たし、物理学において相対性理論が果たしたようなパラダイムシフトが、経済学や経営学において今こそ求められているのである。

第10章 組織モデルの進化

52 機械から生命へ

通説

企業とは何か？　一言で定義するのは、なかなか難しい。

ピーター・ドラッカーは初期の著作『企業とは何か』（１９４６年）で、次のように語っている。

「企業が社会や人間のために働くには、事業体として機能できなければならない。したがって、利益を上げつつ財サービスを生み出すことが、企業を評価するうえでの必須の尺度である」

言い換えれば、企業は「価値創造装置」である。顧客に財サービスを提供することによって利益を生み続ける社会的な装置である。そして企業が生み出す付加価値（利益）は、次のような簡単な数式で表現できる。

付加価値＝アウトプット（当該企業の売り上げ）－インプット（当該企業が負担するコスト）

したがって、付加価値（利益）を最大化するには、企業という装置の価値創造プロセスを効率化することで、アウトプットを最大化しインプットを最小化しなければならない。極めて機械論的なプロセスである。利益を主軸に置いている点において、純粋に資本主義的な定義と言えよう。

一方、ピーター・ドラッカーは先述の『企業とは何か』で、次のようにも述べている。

「企業は社会的組織である。それは、共通の目的に向けた一人ひとりの人間の活動を組織化するための道具である」

ここでは、人間こそが企業活動の中心であると位置付けている。人本主義的な側面に光を当てた定義である。ただし、あくまで企業は「道具」であると位置付けている点において、機械論的なパラダイムの延長でもある。

では社会についてはどうか？　ドイツの社会学者フェルディナント・テンニースの学説が参考になる。テンニースによれば、人間社会が近代化するとともに、地縁や血縁、友情で深く結び付いた自然発生的な「ゲマインシャフト（Gemeinschaft：共同体組織）」とは別に、利益や機能を第一に追求する「ゲゼルシャフト（Gesellschaft：機能体組織、利益社会）」が人為的に形成されていくという。近代国家や大都市、そして会社は、利害関係にもとづき、機能面を重視して人為的に作られた機能体組織だというのである。

ゲマインシャフトでは人間関係が最重要視されるが、ゲゼルシャフトでは利益面や機能面が最重要視される。ゲゼルシャフトは、まさに利益追求を第一義とする20世紀型の社会、そして企業の在り方を的確に表現したものである。

このように企業は、社会同様、あくまで共通の目的で機能的に存在する合目的的な組織体である。

あくまで装置であり道具であり機関にすぎない。そうである以上、人為的な機械としての企業と、そのなかで活動する人間との相克にいかに対処するかが、企業経営の本質的な課題となるのである。

真説

社会学の創始者とも目されるイギリスの哲学者ハーバート・スペンサーは、19世紀後半、「社会有機体説」を提唱した。スペンサーは、社会を生成発展する有機的な統合体としてとらえ、個々の要素が全体のなかで一定の機能を果たすと唱えた。ダーウィンの進化論に啓発されたスペンサーの理論は、社会を成長し進化する生物有機体としてとらえることから、社会進化論とも呼ばれている。

このスペンサーの理論を、20世紀後半、さらに発展させたのが、アメリカの社会学者タルコット・パーソンズの「社会システム理論」である。それによると、身体、人格、社会、文化というそれぞれ独自のシステムは、相互に関係し合いながら人間の行為を生み出すとされる。パーソンズは、欲望経済を助長させる功利主義的な人間観に反発し、他者のために行動する社会の在り方を提唱したのである。

1970年代に入ると、生物学の領域で、「オートポイエーシス理論」が台頭する。自己組織化能力にもとづく生命の自律性を唱えた同理論は、社会学の世界にも波及していった。

さらに1980年代後半以降、サンタフェ研究所の複雑系理論に引き継がれていく。同研究所のスチュアート・カウフマンの自己組織化理論、ブライアン・アーサーの収穫逓増の法則などは、複雑系としてのシステムのふるまい、そして創発と呼ばれる進化とイノベーションの仕組みを明らかにした。

以上、社会有機説の進化の系譜を概観してきた。当初は、社会と人間のどちらが優先するかという神学論に陥りがちだった。しかしその後、社会システム論、オートポイエーシス理論、そして複雑系理論などへと発展していくにつれ、社会（全体）も個人（個）も、ともにシステムを構成する関係子（関係性を構成する因子）であるととらえられるようになった。

同様に、企業も社会の一部であり、かつ人間によって構成されるという意味において、社会と人間の中間的な関係子ととらえられる。企業は社会というエコシステム（生態系）の一部であると同時に、その構成員である人間（顧客、従業員、コミュニティメンバーなど）と共生する活動体でもある。

日本語では、社会と会社は裏返しの言葉である。しかし、それらは相反するものではなく、ともにシステムの一部を構成する関係子なのである。同様に、会社と人間も対立するものではなく、ともに共生し、社会に対して正しくかかわり合う存在でなければならない。言い換えれば、企業も個人も、利己的ではなく、システム全体の調和と発展に資するようにふるまわなければならない。

したがって、企業が生み出す付加価値の概念も、従来の機械論的なパラダイムからの転換が必要になる。企業の付加価値は、以下のように再定義されなければならない。

付加価値＝社会的貢献度（アウトカム）－社会的負荷（システムコスト）

まず単なる機械論的なアウトプットではなく、社会というシステム全体の調和と発展にいかに結果（アウトカム）を残せたかが問われる。そして単にその企業が負担するコストだけでなく、「ネットワーク外部性」として従来カウントしてこなかった環境コストや社会コストなど、生態系全体に及ぼす負荷をシステムコストとして算入しなければならない。こうして算出される価値こそが、企業が社会に対して提供する真の付加価値としてとらえなおされる必要がある。

企業経営においては、ダイバーシティ（多様性）とインクルージョン（協調性）がキーワードとなっている。ただ、その対象は人間だけであってはならない。自然環境や他の生物・無生物を関係子として取り込んだうえで、社会システム全体の調和と発展のために、企業としていかに価値を提供することができるかが問われている。そのためには、社会システム全体を有機的な生態系としてとらえなおす生命論的な視座を確立しなければならない。

53　グリーン（緑）からティール（青緑）へ

通説

リーマンショックを契機として、利己的な利益最大化への抜本的な見直しの機運が高まりつつある。また、持続可能性への懸念が高まるにつれ、20世紀型欲望経済の限界が声高に唱えられている。そのような風潮を背景に、環境や社会との共存を第一義に掲げる企業像が注目され始めている。たとえば「B（ベネフィット）コープ」と呼ばれる一群である。

Bコープとして認証されるのは、株主のみならず、従業員やコミュニティ、環境や社会に対しても等しく利益をもたらす事業活動を行っている企業群である。認証機関はアメリカにあるものの、今や世界60カ国、3000社以上に広がっている。

当初はベンチャー企業やNPOが多かったが、今では大手企業も加わっている。たとえば、アウトドア・アパレルブランドのパタゴニア、アイスクリームのベン＆ジェリーズ、ヨーグルトのダノンなどの有名ブランドが並ぶ。

ただし、日本でBコープ認証を獲得した企業は本書執筆時点でまだ6社。中小企業ばかりで、今後の広がりが期待される。

一方、企業内部の従業員の関係性を進化させた形態として、「ホラクラシー」が注目されている。ホラクラシーとは、2007年に米ソフトウェア開発会社の創業者ブライアン・ロバートソン氏が提唱したフラット型の組織形態である。そこには階層や上司・部下の関係が一切存在しない。ピラミッド型の指示命令系統ではなく、個人の自主性と役割分担、そして合議制のもとで業務を進める。

ホラクラシー企業としては、アメリカのネットアパレル企業ザッポス社が知られている。日本でも、面白法人カヤックなど、一握りのベンチャー企業が、ホラクラシーモデルを導入している。

日本でより広く知られているのは、坂本光司・元法政大学院教授著の『日本でいちばん大切にしたい会社』シリーズなどに取り上げられるホワイト企業だろう。従業員の幸福を、企業としての利益や成長より優先する企業群である。このシリーズで取り上げられている企業は主に中小企業で、その数は37社に及ぶ。「三方よし」の伝統を受け継いでいる「日本の良心」とも言うべき企業群と言えよう。

これらのモデルは、16世紀のトーマス・モアのユートピア思想や、日本の「三方よし」など、近代以前の価値観への回帰を色濃く漂わせている。同時に、利益至上主義から、社会や人間にとっての価値向上へとパラダイムシフトを図ることによって、狭隘な資本主義の壁を超えようとする未来志向型の試みとも言えよう。

真説

働き方改革が喧伝されるなか、従業員を大切にしない会社は、そもそもいい人財が確保できなくなる。今や、多くの企業が「いい会社」であろうとする。しかし、そのような「いい会社」が果たして本当に目指すべき姿だろうか？

マッキンゼー出身のフレデリック・ラルーの著書『ティール組織』（2014年）が注目されている。ラルーは、組織の進化には5つの段階があるという。それを色で表すと次のようになる。

第1段階　レッド（衝動型）：「オオカミの群れ」……個の力による支配構造
第2段階　アンバー（順応型）：「軍隊」……役割が明確な階層構造
第3段階　オレンジ（達成型）：「機械」……科学的マネジメントが可能な機械的組織
第4段階　グリーン（多元型）：「家族」……社員第一の格差のない社会
第5段階　ティール（進化型）：「生命体」……個と全体が同期しながら進化する組織

この分類に従えば、「いい会社」はグリーンな段階にとどまっている。たしかに、競争原理のもとで、大きな組織の歯車となってあくせくと働かされる20世紀型のオレンジ企業に比べれば、はるかに人間的で居心地が良さそうに見える。

しかし、そのような一見ユートピア的な組織に、未来を切り開く力はあるだろうか？　それは、激しく変化していく現実からの逃避にすぎないのではないだろうか？

ラルーはグリーン企業を超える在り方として、ティール組織を位置付ける。個人が自立しつつ、組織体としての共通の目的に向かっていく組織である。個人と企業そして環境が相互に関係し合いながら進化する姿は、前述した社会システム理論や複雑系理論とも軌を一にしていると言えよう。

ラルーは、ティール組織は、以下の3つの共通要件があると指摘する。

---

①エボリューショナリーパーパス（進化する目的）
②セルフマネジメント（自律性）
③ホールネス（全体性）

---

②は、グリーン組織と同じだ。違いは①と③にある。

まず①進化する目的。環境が変化する以上、生命体としての組織も変化し続けなければならない。そのためには、「この組織はなんのために存在するのか？」という存在目的（パーパス）そのものを見直す必要がある。

そのうえで、自律性（②）と同時に、③の全体性を常に意識すること。そのためには、細胞としての各個人がお互いの多様性を尊重し、相互に補完し合いながら、常に進化し続ける目的の達成に向けて、協働していくことが求められる。

ラルーの組織進化論を、先に紹介したCSVのフレームワークに重ねてみるとわかりやすい（図27）。コンプライアンス違反となりかねない組織がレッド（もっとも日本では「ブラック」と呼ばれているが）、利益至上主義（PPP）を掲げる従来型の組織がアンバーまたはオレンジ、社会価値を優先するCSR型の組織がグリーン、そして真正CSV組織はティールというように色分けすることができる。

ラルーはティール組織として、トマト栽培のモーニング・スターや電力配送企業のＡＥＧを例に挙げている。筆者はグーグルもティール組織の代表例だと考える。そこでグーグルの組織モデルを、10項目に分けて20世紀型の組織と比較してみよう（図28）。

まず①の「学びの場」のコントラストが面白い。陸軍士官学校（ウェストポイント）は、いわばエリート養成所である。ハーバードビジネススクールが、経営者のウェストポイントを目指していることは有名だ。一方、モンテッソーリスクールは、子供たちの自発性を尊重し、知能のみならず、身体面、社会面、情緒面、認知面での成長を目指している。

②の生態系は、企業間の関係性を示したものだ。伝統的なモデルが企業城下町的なヒエラルキー構造であるのに対して、シリコンバレーは企業間が上下関係なく緩やかに結合している。

③④⑤は企業内の構造を比較したもの。伝統的なモデルが垂直構造であるのに対して、グーグルモデルは水平構造となっている。

その結果、⑥に示されたように、組織を動かす際には、伝統的モデルでは上意下達式の命令が基本となるのに対して、グーグル

図27　ティール組織とCSV

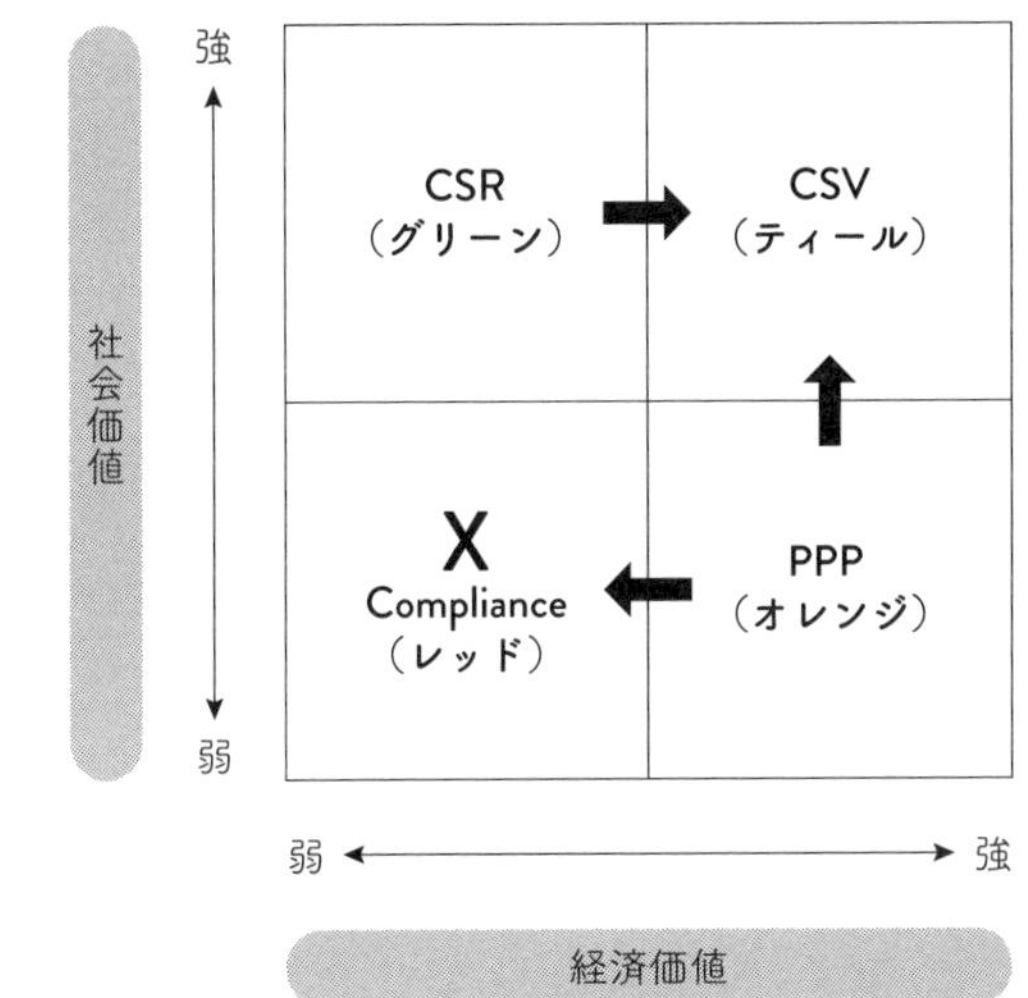

出所：筆者作成

モデルでは正しい質問を投げかけることで気づきを与えることが基本となる。

⑦のリスクへの姿勢も対照的だ。伝統的な組織では失敗は忌避されるのに対して、グーグルモデルでは失敗は歓迎される。先が見えない時代にはリスクをとらないことが最大のリスクとなる。失敗を重ねることは果敢にリスクをとっている証しだからだ。

⑧の戦略立案においては、伝統的な組織ではＰＤＣＡが基本だ。しかし、グーグルモデルではまず実践してみて、その結果から必要に応じて修正するという学習ループを優先する。非連続な未来を、事前に予測することは不可能だからである。

⑨の組織構造も対照的だ。伝統的な組織が極めてタイトな剛構造をしているのに対して、グーグルモデルではゆらぎを伴った柔構造をしている。それによって常に進化し続けることが可能になる。

⑩の戦い方も、それぞれの特徴が鮮明となる。伝統的な組織では、アメリカンフットボールのように、攻撃と守備、そしてグラウンド上の11名の選手の役割が明確になっている。それに対してグーグルモデルでは、バスケットボールのように、５人の選手全員がその場の状況に応じて臨機応変に動く。

図28　グーグルの経営モデル

	伝統的モデル	グーグルモデル
①学びの場	陸軍士官学校型	モンテッソーリスクール型
②生態系	インダストリー コンプレックス	シリコンバレー
③ユニット	軍隊的	チーム
④トポロジー	ヒエラルキー型	フラットで、かつお互いが コネクトしている
⑤関係性	上司と部下	ピア・トゥ・ピア
⑥人の動かし方	命令	質問
⑦リスクテイキング	80%以上の成功	80%以上の失敗
⑧戦略の立案と実践	計画を立てて実践	実験して学習
⑨組織構造	アーキテクチュアル (構造的)	エボリューショナル (進化型)
⑩戦い方	アメリカンフットボール	バスケットボール

出所：筆者作成

ティール組織は生命をモデルとしている。21世紀には静的な「いい会社」ではなく、躍動する生命のように動的で「いきいきした会社」を目指さなければならない。

54 企業（Company）から仲間（company）へ

通説

前述のようにピーター・ドラッカーによれば、企業は「共通の目的に向けた一人ひとりの人間の活動を組織化するための道具」である。社会と個人の間に企業という組織が存在するためには、「共通の目的」と「組織化のための手段」が必要となる。そのような目的と手段を持ったものが企業である。

企業としてのアイデンティティを維持するためには、外部との境界線を明確にする必要がある。そして、そのなかでの活動や情報が、意図せずに外部に漏れないように閉鎖的な構造を築く必要がある。そしてその出入口には、しっかりと暗号化されたカギがかけられていなければならない。ネットワーク経済が拡大すればするほど、このようなセキュリティの管理がますます重要になる。

企業を構成するのは、経営者と従業員である。経営者側はガバナンスを徹底する必要があり、従業員は自らに与えられた職務を忠実に実行することが求められる。業務が複雑化すればするほど、このような規律を維持する仕組みづくりが企業経営の基本中の基本となる。

ガバナンスの強化が求められるなかで、多くの企業がさまざまな委員会を設立している。ガバナンス委員会、コンプライアンス委員会、リスクマネジメント委員会、サステナビリティ委員会、人権委員会、等々。業務の効率化が問われるなかで、この手のモニタリングにかかる時間は、うなぎのぼりだ。筆者が社外取締役を務めている企業では、2〜3の委員会メンバーを掛け持ちすることはざらである。

もちろん、仕組みがあれば万全というわけではない。ガバナンスの優等生と言われてきた企業ですら、不祥事は絶えない。いかに実効性の高い運営をするかがカギとなる。

特に最近注目されているのが、経営トップの暴走と特定株主の横暴である。前者を制御するためには、経営トップの選解任権を取締役会に持たせる必要がある。また後者を制御するためには、親子上場の廃止、少数株主の利益確保などに実効性を持たせる必要がある。その意味では、日本のガバナンス改革はまだ道半ばだ。

真説

ネットワーク経済の進展とともに、企業の垣根は低くなっていく。いかに顧客やサプライヤーと一体となって価値を創造していくか。自前主義から決別し、いかに他社とコラボレーションしながら、10×（10倍化）を実現するか。従業員を固定化せず、必要に応じて必要なスキルセットを備えた人財をいかに外から動員するか。そのような次世代型経営に舵を切っていくためには、企業の壁を取り払うことが課題となる。

従来型企業と次世代型企業を前節のように対比してみると、以下のようになる。

第1に Company から company に変貌する。大文字の Company は、独立事業体としての企業を指す。それに対して小文字の company は、「仲間」を意味する。

たとえば、マッキンゼーの正式名称はMcKinsey & Company、ここではCは大文字だが、「マッキンゼーさんとその仲間たち」という意味だ。今でこそ、固い結束とルールに守られた秘密結社のようにみられているが、創業当時は志を同じくしたコンサルタントたちの集まりだった。

第2に、Walled Building から Walled Garden へ。前者は高い壁に囲まれた要塞を意味するのに対して、後者は広大な自然のなかにある、塀で囲まれた庭園のイメージだ。前者が外部環境から孤立しているのに対して、後者は外部環境と一体となって存在している。

インターネット業界では、事業モデルの一つとして Walled Garden が目指される。たとえばグーグルがネット上に築いている緩やかなエコシステムを、Walled Garden と呼ぶ。

第3に、「暗号ドア」から「回転ドア」へ。前者は暗号によって出入りが極めてタイトにコントロールされているのに対して、後者は、出入りが自由である。中の人か外の人かを区別せず、プロジェクトなど目的に応じて、人財が自由に集っては離れていくような組織である。オープンイノベーションを行う「コラボレーション・ハブ」のイメージだ。

三井物産の安永竜夫社長は「三井物産は出入り自由な会社だ」と言ってはばからない。平均離職率は5%弱と決して高い方ではないが、若手を中心に上昇傾向にあるという。そこでキャリア採用や「出戻り組」の受け入れにも力を入れている。

ガバナンスというタイトなコントロールの仕組みは、企業の境界線を超えて価値創造が行われる時代には通用しなくなる。日本ではガバナンス改革が標榜されているが、周回遅れの感が否めない。共通の目的（パーパス）を基軸とした、より懐の深い協働の枠組みづくりへと舵を大きく切りなおす必要がある。

55 アメーバ（単細胞）からエコシステム（群細胞）へ

通説

大企業病の弊害の一つは、仕事が自己完結しないので、結果責任があいまいになることだ。自分に与えられた仕事さえこなしていればいいという部分最適が横行する。

そこで、より小規模な組織単位に細分化し、組織ごとにしっかりと結果責任を持たせることが必要になる。その代表例が、稲盛和夫・京セラ名誉会長が提唱するアメーバ経営である。

組織を6～7人の小集団（アメーバ）にくくりなおし、各アメーバが時間当たり採算の最大化を図るというものだ。経営不振に陥ったＪＡＬが、稲盛氏の指導のもと、アメーバ経営を導入したことで、見事な再建を果たしたことは、よく知られている。

また既存組織が新規事業を立ち上げるのは、至難の業だ。本業を維持発展させることが企業としての本務であり、かつ、短期的な投資対効果が最も高いためだ。富士フイルムのように本業が消失しない限り、既存企業が「第2の創業」に本気で踏み出すことはない。

そこで、本業とは切り離した小さな別動隊を組成することが常套手段となる。「イノベーション・セル」や「出島」などと呼ばれる組織である。

古くはＩＢＭがニューヨークにある本社から遠く離れたフロリダの「出島」で、ＰＣ事業を立ち上げたことはよく知られている。またホンダが、アメリカに本拠を置く Honda Aircraft Company で Honda Jet 事業を立ち上げ、小型ビジネスジェット機分野で世界のトップに躍り出たことは記憶に新しい。

グーグルが5人のバスケットボールチームをメタファーとしていることは、先に紹介した通りだ。実際にグーグルでは、1つのチームのメンバーが5人を超えると、チームを分割するという。

同様にアマゾンでは「2ピザ・チーム」が原則。ランチに2つのピザをとってちょうど間に合うような人数、すなわちやはり5～6名ということになる。なお同社の創業者ジェフ・ベゾスの決まり文句は「Day 1!」である。常に初心に帰ることをうながすことで、大企業病に陥ることを戒めている。

大企業に埋没した組織や個人に、採算責任を課したりイノベーションを起こさせるのは、不可能だ。組織を再活性化させるためには、細胞分裂によって自律的な小集団へと衣替えさせることが求められる。

真説

新規事業は本業から切り離された「出島」で仕掛ける方が、確かに成功しやすい。また大企業を自律的な小集団に細胞分裂させることで、小回りが利くようになる。しかし、それだけでは、本業そのものの変革も、大企業のスケールを生かした成長も不可能だ。

出島として最も有名な組織が、ゼロックスのパロアルト研究所（ＰＡＲＣ）だろう。ＩＴ革命の黎明期に、マウスやグラフィックユーザーインターフェース、イーサネットやＩＰv6など、ＰＣやインターネットに関するさまざまな技術を発明した。しかし、これらの新技術を事業に結実させたのは、親会社のゼロックスではなく、アップルやマイクロソフトなど当時の新興企業だった。

既存組織に「ゆらぎ」を起こすためには、出島は有効な手段だ。しかしそこで生まれた「ゆらぎ」を本体に「つなぎ」、そして本体そのものを大きく「ずらす」動きに結び付けない限り、単に一つのベンチャー企業を生み出しただけにすぎなくなる。

アメーバ組織も、それだけでは単に中小企業の集団にすぎない。それぞれの採算責任にはこだわるが、大きなリスクをとったり、全体のスケールを活用するような打ち手がとりにくくなる。たとえば京セラと日本電産、あるいはJALとANAを比較すると、アメーバ経営手法をとる前者は後者に比べて成長のスケールとスピードが大きく見劣りすることは否めない。

生命は、個々の細胞が自立していると同時に、細胞同士がつながってシステムとしてより大きな機能をはたしている。また生命同士が連携することで、より大きな生態系のなかで共存し、共進化している。細胞分裂だけでなく、細胞結合、ひいては補完し合う組織間結合（異結合）こそが、生命の持続と進化の原動力となるのである。

「スイミー」の童話が一つのメタファーとして参考になる。小学校の教科書に出てくる「ちいさなかしこいさかな」の話だ。仲間たちがみんな赤い魚だったのに、スイミーだけは真っ黒。そこでスイミーはみんなで集まって大きな魚のふりをし、黒い自分は目の役割を担うことを提案する。その結果、小魚たちは大きな魚に食べられることなく、自由に海で泳げるようになったという物語だ。このように、「個」でありつつ「群」としてもふるまえることこそ、生命的組織の特質なのである。

もっとも、組織細胞をつぶさに見ると、すさまじい勢いで新陳代謝が起こっている。たとえば人間の体は約60兆個の細胞でできており、一日に1兆個の細胞が入れ替わっているという。2カ月で中身がそっくり入れ替わっているという計算になる。

新陳代謝は英語でいうとメタボリズムだ。既存企業の多くが、代謝機能が衰えるメタボリック症候群（いわゆる「メタボ」）に陥っている。出島という新たな細胞を付け加えるだけでなく、本体そのものの中身を大胆に入れ替え続けることこそ、本質的な課題となるはずである。

56　KPIからOKRへ

通説

科学的なマネジメントのためには、定量的な目標を設定し、結果を評価するというサイクルを回し続ける必要がある。いわゆるPDCAだ。

そのために使用される指標がKPI（Key Performance Indicator：重要業績評価指標）である。事業や部署などの組織単位で設定される。

一方、個人単位の目標設定と業績評価に使われるのがMBO（Management by Objectives）、すなわち「目標による管理」である。ピーター・ドラッカーが初期の著書『現代の経営』で言及したのが最初だと言われている。

各人が自らの業務目標を設定し、その進捗や実行を各人が自ら主体的に管理する手法だ。形骸化しないためには、本人と上司が1対1（One-on-One）の面談を通じてしっかりと擦り合わせを行う必要がある。

真説

KPIやMBOを超える目標管理の仕組みとして、OKR（Objectives and Key Results）が注目されている。達成目標（Objectives）と主要な成果（Key Results）を掲げるというシンプルなものだ。

まず、企業の目標から出発して、事業部の目標、そしてチームの目標へと紐付けたうえで、各個人の目標にまで落とし込む。目標と成果はしっかり共有されるものの、それに向けて何をどうするかは、各現場の創意工夫に委ねられる。ＫＰＩなどの細かい行動指標や中間指標での管理から解放され、自律性が尊重される仕組みだ。

インテルのアンディ・グローブ元ＣＥＯは、「ＯＫＲの父」と呼ばれている。同氏がこの仕組みを考案し、インテルをマイクロ・プロセッサー分野のトップに導いたからである。その後、グーグルやフェイスブックなどのシリコンバレーの先進企業の間で広まり、多くのグローバル企業も導入し始めている。最近では、日本でも採用する企業が増えてきた。

非連続な変化が常態化し、価値観が多様化するなかで、目標達成（ゴール達成）に向けて、各現場が主体的に行動しなければならない。企業と従業員の方向性をしっかり軸合わせ（アライン）したうえで、取り組むべき具体的事項に落とし込むＯＫＲは、企業と従業員の間に絆や信頼関係を構築するツールでもある。ＭＢＯとの大きな違いは、以下の3点である。

---

①経営目標から現場の結果指標にまで、連綿と、かつ無駄なく、紐付けられていること
②Key Results の達成度は、１００％ではなく、60〜70％程度が望ましいこと
③あくまで目標設定のツールであり、業績評価のツールではないこと

---

①は理解できるとしても、後の2点はわかりづらい。

まず②は、達成可能な目標ではなく、ストレッチした目標を掲げることに真意がある。10×の成長を目指すには、バーを高くし続けなければならない。100％達成できたということは、そもそものバーの設定が甘すぎるということになる。

ただし、それが業績評価に結び付いていると、なかなか難しくなる。目標の達成率を業績評価の基軸に置きがちだからだ。OKRを導入している企業のなかには、これらを切り離さないためにうまく運用できていないところが少なくない。

では、業績評価はどうするのか？　OKRで成果を上げている企業は、OKRとは別に、各人に期待される役割によって、総合的に評価する手法をとっている。詳細は、第14章で論じるが、たとえばグーグルでは、マネージャーは、コーチとしての組織リーダーシップを多面的に評価している。

KPIやMBOは今や時代遅れである。チャレンジングな目標設定と組織のポテンシャル向上を基軸とした業績評価の仕組みを導入することで、よりダイナミックでかつ未来志向型の組織が生まれるのである。

第11章 人財モデルの進化

57 STEMからSTEAMへ

通説

今、STEM人財が大人気だ。

そもそもSTEMとは Science（科学）、Technology（技術）、Engineering（工学）、Mathematics（数学）の頭文字。STEM教育とは、科学技術分野での競争力を高めるための取り組みとして、アメリカで国家的に進められてきた教育方針である。

現在はヨーロッパやアジアにもひろがり、日本におけるSTEM教育の取り組みが強化され始めている。たとえば、2020年にはプログラミングが小学校の必須科目に加えられることになった。

そもそも日本人は、アメリカ人に比べ、数学をはじめとして理系の科目を得意としてきた。ビジネススクール入学の際に使われる英語の試験GMATでも、数学関連の問題（それと実は文法も）では、通常の日本人はアメリカ人をはるかにしのいでいる。

しかし、そのような基礎知識では優れていても、デジタルやバイオなどの最新技術では、日本人は、欧米は言うまでもなく、中国にもはるかに後れている。

企業の現場においても、STEM人財の確保が焦眉の急になっている。カネに糸目をつけずに採用に走る企業も後を絶たないが、それでも質と数がそろわない。そこで社内人財を再教育することで、急場をしのごうとする動きも出始めた。DXに取り組もうにも、肝心のデジタル人財がいなければスタートラインにもつけないと言わんばかりだ。

STEMは、哲学や芸術といった文系の領域をも浸食し始めている。たとえば20世紀後半から、知や情の世界を科学的に解明する認知科学が急速に発展してきた。AIや量子コンピュータの進展に伴い、かつてアリストテレスが形而上学（自然科学の上位）と定義した領域にも、自然科学が確実に踏み込んでいくはずである。

真説

最近は欧米では、STEMではなくSTEAM教育が注目されている。STEMにArtを加えた新語である。美大のハーバードと言われているRISD（Rhode Island School of Design）の前学長で日系人のジョン・マエダ氏が提唱した言葉である。同氏は『フォーブス』誌で「学問分野におけるスティーブ・ジョブズ」と評され、『エスクァイア』誌では「21世紀に最も影響力のある75人」に選出されている。

ジョン・マエダ氏が描いた「STEM_IDEA」の花のイメージ図がわかりやすい。STEMとは英語で「幹」を指す。その土台の上にIDEA、すなわちIntuition（直観）、Design（意匠）、Emotion

（感情）、Art（芸術）の花が咲くというのである。「サイエンスとテクノロジーが20世紀の世界経済を変えたように、アートとデザインは、21世紀の世界経済を変える」と同氏は主張している。

シンギュラリティの到来がまことしやかに語られるなかで、ＡＩの自己学習能力が人間のパワーを超えると、プログラミングやアナリティクスの人財などは必要がなくなる。ＡＩが自走できてしまうからである。

そうなると、人間はＡＩには容易に踏み込めない知や情の地平を広げ、高めていかなければならない。その時に必要になるのが、アートの力である。実際にアップルやグーグルでは、ＳＴＥＭ人財ではなく、アートの素養を持ったＳＴＥＡＭ人財の方がより高く評価されている。

ただし、そこで求められるアートは、ジョン・マエダ氏が主張するデザインや美学だけに限らない。より広いリベラルアーツ、たとえば、哲学や倫理学、心理学や宗教学、音楽や文学などといった幅広い領域の知恵や感性が対象となる。アリストテレスの言う真の意味での形而上学の高みが、カギを握るのである。

一方で、そのような知や情の世界だけでなく、より身体性にもとづいた洞察力や直観力も希少価値を持つようになるだろう。いわゆるマーシャルアーツの世界だ。とはいっても格闘技に限らない。ヨガと組み合わせたヨギックアーツやマーシャルヨガなどで心身を鍛えることも、人間性の回復に役立つ。

21世紀は、ＳＴＥＡＭ人財が活躍する時代だ。ＡＩやアナリティクス以上に、リベラルアーツやマーシャルアーツなど幅広いアートの世界の素養が重要になってくる。

58 ＩＱからＪＱへ

通説

経営には知性と感性が求められる。

合理的な判断を下すには、知性は必須だ。一方、顧客、従業員、コミュニティメンバーなど、多様な関係者の共感を得るためには、感性も兼ね備えていなければならない。

脳の機能で言えば、左脳と右脳だ。左脳はロジカルシンキングを、右脳はクリエイティブシンキングを担う。前者は知の深化（垂直思考）を、後者は知の探索（水平思考）を得意とする。

知能指数で言えば、ＩＱとＥＱに当たる。ＩＱが頭の良さの指標であるのに対して、ＥＱは心の豊かさの指標である。ＩＱだけに頼ると、先述した「合理的な愚か者」に陥る。ヒトを動かすためには、ヒトの想いを理解するＥＱが必須となる。

科学的経営は、知性、左脳、ＩＱに偏りがちだ。一方、感性、右脳、ＥＱに傾きすぎると、合理性や一貫性から大きく逸脱してしまう。この両者のバランスをいかにとるかが、経営の要諦となる。

真説

ハーバードビジネススクールのジョン・コッター教授は、マネージャーとリーダーの違いを、前者は「Do things right」する人であるのに対して、後者は「Do right things」する人だと説明する。How to do と What to do の違いである。では「right thing」とは何か？

それは「真善美」で言うところの、「善とは何か」を問うのと同じである。真善美は、プラトンからカントという西洋哲学の系譜のなかで、脈々と受け継がれてきた概念である。
「真」を知る力がＩＱ、「美」を知る力がＥＱである。だとすれば、「善」を知る力はＪＱ（Judgment Quotient）と呼ぶことができよう。何が正しいかを判断する軸を持つこと。これが、リーダーとしては、最も難しく最も重要な資質である。なぜならば、それは知性や感性を超えた深い暗黙知に根差すものだからである。

ＩＱレベルでは、ＡＩが人間を超えるのは時間の問題である。ＥＱですら、人間の心理をアルゴリズム化することにより、ＡＩも身につけてしまうだろう。しかし、ＪＱはＡＩにとって、学習が最も困難な領域だ。善を判断する軸が暗黙知である限り、明示的なアルゴリズムにはなりえないからである。

ではどうすればＪＱを体得することができるか？　３つの軸に要素分解してみることがヒントになりそうだ。空間軸における「広がり」と「深さ」、そして時間軸上の「ずらし」の３つ。いずれもＳから始まるので、ＳＱ[3]（ＳＱキューブ）と呼ぼう。

①システミックＱ

１つ目のＳは、システミック、すなわち全体を把握する力である。

方法論としては、先に紹介したシステムダイナミクスがこれに相当する。ＭＩＴのピーター・センゲは、著書 *“The Fifth Discipline”*（１９９０年、邦訳『学習する組織』）で、組織が陥りやすい身勝手な思考回路の罠を簡単な因果関係図（causal loop）で描いている。そして、企業をとりまく環境、企業そのものの活動をシステムとしてとらえ、その全体を統合（シンセサイズ）していくことが学習する組織に求められていると説く。

このようなシステム思考こそが、JQを高めるための一つの軸となる。システム思考を組織のなかに定着させるためには、3つのステップが必要となる。

第1に、自社内の組織の壁をなくすこと。これまでは、CFT（クロス・ファンクショナル・チーム）や全社横断型プロジェクトなどを組成することが有効とされてきた。最近はITを活用して、部門を超えた情報流通を活性化させることが一般的になってきている。たとえばシーメンスは、TechnoWeb 2.0という社内ウェブを導入したところ、最初の1カ月間で600を超える部門横断型イニシアティブが生まれたという。

第2に、他社とのコラボレーションを進めること。特に異業種とのコラボレーションは、従来の発想を超えたイノベーションをもたらしうる。そのような期待のもと、最近、オープンイノベーションが盛んだ。ただし、ほとんどの場合、成果が上がっていないのは、前述した通りである。ウィンウィンとなる事業モデルを構築し、両者が持続的な取り組みにコミットし、市場の変化に応じて事業モデルを進化させるという極めて高度な組織スキルが求められる。

第3の、そして、最も重要な取り組みが、企業を取り囲む環境全体を視野に入れた「生態学的視点」に立つことである。空気や水なども有限な資源であること、そして地球の生態系を破壊することが、長期的には経済的成長を妨げることを認識する。株主や顧客のみならず、従業員やコミュニティなど、幅広いステークホルダーの満足度を上げることが、結果的に企業の持続的な成長をもたらすことを理解する。前述したCSV（Creating Shared Value：共通価値の創造）を実践することにより、この第3レベルのシステム思考が組織のなかに根差していくはずである。

②スピリチュアルQ

2つ目のSは、スピリチュアル、すなわち精神性を極めることである。善を体得するには、自我を超越して自然と一体となり、そのなかから森羅万象を司る法則に気づくという体験が必要となる。瞑想や座禅は、まさにそのような精神的なジャーニーを目指すものだ。

このプロセスを「U理論」として体系化したのが、MITのオットー・シャーマーだ。U理論は、大きく3つのプロセスで構成される（図29）。

第1にセンシング。とらわれた心を空っぽにして、五感を研ぎ澄ます。そうすることで自然と一体になることができる。

第2にプレゼンシング。そのようなプロセスの奥底（U字の文字の底辺）で、悟りの境地が開ける。そこで未来が現出（プレゼンシング）する。

第3にクリエイティング。現実の世界に戻って、プレゼンシングで体得した本質＝未来を実際に構築していく。その結果、イノベーションが生まれ、組織が進化していく。

U理論を一般化したマインドフルネス活動が、シリコンバレーを中心に、好業績企業の間で広がっている。瞑想をすることによ

図29　U理論

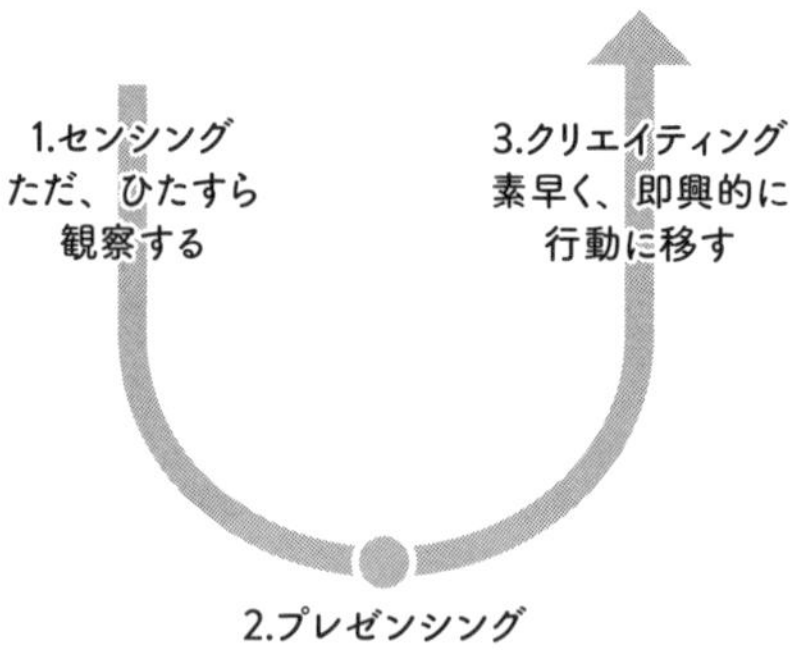

出所：ピーター・センゲ他『出現する未来』講談社

り、直感を研ぎ澄ませ、クリエイティビティを獲得しようという活動である。

筆者がグローバル企業の研修を日本で行う際には、できるだけ禅寺での研修を入れている。特に日本人以外の参加者にとって、これは極めて新鮮な体験として評判が高い。発祥の地にいるはずの日本人があまり興味を示さず、非日本人が日本発の価値をクリエイティビティの拠り所としているというのは、皮肉な現実である。

③スパイラルQ

第3のSが、スパイラル、すなわち非線形性である。

20世紀型の経営では、線形の成長が基本だった。時間とともに、一定量で成長していくという右肩上がりのモデルである。ただし、ほとんどの場合、限界効用逓減の法則が働いて、時間とともに成長率は落ちていく。

21世紀に入り、指数関数的な急成長モデルが登場した。ネットワークの外部性を生かして、限界逓増の法則に乗って成長するパターンである。グーグルやアマゾン、フェイスブックなどのネット企業は、先に紹介したシンギュラリティ大学が唱えるExponential Organizations（ExOs：指数関数的急成長企業）の代表選手である。

しかし、この急成長も永久に続くわけがなく、いずれS字カーブを描いて失速していくことは目に見えている。筆者はドーピング経営と呼んでおり、決して長続きはしない。

持続的に成長している企業は、実際には、螺旋形の成長曲線を描いている。上昇局面もあれば、下降局面も迎える。そのような試行錯誤のなかで、成長を手探りで模索しながら、進化していくモデルである。

単なる直線でもなければ、加速度的に進化を続けるモデルでもない。ただし、遠くのあるべき姿を「北極星」（別名ＭＴＰ：Massive Transformative Purpose）として見定め、そこに向けて、1歩後退し、2歩前進するといった歩みを通じて、漸進的に近づき続けるモデルである。同じ場所で反復運動をするのではなく、時間軸とともに、より高みへと活動の次元をずらしていく。それによって、螺旋形の成長曲線が描けるはずだ。

2つより3つの方が、バランスがとりやすい。ＩＱとＥＱに加えて、ＪＱをいかに磨くか？　ＪＱの要素として、いかにSystemic、Spiritual、Spiralの3つのＳＱを身につけるか？　これらの3点思考が、シンギュラリティ時代に向けて、ますます重要性を増していく。

59　メンターからリバースメンターへ

通説

リーダーの最も大事な仕事は何か？

定義上、フォロワーがいなければリーダーにはなりえない。だとすれば、フォロワーを育成することがリーダーの最大の仕事か？

答えは、否だ。ピーター・ドラッカーによれば、リーダーの本質的な仕事は、次世代のリーダーを育成することにある。言い換えれば、メンタリング、コーチングこそ、リーダーが最も力を入れるべき役割である。

伝説の経営者ジャック・ウェルチGE元CEOは、次世代人財育成に、自らの時間の60%を費やしていた。後任のジェフ・イメルトは、ウェルチ以上に顧客やパートナーなど、外のステークホルダーとの関係構築に時間を費やしていたが、それでも半分の時間は人財育成に使っていた。

いずれも一橋大学名誉教授である野中郁次郎氏と竹内弘高氏は、2011年に、『ハーバード・ビジネス・レビュー』に論文「賢慮のリーダー」を発表した。そこでは、本田宗一郎氏や柳井正氏など、日本を代表する経営者を例にとりながら、日本的なリーダーの6つの特質が描かれている。すなわち、①善を判断できる、②本質を把握できる、③場を作る、④本質を伝える、⑤政治力を行使する、⑥実践知を育むの6つだ。

この一連の特質の真の目的であり結果は、⑥の「実践知を育む」にある。①から⑤はそれに向けた前提条件にすぎない。いかに次世代リーダーの実践知を育むかが、賢慮のリーダーの真の役割なのである。学ぶべき優れたリーダー論として、久々に日本的経営が世界から注目を集めることになった。

真説

シンギュラリティ時代に向けて、新しい人財が求められている。メンタリングやコーチングなどといった上から目線のリーダー育成論では歯が立たない。

前例がないところに踏み出す際に、過去の経験や知恵は有害無益となりかねない。新しいものを学習する前に、過去を「脱学習」するプロセスが必要となる。

100社を超える企業で次世代事業開発を支援してきた筆者の経験では、企業内部から真に非連続なアイデアが出てくることは極めて稀である。経営幹部からはまず出てこない。30〜40代の中堅社員はもっと期待できない。重たいノルマを背負わされて、非現実的な思いにふける余裕などないからだ。

期待が持てるとすれば、「ワカ（若）者、ヨソ（他）者、バカ（馬鹿）者」の3種類の社員である。

①入社したての「若者」はその企業を通じて達成したい大きな夢を持っていることが多い。もっとも日々「雑巾がけ」の仕事に明け暮れ、現実に突き落とされてしまう（あるいは耐え切れずに辞めてしまう）のは時間の問題だが

②「他者」はさらに期待が持てる。中途入社組である。外の眼を持っているため、その企業特有のクセと潜在力に気づきやすい。ただ、まずはその企業になじもうとする努力のなかで、外の眼はあっという間に曇ってしまう（あるいは耐え切れずに辞めてしまう）ことになりかねないが

③最も期待できるのが「馬鹿者」である。その企業の押しつけがましい規範になじめず、枠をはみ出たがるアウトライアー（規格外れ）だ。ただし、そのような連中は辺境に追いやられている（あるいは耐え切れずに辞めてしまう）ことが多く、企業の中枢ではまず遭遇することはないが

ソニーとホンダで面白いエピソードがある。

盛田昭夫氏はかつて入社式で「君たちにはぜひ『出る釘』になってほしい」と語ったという。筆者がソニーの社内研修でこの話をしたところ、「今では、そういう釘はあっという間に引き抜かれてし

まう」という内部告発（?）の声が上がった。しかしその声はすぐ「むしろ自ら出る釘となって外に出てしまう」というシニカルなコメントとそれに続く場内からの失笑にかき消されてしまった。

ホンダの幹部研修では、本田宗一郎氏の次のコメントを紹介することにしている。

「世間で言う『悪い子』に期待している。なぜならそういう子供こそ個性に溢れ、可能性に満ちた本当の意味の『いい子』だからである」

そして筆者が「この中に『悪い子』はいますか?」と質問すると、みな目を合わせないように下を向く。どうやら人事部が後ろで見ているからだけではなさそうだ。

イノベーションの気質が持ち味だったソニーやホンダですら、このような状況である。もっとも、どちらも今や創業から数えると70歳を超えた立派な老年企業ではあるが。それにしても、世の中のほかの会社は推して知るべしである。

ミレニアル世代（別名Y世代）は、すでに30代の中堅社員になっている。そして新入社員は、Z世代である。ミレニアル世代がデジタルパイオニアだとすれば、Z世代はデジタル・ネイティブだ。生まれた時からスマホが身近な世代だ。またいずれの世代も、9・11や3・11を経験しているため、社会課題への意識が高い点は共通している。

次世代の経営を目指すためには、これらの新しい世代から謙虚に学ぶ姿勢が求められる。メンタリングではなく、リバースメンタリングだ。若手が上司に助言する逆方向（リバース）のメンタリングである。

リバースメンタリングは、1999年にGEのジャック・ウェルチCEO（当時）がGEに導入したのが最初だと言われている。当時はインターネットなどの最新のデジタル動向を、若手から学ぶことが主たる目的だった。その後、P&Gなどではダイバーシティやインクルージョンなど、新しい価値観を学ぶことへと目的が広がっていった。

日本では、2017年1月に資生堂がリバースメンタリングを導入したことが話題となった。社長から執行役員までの役職者約20名を対象に一人ひとり20〜30代の若手のメンターが付くというものだ。メンターは月1回、スマートフォンやSNSの使い方から消費者の動向などデジタル機器にまつわるさまざまな事象を説明する。学んだ内容を役員は担当部門で活用するよう求められるという。

日本ではまだまだ導入事例は少ない。SNSやダイバーシティなどを学ぶことに、仕事上の必要性を感じていないのかもしれない。しかし、だとすると、そのような情報感度の退化した経営幹部は即刻、退場してもらうしかない。脱学習ができない経営者には、21世紀の経営の舵取りは不可能だからである。

60　T型人財から#（ハッシュ）型人財へ

通説

人財は大きく、スペシャリストとゼネラリストに分けられる。

従来は、経営幹部候補はゼネラリストとして育成されてきた。最高の経営者育成機関であることを自他ともに認めてきたハーバードビジネススクールは、そのようなゼネラリストを輩出することを目指してきた。

しかし、今や「何でも屋」は通用しなくなってきている。デジタルにしてもバイオにしても、ファイナンスにしてもマーケティングにしても、その分野に関する最新の知識と深い洞察力がなければ、正しい意思決定はできない。もっとも、一つの分野にだけ精通したのでは、どうしても視野狭窄になりがちだ。

そこでこれから求められるのは、T型人財である。一つのことに深く精通したスペシャリストとしてのプロフィールが縦の―の部分。そして横の―の部分がゼネラリストとしての幅広い視野を意味する。

思考パターンで言うと、垂直思考（｜）と水平思考（―）をバランスよく行える人財ということになる。

日本企業のキャリアパスも、パラレルに組み上げられ始めている。従来の柱であった事業部長や子会社社長からCEOといったゼネラリストパスに加えて、機能別スペシャリストからCFO、CMO、CHOなどといったCXOへの経路が用意されてきた。そしてCEOと他のCXOがトップマネジメントチームを組成して、全体観を持ちながら、専門性の高い問題に対処することが可能になりつつある。

言い換えれば、欧米企業のような経営体制へと移行しつつあると言えよう。そしてそれは、執行のプロから経営のプロ集団への移行と言い換えることができよう。

真説

T型人財は、もはや時代遅れである。一つの分野を深く知っているだけでは、コンバージェンス

（融合）の時代には通用しないからだ。たとえばフィンテックやメドテックの世界で戦うためには、金融や医療の知識に加えて、デジタル分野の深い知識が不可欠となる。

そこでπ（パイ）型人財が求められるようになった。T型のように一つの分野だけでなく、複数の分野に精通した人財モデルである。大学で言うとダブルメジャー（複専攻）のイメージだ。人生100年説に従えば、時期をずらして複数の専門分野を深めることも十分可能となる。

その先にあるのが＃（ハッシュ）型人財である。垂直方向にも水平方向にもメッシュ状に広がっていくイメージである。専門分野がどんどん細分化されていくとともに、それらにまたがる横断的なテーマも進化していく。したがって、固定的な立ち位置にとどまっていては、すぐに時代についていけなくなる。

＃型の本質は、縦横自在に関心のメッシュを広げ、深め続けることにある。そのためには、新しいメッシュの結節点を探し続けることが必要となる。アンテナを高く立て、新しい流れをつかんだら、そこにタグを張る。そして、そのタグの周りに新しいメッシュ構造を編み出していく。そのようにメッシュの網の目を広げていくことによって、フラクタルで開放型の知識構築が可能になる。

ＡＩはディープラーニング（深層学習）を得意とする。そのＡＩを活用すれば、垂直方向への深化を加速させることができる、一方、飛び地間を結ぶトランスファーラーニング（転移学習）は、ＡＩがまだ十分太刀打ちできない領域だ。そしてこのような水平思考こそ、人間がますます独自にスキルを磨くべき分野である。

61 ハイポ人財（優等生）からエッジ人財（異端者）へ

通説

どの組織も人財のポートフォリオは、「20：60：20」というベルカーブを示す。20％の優秀人財、60％の普通人財、そして20％の劣後人財である。それぞれ、リーダー層、フォロワー層、ドロップアウト層と言い分けてもいいだろう。

従来日本企業は、少なくとも表向きは、できるだけこれらの人財を平等に扱おうとふるまってきた。特にトップ20％を特別扱いすることは、できるだけ避けられてきた。60％の普通人財が戦う意欲を失う事態を避けたいためだ。

しかし、そのような牧歌的な全員経営では、グローバルな戦いで生き残ることはできない。欧米や中国の先進企業は、優秀人財を早くから経営層に抜擢し、最先端の課題にチャレンジさせている。日本企業もようやく能力主義の本格導入に舵を切り始めた。

たとえば筆者の出身母体である三菱商事は、２０１８年11月に発表した中期経営計画で、20年ぶりに人事制度を刷新して若手を幹部登用できる仕組みを導入すると発表した。デジタル化の進展など経営環境の変化に対応し、年齢にかかわらず最適な人財が事業を指揮できるようにする狙いだという。

子会社のトップや本社の課長級になるには、早くても入社から20年程度かかっていた。これからは、10年目までに経営に必要な能力を身につけさせ、その後は年齢とは関係なく能力に応じて登用するという。記者会見した垣内威彦社長は「実力主義と適材適所を徹底する」と語った。至極当たり前の話である。むしろ遅きに失した感さえある。

真説

確かに海外の企業は、人財をポテンシャルに応じてメリハリのある対応をしている。しかし、かならずしもハイポテンシャル（ハイポ）人財を宝のように手厚く扱っているわけではない。

たとえばGEも、人財を大きく3つのセグメントに分けている。ボトムの10％は、退職を迫られる。一方、トップ20％には特別な育成プログラムを用意していない。ジャック・ウェルチ元CEOによれば「彼らは勝手に自走していくので、会社側が面倒を見る必要がない」のだ。

GEのトップが研修などを通じて徹底的に鍛え上げるのが、残り70％の普通人財である。「彼らを底上げすれば、GEは世界一の人財集団になる」と確信しているからだ。

日本版ジャック・ウェルチとも言うべき日本電産の永守重信会長も、優秀という外付けのラベルはまったく信用しないという。東大やハーバードなどの一流大学、あるいは東芝や三菱などの一流企業から採用した人財のほとんどが、頭はいいが肝心の実践力がないと嘆く。

エリートとして企業の中枢を歩んできた人財から、革新的な発想が生まれることは稀である。自社の強みを磨き、本業を守ることが、中枢の人財の本務である以上、当然である。

革新は辺境からしか生まれない。前述したイノベーション@エッジである。企業の辺境と言えば、傍流事業、傍流海外支社、傍流子会社などといった中枢から遠く離れたところである。

実際に、企業変革を牽引できた経営者は、そのような辺境の出身であることが多い。

たとえば、トヨタを21世紀に向けて大変革した奥田碩氏は、あまりにも反骨精神が強すぎるためフィリピン支社に「流され」ていたところを、たまたま出張に来た豊田章一郎社長（当時）に拾われて、中枢に返り咲いた。その奥田氏がトヨタのトップに就任して掲げたスローガンは「打倒トヨタ」だった。

「トヨタの敵はトヨタだ。今日のトヨタを倒さない限り、トヨタに明日はない」

傍流を歩かされたマージナル・マン（辺境出身者）ならではの宣言である。

富士フイルムの「第2の創業」をリードした古森重隆会長も、カメラフィルムではない傍流事業の出身だ。また日立の変革の立役者である川村隆、中西宏明の両氏は、いずれも日立の子会社からの返り咲きである。

本田宗一郎ではないが、イノベーションや変革を実践するには、「悪い子」を放し飼いする懐の深さが必要だ。エッジ（異端）人財こそ、実は隠れた真のハイポ人財なのである。

62　プロフェッショナル（外部）経営者から現場（内部）経営者へ

通説

本格的な変革を起こすためには、外部から経営のプロを招聘するのが最善の策である。すくなくとも、それが欧米企業の定石だ。ＩＢＭの奇跡の再建を演出したルー・ガースナー、ユニリーバをサステナビリティ経営のトップランナーに導いたポール・ポールマンは、いずれも外部からの助っ人である。両者とも、過去のしがらみを断ち切り、10年かけて、それぞれの企業を次世代に向けて大きく進化させることに成功した。

日本でも、ひところ、外部のプロ経営者がもてはやされた。日産のカルロス・ゴーン前会長や、日本マクドナルドやベネッセで活躍した原田泳幸前社長などは、その代表例である。ただ両者とも、名声は長く続かなかった。派手なスタンドプレーの陰で、企業体質が蝕まれていったからだ。

確かに外部の経営のプロは、企業にとっては「劇薬」である。特に企業再生を迫られた際には、「再生（リストラ）のプロ」の方が手際よく応急措置を施すことができるだろう。ただし、その企業の病巣に肉薄することは、外部人財ではハードルが高い。また、本質的な体質改善に至らず、むしろ、外からの救済に頼り続けるなどの副作用が残る結果になりやすい。

一方、リストラではなく次世代成長に大きく舵を切ることに成功した外部プロ人財も、少なからず存在する。資生堂の魚谷雅彦社長やミスミの三枝匡・元ＣＥＯなどは、その代表例である。企業変革の定石（アルゴリズム）を独自に編み出しているところに、プロとしての強みがある。

真説

そもそも「プロ経営者」とは何か？　ウィキペディアには「複数の会社を経営者として渡り歩く人物を指す俗語」とある。要するに、渡り鳥経営者のことらしい。

一方、「経営のプロ」には、明確な定義はない。とはいえ、経営のプロは上記の「プロ経営者」と必ずしも同義ではない。「プロ経営者」は外部からヘッドハントされたものであるのに対して、「経営のプロ」には内部から昇格した経営者も含まれている。

前述のトヨタの奥田氏、富士フイルムの古森氏、日立の川村氏・中西氏などは、いずれも内部から抜擢された「経営のプロ」である。経営の中枢ではなく、辺境にいたとはいえ、生え抜きであることには変わりはない。過去を否定できる人財は、外部にしかいないわけではないのだ。

海外の優良企業も、サクセッションプラン（後継者育成計画）を周到に準備しており、内部昇格を基本としている。ＩＢＭはガースナーを外部からトップに招いたが、１００年を超える歴史で初めてのことであった。ＧＥも２０１８年に、医療機器大手ダナハーのトップだったローレンス・カルプ氏をＣＥＯとして招き入れたが、やはり外部人財が登用されるのは、１４０年の歴史上初めてのことである。ネスレも２０１７年より、外部人財（透析器世界最大手フレゼニウスのウルフ・シュナイダー前ＣＥＯ）をトップに迎え入れたが、これも96年ぶりの出来事である。

外部人財に頼らざるを得ない事態に陥るということは、経営側から見ると致命的な失態である。過去の延長線ではなく、未来からバックキャストして、非連続な成長のパスを描ける人財を、内部で育成することこそ、経営の1丁目1番地だからである。

ＤＸなどによって、「１００年に1度」の大変革期に突入した際には、外部のプロの手を借りて、「ガラポン」せざるを得ない事態に直面することもあるだろう。上記のＩＢＭ、ＧＥ、ネスレなどの例は、いずれもそのような緊急避難的な局面だったのかもしれない。

しかし、そこで大きく軌道修正をした後は、内部の次世代人財を基軸とした経営体制に移行することが好ましい。その企業の原点であるパーパス（志）を共有し、その企業の未来にコミットし、その企業ならではのアルゴリズムを生み出すことができるのは、内部人財だからである。

東レの日覺昭廣社長は、その事業の本質を深く理解し、現場感覚を持った内部出身者でなければ、

「経営のプロ」にはなれないと断言する。そして、現在のガバナンス改革が目指そうとしている「経営と執行の分離」にも、正面からNoをたたきつけている（『日経ビジネス』2019年10月25日号）。

「東レには、財務諸表だけで事業を切り貼りしたり、経営を判断したりする社外取締役は必要ありません。事業をしっかりと理解し、経営責任を持った者だけが執行すべきだと考えています」

また、日本電産の永守会長は、最近のインタビューで、自らの経験を以下のように述懐している（『週刊ダイヤモンド』2019年10月26日号）。

「世の中でプロ経営者と言われる人たちを外部から採用しました。しかし結果はゼロ。経営を任せられる人はいませんでした。日本にはプロの経営者はいないということがよく分かりました。結局、自分で育てるしかないと」

非連続な変化の時代を迎えて、真の「経営のプロ」を内部で育成できるかどうか。そのような自己組織力こそが、企業の生命力の試金石となる。

63　MBA教育から実践学習（アクションラーニング）へ

通説

20世紀後半、経営のプロを育成する「道場」として、ビジネススクールが一世を風靡した。筆者がハーバードビジネススクールで学んだ1980年代は、マイケル・ポーター教授の登場などで、まさにビジネススクール全盛期だった。当時筆者の赴任先だったニューヨークでは、「ＭＢＡにあらずんば人にあらず」と言われかねない風潮だった。日本からも数多くの若手社員が、企業派遣で送り込まれてきた。

１９９０年代以降、繁栄の中心はシリコンバレーに移っていった。まさに今のＧＡＦＡＭの勃興期である。このあたりの経緯は、現在ＵＣバークレーのスクール・オブ・インフォメーションの学長を務めているアナリー・サクセニアンの著書 *"Regional Advantage: Culture and Competition in Silicon Valley and Route 128"*（１９９４年、邦訳『現代の二都物語』日経ＢＰ）に詳しい。

場所は東から西へ、成長の主役は大手企業から新興企業へと大きくシフトしたが、その中心的な役割を担ったのは、スタンフォードビジネススクールだった。中身は旧時代的な戦略論から、起業家精神やデザイン思考などといったより時代の流れを取り入れたものに進化していった。

21世紀に入り、Ｅラーニングなどが急速に普及するなかで、ビジネススクールの存在価値が改めて問われるようになった。ハーバードもケーススタディに加えて、フィールドスタディを取り込むなど、より新時代に合ったカリキュラムを模索していった。

多くの課題に直面しつつも、ビジネススクールは、いまだに経営者育成の中心の座を維持している。ＭＢＡならではの共通言語、ＭＢＡという品質保証、卒業生のネットワークなど、それなりの提供価値があるからだ。

筆者も一橋ビジネススクールに移って10年になる。同校では、従来のＭＢＡコースに加えて、最近はエグゼクティブ向けのＥＭＢＡコースもスタートしている。いずれも参加学生の８割は非日本人で、中国やインド出身者が多い。成長意欲の高い海外人財と一緒にもまれることで、日本企業から派遣されている数名の学生も、1年も経つと一回りも二回りも大きく育っている。知的ブートキャンプとしての役割は、いまだ健在である。

真説

財務、マーケティング、戦略などの基礎知識は、今やEラーニングなどで十分習得できるようになった。集合研修に意味があるとすれば、講師を交えたソクラテス的対話であり、グループディスカッションを通じた弁証法的な相互学習にある。

しかも、実践知を育成するためには、座学だけでは限界がある。また、実践経験のない学者から学ぶこと自体、実践知から大きく乖離する。もっとも、欧米のビジネススクールの教授陣には、経営コンサルタントを兼業しているやり手も少なくないが。

そこで、最近はビジネススクールのような一般的な学習の場に飽き足らず、自社内に経営スクールを設置する企業が増えている。当初は外部ビジネススクールと提携して、ミニMBA的なカリキュラムを提供してお茶を濁しているような企業が多かったが、最近は、自社の経営課題にそった独自のカリキュラムを練り上げているところが主流となっている。講師の顔ぶれも、アカデミックな教授陣から、内外の経営者や経営コンサルタント出身者などに様変わりしている。そして学びのポイントは、一般論としての理論知ではなく、自社にいかに適用できるかという実践知に大きくシフトしている。

その圧巻は、アクションラーニングと呼ばれるプログラムだ。一般的には、行動を通して学習し、個人や組織の成長を目指していく手法を指す。企業内研修の場では、組織が直面する実際の課題を取り上げ、グループで解決策を考え、実践するという一連のプロセスを指す。問題解決、あるいは価値創造プロセスの実践だ。ミニＭＢＡと言うよりミニコンサルプロジェクトに限りなく近い。実践経験を持たないアカデミックな教授陣では、とうてい歯が立たない。

このようなプログラムを組むことができれば、外部のビジネススクールに派遣するより、はるかに実践的な経営者育成が期待できる。もちろん、有名ビジネススクールのＭＢＡのような一見見栄えのいい肩書は手に入れられないが（もっとも、永守氏的に言えば、そのような見掛け倒しは、実践を重んじる経営の現場では有害無益である）。

筆者自身、現在30社以上の企業の社内ビジネススクールプログラムの立ち上げや運営にかかわっている。大学の方でも客員教授という立場で教壇に立っているが、時間の多くは、フィールドスタディという名のもと、この実践知の現場に費やしている。筆者にとっても、教壇で教えるより、はるかに手ごたえがある。実践からの学びがあるからだ。後述する「学習優位」を体感できることこそが、企業内ビジネススクール、そしてそこにおけるアクションラーニングの醍醐味である。

第12章 ガバナンスの進化

64 ＥＳＧからＥＳＣへ

通説

今、大手町や丸の内、日本橋や霞が関、そして永田町の街角では、ＥＳＧ狂騒曲が流れている。まるで12月の繁華街のクリスマスソングのようだ。しかし、地方に行くと、ＥＳＧという横文字を聞いたことがないという声がほとんどだ。ましてやＳＤＧｓなどという呪文は、ほとんど耳にしない。背広の胸に17色が輝くＳＤＧｓバッジを着けていると、珍獣のように見られてしまう。そこで追い打ちをかけるようにＣＳＶを口にしようものなら、宇宙人扱いされかねない。

これが日本の現状である。そもそも3文字や4文字の英語の経営ジャーゴンは、次から次に登場しては忘れ去られていく。経営者のなかには、流行に踊らされてなるものかと、冷やかに見ている向きも少なくないだろう。

ただこれらはいずれも、時代のキーワードとなっている。中身（what）より、そもそもなぜこれだけ関心を集めているか（why）を理解しておいた方がよさそうだ。

環境、社会、ガバナンスへの配慮を怠っている企業は、将来思わぬところで足をすくわれる可能性が高い。CO_2をまき散らす企業、ジェンダー平等に取り組めていない企業、顧客情報を流出させてしまうような企業は、今やブラック企業の烙印を押されてしまう。法律が厳しくなると、高額のペナルティを支払わされかねない。たとえ違法性はなくても、悪い情報はSNSであっという間に拡散され、顧客も従業員も背を向ける。社会的な制裁だ。そうなると、企業価値は大きく毀損する。

VUCA（予測不能）時代に、企業の成長可能性を見極めるのは至難の業だ。しかし、ESGに関する社会から企業に対する要請が、今後ますます高まることは疑いの余地がない。株主としては、企業がそのような基本的な要件でつまづくことは、何としても避けたい。言い換えれば、ESGはリスク回避のために、資本市場が企業に突き付けている厳しい要請なのである。

一方、リスク対応だけだと、ネガティブスクリーニングに終始する。むしろより積極的にかかわることで、次世代成長を加速することはできないか？　特に、企業経営者は、リスク対応よりも、成長の道筋を描きたい。SDGsは、そのような企業経営者側の想いを背景に生み出されたものである。それをさらに掛け声だけでなく、企業戦略に実装するためには、CSVに真剣に取り組む必要がある。

ESGを評価するには従来のような財務指標だけでは不可能だ。そこで「非」財務指標の開示が、資本市場から強く要請されるようになった。このような背景のなか、財務と非財務の双方を盛り込んだ統合報告書の作成が、時代の大きな趨勢となっている。ESGの3つを統合し、さらにそれらを財務と統合していく。部分最適ではなく、よりホリスティックな対応が求められているのである。

真説

そもそもなぜこの3つなのか？　E（環境）とS（社会）は、生態系の持続可能性（サステナビリティ）という視点から、今日的なテーマであるということに異論はあるまい。

しかしそこになぜG（ガバナンス）を加える必要があるのか？　経営者の暴走を牽制するためなのか？　それとも、昨今ますます表面化しつつあるコンプライアンス違反などのリスクに対応するためなのか？　いずれにせよ、EとSが外に開いた視点であるのに対して、Gはいかにも内向きな視点である。しかも、企業、そして企業経営者や従業員はそもそも私欲に走りやすいという性悪説を前提としている点には、極めて違和感がある。

反社会的勢力を別にすれば、企業は環境や社会に価値を提供しているからこそ存在しているのである。どの企業のホームページにも、その会社の理念が高らかに掲げられている。いずれも非の打ちどころがない崇高な志（パーパス）に裏打ちされている。

経営者の暴走や従業員のコンプライアンス違反が起こるのは、そのような原点とも言うべきパーパスが風化しているか、自分事化されていないためである。その結果、理念が形骸化し、理念にもとるような行動が横行してしまう。

だとすれば、ガバナンスを強化して、そのような逸脱行為を取り締まることが、本当に答えだろうか？　表面的にはコントロールできているように見えても、ガバナンスによって組織を蝕む理念形骸化の病を治療することはできない。

カメラやセンサー、ひいてはＡＩを導入して、コンプライアンス違反を監視していることを得意そうに披露する企業を最近よく見かける。外資系だけでなく、国内の金融機関なども名を連ねる。

そこまで従業員を信じられないとすれば、大変不幸な話である。性悪説に立つならば、悪意を持った従業員は、見られていないところでいくらでも不正を繰り返すだろう。まさに犯罪者と警察官のいたちごっこである。

筆者は数社の社外取締役をしているが、こんな企業は願い下げである。今度はどこで犯罪が発覚するかと思うと、夜も眠れないだろう。

そもそも取締役というネーミングも実態にそぐわない。自律的な経営を目指すのであれば、経営執行役や社員を取り締まることなどナンセンスである。その企業ならではの志をしっかり胸に刻み、その実現に向けて全員が一体となってチャレンジし続けるような風土づくりに、外部の視点で貢献することこそ、社外役員の本来の役割であるはずだ。

外付けのガバナンスではなく、その企業ならではの価値観を組織内に埋め込むことこそ、本質的な答えとなるはずだ。誤解を恐れずに言えば、ガバナンスが不要な企業こそが、理想の姿なのである。

では、そのために何が必要か？　筆者自身が、多くの企業でCSVの導入と定着を支援している経験を踏まえると、図30に示した5Pステップが有効である。

このようなプロセスを通じて、社員一人ひとりが、何が善で、何が悪かをしっかり自覚できるようになるのが、あるべき姿である。言い換えれば、正しい企業DNA、組織文化の覚醒が求められているのである。

資生堂の魚谷雅彦社長は、2020年ビジョンのなかで「ESCG」という新しい経営コンセプトを提唱している。ESGにC、すなわちCultureを加えたものだ。「文化」を「環境」「社会」と同じレベルで価値創造の対象として位置付けるのは、「美しい生活文化の創造」を企業理念に掲げ、長らくメセナ活動を展開してきた同社ならではの視点である。同時に、それを企業文化として読み替えるなら、外付けのガバナンスよりずっと奥の深い企業経営の基軸となるはずである。

そのような視点に立つと、ＥＳＧは「ＥＳＣ」にバージョンアップさせていくことが望ましい。正しい企業文化の徹底こそが、ガバナンスをはるかに凌ぐ強い自己規制力を発揮するからだ。

たとえば、ヤマト運輸では創業当初から、「ヤマトは我なり」を社訓としてきた。セールスドライバーは、顧客とヤマトの接点である。言い換えれば、顧客にとってはセールスドライバーこそが「ヤマト」なのである。全社員にそのような思想を徹底的に刷り込むことが、ヤマトの「全員経営」の基軸となってきた。このような思想教育は、本来、いかなるガバナンスの仕組みよりパワフルな規範の役割を担ってきたのである。

それだけに、昨今問題となった不祥事は、このヤマトの誇るべき企業文化のほころびを示すものとして、経営陣に激震が走った。想定外の通販の急成長などにより、現場が疲弊していたことは理解できないわけではない。そうだとしても、「ヤマトは我なり」の思想が盤石であれば、このような事態は起こりえなかったはずだ。

マスコミは、ヤマトのガバナンスの脆弱性や、経営者責任を問い

図30　CSV実践に向けた5P

①Purposing	：その企業の理念を、未来志向なもの（MTP：Massive Transformative Purpose）に読み替える
②Personalizing	：組織のそれぞれの現場で、そのパーパスを自分事に落とし込む
③Problem-solving	：その実現を阻害している内部要因を、徹底的に洗い出す
④Piloting	：その阻害要因を取り除き、パーパスを実現するための第一歩を踏み出す
⑤Pivoting	：半年ごとに、アクションの成果と課題を振り返り、次のアクションにつなげる

ただした。しかし、ガバナンスの仕組みを強化することも、経営者が責任をとって辞任することも、何の解決にもならない。ガバナンスではなく、内部から企業文化を再構築することこそが急務である。

2019年4月にヤマト運輸の代表取締役からヤマトホールディングスの代表取締役に昇格した長尾裕社長は、アルバイト出身の現場たたき上げ人財だ。長尾社長のもと、ヤマトのDNAをいかに進化させ、徹底できるかが問われている。

資生堂やヤマトの経営者が見据えてきたように、本質的な企業価値は、モノやカネではなくヒトである。前述した5つの資産で言えば、顧客（ニコニコ）資産であり人的（イキイキ）資産であり、企業文化や企業DNAによって構成される組織（ワクワク）資産である。これらの資産こそが、企業価値を生み出す源泉となる。

過去の実績の結果としての財務指標より、無形資産の中身こそ将来価値を見極める最重要指標となる。これらの指標は「非」財務指標ではなく、「未」財務指標と呼ぶべきである。そして、真に実力のある長期投資家は、投資対象企業のES「C」にまつわるこれらの「未」財務指標を見極めようとするのである。

このような「正しい」投資家の期待に応えるためにも、経営者は早くESGから「ESC」へと目線を高める必要がある。ガバナンスの強化は、よくて応急措置、悪ければ本質的な企業価値向上と逆行することになる。「外付けガバナンス」という時代錯誤な必要悪を脱学習することこそが、日本企業の真の再生の道につながるはずだ。

65 ビジョンからパーパスへ

通説

今や、ＶＵＣＡの時代である。しかし到達点が見えなければ、そもそも何を目指せばよいかわからない。だからこそ長期ビジョンが必要になる。

ではどのくらい先まで射程に入れるか？ 長期ビジョンを掲げる企業は、10年先の２０３０年を想定するケースが多いようだ。それより先だと、ＳＦの世界になってしまう。そもそも10年を超えると自分事として考える気がしなくなる。

ただ、一部の企業では２０５０年を見据えた長期ビジョンを作成しているところもある。トヨタ、東レ、丸井などだ。いずれもサステナビリティ（持続可能性）をキーワードとして、30年後に目指すべき姿を描いている。

今注目されているＳＤＧｓは、２０３０年がゴールとなっている。10年先は、あっという間に現実になる。ＳＤＧｓフィーバーに浮かれず、その先を真剣に洞察すべき時にきている。

その際にキーワードとなるのが、シンギュラリティである。人工知能のパワーが、本当に人知を超えるのかは、いまだに議論が分かれるところだ。また２００５年に未来学者（現在はグーグルでＡＩを統括）レイ・カーツワイルが予言した、「２０４５年」というタイミングが正しいかどうかも、誰も検証できていない。しかし２０５０年ビジョンのシナリオに織り込んでいく必要があるだろう。

社会環境やライフスタイルは、今と大きく変化しているはずだ。ＡＲやＶＲは、とっくに日常に組み込まれているだろう。ＡＩチップやセンサーが身体の中や生活環境のいたるところに埋め込まれているはずだ。

企業環境やワークスタイルも、激変しているはずだ。リモートワークや兼業は当たり前で、「通(痛?)勤」という言葉は、死語となっているだろう。ロボットやコボット(コラボレーションロボット)がいたるところで動き回っているはずだ。

まさにSFチックな世界かもしれない。しかし、30年先、そして100年先も存続し続けたいのであれば、そのような未来の姿を思い描き、そこからバックキャストしてこれからの企業戦略を構想する必要がある。そうすると、今の延長線上で描いている2025年ビジョンなるものが、いかに陳腐なものであるかに気づくはずだ。

真説

ビジョンは「夢」である。白昼夢や初夢はたまに見る分には、精神的解放感があっていいだろう。いずれにせよ、ビジョンをどう思い描こうと自由である。しかし、あまりに荒唐無稽、あるいは身の程しらずのビジョンは、周りから呆れられるか、無視されるだけだ。

必要なのは、Where(どこに向かうか)やWhat(何をしたいか)ではなく、Why(なぜか)である。「なぜそれを目指すのか?」という問いに答えられなければならない。

さらにそれが独りよがりにならないためには、2つの問いへの答えが求められる。なぜそれが共感を呼ぶのか? なぜその企業ならそれを目指せるのか? 筆者は前者を「ワクワク感」、後者を「ならでは感」と呼んでいる。この2つを持たないビジョンは、戯言にすぎない。

海外でも、「ビジョン」はコモディティ化している。思いつきの夢は、誰でも一筆書きで描けてしまうからだ。エッジが立つのは、ビジョンではなく「パーパス」である。その企業の存在理由、そして志に紐付いたものである。ビジョンが到達点であれば、パーパスはむしろその企業の原点である。だからこそ「ならでは感」が醸成される。

一方、原点に復帰するだけでは未来志向にならない。そこでシリコンバレーではＭＴＰ（Massive Transformative Purpose）がキーワードとなっている。もっとも、日本ではＭＴＰと言うと中期計画（Mid Term Plan）を指すことが多いようだ。だとすれば、ＭＴＰではなくＬＴＰ（Long-lasting Transformative Purpose）と言い換えた方がいいかもしれない。

いずれにせよ、パーパスは壮大、かつ革新的でなければならない。それによって、「ワクワク感」が醸成される。たとえば、ファーストリテイリングは「服を変え、常識を変え、世界を変えていく」という企業理念を掲げている。服を起点に、世界を変えるというのだから、まさにＭＴＰである。いかにも大風呂敷だが、柳井正社長は大真面目である。その想いを形にしたものが「LifeWare」である。柳井社長は、次のように語る。

「大昔は、人は敵や天候から自分を守るために服を求めた。20世紀は、自分をよく見せかけるために服を選んだ。21世紀には、自分らしく生活するために服を着るようになる。それを実現するのがLifeWareです」

読者の皆さんは、そこに「ワクワク感」と「ならでは感」を感じていただけるだろうか？　少なくとも、ファーストリテイリングのファン、そして筆者もふくめた同社の関係者や従業員は、そのような思いを共有している。

ＭＴＰを掲げるためには、非連続な未来を構想しなければならない。そのためには、来るか来ないかが不確かなシンギュラリティより、AIによって社会が大きく変動する「プレ・シンギュラリティ」を想定すべきである。これは確実に来る未来だ。すでに始まりつつあるという識者も多い。

現在策定中の中期計画に、DX（デジタル・トランスフォーメーション）への取り組みを盛り込んでいない企業はまずない。しかし、その内容は自社都合、自社時間にもとづいて描かれているものが大半だ。すなわち、スピードとスケールが非連続なものになっていない。「やっているつもり」症候群に陥っており、デジタルがもたらすゲームチェンジから振り落とされてしまう。

ファーストリテイリングは自らの業態を、「情報製造小売業」と再定義し、AIやビッグデータ、ロボットなどのデジタルのパワーを最大限取り込もうとしている。先述した「有明モデル」（図8）がその一部である。このモデルが目指すのは、資源を無駄にすることなく、各人がそれぞれの想いで自分らしさを演出できる世界だ。ファーストリテイリングならではのMTPの実現である。

66　バリューからビリーフへ

通説

経営の基軸は、「ミッション・ビジョン・バリュー（MVV）」である。企業のホームページには例外なく、立派なMVVが謳われている。もっとも、あまりにも教科書的で、名前を伏せるとどこの企業のものなのか、判断できないものも少なくないが。

ミッションは、「パーパス」と読み替えれば、前項で論じた通りだ。またビジョンについても前項で論じた通り、いくらでも「白昼夢」を掲げてもらって構わない。それらを実際の行動につなげるためには、バリューが重要となる。企業DNA、企業文化と読み替えてもいいだろう。

特に現場力の強い日本企業にとって、この組織としての共有価値観こそがパワーの源泉となりうる。トヨタやコマツ、ファーストリテイリングやリクルートなど、世界的な日本企業は、いずれも自社独自のDNAを磨き上げ、社員全員に共有している。

ただ、かつての優れた企業文化がいつの間にか形骸化、あるいは風化してしまっている企業も少なくない。たとえば「挑戦」とか「革新」などという価値観を掲げていながら、現状維持に追われている企業は驚くほど多い。その企業固有のDNAを、未来に向けて磨きなおす作業が必要となる。

海外の優れた企業も、バリューを大切にしてきた。ジョンソン・エンド・ジョンソンの「わが信条(Our Credo)」は、その代表例である。また、環境が激変するなかで、バリューを見直し、進化させている企業も少なくない。たとえばIBMは2003年に、「バリューズ・ジャム」を実施、世界中の社員を巻き込んで、イントラネット上で同社のバリューの抜本的な再検討にとりかかった。その結果、ほぼ1世紀前に作られ、もはや形骸化したかに見えた同社のバリューは、実は今日も十分価値のあるものだということを、このイニシアティブに参加した社員の多くが再確認することになった。

この例が示すように、バリューをいかに現場に落とし込むかが大きな課題となる。いわば宗教団体における布教活動である。たとえばコマツは2006年に「コマツウェイ」を策定したうえで、世界各地域の上級管理職を巻き込んで、コマツウェイをいかに現地で推進するかについての議論を重ねた。坂根正弘社長(当時)は「日本の強みを生かした真のグローバル企業、〝日本国籍グローバル企業〟を目指すうえで最も重要な活動だった」と振り返る。

真説

バリューは、各企業が組織的に蓄積し、各社員に共有を迫るものである。だからこそ、組織的な「布教活動」が必要となる。

しかしそれではあくまで「外」からの刷り込みになってしまう。言ってみれば、価値観という名のユニフォームだ。企業のなかで活動している間はユニフォームを着こなしている方が楽だが、企業を一歩出たり辞めたりすれば、すぐに脱ぎ捨ててしまいたくなる代物でしかない。

バリューを本当に自分事化すると、それは「ビリーフ」（信念）に変わる。外付けのユニフォームではなく、自分の内側から生まれ、自分の身体に埋め込まれている。自分と一体化しているので、簡単に脱いだり着たりすることもできない。このように、外付けのバリューが、内発的なビリーフになった時に初めて、生命としての自己組織化プロセスが始動するはずだ。

ＧＥのジェフ・イメルト元ＣＥＯは、２０１４年に、長らくＧＥのバイブルであった GE Values を捨て、GE Beliefs を掲げた。「あるべき姿（To Be）」から「行動原理（To Do）」に変えることを目指したものだ。しかし、その真価は、社員一人ひとりがこの Beliefs を本当に自分事化し、自発的に行動を起こすようになった時に初めて証明される。ジェフ・イメルト社長は、3年後に、その成果を見届けることなく、退任を余儀なくされた。

日本の優良企業には、企業の価値観（バリュー）が一人ひとりの信念（ビリーフ）にまで浸透しているところが少なくない。その代表例がリクルートである。

リクルートのＤＮＡのなかでも、「圧倒的な当事者意識」は極めてユニークだ。新入社員が上司に相談しようものなら、「お前はどう思う?」と逆に問い詰められる。一人ひとりが徹底的に自分事化することが、当たり前になっているのだ。

このような自問自答のプロセスに定評があるもう一社が、ホンダである。創業者の本田宗一郎氏に相談すると「お前はどうしたいんだ？」と切り返したというエピソードは、伝説にすらなっている。以来、「あなたはどう思う？」「あなたは何がしたい？」「なぜそう思う？」という問いかけが、ホンダのＤＮＡとなっている。

「ビリーフ」の本質は、それが自分のなかから湧き上がってくる絶対価値であることだ。会社の方針だからとか、上司が言っているからとか、他社がやっているからなどという相対価値は、所詮外付けの言い訳にすぎない。

絶対価値の源は、自分自身の「志（パーパス）」である。ミッションは企業としてのパーパスであり、それがバリューとして社員一人ひとりのパーパスと共鳴した時に初めて、自己組織化のサイクルが回りだす。これが「志本主義」経営の基本的なダイナミズムである。

67　ＯＯＤＡからメビウスサイクルへ

通説

ＰＤＣＡ（Plan－Do－Check－Action）は、日本ではながらく経営の基本サイクルとされてきた。デミング流の生産管理手法として導入されて以来、日本企業のお家芸である「カイゼン」手法に発展していった。

ただ最近では、ＰＤＣＡではなくＰＰＰＰに陥っている企業が少なくない。プランばかりに気をとられ、肝心の Do や Action に十分手が回らないのだ。中期計画の立案に膨大な時間を費やし、しかも環境が変化するので毎年3カ月くらいかけて中計の数字を修正する。いわゆる「中計中毒病」だ。

しかしここにきて、ＰＤＣＡですら、時代遅れとなっている。先が見えない時代に、やみくもにプランからスタートすること自体、意味がないのだ。そこで最近注目されているのが、観察(Observe)－情勢把握（Orient)－意思決定（Decide)－行動（Act）のサイクルを繰り返すＯＯＤＡループである。

ＯＯＤＡループは、このサイクルによって瞬時に現実の変化に対応する。そもそもはアメリカ海兵隊が、パイロットの意思決定モデルとして活用していたものだ。変化の速い現代の経営においても、ＰＤＣＡのような線形的なモデルは通用しないということで、このような非線形モデルが求められている。パイロット、すなわち現場のリーダーが現実の展開に応じて、その場で戦略を策定・実践するという自律分散型の意思決定モデルとして注目されている。

真説

ＯＯＤＡモデルは、状況変化に応じて瞬時にアクションに結び付けるという点では優れている。しかし、それは戦場におけるサバイバルツールでしかない。野中郁次郎・一橋大学名誉教授は、『ダイヤモンドクォータリー』のインタビュー（２０１９年8月13日付）で、以下のようにバッサリと切り捨てている。

「ＯＯＤＡはあくまで個人の『状況適応能力』を開発するツールであって、経営の質を高める、ビジネスモデルを改革する、新規事業を開発する、イノベーションを生み出すなど、組織の知識創造を導き出す理論ではありません」

かつて防衛大学校で教鞭をとり、軍事戦略にも造詣が深い同教授の言葉には迫力がある。そして、同教授が長年にわたって提唱しているＳＥＣＩモデルに戻るべきという。ＳＥＣＩは、共同化（Socialization）、表出化（Externalization）、連結化（Combination）、内面化（Internalization）というサイクルを指す。個人が持つ暗黙的な知識（暗黙知）を、この４つの変換プロセスを経ることにより、集団や組織の共有の知識（形式知）にしていくというモデルである。

ハンガリーの科学哲学者マイケル・ポランニーの暗黙知論を、経営モデルに応用している点において、優れて哲学的で深い。ただ、残念なのは、本モデルが発表された１９９０年代以降、日本企業は「失われた20年」に突入してしまった点である。結果だけをみると、このモデルの本質を理解し、実践できた日本企業は、ほとんどなかったと言わざるを得ない。

図31　メビウスサイクル

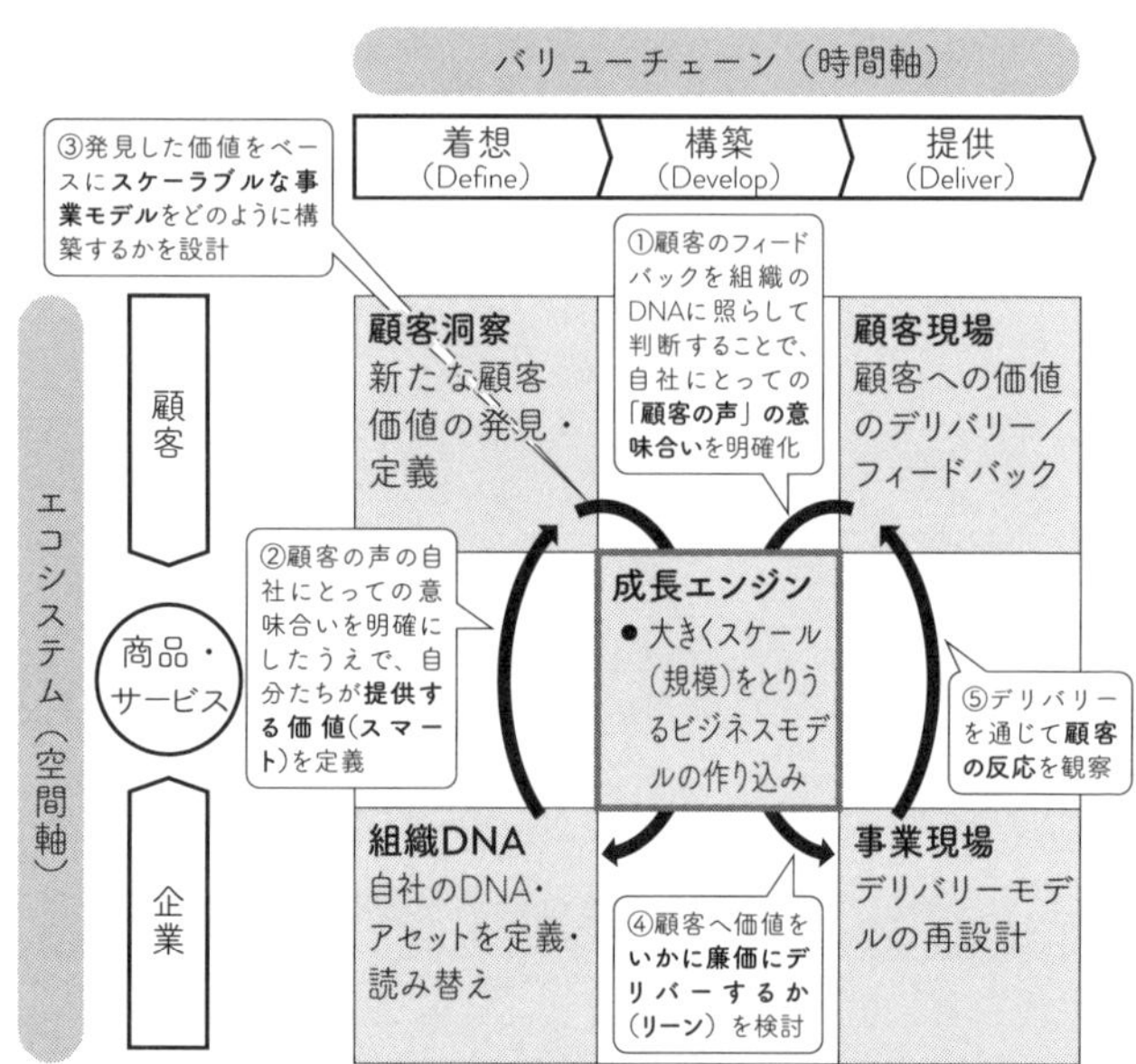

出所：名和高司『学習優位の経営』ダイヤモンド社を一部修正

筆者は2010年に、企業のなかによりビルトインしやすい企業進化モデルを提唱した。図31に示した「メビウスサイクル」である（詳細は拙著『学習優位の経営』を参照）。簡単に説明しよう。

このフレームワークは縦軸に空間、横軸に時間をとって、企業の活動を3×3のマトリックスで示したものだ。右側には2つの現場が位置付けられている。顧客現場と事業現場だ。これがいわば「戦場」である。一方、左側には顧客洞察と組織DNAが位置付けられている。これが知識創造の「奥の院」である。そして真ん中に位置付けられているのが、成長エンジンだ。大きくスケールさせるための方程式をここに埋め込まなければならない。

メビウスサイクルの要諦は、これら5つを「つなぐ」ことにある。その順序は次の通りである。

---

①メビウスサイクルの出発点は右上の顧客現場である。日本人は現場が大好きだが、それは右下の事業現場。自社の現場ではなく、顧客の現場をしっかり観察すること。それも「既」顧客だけではなく、「未」顧客に目を向けること。そして彼らの困りごと（Pain）や「あったらいいな」（Gain）をつかみ取る

②それを左下の組織DNAゾーンで、いかに解決するかを考え抜く。自社ならではの資産を活用して、Pain に対する問題解決、Gain に対する価値創造を行う。SECIモデルにおける知識創造（イノベーション）の場である

③それを左上の顧客洞察で、顧客にとっての価値に翻訳する。②で自社ならではのDNAで咀嚼しているので、他社が容易にまねできないエッジが立ったものになっているはずだ。しかも顧客の共感を喚起するものでなければならない。マーケティングのセンスが問われるところで

ある

④そこに成長エンジンを加えることで、10×を目指す。他社をレバレッジする事業モデルを生み出すことがキモとなる。ＳＥＣＩモデルは0から1を生み出すことに主眼があるが、それを10や１００にスケールさせるアルゴリズムをここに埋め込まなければ、成功はおぼつかない。日本企業の最大の弱点である

⑤最後に事業現場に持ち込む。ここは、日本企業が最も得意としているところだ。ただ、ここだけに頼りすぎて、①から④までの大きな仕掛けに展開し切れなかったところが、日本企業敗北のもう一つの主要因である

国内外の優良企業が、このメビウスサイクルをビルトインすることで、21世紀型の企業へと変身し、その後も進化を続けている。ここでは2社を例にとろう。

1社目は、アップル（図32）。同社はかつて、現実の現場には目もくれず、自らの構想力だけを頼りに未来を切り開いていく典型的なベンチャー企業だった。しかし創業者スティーブ・ジョブズが復帰した１９９６年以降、顧客現場から発想し、それを自社のＤＮＡで研ぎ澄ませたうえで、アップルならではの顧客体験を提案するという知識創造モデルに転換。しかも従来の自前主義を捨て、他社を巻き込んだ開放型の事業モデルとオペレーションモデルにバージョンアップ。この方法論をｉＰｏｄから、ｉＰｈｏｎｅ、ｉＰａｄへと水平展開させ、最近はさらにサービスモデルへの進化を進めている。

2社目は、富士フイルム（図33）。同社はかつて、自社の技術資産と現場資産をテコに、コダック

図32 アップルにおけるメビウスサイクル

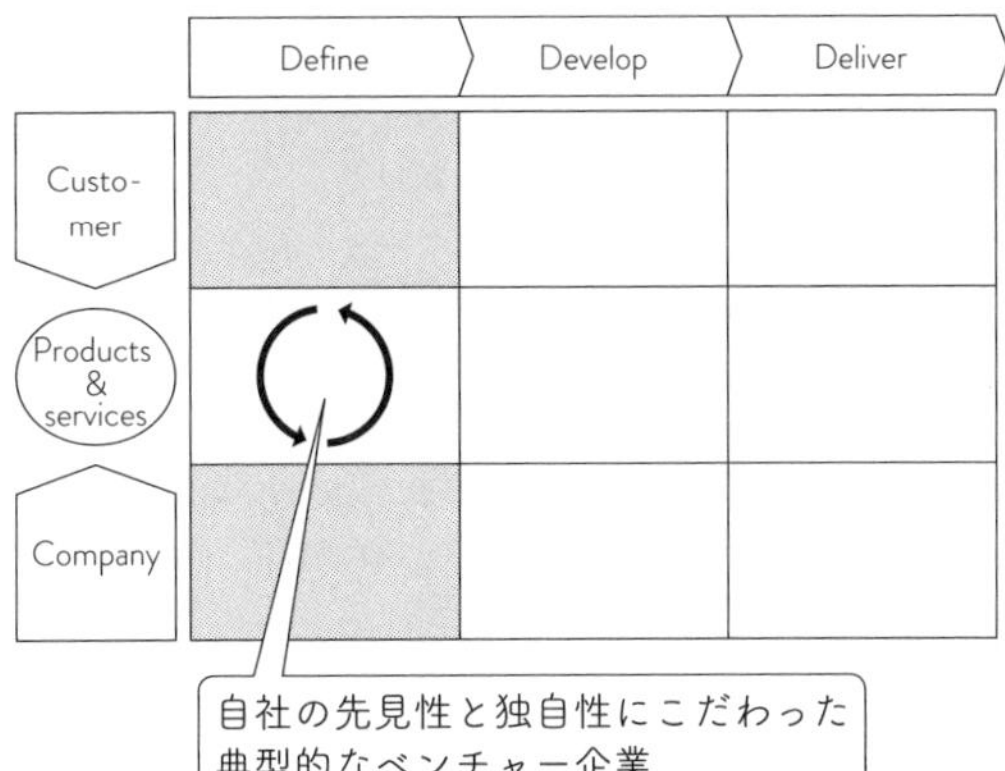

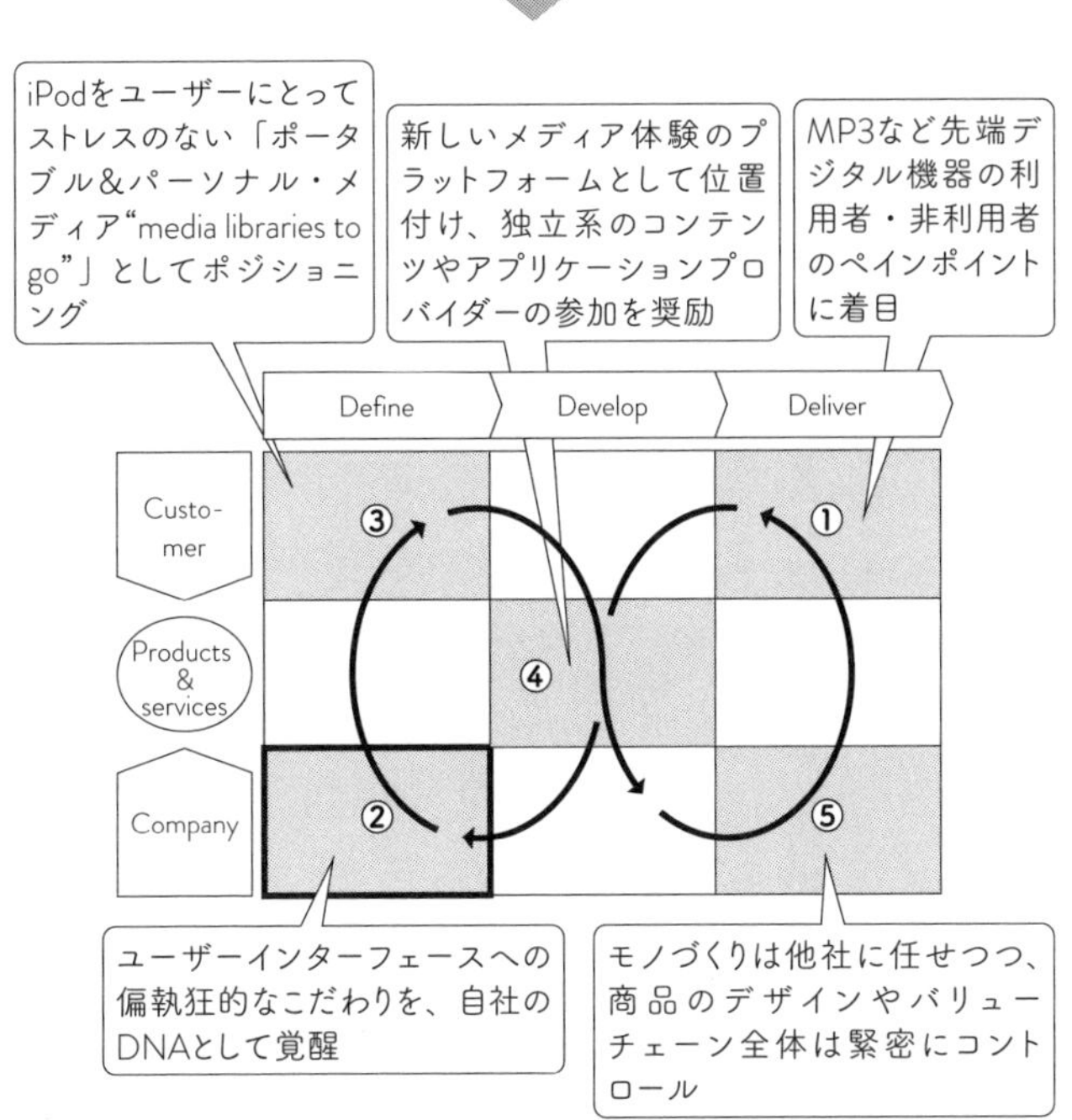

出所：名和高司『学習優位の経営』ダイヤモンド社を一部修正

と消失するという本業が消失すると、写真フィルムという本業が消失するという未曾有の危機を迎え、大きく経営モデルを変換。古森会長は、それをＳＴＰＤモデルと呼ぶ。「See－Think－Plan－Do」の略だ。

See で顧客現場を観察、Think で自社ＤＮＡを組み込んだ顧客洞察を編み出し、それを Plan で他社を巻き込んだ事業モデルに仕立て上げ、最後に得意のオペレーション現場に持ち込んでマッスル・インテリジェンスをフル回転させる。このアルゴリズムをライフサイエンスなどの新分野に持ち込むことにより、危機からの脱却に成功しただけでなく、次世代成長を加速させている。

このメビウスサイクルに照らし合わせてみると、ＯＯＤＡループは顧客現場（戦場）と事業現場（パイロット）の間を瞬時に結び付ける意思決定プロセスだと言える。瞬発力は抜群だが、左のイノベーションプロセスやマーケティングプロセス、そしてど真ん中のスケーリングプロセスにつながっていない。そうなると、懐の深い発酵力と異次元の成長力は期待できなくなる。それがＯＯＤＡループの本質的な限界である。

第Ⅱ部でも紹介したエッジコンピューティング型経営モデルが注目されている。エッジ、すなわち顧客現場や事業現場起点の経営だ。しかし、現場だけで処理してしまうのであれば、組織知として蓄積されることも、他の知と組み合わせて異結合を誘発することもない。それでは、野中教授が指摘するように、知識創造モデルとはなりえない。

ＯＯＤＡループは、「感知（Sensing）→判断（Processing）→動作（Actuating）」という情報処理プロセスのスピードを極限にまで高めようとする営みである。反射能力は速くなるが、垂直思考や水平思考が高まるわけではない。

図33 富士フイルムにおけるメビウスサイクル

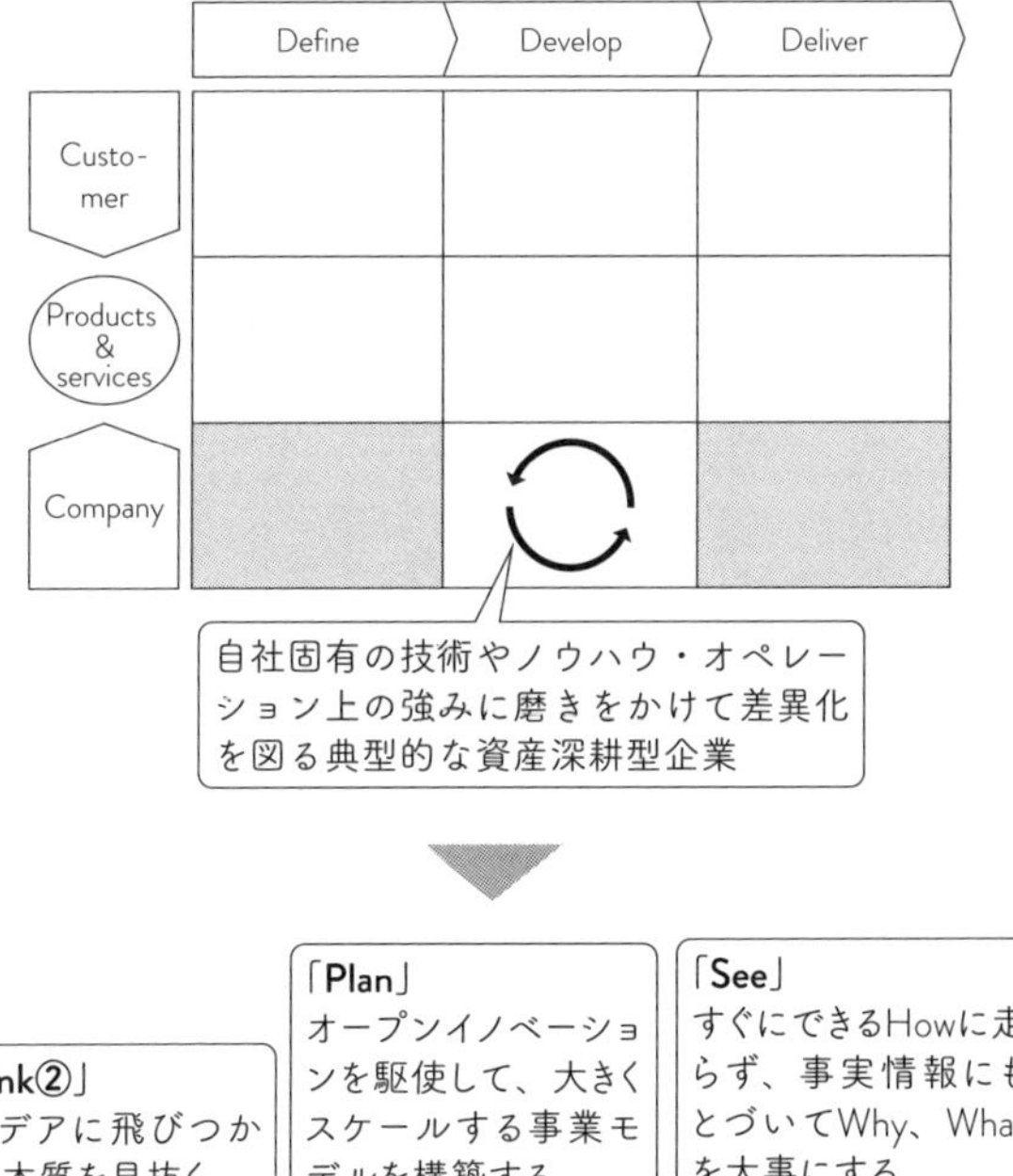

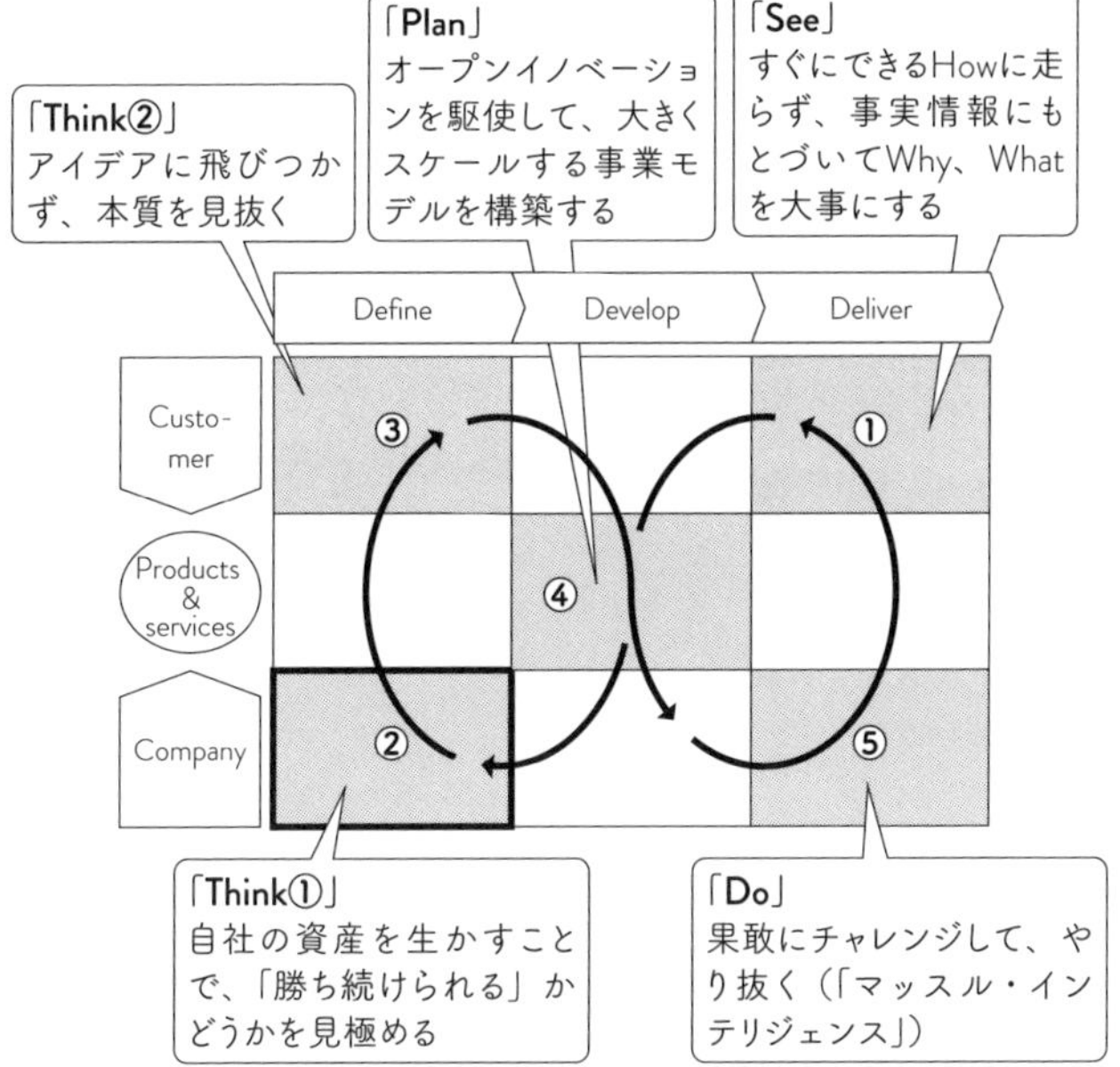

出所：名和高司『企業変革の教科書』東洋経済新報社

これは人間の運動機能に例えるとわかりやすい。運動も「認識（OO）→判断（D）→動作（A）」という流れで構成される情報処理プロセスだ。反射神経に優れたプレーヤーは、情報を中枢神経にまで送り込まずに、運動神経だけで処理することに長けている。その際にキモになるのが、動的視力、すなわち、動いている物体の動きを正確に把握し、次の動きを予測できる能力である。

そういえば、アップルのスティーブ・ジョブズは、天才的なアイスホッケー選手だったウェイン・グレツキーの次の言葉を好んで引用していた。

I skate to where the puck is going to be, not where it has been（私が滑り込む先は、パックが次に向かう場所であり、パックがあったところではない）

たしかにこの高度な動的視力こそ、グレツキーと並のプレーヤー、そしてジョブズと他の経営者に大きく差が出るところである。

しかしこの種の反射神経は、局地戦における個人プレーには向いているが、組織として勝ちパターンを編み出していく知恵にはつながらない。末梢（エッジ）神経がとらえた情報を、しっかり中枢神経（奥の院）にフィードバックすることが、システム全体のより有機的な動きにつながっていくはずである。

OODAループで局地対応をしつつも、並行してメビウスサイクルを回す努力こそが、組織としてのパワーアップと進化を生む。目新しいOODAばかりに気をとられず、その背後にある本質を見落としてはならない。

68 リスク回避からリスクテイクへ

通説

ＶＵＣＡ時代におけるガバナンスの最大のテーマの一つが、リスクマネジメントである。従来の法令順守（コンプライアンス）にとどまらず、さまざまな個別リスクへの対処が求められる。大項目だけを拾っても、あっという間に1ダースくらいはリストアップされる。そして多くは経営リスクに直結するため、経営レベルでしっかり監督しなければならない。

このように経営レベルで包括的にリスク管理をする必要性が、ますます高まってきている。そのような背景のもと、ＥＲＭ（Enterprise Risk Management）を導入する企業が増えている。リスクマネジメント委員会など、全社的な体制でシステマティックにリスクを洗い出し、対応策を検討することになる。

このようなリスクマネジメントの仕組みを確立できているかどうかが、ＥＳＧ指標、ひいては企業価値を大きく左右する。最近よくマスコミを賑わせている企業の不正行為を、対岸の火事と考えている場合ではない。ましてや「想定外のリスク」という言い訳は、リスクマネジメントの甘さを自覚できていなかったことの証左でしかないことを、しっかり肝に銘じるべきである。

真説

リスクマネジメントは、経営の基本動作である。なぜなら、リスクを積極的にとることによって、初めて超過利潤がとれるからである。そのためには、正しくリスクがとれるマネジメントの仕組みがカギとなる。

このリスクとリターンの関係は、クルマに例えると、ブレーキとアクセルの関係だ。ブレーキがしっかり利くことに確信が持てないと、怖くてアクセルを踏み込めない。リスクを避けていつでも止まれるようにのろのろと運転していたのでは、そもそもクルマに乗る意味がない。言い換えれば、ブレーキはアクセルを踏むためにあるのだ。

経営者やアナリストに、この簡単な原理を理解していない人が実は少なくない。リスクマネジメントの基本はリスク回避であり、そもそもリスクをとらないことが最善の道だなどと真面目な顔をして言われると、唖然としてしまう。そんなときには、亡き堺屋太一氏の名言が思わず口をつきそうになる。「リスクを回避したいのなら、刑務所の中で暮らすのが一番だ。寝食と安全は保障されているからね」――。もっとも、日本以外の刑務所ではそうはいかないかもしれないが。

ガバナンス強化の流れのなかで、なかなかリスクがとれなくなったという経営者の嘆きもよく聞く。これこそ、今のガバナンス改革がもたらしている最も大きな負の側面である。

ＶＵＣＡ時代には、リスクをとらないことが最大のリスクとなる。経営レベルでの不作為リスクだ。世の中では、不正を見て見ぬふりをすることを不作為リスクと呼んでいるが、それは軽過失のたぐいだ。それに比べて、経営レベルの不作為は、企業を破綻に追いやりかねない重罪である。リスクをとらない経営者は、それこそ解任の対象となる。

コーポレートガバナンスの本質は、経営者に正しくリスクをとらせることである。そのためには、もちろんリスクマネジメントの仕組みをしっかり埋め込んでおかなければならない。しかし、それは単なるリスク回避であってはならない。成長するためには、果敢にリスクをとることを最優先すべきである。

日本企業の多くは、儲けを将来の投資に回すことをせず、キャッシュをため込んでしまっている。ガバナンス改革でキャッシュをため込まずに株主還元せよと迫られて、自社株買いや配当引き上げなどに走っている。これは、「当社には投資に値するような将来がみえないので、お金を返します」と頭を下げているようなものだ。ＶＵＣＡ時代には、リスクをとって投資しない限り、将来はない。それでは企業価値は下がる一方だ。このような経営者は即刻、退場願わなければならない。

一方、せっかく経営者がリスクテイクを奨励しても、社内がリスクに対してフリーズしてしまっている企業も少なくない。そこには、大きく3つの構造的な問題が潜んでいる。

1つ目は、社内の官僚的な仕組みが、リスクをとることを徹底的に潰しにかかることである。投融資委員会などで、予測不可能な市場動向の証明を求められたり、最悪のリスクシナリオをあびせられて却下に追い込まれることはザラである。

「石橋を叩いて渡る」は、正しくリスクを見極めるという意味では、極めて正しい規律である。しかし、「石橋を叩いて潰す」企業が後を絶たない。それがガバナンスのあるべき姿だとうそぶいている管理部門など、企業価値低迷の一級戦犯である。

2つ目は、最近のガバナンス改革だ。にわか仕立てされた独立社外取締役が、善意の戦犯になっている。門外漢であれば、当然その事業の非連続な成長の可能性やその企業のポテンシャルを理解できない。その結果、常識という名の線形的発想にこだわって、投資判断を求められるとせっかくのチャンスにＮｏを突き付けてしまうのだ。

もちろん、有害無益なガバナンスフィーバーにこそＮｏを突き付ける良識ある経営者もいる。たとえば東レの日覺昭廣社長は、次のように語っている（『日経ビジネス』２０１９年10月25日号）。

「社外取締役に事業が判断できますか。ＲＯＥがどうかとか、繊維は衰退産業だとか、そういうことは言えるでしょう。しかし、繊維は成長分野だと言えますか。そう言ったのは、前田（勝之助当会長、当時）です。それが今、稼ぎ頭になっています」

そして3つ目が、現場がリスクに逃げ腰になっていることだ。笛吹けど踊らず、である。失敗したら、株主や会社側に損失をもたらすことを恐れているのではない。自分のキャリアに傷がつくことを恐れているのだ。確かにそのような企業では、リスクをとって失敗した社員が出世コースからはずされたり、いつの間にかどこかにいなくなっていたなどというケースが散見される。

グーグルでは失敗が奨励されることは、以前にも紹介した通りだ。「失敗を祝う」という習慣があるくらいだから、徹底している。失敗は、リスクをとったことの証しだからだ。そして失敗こそ、最高の学習機会になるからである。Fail fast, learn faster（早く失敗して、より早くそこから学べ）の実践である。

さらには、確信を持ってリスクテイクした以上、容易にはあきらめないという執念が、真にイノベーティブな成果を生む。グーグルXのXが10、すなわち10年後に10倍の成果を生むことを目指しているのは、その典型例だ。

ガバナンス改革に踊らされることのない日本の優良企業も同様である。東レは炭素繊維がブレイクするまで50年近い歳月を粘り抜いた。投資した研究開発費は１４００億円に上るという。日覺社長のコメントを再度紹介しよう。

「東レは個人株主が3割程度を占めますが、長期的視点での素材開発に取り組む我々を許容してくれています。アメリカではこうはいかないでしょう。投資家は財務諸表ばかり見ているため、短期で儲かる会社にしか資金が集まらない。デュポンだけでなく、ベンチャーですらそのような状態なのです」

このようなぶれないコミットメントこそが、非連続なイノベーションの源泉となる。技術やコストの壁を突破する知恵が生まれるからだ。いわば「石橋を叩いて渡る」でも「石橋を叩いて潰す」でもなく、「石橋を渡ったあとで叩いて壊す」くらいの覚悟が必要となる。

時代錯誤な官製ガバナンス論議に振り回されている場合ではない。リスクの前で逡巡するのではなく、リスクをとって退路を断つことこそが企業価値向上への道であることを、経営者は今一度肝に銘じるべきである。

69 統治(他律)から自治(自律)へ

通説

2015年6月に、金融庁肝いりでコーポレートガバナンス・コードが制定された。その主たる狙いは、海外からの投資を呼び込むことである。そのためには、海外企業と比べて著しく低いROEを抜本的に改善する必要があり、次の2つの打ち手が求められる。

①「儲ける力」を上げ、分子のRを上げる
②財務レバレッジを高めるあるいはキャッシュを株主還元することで、分母のEの割合を下げる

このうち、①は競争力を向上させるための抜本的な事業ポートフォリオや事業戦略の見直しが不可欠である。一方②は転換社債を発行する、配当を増やす、あるいは自己株を取得するなどの財務上の対応が求められる。

即効性があるのは②だが、それでは持続的成長は期待できない。①の儲ける力の抜本的向上こそ、企業価値向上に向けた本質的な課題となる。

そのための打ち手は2つだ。P／L上の収益性を高めるか、BS上の効率性を高めるかだ。

このうち収益性の改善は、事業会社にとって1丁目1番地である。いまさら国策などと言われなくとも、経営者として最も力を入れている領域だ。

では効率性はどうか？　自前主義にこだわるあまり自己資産をため込んでしまっている企業が多い。資産を軽減するアセットライトに舵を大きく切りなおす必要がある、そのためには、事業ポートフォリオの見直しや他社のアセットを活用するオープン・イノベーションへの取り組みが急務である。

P／L上の改善は、これまでも散々知恵を絞ってきた。キャッシュを含めたBSのマネジメントこそ、儲ける力の抜本的な改善に直結する可能性が高い。コーポレートガバナンスの強化は、日本の経営者に資産効率という視点を持たせることができれば、大きな効果をもたらすものと期待される。

コーポレートガバナンス・コードは、ガバナンスの構造にも大きくメスを入れようとしている。その狙いも、やはり海外の投資家の関心を高めるためである。その最大の目玉は、取締役会の役割強化である。２０１８年のコーポレートガバナンス・コードの改訂では、独立社外取締役の活用と多様性の強化、経営者の選解任権を取締役会に付与するなどの方針が盛り込まれた。

狙いは明白だ。経営者の暴走の牽制である。東芝、日産、ＬＩＸＩＬなど、昨今、経営者による企業の私物化とも言えるような事例が後を絶たない。独立社外取締役を含む取締役会には、経営をしっかり監視する役割が期待されている。

真説

稼ぐ力を強化するうえで、資産効率を高めることに注力すべきだということは正しい。しかし、単にアセットライトによって、ＲＯＡの分母を小さくするだけでは、縮小均衡に陥ってしまう。より大きく成長するためには、次の2点を考慮する必要がある。

第1に、Rを桁違いに大きくする。例えば10×である。そのためには、自社の持てるアセットを活用して、いかに他社とウィンウィンの関係を作るかが勝負だ。たとえば世界一のファウンドリーである台湾のＴＳＭＣは、ファブレス顧客に自社のProven IP（自社のファウンドリーで生産可能な設計回路）を自由に使わせることで、顧客をロックインしている。

第2に、上記の例にもあるように無形資産への投資を強化することだ。したがって、正しくはタンジブル・アセット（有形資産）ライトであり、さらに言えばインタンジブル・アセット（無形資産）ヘビーへの転換を目指さなければならない。

無形資産とは、ブランド、知識資産、パートナーネットワーク、人財などである。これらはいずれもバランスシートには反映されないので、ＲＯＡの分母を増やさない。アセットライトによって生まれた余剰キャッシュを株主還元するのではなく、このような無形資産に大きく投資すべきである。

しかし、あらためて言うまでもなく、稼ぐ力の強化は、経営の本丸である。自社の無形資産は、本来経営者自身が熟知しているはずだ。社外取締役のような門外漢に、見えるわけがない。

稼ぐ力の強化のために取締役会を強化するというのは、事業が儲からないので本社の管理機能を強化するということ以上に、間抜けな話である。経営や事業の本質がわかっていない政治家、官僚、学者、アナリストなどが考えそうなチープなロジックだ。本末転倒も甚だしく、世界で戦える日本の優良企業の弱体化を助長するだけである。

確かに、日本には、稼ぐ力をてこ入れできない経営者が少なくない。そのような企業は、ガバナンスをいくら強化しても救われない。社外取締役を入れるのではなく、経営者を入れ替える必要がある。たとえば経営力のある企業による買収だ。日本電産の永守会長は64社を買収し、それらすべての企業の稼ぐ力を抜本的に強化させた。

ガバナンスは、日本語で言うと統治だ。この言葉自体、時代錯誤も甚だしい。政府レベルですら、（中国や北朝鮮など、一部を除くと）統治国家から自治国家への大きな流れは不可逆的である。企業においても、他律から自律へのパラダイムシフトが加速している。特にイノベーションや成長を目指すのであれば、創発型の自己組織化の仕掛けが不可欠だ。統治という前近代的な仕組みは、まさに有害無益である。

同様に取締役という日本語も、時代錯誤以外の何物でもない。そもそも経営者を取り締まりの対象にしなければいけないような企業には、投資するべきではない。海外からの投資を誘発するために、取締役会を強化するというのは、本末転倒である。

それなら英語のBoard Memberの方が、まだましだ。ただし、かつてのような丸テーブル（Board）を囲んで現場から遊離した経営談義をしているサロンのようなイメージは、もう通用しない。

英語には on board という表現がある。これは「(会社や社員と) 一体となって」という意味だ。Board Member は、短期指向の株主や資本市場とつるむのではなく、会社や社員と一体となることが求められるのである。そして、社外の経験や異質な知見を踏まえつつ、その企業の本質を深く理解し、その企業ならではの正しい成長に向けて、どこまで有益な助言ができるかが問われている。そのような役割を果たしえない社外取締役は、気休めどころか有害無益である。

では最近多発している不正行為や経営者の暴走に、どう歯止めをかけるか？

自浄機能が弱い生命体は、生き残れない。外付けの解毒装置を装着することは、生命が本来持っているはずの蘇生機能すら破壊してしまう。ガバナンスという外付けの仕組みを強化することは、生命体である企業に、生命維持装置を着けるようなものである。

本来企業に求められているのは、内発的な自浄機能である。不正や暴走を取り締まるのではなく、そもそも現場や経営者が、そのような行為を忌避するような価値観や文化を、組織に根付かせる必要がある。

たとえばジョンソン・エンド・ジョンソンの「わが信条 (Our Credo)」や、グーグルでの Don't Be Evil (邪悪になるな) は、全社員の信念 (Belief) のレベルまで埋め込まれている。

そのような内発的な信念は、不正を防止するだけでなく、正しい行動を誘発する。たとえばディズニーテーマパークには、「The Four Keys～4つの鍵～」という行動規準がある。Safety (安全)、Courtesy (礼儀正しさ)、Show (ショー)、Efficiency (効率) の4つだ。

全キャスト (社員) にとって、ゲストに最高のおもてなしを提供するための判断や行動のよりどころとなっている、しかも、その順番がそのまま優先順位を示している。日々のオペレーションのなかで、現場の一人ひとりが大切にしている信念である。それが危機の時にも、いかんなくパワーを発揮する。3・11の際にキャストたちが、ゲストのSafetyを最優先して行動したことは美談となっているが、キャストたちにとっては、ごく自然な行動だったはずである。

ガバナンス改革は、SDGsフィーバー同様、経営の思考停止を助長するだけだ。国家戦略として取り組む、などという茶番劇には、一刻も早く幕を引かなければならない。本来、内発的なパワーこそが、日本企業本来の持ち味であり、海外から畏敬の念を集めた世界遺産であったはずだ。

現場自らが、そして経営者自身が、常に正しい行動をとるという規律を再構築することこそ、日本再生の最善かつ唯一の道である。ガバナンス改革などにうつつを抜かしている企業は、早晩、表舞台から消えていくか海外企業に買収される（もちろん、買収する価値が残っていればだが）運命にある。

第13章 経営モデルの進化

70 競争（利己的遺伝子）から共創（利他的遺伝子）へ

通説

イギリスの動物行動学者リチャード・ドーキンスは1991年、『利己的な遺伝子』を出版して世の中を驚愕させた。「利己的」とは「自己の成功率（生存と繁殖率）を他者よりも高めること」と定義される。そして「すべての生物は、遺伝子を運ぶための生存機械」だという。生存機械は、多数の遺伝子を含んだ乗り物のようなものだ。遺伝子は生存機械を乗り捨てていきながら、自らのコピーを次々と広めていく。

ドーキンスはさらに、ミーム（模倣子：社会的遺伝子）というコンセプトを持ち出す。ミームとは、脳内に保存され、他の脳へ複製可能な情報である。「文化」と呼ばれるものの実態こそ、このような社会的遺伝子なのである。ミームは、生物的遺伝子同様、指数関数的に増加する。このような自己複製能力を「ミーム爆弾」と呼ぶ。そして生物的遺伝子同様、ミームも複製、伝達、変異という動的プロセスのなかで、「進化」していくと論じる。

この遺伝子進化論は、企業にも当てはまる。たとえば、21世紀の巨人GAFAMは、企業DNA（ミーム）が指数関数的な成長（ミーム爆弾）をもたらしている。

たとえばアマゾンにおけるミームは、カスタマーオブセッション（徹底した顧客指向）とDay 1!（初心に帰る）の2つだ。いずれも経営者から社員まで、絶対的な価値観として浸透している。

たとえばアマゾンの取締役会には、常に1つ空席がある。そこは顧客の席である。顧客がこの議論を聞いて、どう思うかということを常に自戒するための仕掛けである。

また企業価値で世界トップに躍り出たにもかかわらず、常にベンチャー精神に立ち戻って新事業にチャレンジし続けている。アマゾンそのものが、巨大なベンチャーキャピタルとして、突然変異型の非連続成長を加速している。

このようなたくましい利己的な遺伝子を持った企業が、生存競争に生き残り、ブラックホールのように、あらゆる産業を呑み込んでいく。日本企業の多くが世界競争から脱落していったのは、太平ボケして、この利己的な遺伝子、なんとしても競争に打ち勝つという企業文化が、希薄になってしまったからではないか。少なくとも、シリコンバレーや中国などの先進企業に比べると、この遺伝子のパワーの差こそが、日本企業の本質的な敗因である。

真説

ドーキンスは、その著書で、「我々には創造者に歯向かう力がある。唯一人間だけが遺伝子に反逆できる」と語っている。人間は、自己の成功率を損なってでも、他者の成功率を高めることができるという。

なぜ人間はそのような、一見矛盾した行動がとれるのか？　ドーキンスは「将来を予測する能力を持つ人間だけが、利己的な自己複製子に立ち向かうことができる」と論じる。将来を予測すれば、利己的なふるまいが決して全体最適につながらず、結果的に、自らの将来に悪影響を及ぼすことが洞察されるはずである。

生態系の秩序を破壊するほど繁殖した生物は、衰退を余儀なくされる。そのような結末を避けるためには、生態系全体のバランスに配慮しながら、持続可能な成長を目指さなければならない。そこでは、生態系を構成する他者と共生する知恵が求められる。

DNAは、2重螺旋構造になっている。人間は、その構造がフラクタルに投影された2つの遺伝子を持っているのではないだろうか。利己的な遺伝子と利他的な遺伝子だ。

前者は、マズローが欲求段階説において、生理的欲求（第1段階）から自己実現の欲求（第5段階）まで構造化してみせたものである（図4）。それらはすべて利己的な遺伝子のふるまいだ。

しかしマズローは、晩年、その先があると予言した。自己超越の欲求、すなわち、自己の利益より、他者の利益を優先しようとする心の動きだ。これこそ、まさに利他的な遺伝子にほかならない。

ではそのような利他的な遺伝子を覚醒させるには、何が必要か？

1つ目は、「自分は何のために生きるのか」という根源的な問いかけだ。生きるための目的である志である。忙しい日々に埋没し、機械的に生きている間は、ついつい目の前のことに気をとられて忘れがちになる。そのような日常から離れ、利己的な遺伝子から意識を解放して、自分の原点に立ち返ることが必要となる。

2つ目は、ドーキンスの言う「将来を予測する能力」である。一人ひとりが利己的なふるまいを続けると、社会という生態系が破壊されてしまう。自分だけが生き残るのではなく、生態系全体が豊かに成長し続けるために自分は何ができるかを構想する。そのような先見力こそが、利他的な遺伝子を目覚めさせるのである。

同様に、企業も2つのDNAを持つ。競争戦略にとりつかれた企業の姿は、まさに利己的な遺伝子が企業という生存機械を操っている状態である。一方、他社や社会、環境とのコラボレーションを主軸とする共創戦略を展開する企業には、利他的な遺伝子がみなぎっている。

企業の利他的な遺伝子を覚醒させるためには、何が必要か？　人間同様、ここでも2つの要件がカギを握る。

1つ目は、企業のパーパス（志）である。「なぜその企業は存在するのか」という根源的な問いだ。ドーキンスによれば、それはミーム（企業遺伝子）が持つ本質的な「文化」である。日本企業における「三方よし」という企業文化が代表例だ。

たとえば住友グループは、創業以来400年にわたり、「自利利他公私一如」を住友の精神としている。「自利」と「利他」が一体となり、「公私」が合致する。利己的なDNAと利他的なDNAがトレードオフではなく、トレードオンになるという考え方だ。

2つ目が、人間同様、企業としての先見力である。変化に適合するだけでなく、変化を自ら呼び寄せるのである。GEのジャック・ウェルチ元CEOは、「Lead change before you have to（変化せざるを得なくなる前に、自ら変化を仕掛けよ）」と語り続けた。また住友グループは「進取の精神」を謳う。

パーパス（志）と先見力は、AIが人間の英知を超えるとされるシンギュラリティ時代においても、人間が主役となる2つの領域である。そして、そのような人間を引き寄せることができる企業が、社会とともに持続的な成長を実現できるはずだ。

アメリカのGAFAMや中国のBATHに代表されるプラットフォーム型企業のブラックホール説についても、再考が必要だろう。天文学の世界では、ブラックホールに対するホワイトホールの存在が論じられている。

ブラックホールが外部のすべてを呑み込むのに対して、ホワイトホールは自身の内部の物質を外に放出する。しかもブラックホールとホワイトホールは、ワームホール（時空間位相回路）を通じてつながっている。そのため、ブラックホールに吸い込まれた物質が、ホワイトホールから放出される、というのである。

2019年4月、世界の最新鋭の天体望遠鏡群が同時にブラックホールを初めてとらえることに成功し、大きな話題となった。一方、ホワイトホールの存在はいまだ仮説のままだ。天文学者のなかには懐疑派が多いとも言われている。

しかし、実際の天文学の世界はともかく、企業の宇宙のなかでは、ブラックホールとホワイトホールが通底していることは、GAFAMやBATHが証明している。彼らプラットフォーム企業は、あらゆる企業や業態を呑み込むだけでなく、あたらしい企業や業態を指数関数的なスピードとスケールで誕生させている。現在を呑み込むブラックホールであると同時に、未来を生み出すホワイトホールでもあるのだ。

ファーストリテイリングの柳井会長は、2019年10月28日の日経フォーラム世界経営者会議で、次のように述べている。

「『ＧＡＦＡ』は世界の脅威との批判があるが、私は違うと考える。ＧＡＦＡは世界で優秀な人財やデータを集め、国家を超える力を持った。企業は彼らのインフラを利用することで成長に向けた好機となる」

日本においても、企業がそれぞれの生存をかけて小競り合いをしている場合ではない。ホワイトホールのような磁場をいかに創出するか？　異業種間連携や新産業創出を加速させる創発型プラットフォームの構築が、今こそ求められているのである。

競争優位は20世紀型の発想である。共創優位に向けて、大きくパラダイムシフトしていかなければならない。

71　問題解決から価値創造へ

通説

企業の競争力の源泉は、問題解決力である。

マーケティングの世界では、顧客、さらには顧客の顧客が抱えるペインポイント（困りごと）を発見する力が問われる。そしてその問題に対していかに解決手段（ソリューション）を提案するか。まさに顧客の問題解決力がカギとなるのだ。

オペレーションの世界では、サプライチェーンや生産上のボトルネックを発見する力が問われる。そして、トヨタ流のＷｈｙ５回などの方法論によってその根本原因を見極め、それを解決する仕組みを生み出す。ここでも、実践に根差した現場の問題解決力が勝負となる。

そしてマネジメントの世界では、いかに儲かる仕組みを築き、資産効率を向上させるかが問われる。そのためには、参入障壁を築く、事業ポートフォリオを入れ替える、買収で非連続な成長を実現するなど、経営レベルでの問題解決力が不可欠となる。

このうち、オペレーションの世界は、日本企業の得意分野だった。ただ、匠や現場力などという人知に頼ってきたために、業務の標準化や整流化が遅れがちだ。それが、得意なはずのオペレーションにおいてＤＸが大きく進まない最大の要因となっている。

一方、マーケティングの世界は、従来の同質的な商品を大量に販売するマスマーケティングから、顧客一人ひとりの問題を解決するソリューション型マーケティングへと抜本的な転換が迫られている。そこで問われるのは、切れ味のいい顧客洞察力と、デジタル技術を駆使した顧客エンゲージメント力だ。いずれも、日本企業が欧米のみならず中国にも大きく立ち遅れている分野である。

だとすれば、日本ではなく海外人財を基軸に据える必要がある。たとえば資生堂は、欧米や中国の社内外のプロ人財を中心とした本格的なマーケティング展開によって、大きく海外売り上げを伸ばしている。

そして、マネジメントの世界。ここは、以前から日本企業最大の弱点である。右肩上がりの成長が期待でき、先進プレーヤーにキャッチアップすればいい時代には、現場のオペレーション力さえあれば間に合った。しかし、先が見えない時代に、非連続な成長を実現するためには、経営レベルでの高度な問題解決能力が不可欠だ。しかも、そのような実践能力は、ビジネススクールに通って座学で身につくようなものではない。いかに経営者としての修羅場経験を数多く積むかが、問われているのだ。

自社でそのような機会を提供できないのであれば、社外からプロの経営者をリクルートするしかない。ただし、日本でプロ経営者として通用する人財はゼロに近い。海外人財を助っ人として連れてきても、持続的な成功は望めない。むしろ、そのような経営力を持った日本企業に買収されることが近道だろう。ただ、それも日本電産など、ほんの一握りにすぎない。

だとすれば最善の策は、経営人財が豊富な海外企業や海外ファンドに買収されることかもしれない。長年、経営人財を育成しなかったツケとはいえ、なかなか厳しい選択である。しかし、最後はそのような荒療治をも辞さない覚悟で、経営レベルでの問題解決能力を抜本的に強化することなくして、日本企業再生の道はない。

真説

ある事象を問題とみるか、機会ととらえるかで、実践のスピードやスケールに大きく違いが出る。非連続な時代においては、これまでやってきたことは問題、そして負債の山となって映る。一方、新しい成長の可能性に着目すれば、そこはこれまでの資産を違った形で活用できる機会の山として見えてくるはずだ。

容器のなかの水の水位が、どんどん下がっていく状況を想定しよう。半分ぐらいまできてしまったとき、half empty（半分なくなってしまった）ととらえるか、half full（まだ半分ある）ととらえるかで、打ち手が違ってくる。

前者の場合、いかに水が減るのを防ぐかを考える。典型的な問題解決思考だ。それに対して後者の場合、下にたまっていたものを活用して、いかに新しい機会で残りを満たすかを考える。典型的な機会創出思考である。

なかには、そもそも容器を替えようというクリエイティブ（？）な発想の持ち主もいる。まさにout of box（器から出ろ！）である。しかしその場合でも、今あるものを何に変えるかという機会創造力がない限り、単に制約から自由になっただけにすぎない。

日本電産の永守重信会長は、永守3大経営手法を徹底的に実践していることで知られている。その1番目が「井戸掘り経営」だ。『日経ビジネス』（２０１６年4月20日号）のインタビューで、永守会長自身がその趣旨をわかりやすく説明している。少し長いが紹介しよう。

「井戸掘り経営というのは、地球上、大抵のところは掘ると水が出る。本来は温泉とかそういうのを出したいんだけど、それは簡単に出ない。金とか。でも、水は出るわけです。経営で言う「水」とは何かというと、改善案だね。これは掘れば出てくる。

ただし、水を汲まないと、次の新しい水がわき出ないんですよ。あるレベルになったら、それ以上、水位は上がらないでしょう。だからバケツでくみ上げる。するとまた水位が上がってくる。それと同じで、改善案を汲み上げ続けないといけないわけ。

社員から「それは、こうした方がいいですよ」とか、「こういう無駄はなくした方がいい」と、みんなが上げるね。これだけ上げたんだから、もう改善案は無くなるんじゃないかって思えるんだけど。そんなことはない。必ず汲み上げた分、また同じぐらい出てくるんですよ。これを井戸掘り経営というのね」

水が足りないと、なんとか残そうと知恵を絞る。そうすると今ある水まで古くなって飲めなくなる。そうではなく、残っている水を早く汲み上げてしまう。するとそこに新しい水が入ってくるスペースが生まれる。正しい知恵の新陳代謝が始まるのである。

2番目の「家計簿経営」は、3つのなかで最もシンプルだ。自分の歳入に合った支出をすれば、赤字を出さずに済む。10%の利益を貯金していけば、より大きな投資ができるようになる。

問題解決型のアプローチでは、赤字の撲滅に知恵を絞るため、縮小均衡に陥りがちだ。それに対して、永守流の機会創出型アプローチでは、固定費も変動費ととらえて支出を徹底的に切り詰めたうえで、次に何ができるかを考える。それによって赤字体質を背負った単なる膨張ではなく、筋肉質な成長が可能になるのである。

3番目の「千切り経営」は、問題解決の成功法である。大きな問題はそのままでは解けないので、取り組みやすいように分解する。マッキンゼーではこれを、問題の構造化（structuring）と呼ぶ。

この手法は、問題解決のみならず、新たな機会創出にも応用できる。たとえば、世界の次世代家電や自動車の基幹部品市場の過半数を狙うとしよう。今の事業規模より桁が違う取り組みが求められる。そこで、そのために必要な事業や機能を要素分解し、その1つずつを自力または他力を活用して獲得していく。大きな買い物（石垣）だけでなく、小粒な詰め物も買い集めることで、高い城を構築していく。

永守3大経営手法は、いわば経営の基本中の基本だ。最新の経営モデルのように、奇をてらっておらず、直観的にわかりやすい。大企業であろうと、中小企業であろうと、明日から適用できる。というより、今やっていないこと自体が、課題の本質だ。

日本電産と普通の企業との差は、大きく3つある。

第1に、これら3つの基本を、徹底して実践している。筆者が全体のコーディネーター役を務めているNIDEC（日本電産）ビジネススクールでは、永守会長自身が膨大な時間を使って、この3大手法をあの手この手で徹底的に刷り込んでいる。

第2に、これらの手法を、問題解決を超えて価値創造に応用している。目標を今より1桁高く設定すれば、現状とのギャップは歴然とする。そのギャップを埋めるために問題解決手法が応用できるが、それは結果として未来の価値創造に直結するのである。

第3に、「マイクロマネジメント」に徹している。マイクロマネジメントと言うと旧態依然としたモデルだと誤解されやすい。今は「任せる経営」「自律型経営」が主流だからだ。しかし永守会長は「任せて、任せず」をモットーとしている。

相手を信頼して任せるが、任せっ放しにはしない。しっかりモニタリングし、適切な助言をする。これはかつて松下幸之助のモットーでもあった。病気がちだった幸之助翁は、病床に部下を呼び、報告を聞き指示を与えることも少なくなかったという。ハンズオフとハンズオンを巧みに使い分ける知恵こそ、正しく仕事を与え、かつ人を育てる経営の極意と言えよう。

長々と永守経営手法を紹介してきたが、ここで見てきたように、問題解決手法の多くは、そのまま価値創造手法にも適用できる。違いはどこまで未来志向ができるかだ。そして変化を脅威ではなく、機会ととらえられるかどうかだ。現状にこだわらず、未来志向に徹すれば、変化を価値創造の絶好の機会として成長し続けることができるはずだ。

72　経済価値から共通価値へ

通説

企業にとって、最も重要な経営指標は何か？

それは何よりもまず、ボトムライン（利益）である。ＲＯＥ、ＲＯＩＣ、ＲＯＡなど、さまざま指標があるが、分母が何であろうと、Ｒがマイナスであればすべてマイナスである。

では、企業の価値とは何か？

教科書的には、企業価値（エンタープライズバリュー）は、将来獲得するであろう利益（正確にはキャッシュ）の総和を現在価値にディスカウントして算出する。ディスカウントキャッシュフロー法と呼ばれるものだ。まさに企業の価値とは、将来の利益創出力なのである。

では利益とは何か？　言うまでもなく売上高から費用を引いた額である。利益を上げるためには売上高を増やすか、コストを下げるしかない。ポーターの競争優位論に従えば、前者が差別化戦略、後者がコストリーダーシップ戦略である。

他社より圧倒的な差別化力やコスト競争力を持つためには、構造的な優位性、言い換えれば参入障壁を構築する必要がある。圧倒的な規模の経済や特許、スイッチングコストの高さなどが、その典型的な例である。その結果、他社よりも高い利益率を獲得できる。

際限のないコスト競争にさらされたり、値引きという形で価値を顧客に還元させせられては、企業価値は縮退する一方だ。市場で生まれた余剰をいかに自社に誘導するか、すなわちValue capture（価値獲得）の仕組みこそが、企業価値の源泉となる。もっと簡単に言えば、企業価値を高めるには、儲かる仕組みの構築が不可欠なのである。

「利益の追求は企業の本来の目的ではない」とうそぶく経営者が驚くほど多い。最近のＥＳＧやＳＤＧｓなどの関心の高まりが、そのような風潮を助長している。特に日本では、「企業は公器」という名目のもとに、利益より社会への価値創造が優先するという考え方がまかり通ってきた。

しかし、利益を出せない企業は、社会にすら貢献できていない。税金も払えず、雇用にすら貢献できなくなる。利益を出し、それを再投資することで、社会により大きな価値を提供し続ける――。そのような資本主義の正しいサイクルを回し続ける必要があることを、日本の経営者は今一度、肝に銘じなければならない。

日本でも屈指の利益率を誇るのが、キーエンスだ。同社の創業者である滝崎武光氏は、利益率を「お役立ち度」と読み替えている。利益率が低い企業は、大して役立っていないことになる。「社会の公器」にすらなっていないのである。

ＤＸの波によって、儲かる仕組みにも非連続な発想が求められる。従来のような「創って（開発）、作って（製造）、売る（販売）」という流れを踏襲するだけでは、済まなくなったのである。サブスクリプションやサーキュラー・エコノミーなど、デジタル技術を駆使した新しい事業モデルを構築しなければならない。このマネタイズ（儲ける）力の差が、勝者と敗者を決定付けるのである。

日本企業の企業価値が総じて低迷しているのは、デジタル時代における儲かる仕組みがうまく作れないでいるからにほかならない。日本政府は、日本企業の稼ぐ力の抜本的な強化を提唱している。政府に言われるまでもなく、いかにValue captureの仕組みを作るかが、日本企業にとっての最大の経営課題の一つである。

真説

　ボトムラインは実は3つあるということを、ご存じだろうか？

「トリプルボトムライン」（TBL）と呼ばれるものだ。経済的ボトムライン、社会的ボトムライン、環境的ボトムラインの3つを指す。これは、1997年、イギリスのサステナビリティ社のジョン・エルキントン氏が提唱したものだ。企業は、経済面での収益や損失だけでなく、社会面での人権配慮や社会貢献、環境面での資源節約や汚染対策などについても、しっかり報告すべきだという考え方である。今では「サステナビリティレポート」という形で多くの優良企業に広まっている。

　この思想をいち早く企業理念に取り入れたのが、コペンハーゲンに本社を置くノボノルディスクだ。糖尿病の治療薬研

図34　ノボノルディスクのTBL

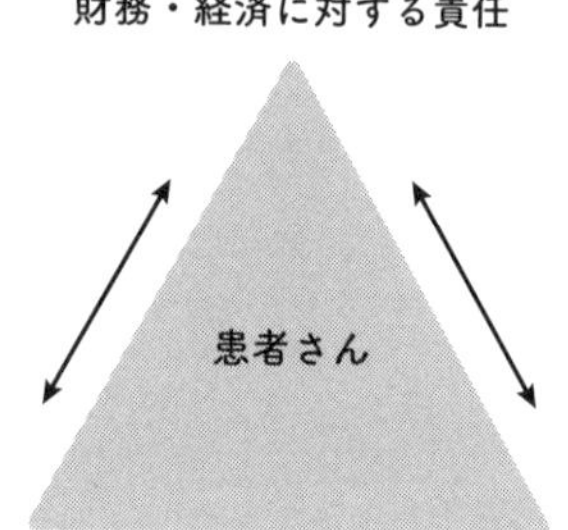

トリプルボトムラインは持続可能な経営の基本原則

　ノボノルディスクは、財務、環境、社会の3つの側面で責任を果たし、短期的な売上と長期的利益のバランスの取れた意思決定を行うことを定款に明記しています。

　トリプルボトムラインの原則により、持続可能なビジネスを行い、以下の項目の実現を目指しています。

- 患者さんのアンメットニーズに対応する革新的で競争力のあるソリューションを開発することにより、患者さん、従業員、パートナー、株主にとっての長期的な価値を創造すること
- 財務、環境、社会に対し、責任を持って事業活動を実施すること
- ビジネス環境の変化から新しいビジネスチャンスを予測し、それに適応して、機会を創造すること

出所：ノボノルディスク HP

究・開発を100年近く行っている世界企業である。同社は2004年から、患者を中心に据えたTBLを経営の基軸に置いてきた（図34）。

ESGが脚光を浴びるようになった今では、当たり前のように見えるかもしれない。しかし同社は、この原則を20年近く貫き通している筋金入りの企業である。では同社の「稼ぐ力」はどうか？

2019年8月12日付『日本経済新聞』が、ROESGランキングを初めて公表した（図35）。ROESGは、ROEとESGを合算したものだ。ここで、ノボノルディスクは圧倒的な1位の座についている。ROEという短期的な経済価値においても78・9％という素晴らしい業績を上げている。日本ではせめて8％を超えようという目標を掲げているなかで、彼我の差は1桁に近い。

しかし、ノボノルディスクが何よりも重視しているのが、長期的な価値である。言い換えればサステナビリティだ。それは環境や社会のサステナビリティであると同時に、自社のサステナビリティでもある。

同社にはCSOというポジションがある。とは言っても、CSOの「S」は通常の企業ではStrategy だが、同社では Sustainability を指す。私が2014年から主宰しているCSVフォーラムに、同社CSOのユリア・インヴォカナ氏に登壇してもらったことがある。その際の以下のやり取りが、今でも鮮明に思い出される。

筆者「なぜ御社は、本業の糖尿病の治療だけでなく、糖尿病を未然に防ぐことにも注力しているのですか？　糖尿病の患者が増えれば増えるほど、御社の収益は増えるはずですが？」

インヴォカナ氏「中国やインドなどの新興国で、生活習慣が変化するにつれ、後天的に糖尿病になる患者（タイプ2）が急増しています。我々のビジネスも急拡大しています。しかしそれを、

図35　世界企業の ROESG ランキング

世界のROESGランキング（1～20位）

順位	社名	ROESG（ポイント）	ROE（%）	ESG（スコア）
1	ノボノルディスク（デンマーク、医薬）	92.4	78.9	1.17
2	米アルトリア・グループ（たばこ）	70.5	91.3	0.77
3	ヒンドゥスタン・ユニリーバ（インド、日用品）	67.0	73.7	0.91
4	米イントゥイット（IT）	64.8	55.3	1.17
5	米エヌビディア（半導体）	52.9	43.7	1.21
6	アクセンチュア（アイルランド、ITサービス）	52.6	46.9	1.12
7	米TJX（小売り）	52.1	55.9	0.93
8	米スリーエム（3M、化学）	50.6	47.2	1.07
9	ロシュ（スイス、医薬）	45.6	38.7	1.18
10	米イリノイ・ツール・ワークス（機械）	45.3	48.4	0.94
11	英コンパス・グループ（レストラン）	45.3	47.7	0.95
12	米テキサス・インスツルメンツ（半導体）	44.9	42.7	1.05
13	米アプライドマテリアルズ（電機）	42.5	36.4	1.17
14	米ベライゾン・コミュニケーションズ（通信）	41.1	57.9	0.71
15	アマデウスITグループ（スペイン、IT）	39.4	34.9	1.13
16	米ゾエティス（医薬）	39.3	63.8	0.62
17	アトラスコプコ（スウェーデン、機械）	38.1	31.4	1.21
18	米アップル（通信機器）	36.9	41.9	0.88
19	豪シー・エス・エル（バイオ）	36.9	45.7	0.81
20	タタ・コンサルタンシー（インド、IT）	36.7	33.6	1.09

注：一部略称、海外企業の財務データはQUICK・ファクトセット、ROESGはROEとESGスコアを乗じた値、端数処理の関係で一致しない場合がある
対象は株式時価総額300億ドル（約3.2兆円）以上、自己資本比率20%以上の企業
出所：『日本経済新聞』（2019年8月12日付朝刊）

このまま放置できないのです。市場の需要に応えようとすると、何十倍もの設備投資が必要になるでしょう。しかしいずれ糖尿病がコントロールされるようになると、そのような設備は不要になります。それでは当社は不良資産を抱えて倒産してしまいます。当社が倒産して困るのは、先天的な糖尿病の患者さん（タイプ1）たちです。わたしたちは100年先でもしっかりと事業を回し続けていかなければならないのです」

サステナビリティ経営を標榜する企業に、なぜ自社にとってサステナビリティが必要かと尋ねると、たいていの経営者は社員のためと答える。しかし、それではその企業がなくてはならない理由にはならない。「社会に役立つ」、もっと言えば、「社会がなんとしてもその企業を必要とする」という存在であればこそ、自社のサステナビリティに責任を持たなければならないのである。

これこそが、CSVの神髄である。社会価値（Social Value：SV）を高めるためにも、経済価値（Economic Value：EV）を高める必要があるからだ。

ただし、重要なことは、EVの創造は手段であって、目的ではない。目的はあくまでもSVの創造である。この点で、マイケル・ポーターのCSV戦略が、EV向上を目的としていることに対して、違和感を覚える真正CSV企業が多い。ノボノルディスクはその代表例だ。

しかし、SVを高めることは、（目的ではないにせよ）結果的にEVを高めることにつながる。CSVフォーラムに登壇していただいたノボノルディスクをはじめ、ネスレ、ユニリーバ、シュナイダーエレクトリックなど、CSV先進企業（いずれも欧州企業であることは偶然の一致ではない）の幹部から異口同音に、同じ話を耳にした。その関係を簡単に示したのが、筆者が十字架チャートと呼んでいる図である（図36）。

図の左側は短期的な視点、財務諸表で言うとP／Lである、上が売上高、下がコストを示している。右側は長期的な視点、財務諸表で言うとBSに当たる。上が資産で、下が負債だ。ただし、いずれもBSには表れない「無形資産」であり「目に見えないリスク」を示したものである。

左上から反時計回りに説明していこう。

①売上向上

BtoCの場合、社会や環境に配慮した企業の商品は売り上げが増える。なぜならそのような企業は顧客の共感を獲得できるからである。エシカル消費と言われる現象だ。

BtoBの場合は、明暗がもっとはっきり出る。社会や環境に配慮が不足している企業は、顧客企業のサプライヤーリストから外されてしまうからである。

②コスト削減

第1に、マーケティングコストが下がる。社会価値の高い企業は、SNSなどで顧客認知の拡大や固定化が期待できるからである。たとえばスターバックスや良品計画は、マスメディアを使った広告は一切やっていない。

第2に、オペレーションコストが下がる。社会や環境に対して正

図36　SVからEVへ

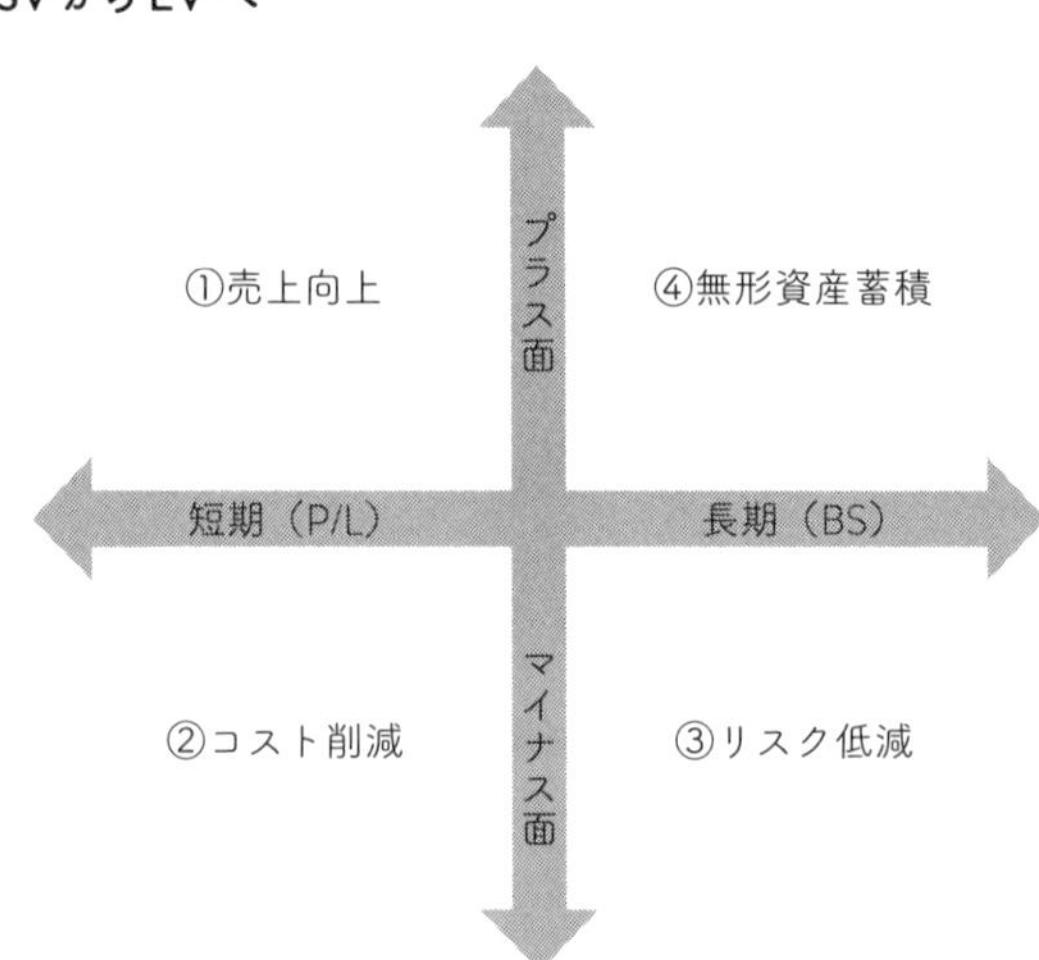

出所：筆者作成

しい活動を徹底している企業は、初期コストは高くなっても、リコールなど後からやり直しを迫られるコストに比べると、トータルコストは低くなる。ファーストリテイリングでは、これを（後始末ではなく）「前始末」と呼んでいる。

第3に、人財コストが下がる。先の2つと比べても、圧倒的にインパクトが大きい。社会価値の高い企業は、優秀な人財を惹きつける。特にミレニアル世代やZ世代はその傾向が強い。しかも彼ら・彼女らが選択肢としているNPOやNGOに比べれば、通常の賃金で十分。そして社会価値を創造する仕事を自分事化しているので、一人当たりの生産性は通常の2～3倍である。

③リスク低減

目に見えないリスクのなかで、最近特に目立つのが人の行動にまつわるリスクである。コンプライアンス違反はもってのほか、悪意のない行動でも想定外の社会問題や環境問題を引き起こしかねない。

そのために、社員の行動をカメラやセンサーでモニタリングしたところで、不正行為を根絶させることは不可能だ。そもそも社員を信頼できないような企業に未来はない。

最も効果的なリスクマネジメントは、インテグリティ（誠実・真摯・高潔）を社員一人ひとりの価値観に埋め込むことだ。ここでも先述したジョンソン・エンド・ジョンソンにおける「わが信条(Our Credo)」、ヤマト運輸における「ヤマトは我なり」などが好例である。

④資産向上

第1に企業ブランド。社会価値の高さはブランド価値に直結する。2017年6月に発刊されたノボノルディスク日本支社のニュースレターでは、同社のオーレ・ベック社長と筆者との対談が特集されているが、そのなかに以下のようなくだりがある。

筆者「『目に見えない価値』とは何を指しているのでしょう?」

ベック社長「一言で言うなら『企業ブランド』です。当社では自分たちが社外から、そしてすべてのステークホルダーから見てどうあるべきかという目標を策定し、実際にどのように見られているかを常にモニターしています。企業ブランドの維持や向上にはコストがかかります。短期的に見れば『赤字』になることもあるかもしれません。しかしこれは当社が長期にわたって事業を行っていくための『投資』だと考えています」

第2に知識資産。社会価値と経済価値の双方を高めるのは大変難しい。トレードオフの関係に陥りがちだからだ。両立させるためには、試行錯誤を通じて、経験知を蓄積する必要がある。20年近く継続しているノボノルディスク、10年続けてきたネスレやユニリーバには、最近のESGブームに便乗している企業にはない豊富な知恵が蓄積されている。

第3にネットワーク資産。1つ目の企業ブランドが高まれば、政府や志の高い企業から声がかかる。プル効果である。たとえばノボノルディスクの場合、中国をはじめ、新興国の政府から全面的に支援を頼まれることが多い。また、医療機器、食品、生命保険など、糖尿病にかかわる異業種のトッププレーヤーからの呼びかけもひっきりなしだ。

第4に人的資産。②では人件費としての削減効果を取り上げたが、資産価値の方がより重要である。前述の3つの無形資産の担い手はいずれもヒトである。人財こそが最大の無形資産であることは、CSV先進企業の共通認識である。

この十字架は相互に深く関連し合っている。ベック社長のコメントにもあるように、企業ブランド構築は短期的にコストがかかるが、同社はそれを投資ととらえている。他の無形資産についても同様だ。

しかし投資である以上、リターンが求められる。これら4つの無形資産を活用して、将来利益をいかに生み出すかが問われる。無形資産をいかにマネタイズするか——。それこそが、ノボノルディスクをはじめとするCSV先進企業それぞれが独自に持つ儲かる仕組みなのである。

そのためには、3つのVCが必要となる。

1つ目は、Value Creation（価値創造）。いかに社会価値を創出し、生態系全体の経済価値向上につなげるか？

たとえば、ESGのE（環境）を語る際に、ゼロエミッション（廃棄量全廃）を掲げる企業が多い。しかしそれでは環境破壊という負の側面をなくすというだけにすぎない。欧州の先進企業はネットポジティブを標榜する。企業が活動すればするほど、環境が改善されるという目標だ。トヨタ自動車の渡辺捷昭前社長がかつて、「走れば走るほど空気をきれいにするクルマづくりを目指したい」と語っていた夢物語を、いかに実現するかが問われているのである。

2つ目は、Value Capture（価値獲得）。生態系全体に創出した価値の一部を、いかに自社に取り込むか？　それができなければ、儲けを再投資していくというスパイラルを回し続けられなくなる。世の中では、価値獲得のカギは事業モデルだと喧伝されている。しかし前述したように事業モデルはコモディティでしかない。無形資産をいかに蓄積し、それをいかにマネタイズするか——この資産モデルをアルゴリズム化する知恵こそがカギを握るのである。

3つ目が、Value Communication（価値伝達）。社会価値と経済価値を高めていく活動を、多様な関係者（ステークホルダー）に発信する必要がある。彼らの理解を得るだけでなく、共感を獲得し、共創の輪の中に参加してもらうためである。

このコミュニケーションが苦手なのは、日本企業だけではない。ノボノルディスク日本支社のベック社長へのインタビューの最後のくだりを紹介しよう。

筆者「(日本には)『三方よし』とセットになる考え方で『陰徳善事』というものがあります。自分がなした善事をことさらに言い立てるのは良くない、という美意識ですが、デンマークにもそれとよく似た『ジャンテの法則』というものがあるそうですが」

ベック社長「ええ、自分の善行を宣伝するものではない、という文化があります。日本人とデンマーク人には共通するマインドも多々ありますね。ただ、今の環境問題や糖尿病ケアは世界全体で共有すべき課題ですから、企業はむしろベストプラクティスを発信し、企業と企業、企業と政府、企業と個人が対話を重ねていかなくては解決に近づいていけないと思います。当社はそうした対話と議論という面でも、日本に貢献したいと思っています」

最近、エンゲージメントという言葉が注目されている。ブランディングの世界では長らく使われてきた言葉だ。「顧客と積極的に関与することで構築される顧客との絆づくり」のことを意味する。コミュニケーションよりずっと踏み込んだ関係づくりである。SNSの時代になって、エンゲージメントはますますマーケティング上重要性を増している。

これは、多様なステークホルダーに対しても同様だ。たとえば社員とのエンゲージメントによって社員の働き甲斐を高める。投資家とのエンゲージメントによって投資家との相互理解を深める。企業価値を飛躍的に向上させるためには、バリューコミュニケーションも、バリューエンゲージメントへとバージョンアップしていかなければならない。

73　突然変異から自己組織化へ

通説

ディスラプションの時代である。ひと言で言うと破壊だ。デジタル技術が猛威を振るうデジタル・ディスラプションは、あらゆる産業のこれまでのルールを破壊していく。

デジタル・ネイティブが登場し、既存勢力を駆逐していく。アマゾン効果は、今や小売業のみならず、製造業、物流業、金融業などを呑み込み始めた。

既存勢力側がこれに対抗するためには、どうすればいいか？　M＆Aに頼ったとしても、距離のとり方が難しい。自社に同化しすぎると、せっかく取り込もうとした異質性を殺してしまう。一方、いつまでも放置しておくと、本業との間のシナジーは生まれない。

唯一の成功法は、この領域を新天地として、本業からの重心移動を仕掛けることである。いわば出島を「ノアの箱舟」に仕立てて「出エジプト」を目指す。たとえば、富士フイルムが本業のカメラフィルム事業の衰退に直面した際に、M＆Aを活用してライフサイエンスへと大きく重心を移したように。

ただし、本業がまだ隆々としており、「金の成る木」である際には、この重心シフトが難しい。既存の自動車メーカーが、ガソリン車からEVへと重心移動ができ切れずにいるのはそのためだ。

これこそが、クリステンセン教授が「イノベーションのジレンマ」と呼ぶ既存勢力が直面する壁である。クリステンセン教授は、真正ディスラプター（破壊者）に打ち勝つためには、自らがディスラプターになるしか道はないと言う。セルフ・ディスラプション（自己破壊）のすすめである。ＤＸの本質は、このセルフ・ディスラプションを目指すことである。

真説

デジタル・ディスラプションという流行語に踊らされてはならない。確かにデジタル・ネイティブによる業界破壊は、あらゆる産業で現実のものとなっている。それは20世紀末のドットコムブームを彷彿とさせる。しかし、その後、ネットバブル崩壊を経て生き残った新種は、ほんの一握りにすぎない。デジタルだけではリアルの世界に深く入り込むことはできないからだ。

既存勢力にとって、最も危険な対応は、セルフ・ディスラプションに走ることだ。デジタル・ネイティブの敏捷性や指数関数的な成長スピードに勝てるはずがない。そもそも自己否定してしまうと、勝てるよりどころがまったくなくなる。ゼロスタートの勝算はゼロである。

突然変異に賭けるしかないという、悲壮な決意も無謀である。生物の世界では、突然変異は10万回から１００万回に一回しか起こらない。実際に自然界で発見された例は極めて稀だ。

ではなぜキリンの首は長いのか？　ダーウィンによれば、昔は短い首と長い首のキリンがいたが、草原の環境により適応していた長い首のキリンの遺伝子が生き残ったということらしい。進化論の定説とされてきた自然選択説だ。ただ、それではそもそもなぜ長い首のキリンがいたかについては説明できない。

一方、ダーウィン以前に、フランスの博物学者ラマルクは最適化説を唱えていた。高いところにある木の葉を食べようと首を伸ばしているうち、徐々に首が長くなり、その形質が遺伝を通じて次世代の種に受け継がれていったという説である。努力をすることによって、環境に適応することが可能になるという考え方だ。人間の進化のプロセスをみても、ラマルクの最適化説は十分説得力がある。

20世紀末に、このラマルクの進化論をさらに発展させたのが、サンタフェ研究所のスチュアート・カウフマンだ。生物のシステムと有機体の複雑性は、ダーウィンの自然選択説以上に、自己組織化に由来すると唱えた。自己組織化とは、自律的に秩序を持つ構造を作り出す運動で、熱平衡状態から大きく離れた系（far-from-equilibrium dynamics）における現象である。

この非平衡開放系における運動論は、ノーベル化学賞を受賞したイリヤ・プリゴジンが唱えた散逸構造論として、広く知られるようになった。また経済学の世界でも、ノーベル経済学賞を受賞したポール・クルーグマンが、自己組織化が創発型経済を生み出すと唱えている。

自己組織化を駆動させるためには、組織を非平衡開放系状態にする必要がある。すなわち、外に開かれることにより、常に動的な流れを作らなければならない。外部と接する機会の多い辺境（edge）に小さな変化（ゆらぎ）が生まれ、それが組織内部へと引き込まれていき（つなぎ）、やがて組織全体が大きく進化する（ずらし）。先述した「ゆらぎ、つなぎ、ずらし」による進化のプロセスにほかならない。

そのためには、以下のような打ち手が有効である。

①組織の表面積を大きくする――企業が大きくなればなるほど、エネルギーを内向きに使うよう

になる。組織を小集団にすることによって外との表面積を意図的に増やす必要がある。前述したグーグルの「バスケットボールチーム」や、アマゾンの「2ピザ・チーム」は、そのような知恵から生まれたものである

②外部から組織のなかに「異物」をあえて注入する――先述した「ヨソ者、ワカ者、バカ者」は、そのような変化の触媒として期待される。組織が同質化して「熱死」状態を迎えないためには、常にそのように外部を取り込む工夫が必要となる。それによって、先述したイノベーション@エッジが駆動する。そして、これこそダイバーシティの本質でもある

③異質な学習の場を仕掛ける――内側に取り込むのでもなく、かといって、異分子として「出島」に放置するのでもない。スタートアップなどの異質な組織は、価値観や行動原理を根底から揺さぶる恰好の学びの場となるはずだ。同質化させるのではなく、異質なもの同士の化学反応を起こす。これこそインクルーシブの本質である。

3つ目の「学習」については、この後の2つの章で、さらに詳しくみていきたい。

74　トライ&エラーからトライ&ラーンへ

通説

学習は経験の産物である。頭でわかっただけでは、身につかない。学習効果を上げるためには、経

験の場数を踏むことが重要である。

野球で言えば、とにかくバッターボックスに立つ努力をすること。そしてストライクゾーンに球が来たら、迷わずにバットを振る。最初は当たらなくても、やがてファウルやヒット、そしてたまにはホームランも打てるようになる。

ゴルフでたとえれば、数多くコースを回ること。日本人は素振りや打ちっぱなしの練習に励むが、アメリカ人はすぐにコースに出て、実践でゴルフのコツを体得する。思い思いのフォームではあるものの、すぐに100を切れるようになる。

同様にビジネスでも、初めから成功を期待する必要はない。とにかくアイデアを形にしてみる。そして市場の反応をみて、そこから学んで、やり直せばよい。シリコンバレー方式としてひところ喧伝されたリーン・スタートアップ手法である。

そのためには、失敗を恐れてはならない。グーグルでは失敗を祝福するという習慣がある。失敗は、多くの可能性のうちの1つを潰したことになるからだ。逆に失敗をしないということは、リスクをとっていないということにほかならない。失敗を積み重ねるなかから、成功の道筋が見えてくる。

ファーストリテイリングの柳井正社長には『一勝九敗』（2003年、新潮社）という著書がある。数多くの失敗が今日の成功につながったという話には、説得力がある。

もっとも、日本電産の永守重信会長は「私、失敗しないので」というドラマのセリフを好んで使う。同会長によれば、「成功するまでしつこくやり抜く」ことが秘訣らしい。まさに「失敗は恐れるに足らず」という気迫である。

真説

日本人はトライ&エラーという言葉を好んで使う。試行錯誤の意味である。しかし、シリコンバレーでは、トライ&ラーンが好まれる。エラーばっかりしていたのでは、懲りないだけで終わってしまう。失敗から学ぶことに価値があるのだ。

もっとも筆者がある日本企業の幹部にそのような話をしたところ、トライ&ランと聞き違えてしまったという笑えない話がある。それではまったくのやり逃げになってしまう。

最近シリコンバレーでは、Fail fast, learn faster がキーワードとなっている。「失敗は早めに、そしてそこからより早く学べ」という意味だ。失敗を失敗に終わらせず、そこから学ぶことこそが本質なのである。

しかも、「無駄な鉄砲も数撃てば当たる」式の失敗礼賛は、すっかり影をひそめつつある。ブームを巻き起こしたリーン・スタートアップも、失敗を量産しただけに終わったものが大多数。それでは、人財と時間という今世紀で最も貴重な資源の無駄遣いに終わってしまう。

たとえばグーグルの80：20ルールは有名だ。20%は好きなことをしていいことになっている。かつては、「1000の花を咲かせよう（Let a thousand flowers bloom）」が合言葉だった。しかしそれでは大きくスケールする事業に育つことは稀だ。そこで最近は「ムーンショット」に変更。好きなことをしていいが、大きなスケールを目指せというのである。もっとも、最近はスペースXのイーロン・マスクCEOが火星への移住計画に取り組んでいることに対抗して、「マーズショット」とも呼んでいるとか。いずれにせよ、グーグラー（グーグル社員）たちは、80%の本業より、この20%の方がはるかにチャレンジングだと語る。

学習機会が多いに越したことはないが、より重要なのは学習能力だ。いくら失敗しても、そこから学習する能力がなければ、懲りない症候群から抜け出せない。では組織の学習能力とは何か？

筆者が知る限り、その本質に最も迫っているのが、MITのピーター・センゲの『学習する組織』（1990年）だ。そのなかでセンゲは、学習する組織の3つの柱と5つの要件（discipline）を唱えている（図37）。

1．志
①自己マスタリー（学習に対するコミットメント）
②メンタルモデル（学習と脱学習を継続し続ける姿勢）
2．共創
③共有ビジョン（MTP：Massive Transformative Purpose の共有化）
④チーム学習（異質性を受け入れ学び合う姿勢）
3．複雑系
⑤システム思考（全体を俯瞰し、相互依存性を理解する姿勢）

この中でセンゲが最重要視するのが⑤システム思考である。この

図37　学習する組織

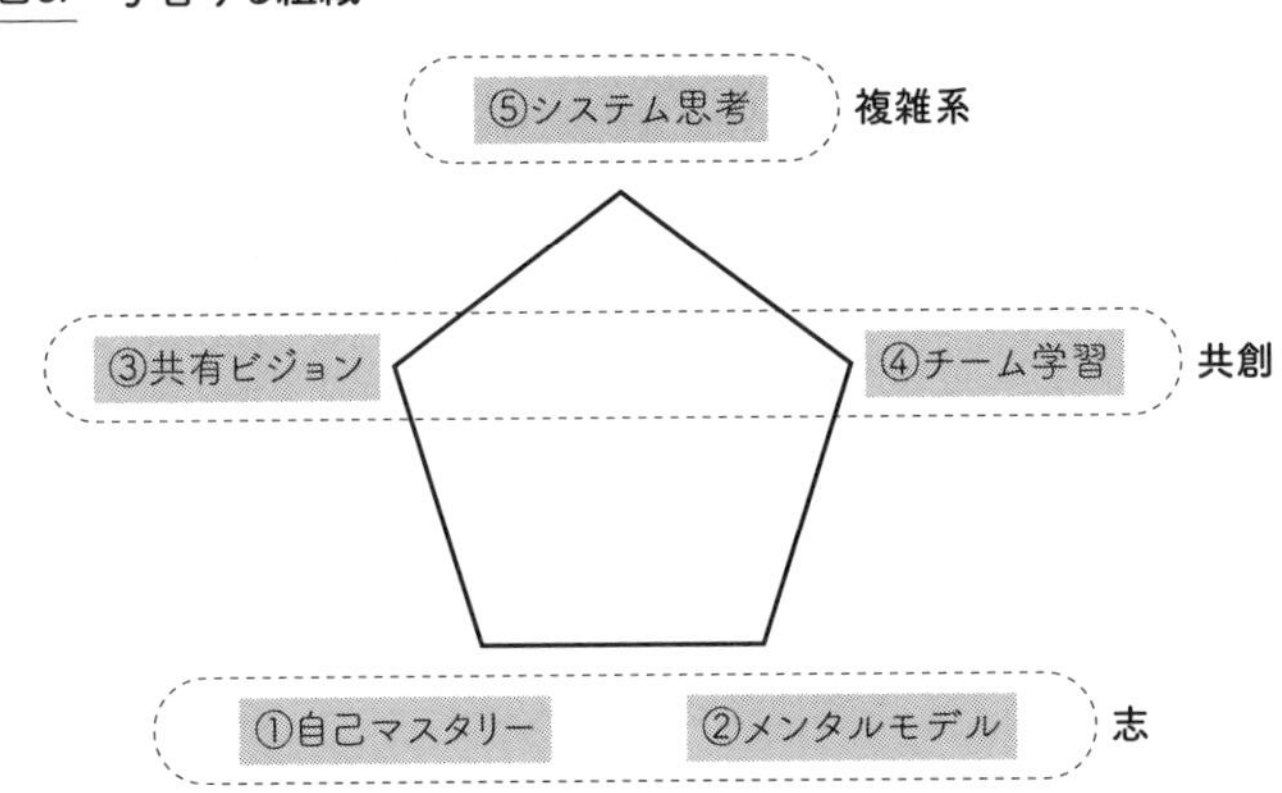

出所：P. センゲ『学習する組織』英治出版をもとに筆者作成

第5のディシプリンが、第1〜4の全体をも統合する視座だからである。学習を通じて異質性を受け入れ、組織と組織を取り巻くシステム全体の成長を牽引していくという思考パターンである。常に異質性やシステム全体に対して開いているという点で開放系であり、学習と脱学習というダイナミズムを内包しているという点において非平衡である。

学習の数を増やすのではなく、組織としての学習の質を高めること——。先が見えない時代には、それこそが持続的な優位性につながるのである。

75　競争優位から学習優位へ

通説

１９８０年代から20世紀末にかけて、マイケル・ポーターの競争戦略論が一世を風靡した。持続的な競争優位をいかに築くかが、企業経営者にとって最大の戦略課題となった。

しかし21世紀に入り、環境が常に激変するなかで、競争優位を維持することが難しくなっていった。クリステンセン教授は、ディスラプションが昨日までの優位を劣位に反転させてしまうことを、『イノベーションのジレンマ』で鮮やかに描いてみせた。

そしてとどめをさしたのが、コロンビア大学のリタ・マグレイス教授だ。２０１４年に出版された『競争優位の終焉』で、「持続的な競争優位は幻想にすぎない」と主張。そして、市場や環境の変化に伴って次々と現れる機会を逃さず、そこに自社の戦略を迅速に適応させ続けてこそ、生き残ることができると唱えた。その際には、戦略シナリオを策定することが役立つという。

このシナリオプランニングは、不確実性に対処するうえで有効な手法として一時期注目された。そもそもはロイヤル・ダッチ・シェルが開発、それにもとづいて1970年代の石油危機を乗り切ったということで一躍有名になった。

その後、モトローラやPG&E（パシフィック・ガス&エレクトリック）などの導入事例が知られている。ただし、いずれも21世紀に入って消滅（モトローラ、2011年）または破産（PG&E、2019年）している。シナリオプランニングをもってしても、想定外（？）の技術ディスラプション（モトローラ）や自然災害リスク（PG&E）には、十分に備えることはできなかったということなのかもしれない。

シナリオプランニングには大きく、2つの側面がある。一つは環境変化がもたらすリスクに備えること。未来適応型と呼ばれるものだ。もう一つは環境変化を成長機会としてとらえること。こちらは未来創造型と呼ばれる。いずれにせよ、環境変化という外部要因をシナリオとして取り込んで、戦略を策定する知恵が求められているのである。

真説

非連続な時代には、過去や現在の単純な延長線上には解はない。非線形型の経営モデルが求められているのである。そこでカギを握るのが、前章でも論じた学習能力である。

ただし、ここでも従来の学習の延長線上に解はない。非連続な学習能力が求められるのである。言い換えれば、戦略転換ではなく学習転換である。そして、そのような学習転換能力こそが、競争優位

に代わる新たな優位性の源泉となるのである。それを筆者は学習優位（Familiarity Advantage）と呼
んでいる。
『ダイヤモンド・ハーバード・ビジネス・レビュー』誌（２０１8年10月号）に掲載された筆者の論
文の一部を引用しよう。
「先が見えないのであれば、手前であれやこれやと戦略を思いめぐらせてみても、オペレーショ
ンを磨いていても答えはでない。一番確実なのは、そこ（未来）に踏み出してみることだ。そう
すれば、目の前が開けてくる。そこで現場が主体となって、観察力（オブザベーション）を起点
とするＯＯＤＡ運動を始動させることで、新たな知恵をいち早く獲得することができる。

言い換えれば、つねに非連続な学習ループを作動させ続けることが、次世代の優位性の源泉と
なる。これを筆者は『学習優位』と呼んでいる。詳細は、拙著『学習優位の経営』を参照された
い。

ポーターの言う競争優位の時代は終わった。競争相手がいるとすれば、それは過去、そして現
在の自分自身である。いかにこれまでの、そして現在の『コンフォートゾーン（心地よい空間）』
を抜け出して一歩大きく踏み出せるかが、問われているのだ。

非連続な変化は、想定外の多くの機会の宝庫である。それを危機にすりかえてしまうのは、競
争相手ではなく、現状維持バイアスに陥った自分自身なのだ。敵は外ではなく、内側にいるので
ある。そして、この『自分との競争』に勝ち続けることができるものだけが、真の競争力を身に
つけることができるのだ」

日本企業は、総じて学習能力が高い。いわゆるカイゼン能力である。しかし、それだけでは非連続

な時代には戦えない。非連続な進化に向けて重要になるのが、「脱学習（アンラーニング）」力である。再び、前出の筆者の論文から引用しよう。

「なるほどポーターが指摘する通り、日本企業の経営層は戦略脳の発達が遅れているかもしれないが、現場の学習能力の高さに定評がある。しかし、だからといって、サドゥンらが言うようにオペレーショナル・エクセレンスを磨き続ければいいと開き直ったのでは、旧態依然とした戦いから抜け出せない。

　同じところで反復学習していたのでは、ポーターの言う通り、学習効果はやがてピークアウトする。大事なことは、学習の場を『ズラす』ことだ。これを『脱学習（アンラーニング）』と呼ぶ。そして、その新しい場で、得意の学習能力を思う存分発揮すればいい。そのようなアンラーニングとラーニングのループを回し続けることができれば、非連続な変化の時代において、日本企業が再度世界の頂点に躍り出る日がくるはずだ」

脱学習と学習のプロセスを繰り返すこと——これこそが、前述したメビウスサイクル（図31）の本質的ダイナミズムである。顧客現場から自社ＤＮＡに反転させていく思考回路そのものが、脱学習プロセスなのだ。これによって、顧客現場と事業現場の間をコマネズミのように小さく回転しまくるカイゼンサイクルから抜け出して、大きな進化を構想することができるようになるのだ。

　競争戦略論は、20世紀の遺物である。かといって、複数のシナリオに合わせて環境適応を続けるだけでは、企業の存在意義を見失ってしまう。

　その企業独自の高い志（パーパス）を軸足としつつ、もう一つの足を、大きく非連続に踏み出す。このピボッド運動を習得することで、メビウスサイクルを持続的に回し続け、非連続な進化を遂げ続けることができるのである。

第Ⅳ部

日本企業の未来

第14章 岐路に立つ日本企業

76 規定演技から自由演技へ

通説

企業は株主のものである。そして企業価値とは株主価値にほかならない。ＲＯＥこそが、絶対的な数値目標である。

株主価値を毀損しないためには、ＲＯＥは８％を超えなければならない——。この「伊藤レポート」（２０１４年）の提言は、日本の経済界を大きく揺さぶった。アメリカ流株主至上主義という「黒船」の到来である。

短期的なＲＯＥ向上策が、矢継ぎ早に打たれ始めた。すぐにリターンが見込めない技術や設備への長期投資は凍結。そしてため込んでいたキャッシュは、自社株買いや株主還元に回す。その結果、東証１部上場企業の平均ＲＯＥは２年連続で上昇、２０１７年には初めて10％を上回った。

しかし、そのような小手先の施策だけでは、すぐ息切れしてしまう。翌２０１８年は早くも10％

を割って、下降曲線に向かい始めた。持続的な成長を実現するためには、分子、すなわち稼ぐ力の抜本的な強化が必須となる。

そこで求められるのが、Do More Better 型の同質的な競争からの脱却である。競争優位の確立であり、イノベーションの強化だ。欧米流の経営手法を、今こそ身につけなければならない。

ただし、ＲＯＥそのものは、短期的な指標にすぎない。ＲＯＥを維持するためには、将来のリスクに備える必要がある。そこで最近、資本市場から持ち込まれてきた指標がＥＳＧである。

先が見えない時代において、企業は想定外の環境リスクや社会リスクにさらされている。さらに、経営者の暴走や不正行為が続出するなかで、独立取締役によるガバナンスの強化が求められている。たとえ短期的に高いＲＯＥをたたき出しても、ＥＳＧにきちんと対応できていない限り、企業価値は上がらない。

そこで２０１７年の「伊藤レポート２・０」では、ＲＯＥとＥＳＧを合わせた「ＲＯＥＳＧ」が新たな指標として提唱された。そして、２０１９年に公表されたのが、ＲＯＥとＥＳＧレーティングという２つの指標を張り合わせた前述（図35）のランキングである。

図35のように、ＥＳＧは所詮、資本市場において、投資リスク回避を主目的とした指標である。持続的成長を目指す企業にとっては、リスク回避だけでなく、いかに分子、すなわちリターンを上げるかが、より重要な経営課題となる。

そこで最近注目を集めているのが、ＳＤＧｓである。17のゴール（さらにその下の１６９の細目）は、いずれも長期的な社会課題を取り上げたものである。企業がこれらの課題をイノベーションによって解決することができれば、稼ぐ力を強化できる。

もっとも、ＳＤＧｓの目的を「社会課題の解決」としただけでは、ＣＳＲ活動に終わってしまう。企業がそれを本業のなかで取り組み、自社の経済価値に取り込んでいく必要がある。そうなれば、ポーターが提唱するＣＳＶ（共通価値の創造）の実現につながっていくはずだ。

短期的な数字合わせでもなく、さりとてＣＳＲでもなく、長期的な企業価値創造を目指す経営者は、ＥＳＧよりＳＤＧｓ、さらにはＣＳＶをより重視している。なぜならば、ＥＳＧは所詮リスクに対処するもの、ＳＰＧｓはトップラインを上げるものであるのに対して、ＣＳＶは長期的なボトムラインに直結するからだ。もちろん、それは長期投資家の望むところであり、経営者がそのような「好ましい」投資家とのエンゲージメントを重ねれば、株価そのものも上向いていくはずである。

真説

株主第一主義は、当のアメリカにおいてすら見直されている。

本書執筆中の２０１９年８月19日、アメリカのビジネス・ラウンドテーブル（ＢＲＴ）は、「Statement on the Purpose of a Corporation（企業の目的に関する声明文）」を発表した。ＢＲＴは、アメリカの主要企業の経営者１８１名が集まるアメリカ最大の経済団体だ。この声明のなかで、数十年貫いてきた「株主第一主義」を改めると宣言、注目を集めた（図38）。

宣言を載せたＢＲＴのウェブサイトは、次のようなメンバーのインタビューコメントを紹介している。

ビジネス・ラウンドテーブルの会長を務めるＪＰモルガン・チェースのジェイミー・ダイモン会長兼ＣＥＯは、「アメリカン・ドリームは生きているが、ぼろぼろだ」と述べた。

「大企業は従業員や地域社会への投資を始めている。それが唯一、長期的に成功する道だからだ。こうした現代的な信条は、すべてのアメリカ国民の助けとなる経済を追求する、実業界のあくなき取り組みを反映している」

ジョンソン・エンド・ジョンソンのアレックス・ゴースキーCEOは、「この新しい声明は、今日の企業が運営されるべき形をより反映している。経営陣がすべてのステークホルダーの要望に応えようと努力した際に、企業が社会の改善で果たすことができる重要な役割を示している」と述べた。

もちろん、この声明を懐疑的にみる向きもある。ビル・クリントン政権で財務長官を務めたラリー・サマーズ氏は、『フィナンシャル・タイムズ』紙のインタビューで、「必要な税金や規制の改革を遅らせる戦略の一部なのではないか」と述べている。

その真意は別として、株主第一主義は、今やアメリカにおいてすら市民権を失いつつある。そして従業員、地域社会を含むマルチステークホルダーに対応すべきとの論調は、アメリカにおいても着実に根を下ろしつつある。ROEを第一義とするような日本のコーポレートガバナンス改革は、キャッチアップどころか、周回遅れの真逆の動きになってしまっているのである。

図38　米経済界「株主第一」見直し

「株主利益の尊重」は5番目に掲げられた

米経営者団体が掲げた全利害関係者への約束	
	(1) 顧客
	顧客の期待に応えてきた伝統を前進させる
	(2) 従業員
	公正な報酬の支払いや福利厚生の提供
	(3) 取引先
	規模の大小問わず、良きパートナーとして扱う
	(4) 地域社会
	持続可能な事業運営で、環境を保護する
	(5) 株主
	長期的な株主価値の創造に取り組む

注：米ビジネス・ラウンドテーブルの声明文をもとに作成
出所：『日本経済新聞』(2019.8.20付夕刊)

ＥＳＧからＣＳＶへという動きも、欧米の後追い感がぬぐえない。ポーターのＣＳＶは、社会課題の解決を通じて、自社の企業価値を上げることを真の目的としている。そして、株価と連動した報酬を受け取る欧米の経営者にとって、それは自分自身にとっての利益最大化に直結する。表向きは志を高らかに掲げる裏に、そのような本音が透けて見えるところに、アングロサクソン型資本主義を軸足としたＣＳＶ経営の限界を感じざるを得ない。

多くの日本企業の経営者にとっては、経済価値向上は結果にすぎず、社会課題の解決こそが真の目的なのである。パーパス（志）は何かと問われれば、迷うことなく「自社の本業を通じた社会課題の解決」と答えるはずである。

日本企業のＣＳＶは、「資」本主義ならぬ「志」本主義に深く根差したものである。これを筆者はＪ－ＣＳＶと呼んでいる（詳細は、拙著『ＣＳＶ経営戦略』東洋経済新報社を参照）。日本企業は欧米の受け売りは卒業し、この日本発のＪ－ＣＳＶを世界に発信するという志を持つべきではないだろうか。

そのためには、欧米流のＳＤＧｓを後追いするだけではつまらない。幸い、ＳＤＧｓには18枚目のカードがある。いわば白紙だ。そこは、17項目には謳われていない新しい目標を、企業や国、団体が自由に提案すればいい。

たとえばラオスでは不発弾除去を18番目に掲げている。痛々しい戦争の負の遺産を背負った東南アジアやアフリカの国にとって、まさに社会の死活課題である。

またＳＤＧｓランナーズという団体は、18番目に「夢を作ろう」を掲げている。そして、２０１９年中にＳＤＧｓを軸に未来を創る事業を１００社（者）輩出することを目指すという。

SDGsの17項目は、いわば規定演技だ。しかも、2030年がターゲットとなっている。だとすれば、18項目目の自由演技には、そのような枠組みを超えた新たな目標を掲げてみてはどうか？

たとえば、前述の三菱ケミカルは、SDGsが設定される5年前からKAITEKIを掲げてきた。そして今やKAITEKI 2・0を標榜している。花王も2019年からKIREIをパーパスに設定した。身体が清潔で、顔が美しく、心が澄んでいて、地球がクリーンであることを目指したものだ。

また前述したように、資生堂は、ESCGを標榜している。C、すなわちCulture（文化）をESGに並ぶ価値軸として打ち出したのである。まさに資生堂が提案する18枚目のカードである。

最近各企業では、非財務指標を導出する際に、ステークホルダーにとっての重要度と自社にとっての重要度という2軸のマトリクスで分析することが作法になっている（図39）。マテリアリティ分析と呼ばれるものだ。そしてマトリクスの右上のIゾーンに入るテーマを、最重点項目として位置付ける。しかもご丁寧に、それをSDGsの17テーマに結び付けるケースが少なくない。しかし、SDGsである以上、どこも似たようなものになってしまう。

図39　マテリアリティ分析

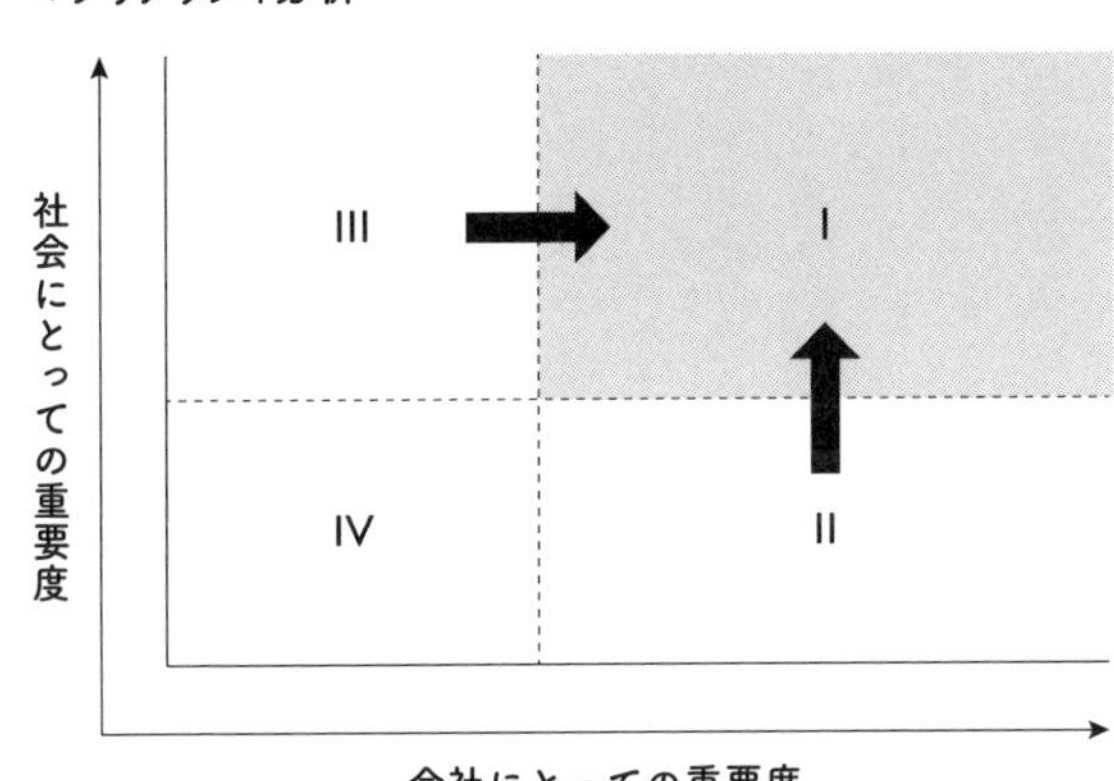

出所：筆者作成

最近筆者は依頼を受けて、外部専門家として10社を超える企業のマテリアリティ分析を評価している。そのたびに、教科書的な内容にとどまっていることに唖然とする。同じ業界であれば、違っていることの方が珍しい。「客観正義」として、誰もが目指す横並びゾーンである。

確かに規定演技としては申し分ないが、それだけではオリンピックの表彰台に上がることはできない。チャンピオンを目指すのであれば、自社ならではの自由演技種目を演じなければならないはずだ。

そのためには、マトリクスの右下のⅡゾーンにこそ注目すべきだ。前述した「主観正義」ゾーンである。まだ世の中では共通認識になっていない次世代の社会課題を、自社独自の価値観にもとづいて唱えることができるからである。それをⅠゾーンにまで高めていくことこそ、その企業ならではの価値提案となるはずだ。

もっとも、左上のⅢゾーンにも注意が必要だ。自社では重要でないと思っていても、社会の関心が高く、想定外のところで足をすくわれることがあるからだ。たとえば、人権問題や環境問題は、自社や自社のサプライヤーがきちんと対応しているだけでは十分に責任を果たしたことにならない。特に新興国においては、末端の下請けの現場まで、しっかり目を光らせる必要がある。

２０３０年の次のＳＤＧｓは、日本からもぜひ発信していこうではないか。そのためにも、規定演技を超えた自由演技（Ⅱゾーン）を、今からしっかり磨きをかけていかなければならない。

77　ギグ・エコノミーからノマド・エコノミーへ

通説

第2章でも触れたように、一億総活躍社会実現に向けて、労働環境を大きく見直す取り組みが政府主導で進んでいる。いわゆる働き方改革だ。その中身は、労働時間の短縮、正規・非正規の格差の解消、そして、柔軟な働き方の実現の3つだ。

デジタル革命は、こうした働き方の多様化に拍車をかける。その象徴的な姿がギグ・エコノミーだ。インターネットを通じて単発の仕事を請け負う働き方である。アメリカでは、すでにホワイトカラーの4人に1人がこのようなデジタル・フリーランサーになっているという。日本ではまだ12人に1人程度にすぎないが、アメリカのレベル、さらには過半数に達するのは、時間の問題だろう。

そうなると、むしろ過重労働問題が再浮上する可能性が高い。会社が時短を進めても、空いた時間を副業や兼業で埋め尽くすと、まさに「24時間戦えますか」状況に陥りかねない。スマホを手放せない現代人は、そのようなデジタル・プロレタリアートの予備軍である。会社ではなく個人がワーク・ライフ・バランスを真剣に考えなければならない時代が、すぐそこに来ている。

真説

前述のように、ワーク・ライフ・バランスは、ワークとライフは別のものであるという前提に立っている。それ自体が、働き手をプロレタリアートとしてとらえる前近代的な発想である。

本来、仕事は人間にとって生活の重要な一部である。多くの人が、起きている時間の過半数を仕事に費やしている。その仕事を、単なる時間の切り売りだと位置付けること自体、奴隷制度や女工哀史同様、時代錯誤も甚だしい。

スポーツであれ、ゲームであれ、奉仕活動であれ、それに打ち込んでいる時には、生活を犠牲にしているなどとは考えないはずだ。同様に仕事も、そこに生き甲斐を感じている人にとっては、まさに生活のかけがえのない場なのである。

ワークとライフを切り離す発想こそ、諸悪の根源である。ワークをライフの貴重な一部に組み入れることができるかが、本質的な問いなのである。

経済同友会は2008年に、ワーク＆ライフ・インテグレーションを、21世紀の新しい働き方として提言した。今のワーク・ライフ・バランス論議より、はるかに先進的な視点である。しかし、その標語が定着しなかったのは、インテグレーションという全体主義的な言葉自体に前近代的な響きがあったからかもしれない。

筆者はワーク・イン・ライフというコンセプトを提唱している。ライフのなかにワークが自然に溶け込んでいるイメージだ。とはいえ、当然ながら、ライフのすべてがワークではないので、インテグレーションとはニュアンスが大きく異なる。

ワークをライフの一部として自分事化するためには、企業と従業員双方において働き甲斐を高める努力が求められる。そのためには、次の3つがキーワードとなる。

①パーパス（志）——本書の主題でもある「志」を、企業ならではの想いを込めて高らかに掲げる必要がある。自社はなぜ存在するのか？　どのような社会課題を解決しようとしているの

か？　そのような企業としての原点とその向かう先としての崇高な目標が、改めて問われることになる

②エンゲージメント（絆）――企業の志を、従業員一人ひとりの志にしっかりと紐付ける（アラインン）必要がある。いわば従業員と企業との絆づくりである。そのためには、what（仕事の中身）や how（仕事の仕方）だけでなく、why（仕事の意義）について、従業員としっかり対話をし続けることが求められる

③トランスフォーメーション（進化）――企業、そして自分自身がともに成長するという手ごたえを、従業員一人ひとりが実感できるようにする必要がある。そのためには、従業員はルーティンをこなすだけでなく、未来のルーティンを作るクリエイティブ・ルーティンに携わることによって、企業の組織的な進化に自らかかわる役割を担う必要がある

Pupose, Engagement, Transformation の3つの頭文字をとってＰＥＴ活動と呼ぶことにしよう。仕事をＰＥＴ化するというのは、あまりにも不真面目に聞こえるかもしれない。しかし、仕事をしている姿を家畜のように位置付けるワーク・ライフ・バランス論よりは、はるかに人間的ではないか。従業員一人ひとりが仕事に愛着を持ち、生活のかけがえのない一部として自分事化するためには、このＰＥＴこそがカギを握る。

最近流行しているギグ・エコノミーは、デジタル技術の本質的なパワーであるバーチャリゼーション（仮想化）を巧みに利用した仕事の仕方である。時間と空間をワープして、自分を多重化することが可能になるため、一人当たりの生産性は数倍に高まる。

しかし、それはデジタル時代の時間と自分の切り売りでしかない。そこに真の働き甲斐があるだろうか？

筆者はノマド・エコノミーを提唱している。終身雇用のように、1カ所に定住する必要はない。しかし、転々とさすらい続けたり、瞬間芸で価値を提供することだけでは、生き甲斐はおろか、働き甲斐すら感じられなくなるはずだ。

筆者は四半世紀に及ぶ経営コンサルティング活動を通じて、その悲哀を嫌というほど味わってきた。修業時代は学習と脱学習がすさまじいスピードで繰り返され、それこそジェットコースターに乗っているようなスリルが味わえた。しかし、パートナー、そしてシニアパートナーとなるにつれ、ほとんどの経営課題がデジャブ現象に見えてくる。どこかで体験した光景である。そして、即座に答えがひらめく。まさに瞬間芸なのだが、それだけでは経験知の切り売りにすぎない。

もっと質の違う体験の場が欲しくなる。しかもある程度、時間と空間の密度の高い経験の場である。実際にコンサルタントの多くは、実業やソーシャルワークに「移住」していく。コンサルタント時代のように、3カ月ごとにクライアントや課題が変わっていくような目先の変化はないが、じっくり仕事の手ごたえを感じる。

もっとも一つのところに定住していては、またぞろ経験知で勝負してしまいがちになる。そこで（3カ月ごとではなく）3年ごとくらいに、新たな学びの場を見つけて移住していく。

これがノマド型なのだ。定住と移住を繰り返す働き方である。それぞれの場でしっかりと学び、価値を提供し、進化していく。そして次のバージョンアップの機会を求めて、旅に出る。終身雇用エコノミーの先は、ギグ・エコノミーではなく、このようなノマド・エコノミーであるべきだ。

78 凸レンズから凹レンズへ

通説

ここまでVUCAをきちんと説明してこなかったが、VUCAとはVolatile（不安定）、Uncertain（不確実）、Complex（複雑）、Ambiguous（曖昧）を合わせた言葉だ。時代を象徴する言葉として、経営や人財の将来を考える際に、頻繁に登場する。

そのような時代においては、これまでの伝家の宝刀であったPDCAは通じない。計画（Plan）そのものが成り立たないからだ。先が見えないのに、勝手に計画を立ててその実行に邁進してしまうと、時代の変化から大きくずれてしまう。そこで前章で述べたように、OODAモデルが注目されている。これによって環境変化に対しては、現場で的確に判断し、行動できるようになる。

しかしそれだけでは、海図のない航海に出るようなものだ。そこで、一つのぶれない指針として3年先の到達点に照準を合わせた中期計画がますます重要になってくる。ただし、環境変化に応じて、都度見直しが欠かせない。そこで、毎年ローリングと称して、中期計画に修正をかけていく。それが企業として、不確実な時代のなかで組織全体のベクトルをアラインしていくためのリズムづくりの役割を果たしている。

真説

VUCAという世間の戸惑いを、ソフトバンクの孫正義会長は一笑に付す。

「近くを見るから船酔いするんです（100キロ先を見ていれば景色は絶対にぶれない）」

筆者がかつて、将来を予見する方法を孫氏に尋ねたところ、明確な答えが返ってきた。「システム全体の次世代のボトルネックになるところに投資する」というのだ。

最初はソフトウェアがボトルネックとなると判断して、そこに進出した。ソフトバンクの誕生である。次にネットワークがボトルネックとなるとみるや、ADSLにいち早く参入。さらには日本ボーダフォンを買収して携帯サービスも掌中におさめる。そして、いずれ再度端末側の処理能力がボトルネックとなることを見据えて、半導体設計企業のARMを買収。行き着く先を見据えて、押さえどころを見極めるところが、孫流タイムマシーン経営の極意である。

グーグルの創業者の一人であるラリー・ペイジは、「なぜグーグルは未来を作り出せるのか」という質問に、以下のように答えている。

「我々は3つのことにのみフォーカスしている。未来はどうなるのか？　それを我々はどうやって作るのか？　そして、そこに向けて全速力で疾走できるように組織全体をいかにエンパワーするか？」

この3つ目の組織全体のエンパワーメントこそが、グーグルの最大の特徴である。

同社は、自社の高業績を上げているチームに共通の特徴を調査したプロジェクト・アリストテレスの結果を公表している（図40）。その内容は、極めて意外（counter-intuitive）なものだった。まず最重要項目が安心感（Psychological Safety）である。これは積極的なリスクテイクで鳴らしている同社に、最も似つかわしくないのではないか？　グーグルの幹部にそう問いかけたところ、「これはアクセルとブレーキの関係と一緒です」という答えが返ってきた。ブレーキが利くという安心感があるからこそ、思い切りアクセル（リスク）を踏み込むことができるという。

2つ目の項目の相互信頼（Dependability）も、意外性がある。本来自律性が高いのが、グーグルの組織の特徴ではなかったのか？ グーグルの幹部は「一人の人間ができることは極めて限られています」と解説してくれた。「ムーンショット」のようなMTPを実現するには、チーム内の他のメンバー、さらには他のチームのメンバーを信頼して取り組むことが不可欠だというのである。

グーグルでは、もう一つ、興味深い調査結果を発表している。プロジェクト・オクシジェン（図41）と名付けられたこのプロジェクトは、同社のグレート・マネージャーの行動原理を10個にまとめたものだ。そのなかで、最も重要な行動原理が「良きコーチであること」である。「明確なビジョンや戦略を持つ」「カギとなる技術スキルを持つ」「強い意思決定力を持つ」など、通常企業が重視している特性はそれぞれ7、8、10番目と後の方だ。しかも、いずれもそれがコーチとしていかにチームを支援することに役に立つかが、目的関数となっている。

図40 プロジェクト・アリストテレス

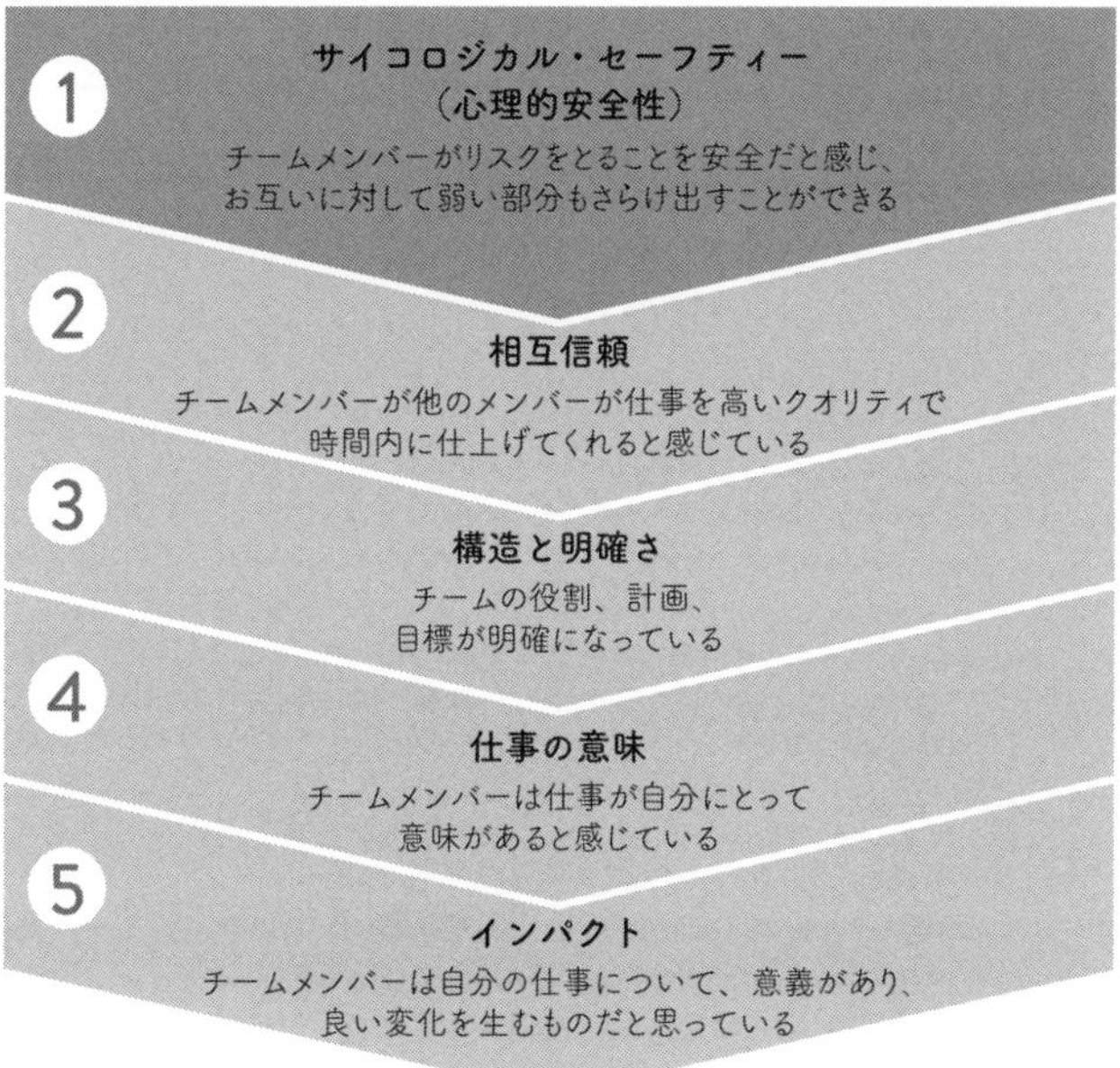

1	**サイコロジカル・セーフティー（心理的安全性）** チームメンバーがリスクをとることを安全だと感じ、お互いに対して弱い部分もさらけ出すことができる
2	**相互信頼** チームメンバーが他のメンバーが仕事を高いクオリティで時間内に仕上げてくれると感じている
3	**構造と明確さ** チームの役割、計画、目標が明確になっている
4	**仕事の意味** チームメンバーは仕事が自分にとって意味があると感じている
5	**インパクト** チームメンバーは自分の仕事について、意義があり、良い変化を生むものだと思っている

出所：Google

では、良きコーチの行動原理は何か？　グーグルでは、コーチングでよく使われるＧＲＯＷというシンプルなモデルを採用している（図42）。

この４つの質問を、チームメンバーに投げかけて、考えさせ、行動させることが、良いコーチの条件だという。現場をその気にさせるための当たり前の行動を、いかに徹底できるかが問われているのだ。ＯＯＤＡと比べると、状況起点ではなく、ゴール（志）起点であるところが大きく異なる。そして、これこそが志本経営の本質である。

グーグルやソフトバンクは、時間軸のマネジメントにも共通点がある。図43は縦軸に時間をとっているが、通常企業はこのうち、中期に重点を置いたいわば凸型（さらに言えばメタボ型）になっている。それに対して、グーグ

図41　プロジェクト・オクシジェン

良いマネージャーの行動

1 良いコーチである	2 チームをエンパワーし、マイクロマネージしない	3 インクルーシブなチーム環境を作り、その成功と幸福に配慮する
4 生産的で結果指向である	5 良いコミュニケータであること――耳を傾け、情報を共有する	6 キャリアデベロップメントを支援し、パフォーマンスを議論する
7 チームのビジョンと戦略を明確に持っている	8 カギとなる技術スキルを保有し、チームに助言する	9 グーグル社内で協力する
10 意思決定能力が高い		

出所：Google

図42　GROWモデル

Goal　：究極的に、どうなりたいのか?
Reality：現状どうなっているのか?　ボトルネック（壁）は何か?
Options：実現に向けて、どのような選択肢があるか?
Will　：具体的に何をするか?

出所：Google

ルやソフトバンクは、超長期と超短期をしっかり見据えた凹型の経営モデルとなっている。アメリカのＧＡＦＡＭ、中国のＢＡＴＨ、日本のＮＳＦ（日本電産、ソフトバンク、ファーストリテイリング）ら指数関数的成長企業に共通した特徴である。

超長期と超短期の時間軸のマネジメントこそ、サステナブルな経営の本質である。筆者は『学習優位の経営』（２０１０年）で、３つの進化モデルを提唱している。深化と伸化と新化だ。そして、深化は短期、伸化（拡業とも呼んでいる）は中期（長期への渡り廊下）、新化（次世代ビジネス）は長期を対象にするという時間軸の「ずら」しにこそ、経営の本質がある。多くの企業は、この３つを同時にこなそうとして、いずれも中途半端に終わってしまうのである。

長期ビジョンの策定に取り組む企業は、増えてきた。ただ、多くは２０３０年という10年後に照準を合わせている。しかしその中身をみると、今の延長線であることが少なくない。自社時計では10年後かもしれないが、世の中を広く見渡すと、明日実現されないことの方が不思議に思えてくる。

トヨタやみずほＦＧなど、一握りの企業は２０５０年ビ

図43　遠近両用アプローチ

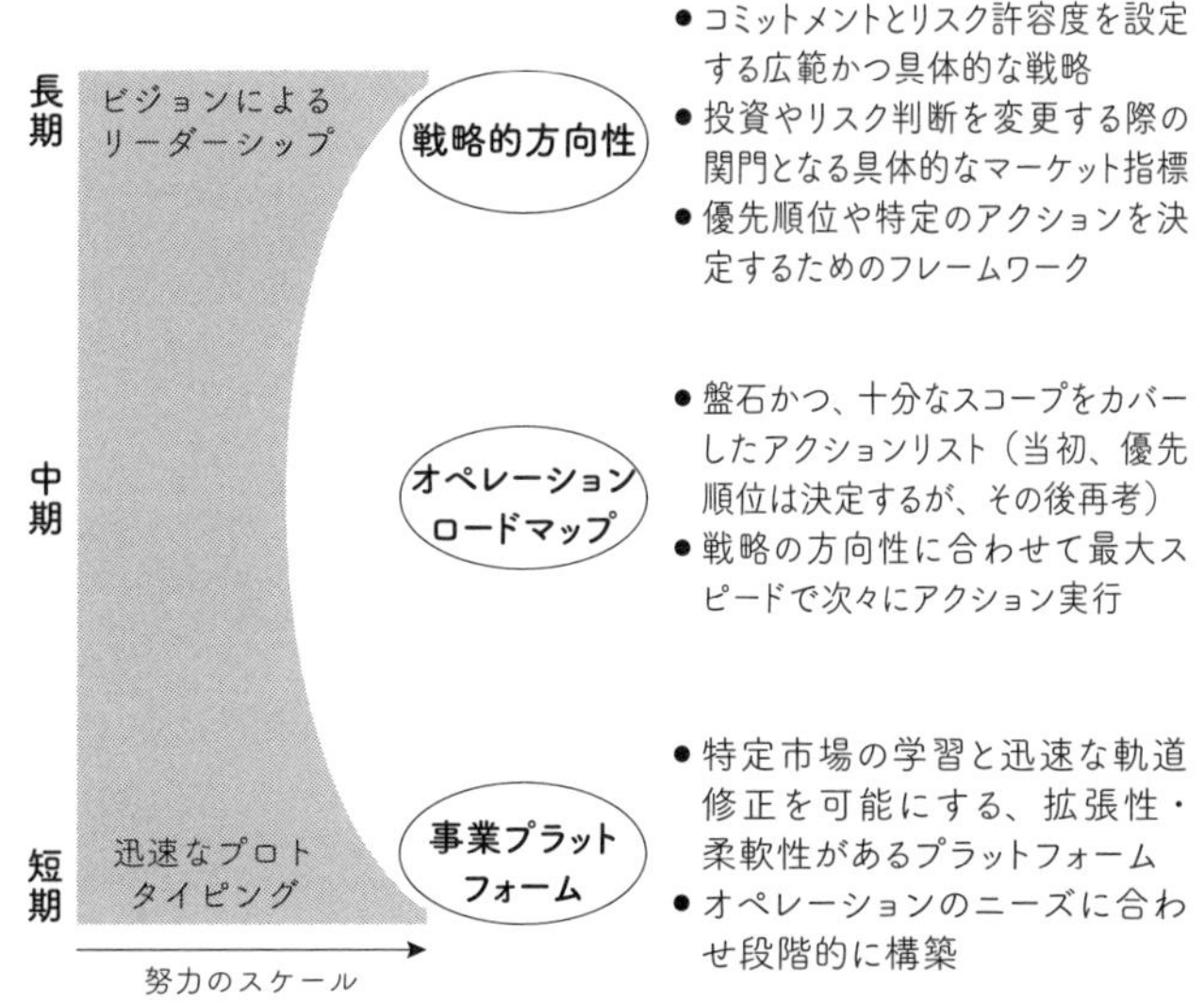

出所：名和高司『企業変革の教科書』東洋経済新報社

ジョンを策定している。ただ、そのほとんどが、ＥＳＧやサステナビリティに焦点を当てたものである。しかもその中身は、世の中的にみると、30年後ではなく、やはり10年以内に現実化しているであろうものが少なくない。

２０５０年という年には3つの意味がある。

第1に、日本では人口減少が続く一方で、世界の人口は１００億人を超える。もしすべての人類が今のアメリカ人並みの生活を送ると、地球5個分の資源が必要になる。サステナビリティは死活問題となっているはずだ。

第2に、２０４９年には中国が建国１００周年を迎える。中国はそれまでにアメリカを抜いて、世界の覇権を握っている可能性が高い。地政学的なパワーゲームが、新たな局面を迎えるだろう。

第3に、２０４５年、すなわちシンギュラリティ・イヤーの先であること。デジタルは革命から日常になっているはずだ。シンギュラリティがいつ来るかが論点ではなく、シンギュラリティ後の世界や社会、経済、そして経営の在り方を、より踏み込んで描いてみる必要がある。

言い換えれば、２０５０年はサステナビリティ、グローバル、そしてデジタルという三つのメガトレンドが大きな変曲点（ビッグ・ピボット）にさしかかるタイミングである。

この変曲点を見極めるためには、通常の経営計画の策定プロセスに馴染んでしまっている経営者や経営企画部門では、明らかに力不足だ。外部、しかもマッキンゼーやＢＣＧなどのありきたりの経営コンサルなどではなく、真の先見力・洞察力を持った一流の知恵を結集しなければならない。

筆者は、長期計画を作る前に、真面目にＳＦを読んでみることをお勧めしている。たとえばアイザック・アシモフの「ファウンデーション・シリーズ」や「ロボット・シリーズ」など。50年以上前に描かれたものだが、今でも、未来に関する多くの示唆に富んでいる。自己組織化などを取り入れた進化経済学を説き、ノーベル経済学賞をとったポール・クルーグマン教授が、アシモフをはじめとするSFの大ファンであることは、偶然ではあるまい。

いずれにせよ、日本企業は中期計画に多くの時間を費やすという20世紀型の経営スタイルを、いい加減、脱学習すべきである。そして凹型の時間軸モデルへとシフトできた企業だけが、真の両利きの経営の覇者となるはずである。

79　グローバルからJグローバルへ

通説

日本企業にとってデジタル革命に匹敵するチャレンジが、グローバル化である。日本的経営からグローバル経営にバージョンアップできた企業は、残念ながら皆無である。

海外のグローバル企業に買収されたり、海外からグローバル経営者を招聘した日本企業も、残念ながら、真のグローバル経営に移行し切れていない。カルロス・ゴーン元CEOのもとで快進撃を続けた日産は道半ばで頓挫し、フランス人のCEOを冠する武田薬品も、台湾のフォックスコンに買収されたシャープも、まだ変革の途上にある。

失敗の真因は、日本型経営の勝ちパターンから脱し切れないところにある。それは以下の3つに集約される。

①現場主義――現場力にこそパワーの源泉があるという思い込み。また経営者のほとんどが現場出身者で、欧米型の経営力をまったく持ち合わせていない
②改善主義――(既存)顧客の声を真摯に聞き、現場の知恵を集めて、カイゼンを積み重ねることが成長力の源泉であるとの信念。非連続な発想や、異質なものの知恵を受け入れない
③自前主義――自社の力を信じ、すべてを自らでやり遂げようとするこだわり。「他人のふんどし」やM&Aによる成長には、どうしても本腰が入らない

これらはいずれも、日本企業の成長ドライバーであっただけに、現状維持バイアスに陥りやすい。しかし、この新・3種の神器にこだわっている限り、グローバル経営への移行は不可能だ。

とはいえ、ゼロベースでグローバル経営モデルを生み出せる力のある日本企業は皆無だ。マイクロソフトやグーグル、ネスレやユニリーバ、ジョンソン・エンド・ジョンソンやノボノリディスク、ゴールドマンサックスやマッキンゼーなど、欧米の一流企業から、いかにグローバル経営の本質を謙虚に学ぶかが、出発点となるはずだ。

真説

グローバル経営の教科書的な見本などというものは、そもそも存在しない。欧米企業もそれぞれ独自の経営モデルを自己流に進化させながら、独自のグローバル経営手法を磨き上げてきている。

ただ、共通の押さえどころはある。以下の3点だ。

①パーパスの自分事化——自社ならではは信念や志を、世界各地の全社員に埋め込む。J&Jの「我が信条」、ノボノルディスクの「トリプルボトムライン」などは、その代表例
②現場主義（イノベーション@エッジ）の徹底——各地域でディープインサイダー化する。例えば3MやGEの「IXFX」（Xにはそれぞれの国を入れる、たとえばインドであれば、In India For India）やネスレ日本における「イノベーションアワード」などの仕組みが参考になる
③スケーリングの仕組み——各地域の知恵をグローバルに流通・活用させる仕組みを構築する。たとえば、シーメンスの「Techno Web 2.0」やマッキンゼーの「ナレッジポータル」など

グローバルに活躍する日本企業も、①や②はすでに実践している。

たとえばYKKの場合、①は「善の循環」である。CSVにも通じるPay Forward思想である。また②は、「土地っ子になれ」という教えである。10年くらいの海外滞在は海外出張扱い、20年を超えないと海外駐在経験者として認められないというのだから、舌を巻く。

またコマツの場合、①は「コマツウェイ」の布教である。同社は、2000年代に、坂根正弘元社長のもとでV字回復を実現したが、その基盤となったのが、この思想の世界展開である。野路國夫専務（当時、その後、坂根氏の後任として社長に就任し、現在同社会長）を筆頭とする全社委員会のもと、コマツウェイ浸透のために各地域でさまざまなプログラムが実施された。また②は、日本だけでなく、各地域におけるマザー工場を選定し、地域内での独自の取り組みを支援する仕組みを導入した。これらの取り組みを通じて、「日本国籍グローバル企業」（坂根元社長）を目指している。

ユニクロの場合、①は LifeWare 思想そのものである。そのうえで、②はチェーンストアモデルか

ら個店経営モデルに転換し、各地域のコミュニティに寄り添った独自展開を進めている。たとえば中国では、中国出身の藩寧社長のリーダーシップのもと、OMO（Online Meets Offline）モデルの先行展開によって快進撃を続けている。藩社長も「当社は日本発グローバル企業であると同時に、中国内インサイダー企業としての市民権の確立を目指している」と語っている。

海外企業に比べて、日本企業が押しなべて弱いのが、③のスケーリングの仕組みである。欧米企業がかつて得意だった標準（ルーティン）化だけでは、②の地域発イノベーションは起こりにくい。かといって②を各地域のクリエイティビティだけに任せていても、世界規模でのスケールはとれない。先述したクリエイティブ・ルーティンの仕掛けづくりが不可欠なのである。

そこでデジタルパワーをいかに活用するかが勝負となる。通常、2つの背反する軸が存在する。一つはスキルとスピードの経済、もう一つが規模と範囲の経済だ。前者は中小企業が得意とし、後者は大企業が得意とする（図44）。

これまでは新興企業が①の未分化の状態で発生し、自律分散型（中小企業連邦）か、中央集権型（大企業）へと進化する。前者はスキルとスピードの経済を、後者は規模と範囲の経済に重きを

図44　融知（connected brain）型ネットワーク組織への進化

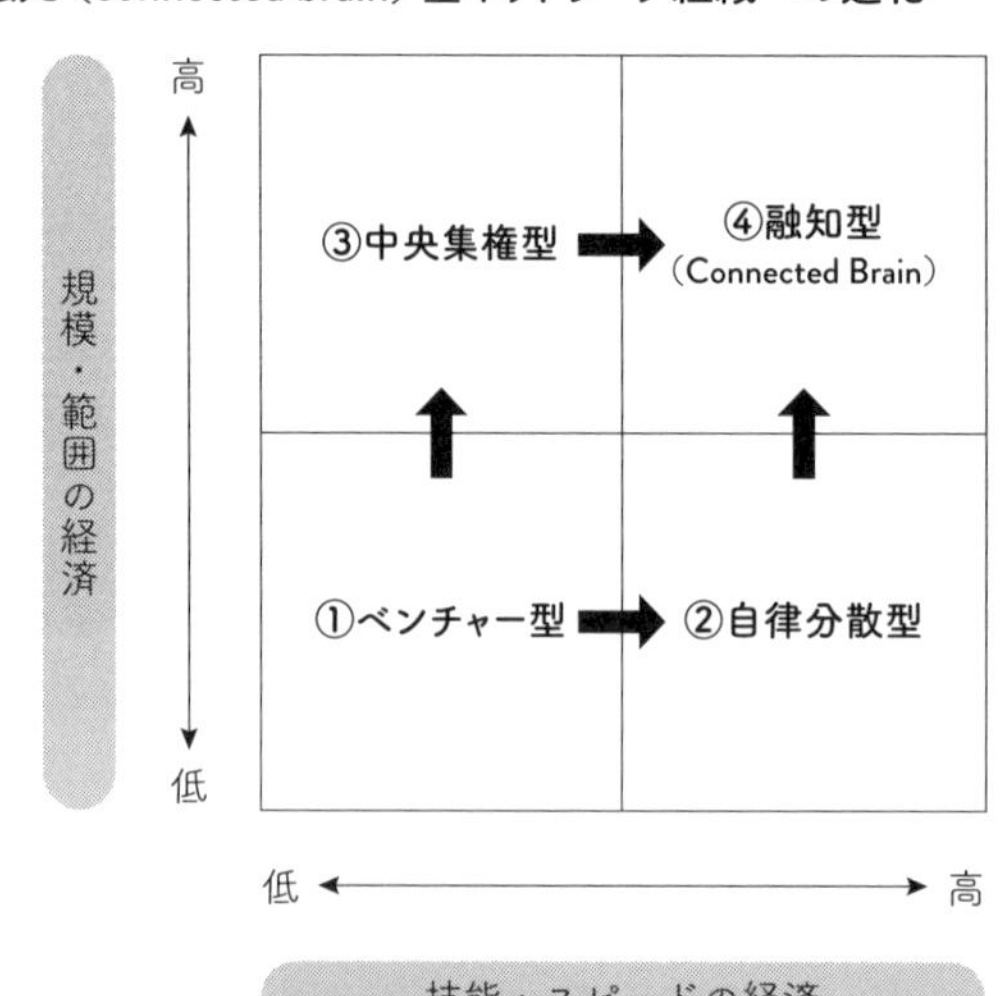

出所：筆者作成

置くものの、もう一方の経済はあきらめざるを得ない。

しかし、デジタルネットワークの進展によって、自律分散の仕組みを残しつつ、規模と範囲の経済を獲得することができるようになる。双方向コミュニケーションツールやナレッジマネジメントなどのデジタルパワーを活用すれば、分散した環境の間をつなぐ場やコンテクストに沿って情報共有や協働作業を進めることが可能になるからだ。

しかも、それは自社グループのなかだけではない。エコシステム全体としてとらえなおすと、自社のケイレツや業界を超えて、多様なプレーヤーと柔軟に異質な知を連結していくことができるはずだ。まさにオープンイノベーションのプラットフォームとして活用できるのである。

しかし、日本企業はこのようなデジタルの活用が、海外の先進企業に比べて10年は遅れている。先の新・3種の神器、すなわち現場主義、改善主義、自前主義が、このようなデジタルパワーの取り込みを阻害しているためだ。

デジタル化とグローバル化は、2つの異なった潮流ではない。日本企業は、CDO（Chief Digital Officer）などのDXの仕組みを、価値観変革のブースターとして埋め込むことが急務である。そうすることによって、グローバル化を阻害してきた組織間の壁が崩れ、日本企業ならではの強みを基軸とした真のJグローバル経営を確立していくことができるはずだ。

第15章　共感を生む日本的価値観

80　安全から安心へ

通説

英『エコノミスト』誌は、毎年世界の安全な都市ランキングを発表している。東京は3年連続（２０１７〜19年）トップの座に輝いている。最新のランキングでは、東京に続いて、シンガポール、そして大阪が、2位、3位に入っている。

以前から、日本は犯罪率の低さで定評があった。しかし、将来も安全であり続けるという保証はどこにもない。サイバーセキュリティが高いほど、腕利きのハッカーのターゲットになりやすいという傾向も無視できない。個人の安全性に関しても、最近多発している個人情報の漏洩事件などを鑑みれば、ビッグデータ時代の個人情報管理は、抜本的な対策が求められている。

ＩｏＴの進展に伴い、今後はますます監視社会に移行していく。筆者がインドのＩＴ企業テックマヒンドラで見せてもらったスマートシティシステムでは、バンガロールにいながら、シンガポールの公共の場がすべてカメラで監視できる仕組みになっていた。

デジタルパワーによって、より堅固（robust）な安全性を社会インフラとして構築できるか？ 日本もこれまでの安全神話に安住せず、21世紀型のセキュリティシステムを抜本的に強化しなければならない。

真説

日本人はよく安心・安全というフレーズを口にする。しかしこの2つは、本質的にレベルの異なるコンセプトである。たとえば、自動運転など、次世代モビリティに求められているものは、物理的な安全を超えて、心理的な安心の世界でなければならない。

日本のメーカーは、完璧を求め続ける。その結果、過剰品質に陥ってしまい、世界的な安値競争から脱落してしまいがちである。しかし、ヒトの命を守る品質は、最高水準であるべきだ。そのためには、単に安全であるだけでなく、安心という信頼を獲得するレベルまで品質を高め続けなければならない。そしてここそ、日本企業の1丁目1番地である。

安心を忠実に英語に翻訳するとpeace of mindである。心の平安であり、絶対的な信頼だ。そう、母親の腕に抱かれた赤ちゃんのように。

赤ちゃんと言えば、哺乳瓶の世界ナンバーワン企業のピジョンの志（パーパス）は「愛」だ。「愛を生むは愛のみ」を社是とし、「愛を製品やサービスの形にして提供することによって、世界中の赤ちゃんとご家族に喜び、幸せ、そして感動をもたらす」ことを使命としている。

そのピジョンは、中国でも安心のブランドとして高く評価されている。親は誰も、大切な赤ちゃんのためなら、安心のブランドに信頼を寄せるはずである。

安心は、顧客への約束である。そしてそれはまさにブランドに求められる絶対価値そのものでもある。もちろん、そこにはただ一つのほころびも許されない。

数年前、筆者がデンソーの社外取締役を務めていた際に、同社はCrafting the Core（一番大切なものを手塩にかけて形にする）を新たなブランドステートメントにすることにした。「デンソーインサイド」であれば、安心して任せられるという顧客の信頼をいかに勝ち取れるかが、これからのデンソーにとっての勝負どころである。

社会規範としても、信頼は監視に勝るはずだ。

監視社会は、違法行為を取り締まることを目的としている。不正問題が多発するなかで、企業においても、コンプライアンスが強化されている。そのために、監視カメラをあらゆるところに設置しまくるといった光景を、公共の場でも企業でもよく見かけるようになった。国家レベルで監視が最も進んでいるのは、中国だろう。しかし、監視が本当に正しい打ち手なのだろうか？

２０１８年、グーグルで2つの事件が起こった。

一つ目は、アメリカ国内の話である。同社がペンタゴン（国防総省）からドローンやＡＩを駆使した監視システムを受注。プロジェクト・メイヴンというコードネームで呼ばれていたものだ。これを知った何千人もの社員が、スンダー・ピチャイCEOに対して、反対の懇願キャンペーンを行ったのである。その結果、会社側は契約打ち切りを決断させられた。

二つ目は、中国をめぐる問題だ。グーグルは２０１０年、政府検閲を嫌って中国での検索事業から撤退した。しかし中国がネット市場として急成長するなか、水面下で再参入の道を探り始めた。ドラゴンフライの名称で、中国向け検索エンジンの開発計画を進めようとしたのだ。これに対して、一部の社員が「政府の監視強化を助けるだけ」と反対声明を公開し、計画撤回を迫ったのである。

いずれもグーグル社員らが監視社会化をいかに懸念しているかを、象徴するエピソードだ。グーグルは２０００年以来、Don't Be Evil（邪悪になるな）を社内の最も重要なモットーとして掲げてきた。２０１５年に持ち株会社となったアルファベットがこれを Do the Right Thing に変更した際にも、傘下のグーグルは Don't Be Evil を取り下げなかった。そのようなグーグリアン（グーグル社員）にとって、監視社会そのものが Evil Society なのである。

１９４９年に出版されたジョージ・オーウェルの『１９８４』は、ＳＦ小説の傑作である。そこに描き出された超監視社会は、ディストピア以外の何物でもない。

では監視に代わる Right Thing は何か？　その答えが信頼（Trust）であり、絆（Bond）ではないだろうか？　みんながお互いを信頼し合い、絆を大切にする社会である。先述したように、フェイスブックのザッカーバーグＣＥＯも、２０１７年、自社のパーパスを Connectivity（結び付き）から Bonds（絆）に変えている。

監視し統制することなくして、いかに社会の秩序を守っていくのか？　キーワードとして注目されているのが、Resilience（柔軟性、回復力）である。

不正や病気、自然災害を、完全に排除することは不可能だ。だとすると、そのような状況から素早く立ち直り、より強く正しい状態を目指し続けなければならない。言い換えれば、社会全体での脱学習力と学習力が問われているのである。

これまで幾度となくそのような苦難を体験し、そのたびに驚異的な治癒力を発揮した日本。そこに根付いているResilienceの精神こそ、日本の隠れた無形文化遺産ではないだろうか？

81　健康（Health）から幸福（Wellness）へ

通説

寿命に関する世界ランキングを見てみよう。

ＷＨＯの２０１６年度の調査では、日本は男女平均が84・2歳で世界トップ。女性平均は87・1歳でこちらのトップ、男性平均は81・1歳でスイスに僅差（0・1歳）で下回って2位だった。堂々たる長寿国である。

一方、健康寿命はどうか？　ＷＨＯの同年度の調査では、日本人は74・8歳で、1位のシンガポール（76・2歳）の次につけている。こちらも堂々たる数字だ。

しかし、気になるのは、日本人の場合、平均寿命と健康寿命の差が8歳あるということである。場合によっては、8年間は寝たきり状態ということも考えられる。これは本人や家族、そして国の医療費にとって、大きな負担となる。もちろん現在62歳の筆者にとっても他人事ではない。

では、健康寿命を伸ばすにはどうすればいいのか？

齢をとって身体活動量が低下すると、健康が保てなくなる。その主な原因は、メタボ、サルコペニア、フレイルの3つだとされる。メタボはよく知られているが、あとの2つは最近注目されている。長寿国日本でも２０１４年に「日本サルコペニア・フレイル学会」が設立された。

サルコペニアとは、ラテン語で筋肉を表すsarco（サルコ）と喪失を表すpenia（ペニア）を合わせた言葉。加齢に伴って生じる筋力低下を指す。

フレイルとは、加齢に伴い身体の予備能力が低下し健康障害を起こしやすくなった状態を指す。いわゆる虚弱である。

運動器疾患であるロコモとあわせて、サルコペニアとフレイルも、運動量の低下、ひいては健康障害の原因となる。しかもこれらが重なると、悪循環をもたらす。

これら3つに打ち勝つためには、バランスの良い食事と、適切な運動が欠かせない。具体的には、筋力を低下させないために、筋肉の素となる栄養素であるたんぱく質やアミノ酸を積極的に摂取することが勧められている。また、運動に関しては、レジスタンス運動（筋肉に負荷をかけて行う運動）が効果的であるとされている。

長寿国日本を、世界が注目している。日本の健康寿命を伸ばすことができれば、そのソリューションを世界に発信していくことができるはずだ。デジタル革命では立ち遅れた日本にとって、ヘルスケア革命は世界をリードできる数少ない分野の一つとして期待されている。

真説

今注目されているのは、健康寿命を超えた幸福寿命である。もちろん、身体が健康であり続けるに越したことはないが、心も健康でない限り、生き甲斐は感じられないはずだ。

２０１９年のＧＮＨ（Gross National Happiness：国民総幸福量）ランキングでは、１位フィンランド、２位デンマーク、３位ノルウェーと、スカンジナビア諸国が金銀銅を独占している（なおアイスランドは4位、スウェーデンは7位)。ちなみに、アメリカは19位、中国は93位だ。

一方、日本は過去7年間で最下位の58位。台湾(25位)や韓国(54位)よりも下だ。

健康寿命に比べても、はるかに改善の余地がありそうだ。

順天堂大学大学院医学研究科の老人性疾患病態・治療研究センターの平澤恵理教授らは、「幸せな健康寿命社会の実現」を標榜している。その原動力となるのが動く力だ。動く力が認知症や要介護状態に陥ることの予防につながるだけでなく、幸福度向上をもたらし、さらには社会資本としての絆づくりにつながるというのである。

平澤教授らは、幸福度を測定する際に、オキシトシンの分泌量に注目している。オキシトシンは、副交感神経を活性化することにより自律神経を安定化させる機能を持つホルモンである。その結果、脳の疲れを癒やし、気分を安定させ、人に対する信頼感を増し、心地よい幸福感をもたらすと期待されている。幸せホルモンや癒やしホルモンなどとも呼ばれている。

オキシトシンを分泌させるためには、次のような行動が効果的だと言われている。

- スキンシップ(人間だけでなくペットなどでもＯＫ)
- 家族や友達との団欒
- 親切、思いやりの心を呼び覚ます
- 人にプレゼントを贈る、料理を作る

絆によってオキシトシンが分泌され、さらに絆が深まっていく。絆ホルモンとも呼ばれている所以である。

平澤教授らは、このオキシトシンを簡便に測定するハピネス・バイオマーカーを開発、今後実証実験を進める計画だ。その結果、〈動く力の向上↓触れ合う機会の向上↓絆の向上↓幸福感の向上〉という好循環が証明されるだろう。

デカルトの「われ思う、故にわれあり」から出発した西洋の近代哲学は、心と身体との関係を二元論的な視点で問い続けてきた。一方、東洋では、「心身一如」という一元論的な考え方が基軸であり続けた。

心（マインド）はどこにあるかと聞くと、多くの西洋人は頭（脳）を指さす。それに対して、日本人の多くは心臓（身体）に手を当てる。胸がときめく、胸が締め付けられるという日常感覚からくるものだろう。情動が自律神経に大きな影響を与え、アドレナリンなどのホルモンを介して心臓の動きに伝わるからだと、神経科学的に説明されたとしても簡単には納得しない。その情動こそ、心の動きと身体の動きが一体となったものだということを体感しているからである。

西洋においても、デカルト的な二元論を超えようとする動きが見られる。古くは分析心理学の巨人、カール・グスタフ・ユングだ。ユングは、無意識の最深層においては、心と身体をつなぐ類心的無意識が存在すると主張。ユングが晩年、東洋的瞑想に傾斜していったことはその思想と無関係ではないだろう。

最近では、アントニオ・ダマシオ。身体と心がつながっていることを、神経科学の立場から提唱、西洋的な二元論の誤謬（『デカルトの誤り』１９９４年）を指摘している。脳研究者の多くが、心は脳がつむぎ出すものととらえ、心は脳の内的現象だと位置付けるのに対して、心と身体との相関関係に着目している点が注目される。

哲学の立場からは、新進気鋭のドイツ人哲学者マルクス・ガブリエルが、この問題を正面から論じている。『「私」は脳ではない――21世紀のための精神の哲学』（２０１５年）で、ガブリエルは精神を脳に還元してしまうニューロマニア（脳至上主義）的な考えを真っ向から否定する。そして、そのような科学的な宇宙ではなく、心（精神）の固有の働きに着目した新実在論を提唱している。しかしガブリエルは脳という身体の一部と心（精神）を切り離してしまうことで、精神至上主義的な伝統的二元論に逆戻りしていることは皮肉である。

最近、心身一如という東洋的な考え方が世界中で改めて注目されている。いわゆるマインドフルネスである。これについては、次章で詳細に論じることにしたい。

ＩｏＴを活用することで、身体運動と幸福感の相関関係を解明する試みも注目されている。その代表例が、日立製作所の矢野和男フェローらによる、ウェアラブル技術による幸福度の計測だ。加速度センサーを使って身体運動のパターンを計測し、ハピネス値との関係を分析した結果、身体運動と幸福感の間に高い相関がみられたという。

それだけではない。生産性の向上にも直結するというのである。たとえば、あるコールセンターでの実証実験では、休憩時間中にパートの従業員同士の雑談が弾むと、コールセンター全体の幸福度が上昇し、受注率が30％も増加した。さらに、業務中に監督が従業員と適切なコミュニケーションを行うと雑談が弾み、コールセンターの受注率が継続的に20％以上向上したというのである。

幸福な職場ほど、生産性が高まる。そして職場の幸福度を高めるには、組織としての一体感や絆を高める必要がある。そのためには、身体運動が不可欠である。〈動く力の向上↓触れ合う機会の向上↓絆の向上↓幸福感の向上↓生産性の向上〉という好循環の方程式が、ここでも証明されたのである。

アメリカにおいても、幸福経営が注目されている。２０１０年にハーバード大学の人気講師ショーン・エイカーが“*The Happiness Advantage*”（邦訳『幸福優位　7つの法則』）を出版。同じ年に、靴のオンラインショップとして急成長したザッポスのトニー・シェイＣＥＯが著した“*Delivering Happiness*”（邦訳『ザッポス伝説』）が火付け役となった。

『ハーバード・ビジネス・レビュー』も、２０１２年１・２月号（日本版同年5月号）でThe Value of Happiness ―― How employee well-being drives profitsを特集。「成功することで幸せになれる」のではなく、「幸福を感じるようなことを続けることが個人の成功へとつながる」と論じた。

このような流れのなかで、ＣＨＯ（Chief Happiness Officer）という役職が急浮上してきている。グーグルをはじめとするシリコンバレーの有力企業が震源地となり、フランスでも今や１５０社以上に広がっているという。

ＣＨＯという役職を導入した日本企業はまだ一握りしかない。他の「外来種」と同様、いずれ近いうちにブレイクする可能性が高い。しかしＣＤＯやＤＸなどの最近のデジタルブーム同様、それによって真の生産性革新と価値創造をもたらせられるかどうかが、真価の分かれ道となるだろう。

そして、そのような「幸福経営２・０」を日本で確立することができれば、日本発の次世代経営モデルとして、世界から注目されるはずである。

82　神経から身体へ

通説

自律神経には、交感神経と副交感神経の2つがある。交感神経が優位に立つと、イライラし、免疫力が低下する。逆に、副交感神経が優位に立つと、注意力が散漫になりミスが増える。この両者のバランスをとることが重要だとされる。

生産性を高めるには、交感神経を活性化させる必要があると考えられてきた。交感神経の別名は、「闘争と逃走（Fight & Flight）の神経」、激しい活動を行っている時にみなぎってくる。その時に分泌されるのが、やる気ホルモンとも呼ばれるアドレナリンだ。そのアドレナリンが生成する前の段階の物質がドーパミンである。運動、意欲、学習、快楽などにかかわっており、このドーパミンを増やしてチャージできるかが、仕事のパフォーマンスにも大きく影響する。

カフェインは、神経細胞の興奮を抑えている回路の働きを抑える作用があるため、結果的にドーパミン効果をもたらす。コーヒーやスポーツドリンクを飲むと脳が興奮するのは、そのためだ。

一方、覚醒剤は神経細胞をダイレクトに興奮させてドーパミンを大量に放出させる効果があるという。ただし、中毒性が高く、廃人化するリスクが高いため、厳重に取り締まられている。２０１９年には、職場で使用していたとみられるキャリア官僚の逮捕が相次いだ。

交感神経が優位になる現代社会は、どうしてもストレスが溜まりがちだ。特に男性は30代、女性は40代になると、副交感神経の働きが低下するという。そこで、いかに副交感神経の働きを活性化させるかが重要になる。

食べ物としては、乳酸菌が副交感神経を活性化させる効果があると言われている。ぬか漬けなどの漬物や、乳酸菌飲料などがその代表例だ。さらには、睡眠や入浴、適度な運動やヨガなどが効果的だとされている。

そのような流れを受けて、最近注目されているのが、マインドフルネス瞑想である。アップルの創業者スティーブ・ジョブズをはじめとして、シリコンバレーの主要企業の多くが取り入れている。たとえばグーグルは、マインドフルネスを基軸に独自の研修プログラムを導入している。サーチ・インサイド・ユアセルフ（ＳＩＹ）と呼ばれるものだ。今では世界中で広まっており、日本でもようやく火がつき始めた。

マインドフルネスとは、今に集中することで気づきを得る洞察瞑想の一種である。具体的には、まず呼吸法から始める。自律神経のなかで、唯一、意識的にコントロールできるのが呼吸である。1～15分間程度、呼吸に集中することで、今ここに生きていることを体感することができる。より中級編としては、身体のさまざまな場所に注意を向けて、その時に起こっている身体の感覚に気づくというボディスキャン瞑想がある。

マインドフルネス瞑想などを通じて副交感神経を活性化することで、ストレスを払拭することができれば、交感神経を再度みなぎらせることができる。このように現代人は、交感神経と副交感神経のバランスをとり続けることで、生産性を向上させてきたのである。

真説

神経科学の世界では、前述のように、生産性は自律神経の働きと紐付けられてきた。しかし、創造性を向上させるためには、神経だけではなく身体そのものの直接体験が必要だと考えられるようになってきた。マインドフルネス瞑想は、そのような動きの一つの顕著な表れである。

しかし、そもそも東洋では、瞑想は、釈迦以来、２５００年間、実践され続けてきた。そして、それを禅という形に進化させたのが、１５００年前に、南インドから中国に渡った達磨僧だとされる。中国禅はその後、やがて衰退していくが、臨済宗や曹洞宗として鎌倉時代に日本に伝わり、大きく開花していった。

そして20世紀になって、それをアメリカやヨーロッパに紹介したのが、仏教学者の鈴木大拙である。さらに、サンフランシスコ禅センターを開創した曹洞宗の禅僧・鈴木俊隆の著書 *"Zen Mind, Beginner's Mind"*（１９７０年）は、海外における禅のバイブルとなった。スティーブ・ジョブズも自伝のなかで、この本をむさぼり読んだことを告白している。

このように歴史を紐解くと、マインドフルネスの原点は実は日本なのである。日本人が知らない世界に誇る無形文化遺産とでも言うべきであろう。

筆者も海外の経営者を連れて、京都や鎌倉の禅寺で座禅体験をする機会が増えた。２０１９年の春には、比叡山延暦寺で大阿闍梨の講話を聴く機会があった。

延暦寺では千日回峰行という修行がある。千日と言われているが、実際に歩くのは９７５日。「悟りを得るためではなく、悟りに近づくためにやらせてもらっている」ことを理解するためだという。

そのなかでも最も過酷とされるのが堂入りである。入堂前に生き葬式を行った後、足かけ9日間にわたる断食・断水・断眠・断臥の四無行に入る。堂入りを満了（堂さがり）すると、行者は生身の不動明王とも言われる阿闍梨となる。

この修行を途中で放棄する際には、自決しなければならないという決まりになっている。大阿闍梨は、そのためにいつも切腹用の刀を手元に置いていたという。最後に経営者に対するメッセージを尋ねたところ、覚悟という2文字が返ってきた。海外からきた経営者はみな、腹切りを覚悟した日本人の迫力に圧倒され、言葉を失っていた。

鎌倉では、藤田一照禅師に教えをいただく機会が多い。一照禅師は、灘高、東大というエリートコースを歩みながら、28歳で博士課程を中退し禅道場に入山し、29歳で得度。33歳で渡米して以来、17年半にわたってマサチューセッツ州ヴァレー禅堂で座禅を指導するという変わった経歴の持ち主だ。グーグルやフェイスブックなどでも、マインドフルネスの研修に登壇する機会があるという。

一照禅師は、ソマティック・スピリチュアリティ（身体禅）を提唱する。仏教に伝承されてきたさまざまな瞑想行においては、身体の果たす役割が極めて重要視されているという。たとえば、道元は「仏道は身をもって得るなり」と語っている。しかもそこでは、二元論的に身体を意志によってコントロールするのではなく、「からだにおいてからだの声を聴く」ことが目指される。一照禅師は、「身体化された気づき（embodied awareness）」という言葉で、そのような心身一如な体験の重要性を説く。

とはいえ、実際の座禅会は極めてシンプルなものだ。そもそも、もっともらしい説話もなければ、警策で叩かれることもない。骨格標本を見せながら、坐骨はここ、背骨はこうなってといった話が始まる。そしてみんなで身体を動かしていく。

まずウォーミングアップ代わりに、つながりのなかで「動きつつ、動かされる」というワークを行う。3人で手を鎖のようにつなぎ合い、他の2人の動きと呼応しながら動いていく。

次に背中呼吸を行う。仰向けやうつ伏せになって、背骨の前側にある体軸を呼吸が通っていくことを体感する。さらに2人一組で背中をぴたりと合わせて座り、息を相手に送り込んだり、受け取る練習をする。そのあとで背中を離して呼吸を続けると、自分が相手に支えられているという気配を察することができるようになる。

そして、坐禅の坐という漢字は、ヒトがふたり土の上に尻をつけている状態を指していると、教えられる。集団で坐禅をしていると、周りの人とつながっていることに気づく。さらに坐禅を続けると、自分自身を俯瞰する自分がいることに気づく。幽体離脱体験だ。

このようなワーキングを半日続けた後の食事の席で、「どうですか、皆さん。なんだかとてもすっきりしたでしょう」と一照禅師がにこやかに語る。

「体軸を通じて、自分が土と天につながっていることが実感できたのではないですか。自分が一人でありながら、周りとつながっていることも実感できたのではないですか。そう、それでいいのです。頭ではなく身体を通じて、生きていることの喜びを実感する。そうすれば、何かにとらわれたり、迷ったりすることがなくなるはずです」

身体を通じて、心の広がりを体感する。それがマインドフルネスの本質であることに気づかされる。そしてそこには、経営者が持つべき心構えに通じるものがあることを教えられる。

マインドフルネスは、現実逃避やユートピアへの離脱の道ではない。マインドフル活動を通じて身体脳を鍛えることができれば、経営の現場でも役に立つ身体知が生まれてくるはずだ。

83　欲望（greed）から精神（mind）へ

通説

マズローの欲求段階説における第1、第2段階は物質的欲求だ。生きるうえで、必須となる。基本的人権として、すべての人が満たされるべき欲求でもある。しかし、実際には、日々の生活もままならない貧困層が存在する。特に、ＢＯＰ（Bottom of Pyramid）と呼ばれる最貧国では、日常茶飯事の光景である。

そのような状況においては、生存を脅かす恐怖（fear）が人々の行動の原動力となる。生存本能とも言うべき、極めて原初的な衝動とも言えよう。リチャード・ドーキンスなら、「生存し続けようとする遺伝子の本能的ふるまい」とでも説明するところだろう。

しかし、そのような危機的な状況から抜け出すと、このような生存欲求は影をひそめる。一方で、そこから急速に頭をもたげてくるのが、第3、第4、第5段階の精神的欲求だ。成長社会では、周りと比べて、より良い生活、より良い自分の実現に向けての精神的欲求が渦を巻いている。それを突き動かすのが、欲望（greed）だ。しかも欲望は、満たされることがない。常にさらなる高みを目指そうとする力が、経済を牽引していく。まさに欲望経済とも呼ぶべき様相である。

ＮＨＫは、２０１７年から２０２０年の間、４回にわたって『欲望の資本主義』と題した異色のドキュメンタリーを放映している。このシリーズでは、次のようなナレーションが流れ続ける。

「この星は欲望でつながっている。やめられない、止まらない、欲望が欲望を生む世界。わたしたちはいつからこんな社会を生きているんだろう?」

デジタル革命が、欲望経済を指数関数的に成長させる。ＩｏＴが大量なデータを吐き出す。それをＡＩが深層学習して、実世界を動かしていく。データがデータを次々と生み出していくデータ錬金術。まさに現代のゴールドラッシュの到来である。

このゴールドラッシュを前にして、新旧のあらゆるプレーヤーが色めき立っている。日米独各国のビッグ3が世界を制覇していたはずの自動車産業ですら、「１００年に1度の大変革」と大騒ぎだ。ましてやあらゆる製造業は、ＰａａＳ（Product as a Service）の流れのなかで、事業モデルの変革を迫られている。

サービス業はさらに激震に揺れている。フィン（金融）テック、メド（医療）テック、リテール（小売り）テック、アグ（農業）テック、エデュ（教育）テックなど、デジタルをいかに取り込むかが、産業を超えた焦眉の課題となっている。

その際のキーワードとなるのが、Customer Centric（顧客中心主義）だ。アマゾンでは、さらにCustomer Obsessed（顧客執着主義）という呪文が唱えられる。デジタル技術を駆使して、供給者側の論理ではなく、顧客の論理で価値創造プロセスを組み替えることが迫られているのだ。

そしてもちろん顧客は、満たされることのない欲望を持ち続ける。供給者側も、その欲望を際限なく追い続ける。まさに欲望が欲望を生む世界である。

真説

マズローは晩年に、第6段階として自己超越欲求をつけ加えた。自分のためだけでなく他者を豊かにしたいという欲求である。心（mind）を基軸とする共感経済を目指すものだ。

日本を含む成熟国では、欲望に無秩序に突き動かされること自体がクールではないという価値観が急速に広がり始めている。自己実現に代わって、共感が時代のキーワードとして定着しつつある。

かつてマズローは、自己超越の領域に達することができるのは、全人類の2%程度だと語った。しかし、今や20～30代になるミレニアル世代、さらにはその次のZ世代の若者たちは、コミュニティへの帰属意識が高く、消費するよりも他人とシェアする傾向が強い。21世紀を担うこれらの新世代の登場によって、共感こそが、持続可能社会の実現に向けた新たな目的関数として広がっていくはずだ。

自らがミレニアル世代であるフェイスブック創始者マーク・ザッカーバーグは、2017年のハーバード大学の卒業式で、コミュニティという言葉を16回も使った。そして、フェイスブックのあらたなパーパスを、Bring the world closer togetherという5語で表現した。従来のConnectivity（つながり）からBonds（絆）へと、人々の関係性の深化を標榜したのである。

デジタルの中心に顧客を置くのは、20世紀的な欲望経済時代の発想だ。顧客は自らの欲望の果てしない追求（ego-centric）から、コミュニティや生態系全体への帰属意識（eco-centric）へとアップグレードしているのである。だとすると中心に置くべきなのは、「個」客の集合体としての社会全体であるはずだ。21世紀の企業は、欲望に寄り添うのでなく、共通善（Common Good）に向けて顧客とともに踏み出していかなければならない。

日本企業が伝統的に大切にしてきた価値観は、近江商人の「三方よし」であり、渋沢栄一翁の「論語と算盤」である。「三方よし」には、売り手と買い手だけでなく、「世間よし」が謳われている。また「論語と算盤」からは、道義に則った商売をし、儲けは皆の幸せのために使うようにと教えられてきた。

欲望（greed）のあくなき追求の先には、世界にとっても自分にとってもサステナブルな未来はない。そしてそれは、私企業においても同じである。

市場原理やＲＯＥ経営など、時代遅れの欲望経済に媚びを売るべき時ではない。今こそ、日本企業が古来大切にしてきた価値観に立ち返り、その教えを世界中に広める絶好の機会ととらえるべきである。

今、マインドフルネス活動が世界中に広がっていることは、前章でも紹介した通りである。そしてマインドフルネスの原点は、瞑想であり、禅である。瞑想や禅は精神性を高める修行として、日本的な価値の原点だったはずだ。

ところが、そのマインドフルネスに関心を示している日本の経営者は、まだほんの一握りにすぎない。それがアメリカで再発見され、日本に逆輸入されつつあるというのはいささか皮肉ではあるが、自らの価値に気づくことができれば今からでも決して遅くはない。

日本企業も今こそ、マインドフルネス思想の元祖として、精神性を経営の主軸と位置付けなおす必要がある。それができれば、日本が新しい経営モデルの発信地として、再度世界から注目される存在になる可能性は十分あるはずだ。

84 「個」から「和」へ

通説

近代化は、個の確立の歴史でもあった。しかし、日本は近代になっても、村社会の残影を色濃く残し、集団主義から脱し切れていないと思われてきた。アメリカの人類学者ルース・ベネディクトは『菊と刀』（1946年）で、恥の論理という言葉でそのような日本人論を印象付けた。

また、企業活動においても、集団主義が日本企業の特徴であるとも信じられてきた。アメリカの経営学者ジェームズ・アベグレンが、『日本の経営』（1958年）で、終身雇用、年功序列、企業内組合の3種の神器が戦後日本の経済的復興の原動力となったと指摘したことは、よく知られている。

しかし本当にそうだろうか？　アメリカ人から言われることを鵜呑みにしがちなことにこそ、日本人的な卑屈さを感じさせられる。

東京大学の高野陽太郎教授は、『「集団主義」という錯覚』（2008年）で、そのような通説を否定した。心理学、言語学、経済学、教育学などにおける実証的な研究を紐解き、日本人は欧米人より集団主義的だとは言えないと論じた。近代以降、日本人が個人的な行動をとっていたことが、文献調査などから示されている。

いずれにせよ、世界はますます「個」に向かっている。そして、日本ももちろん、例外ではない。たとえば個食。よりセンセーショナルに言えば、「孤」食現象である。最近では「おひとり様」が外食産業の救世主になっているとまで言われている。

あるいは個人事業主化現象。今やアメリカでは4人に1人がフリーランサーだ。日本でもその数は、すでに12人に1人にまで拡大してきている。

デジタルパワーがこのような「個」化を後押しする。いわゆるパーソナリゼーションである。グーグルやアマゾンなどのパーソナル広告やリコメンデーション機能は、すでに日ごろからおなじみだ。ストリーミング音楽配信サービスSpotifyは、利用データから各個人の好みに合わせたプレイリストを自動で作成してくれる。利用すればするほどデータがたまり、自分にフィットするサービスに進化していく。

医療の世界でも、パーソナライズド・メディスンが標榜されている。個人の心拍数、血液型、代謝率、血圧などのデータや、遺伝子情報、病歴といったさまざまな情報をもとに、その個人に最適な薬や治療を施す医療である。

サービス産業だけではない。大手メーカーも、ＩｏＴやＡＩを駆使して、「個」客を対象としたオーダーメードのモノづくりに取り組み始めている。たとえば資生堂が２０１９年７月から本格展開し始めたOptune（Optimum Tuning）。ｉＰｈｏｎｅのカメラで自分の肌を撮影。今日の気分や睡眠データ、気象情報などとともに資生堂のクラウドに送信され、専用マシンからその時の肌の状態に合う最適なスキンケアが抽出される。Beauty as a Serviceを目指す資生堂の野心作である。

このような動向の先に、それぞれの個人が自分に合ったものを自分で作る時代が到来する。クリス・アンダーソンが『ＭＡＫＥＲＳ』（２０１２年）で予言した世界である。個人用３Ｄプリンターを活用して、個人でモノづくりを行うという動きだ。モノづくりの民主化とも言うべき21世紀型の産業革命である。

消費者であると同時に生産者となる――。未来学者アルビン・トフラーが40年前に、『第三の波』

（1980年）で予言したプロシューマーの出現である。経済は大企業を中心とした大量生産・大量消費の時代から、個人を中心とした自律経済の時代へと大きく転換していく。

真説

「個」が「孤」を生み出す現象が、大きな社会課題になっている。

イギリスでは、孤独が人の肉体的、精神的健康を損なうという報告が出された。肥満や一日に15本のタバコを喫煙するよりも有害だという。孤独がイギリスの国家経済に与える影響は、年間約5兆円になると試算されている。

これを受けて、同国のテリーザ・メイ前首相は2018年1月に孤独問題担当大臣（Minister for Loneliness）のポストを新設、人々を結び付けるコミュニティ活動に対して助成金を出すことを決めた。

デジタルのパーソナリゼーションパワーは、個人をますます孤立させる危険がある。いわゆる「フィルターバブル（filter bubble）」現象だ。アメリカのインターネット活動家イーライ・パリサーが2011年に同名の著書で名付けたコンセプトである。

インターネットの検索サイトのアルゴリズムには、パーソナリゼーション機能の一つとして、各ユーザーが見たくないような情報を遮断する機能（フィルター）がある。そのフィルターを通して世の中を見続けていると、まるで泡（バブル）に包まれたように、自分が見たい情報しか見えなくなる。その結果、同じ意見を持つ人々同士で群れ集まるようになり、それぞれの集団ごとで文化的・思想的な皮膜（バブル）に孤立するようになってしまう。最近、世界各地でみられる偏狭な自国第一主義や衆愚的なポピュリズムの傾向は、フィルターバブルの産物とも言えよう。

パーソナリゼーションによる孤立が進めば進むほど、ソーシャリゼーションによる共感形成が希少価値を高めていく。

たとえば個食化に対して、味の素では、「共食」を次世代のライフスタイルとして提唱している。家族や仲間たち、さらには知らない者同士でも、鍋や大皿を囲んで心を通わせようという呼びかけである。

また企業の世界でも、従来は独創性が差別化の源泉とされてきた。しかし、最近では共創こそが、価値創造のドライバーとして注目されている。いわゆるオープンイノベーションである。

さらにはESGやSDGsなどへの関心が高まるなかで、環境や社会との共生が持続的成長のキーワードとなりつつある。これまで経済学が外部経済として、意図的に対象から外してきた領域である。しかし、持続可能性が世界的なアジェンダとなるなかで、それらを視野に入れたシステム思考がますます重要になってきている。個別利益の追求に走るのではなく、系全体の調和的な発展をいかに目指すかが問われているのである。

SNSが生活の一部になるにつれて、共感（「いいね！」）の数が、価値の指標となる。共感経済と呼ばれる所以である。

ただし、そこには2つの危険な兆候がある。

一つは、共感を得やすい言動に迎合しやすくなることだ。

イギリスの哲学者ジェレミ・ベンサムは、18世紀初頭、「最大多数の最大幸福の追求」を説いた。近代化の原動力となった功利主義のバックボーンとなっている。一見極めて民主主義的なアプローチである。しかし、一方で、数の原理を重んじる結果、数の暴力にも陥りやすい。その結果、大衆に迎合するポピュリズムがはびこっていく。

もう一つは、フェイクニュースが横行することである。話題性のある話が、あたかも真実であるかのように広まっていく。

この2つの兆候の代表例が Post Truth だ。オックスフォード大学出版局は、これを2016年の Word of the Year に選んだ。「世論を形成する際に、客観的な事実よりも、むしろ感情や個人的信条へのアピールの方がより影響力があるような状況」を示す言葉だと定義している。たとえ共感を得たとしても、それは真実ではなく、ウソでしかない。

そのような衆愚化の流れを食い止め、正しい未来に舵を切りなおすには、単なる共感ではなく倫理的共感を醸成する必要がある。そこに求められるのが独善に対する共通善である。

アリストテレスは『ニコマコス倫理学』で、コミュニティの仲間を尊重し、協力し合う友愛を基軸とした共通善の重要性を説いた。最近では、ハーバード大学のマイケル・サンデル教授が、ベストセラー『これからの「正義」の話をしよう』（2009年）で、共通善にもとづく正義の必要性を力説している。

一方、日本には古来「和の心」が根付いている。『十七条憲法』は「和をもって尊しとなす」から始まっている。最近も令和という元号をめぐって、『万葉集』にも謳われている調和（beautiful harmony）の尊さが、改めて注目された。

俳人長谷川櫂氏は、『和の思想――異質のものを共存させる力』（2009年）で、和をキーワードとして、日本的文化の本質に光を当てている。空間と時間という2つの軸からの読み解きが大変興味深い。

空間軸からは、日本的な「間」に焦点を当てる。日本は海外からいろいろのものを吸収し、それらを、絶妙な間によって共存させることで、独自の文化を形成してきた。対立を調和に昇華させる知恵が間なのである。それによって、異質なものが共存する空間が生まれる。

一方、時間軸からは、「受容→選択→変容」というプロセスに注目する。和は単に異質なものを調和させるだけでなく、そこから新しいものを生み出す力を持っている。まさにシュンペーターがイノベーションの原動力と位置付けた「新結合」（筆者はこれをさらに「異結合」と読み替えている）そのものである。そして日本では、そのような思想が、芸道・武道の「守破離」という教えに脈々と流れ続けている。

「和」は静謐をイメージさせる名詞である。しかし「和す」という動詞にすることで、変容を導き出すパワーの源泉ともなるのである。

マイケル・サンデル教授は、「白熱教室」という派手な舞台装置で、二項対立的なディベートを引き出しながら、正義の在り方を考えさせる。いかにも西洋的なアプローチである。

一方、日本人の間の文化は、そのような暑苦しいディベートをそもそも好まない。しかし、時間をかけながら異質なものを取り込み、そこから独自の価値を生み出していく。先述した藤田一照禅師も、『ダイヤモンド・ハーバード・ビジネス・レビュー』誌（２０１８年６月号）のインタビューで、「人は生まれながらにつながっており、孤独でもある」という自覚から出発しなければならないと説く。まさに禅問答のように聞こえるが、日本の和の本質に通じる言葉である。

この日本的な和の思想こそ、「個」を「共」へと包み込み、そこから新しい個を生み出していくという日本独自の知恵の源泉である。そしてそれを共感経済における次世代イノベーションモデルとして発信できれば、「個」化の限界に気づき始めた世界が刮目するに違いない。

　筆者はこれを融知経営と呼んでいる。詳細は別の機会につまびらかにしたい。

85　非日常から日常へ

通説

　ストレスフルな日常に疲れた現代人の多くが、非日常にあこがれを感じている。もっともこのような動向は、今に始まったことではない。日本人は、古来、非日常を巧みに演出してきた。民俗学者の柳田國男が、「ハレとケ」という概念を用いて、日本人の伝統的な生活文化を論じたことはよく知られている。日常生活（ケ）のなかに、行事や祭りなどの非日常（ハレ）を織り込むことで、鬱屈しがちな心を浄化させる（晴らす）ことができる。その結果、メリハリの利いた生活のリズムが保てるようになる。

　キリスト教文化圏におけるハレの場は、何といっても謝肉祭（カーニバル）である。そのハイライトである仮装パレードは、今や宗教を超えて世界中に広がっている。日本でも浅草カーニバルやハロウィン仮装などでおなじみだ。最近ではコスプレも普段よく垣間見る光景である。

　コスプレというとオタクっぽく聞こえるが、我々の日常はすでに仮装に囲まれている。制服や作業服などは、まさにコスプレの日常版だ。ＺＡＲＡやＨ＆Ｍなどのファストファッションは、いわば着せ替え人形のリアル版と言えるかもしれない。エアクローゼットなどのシェアリングエコノミー型サービスは、そのような着せ替え人形状態をさらに日常化させていく。

衣装と同じように、世界各地で古来受け継がれてきたのが化粧である。昔は王族や貴族などの贅沢品、あるいは、祭りや舞台などのハレの席の小道具だった。まさに化けることが目的だったのである。

しかし、今や化粧品は日常的な身だしなみの道具となっている。若返り願望、変身願望など、人が本来持っている自己実現欲求や社会的承認欲求をくすぐるからだ。もちろん、男性も例外ではなくなってきている。そして今や素顔（すっぴん）のままでは、社会に出て行けないという事態が当たり前となっている。まさに、仮装社会の到来である。

さらにデジタルの世界は、そのような非日常を手軽に楽しむことができる。ＶＲやＡＲなどの仮想現実体験はその代表例だ。映画『マトリックス』（１９９９年）は、現実だと思っている世界が実は仮想現実だったという筋書きで、非日常が日常を支配していく近未来を巧みに描いてみせた。

またアバター（自分の分身）となって、バーチャル世界を体験することも今や日常茶飯事だ。まったく違うパーソナリティとなって、仮想現実で生き続けることも可能である。そうなるといずれ、日常を過ごしている自分は仮の姿ということにすらなりかねない。まさに、仮想現実が現実を支配するマトリックス的な世界の到来である。

ある種の自己逃避であり、現実逃避とも言える。しかし、そもそもどちらが本当の自己かすらわからなくなってくる。日常と非日常、現実と非現実の境目もあいまいになる。そして、我々はいずれ時空をワープする自由度を手に入れることができるようになるだろう。そうなると自己も現実も、極めて相対的、かつ仮のモノにすぎなくなってくるはずだ。

真説

非日常が日常化するほど、日常こそが希少価値を持つようになる。仮想現実が身近になればなるほど、人々は真の現実を求め始めるのだ。

たとえば、ファーストリテイリングはLifeWare（ライフウエア）というコンセプトを掲げている。ライフウエアは「あらゆる人の生き方を豊かにし、そしてより快適に変えていく究極の日常着」と定義されている。非日常に逃避するのではなく、日常を極めることで、21世紀的な価値を訴求しているのである。

同社の柳井正社長は常々、衣服は3つの進化を遂げてきていると語っている。

- ステージ1（前近代）：敵や天候から身を守る道具
- ステージ2（近代）：自分以上によく見せるための道具
- ステージ3（現代）：自分らしくあるための道具

ZARAなどのファストファッションは、ステージ2の欲望経済の落とし子である。それに対してライフウエアは、ステージ3の旗手として日常性の価値の復権を目指している。「服を変え、常識を変え、世界を変えていく」という同社のパーパスを見事に具現化したコンセプトと言えよう。

無印良品も、1980年の創立以来、「わけあって、安い」をキャッチフレーズとして、快進撃を続けていった。生活の基本となる本当に必要なものを、本当に必要なかたちで作る。究極まで無駄をそぎ落としたそのミニマリズムは、わび・さびの理念に裏打ちされた文化財として、世界中に受け入れられていった。

21世紀に入り、同社は「これでいい」という新しい価値観を打ち出す。当時のウェブサイトには「無印良品の未来」というコラムで、次のような思いが紹介されている。

「無印良品は地球規模の消費の未来を見とおす視点から商品を生み出してきました。それは『これがいい』『これでなくてはいけない』というような強い嗜好性を誘う商品づくりではありません。無印良品が目指しているのは『これがいい』ではなく『これでいい』という理性的な満足感をお客さまに持っていただくこと。つまり『が』ではなく『で』なのです。

しかしながら『で』にもレベルがあります。無印良品はこの『で』のレベルをできるだけ高い水準に掲げることを目指します。『が』には微かなエゴイズムや不協和が含まれますが『で』には抑制や譲歩を含んだ理性が働いています。一方で『で』の中には、あきらめや小さな不満足が含まれるかもしれません。従って『で』のレベルを上げるということは、このあきらめや小さな不満足を払拭していくことなのです。そういう『で』の次元を創造し、明晰で自信に満ちた『これでいい』を実現すること。それが無印良品のヴィジョンです。これを目標に、約５０００アイテムにのぼる商品を徹底的に磨き直し、新しい無印良品の品質を実現していきます」

さらに最近は、ＣＳＶ経営をめざして、「感じ良いくらし」というコンセプトを標榜している。同社のホームページは、そこにこめた想いを次のように語っている。

「無印良品誕生以来、私たちはその想いを更に発展させ、生活者や生産者に配慮した商品・サービスを無印良品として具体化することで、世界の人々に『感じ良いくらし』を提案していきます。良品計画は『商い』を通すことで、人々が喜び、美を伝播し、そして社会に貢献することができると考えています」

具体的には、企業運営、商品開発、生産など、基幹となる企業活動それぞれに基本原則を設定するとともに、「100の良いこと」を展開している。普通の企業のように、SDGsの17枚のカードを並べるといった規定演技ではなく、独自の価値観にもとづく自由演技をのびのびと演じているところが、いかにも同社らしい。

〈パナソニック物語〉

20年ほど前、筆者はパナソニックの企業ブランドを刷新するというプロジェクトにかかわったことがある。当初のパナソニックのトップの要望は、未来志向の企業に変身したいというものだった。

図45は、パナソニックと競合企業の位置付けを、体験価値と時間軸の2軸で示したものである。アップルやソニー、それにサムソン（でさえ）も、未来的な非日常の体験価値を提供している。それに対して、パナソニックは、日常×現在にどっしりと鎮座したまま。そこから一気に右上に跳躍したいというのが、パナソニックの当初の考えだった。しかし、それは良い意味でのパナソニック「らしさ」を否定するもので

図45　"ideas for life" @ Panasonic

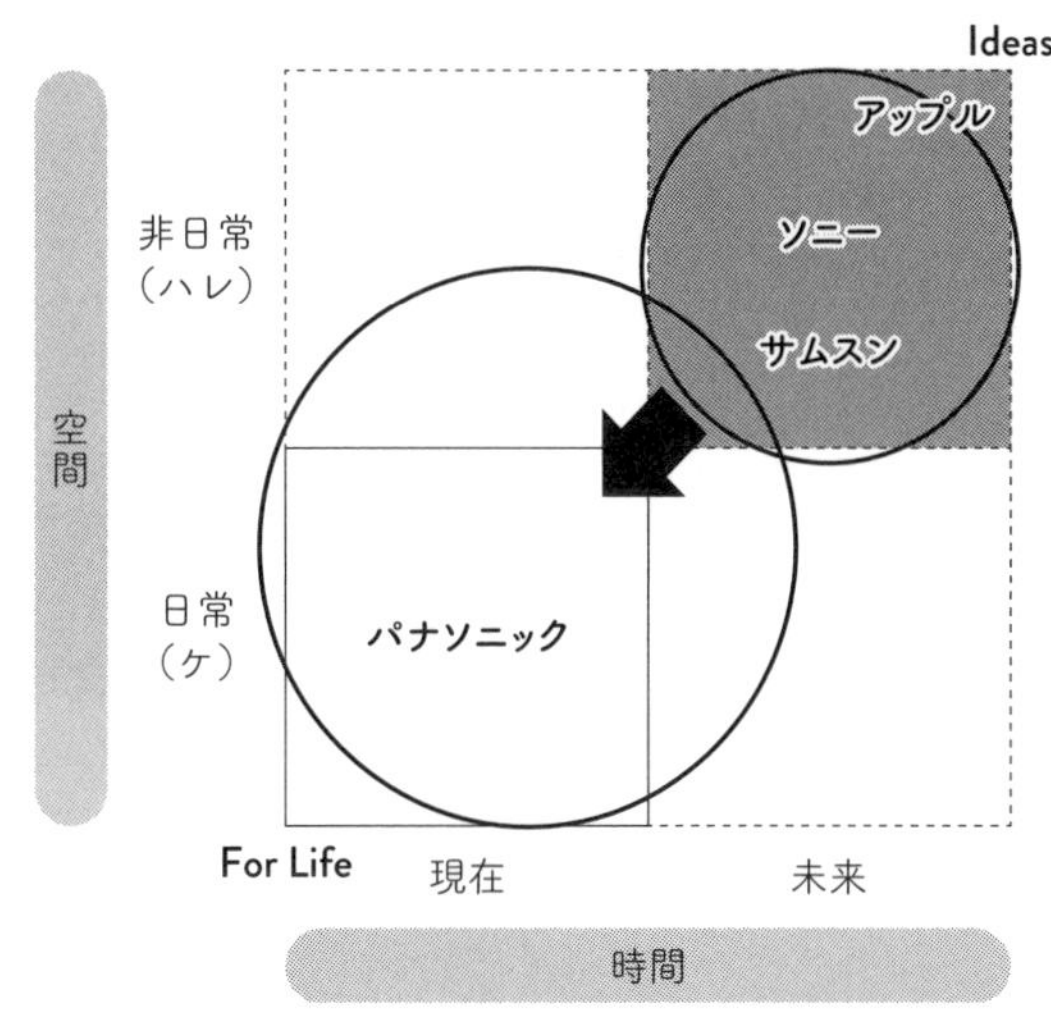

出所：名和高司『企業変革の教科書』東洋経済新報社

しかない。

そこで筆者は、矢印を逆にすべきでは、と提案した。アップルもソニーもサムソンも、ほんの一部しかカバーできていない右上の〈非日常×未来〉を、左下の〈日常×現在〉に引き付けていこうというのである。語弊を恐れずに言えば、日常へと「コモディティ化」することこそが、松下幸之助翁が「水道哲学」と呼んだパナソニックのＤＮＡだ。皆が浮ついて未来志向に走っている時こそ、現実を豊かにするパワーが希少価値を持つのではないか。

そのような議論のなかから生まれたのが、ideas for life というコンセプトである。空中を浮遊する ideas（非日常×未来）を life（日常×現在）に着地させるベクトルこそ、パナソニックらしい価値創造の方向性である。

このコンセプトはパナソニックの経営陣だけでなく、社員や顧客にとっても十分に腹落ちするものだった。ideas for life は、世界共通のグローバルスローガンとして２００３年に制定された後、10年間にわたって使い続けられた。

その後、２０１１年に現在の津賀一宏さんが社長に就任し、翌年には Wonders! by Panasonic というキャンペーンワードが掲げられた。驚きや感動を呼ぶものを生み出したいという気持ちはよくわかるものの、背伸びしている感が否めない。

これに対して、白物家電やテレビなどを扱う社内カンパニーのアプライアンス社は、「ふだんプレミアム」というコンセプトを打ち出し始める。日常の何でもない生活や時間を大切にするという、日本的かつ今日的な価値観にピッタリと合うものだ。

そして２０１８年10月、津賀社長は、パナソニック１００周年記念行事のなかで、「くらしアップデート」という新たな企業コンセプトを宣言した。これこそ、日常性の価値を大切にするパナソニックならではを感じさせる素晴らしいコンセプトだ。

このような日常性の再発見は、日本に限定された価値観ではない。古くは、メーテルリンクの戯曲『青い鳥』が想起される。チルチルとミチルが過去や未来の国に幸福の象徴である青い鳥を探しに行くものの、なかなか見つからない。がっかりして自宅に戻ってみると、そこの鳥籠の中にいたという物語である。まさにユニクロの「ライフウエア」や無印良品の「感じ良いくらし」に通底する価値観である。

デジタルのパワーで、ますます時空をワープすることが容易になっていくだろう。しかし、というより、だからこそ、今そしてここという日常に生きることの手ごたえを五感で実感することがますます求められていくはずだ。

アップルやサムスン、グッチやエルメスに比べると、日本企業の多くは、非日常的な価値を訴求する力は弱いかもしれない。しかし質にこだわる顧客に鍛えられてきただけに、日常性に関する感度や質感は、極めてレベルが高い。そのような日常性の再発見こそ、日本が世界に向けて発信できる次世代の価値観となる可能性が高い。

86　必然から偶然へ

通説

デジタル技術の指数関数的な進化によって、あらゆるものがプログラムに組み込まれていく。その結果、未来までもが、あらゆる可能性（またはリスク）に満ちた偶然の世界から、合目的的な必然の世界へとすりかえられていくことになるだろう。

ノーベル生物学者のジャック・モノー博士は、名著『偶然と必然』（１９７０年）で、生命はマクロの合目的性（必然性）とミクロの偶然性から成り立っていると論じた。

ミクロレベルで突然変異が起こると、それが環境適応プロセスのなかで取捨選択され、結果的に合目的的な結果（必然）をもたらすというのだ。外部環境に近いところで「ゆらぎ」（偶然）が生まれ、それが「つなぎ」合うことで組織全体の「ずらし」（必然）をもたらすという生物の進化のプロセスを物語っている。そしてこの〈ゆらぎ、つなぎ、ずらし〉という運動論は、企業におけるイノベーションや変革の生成プロセスにも通じるものである。

ノーベル賞級のイノベーションは、偶然の産物であることが多い。「セレンディピティ（偶然の発見）」と呼ばれる現象だ。しかし、今後あらゆるものがプログラム化されるようになると、このような「偶然」に遭遇する機会がなくなっていく。

たとえば、遺伝子工学の進展により、生物の進化を人工的にプログラミングできるようになった。新薬づくりにＡＩを利用する動きも本格化している。いわゆる「ＡＩ創薬」である。またＡＩを駆使して、新材料を効率的に探索する取り組みも始まっている。マテリアルズ・インフォマティクス

（ＭＩ）と呼ばれる領域である。

実際に、セレンディピティを偶然から必然に転換すると銘打ったプロジェクトがある。内閣府の革新的研究開発推進プログラム（ＩｍＰＡＣＴ）の一つ、セレンディピティの計画的創出による新価値創造プロジェクトである。セレンディピターというＡＩによって、セレンディピティをプログラム化しようという意欲的な試みである。

このように、偶然が必然に転換されていくと、人の意思が入り込む余地がなくなる。その結果、人生そのものもプログラム化されていく。

ネットでモノや情報を取得すると、パーソナライズド・リコメンデーションが次々に送られてきて、ついつい手をのばしてしまう。その結果、いつの間にか、ＡＩによって自分らしさが規定されていくことになる。

その結果、人間の自由はどんどん奪われていく。しかしそれは必ずしも、人間性を否定することになるとは限らない。精神分析学者のエーリッヒ・フロムは、『自由からの逃走』（１９４１年）で、自由を与えられていたはずの大衆がナチズムに傾倒していった様を浮き彫りにした。人間は、自由に対して不安と負担を覚え、より強い意志や外部の力にすがろうとする。たとえばイデオロギーであり宗教だ。そしてそれらが共通善をもたらす保証はどこにもないのである。

それに対して、いずれＡＩが正しい意思決定に導いてくれる時代がくるはずだ。電子政府で知られるエストニアでは、農業補助金審査や求職者への仕事の紹介など、多様な公的分野でＡＩが活用されている。さらにＡＩを搭載したロボット裁判官の導入も検討が進められている。シンギュラリティの時代になれば、ロボットによってヒトは労働から解放され、ＡＩに導かれてそれぞれに最適な人生を送ることができるようになるだろう。

真説

ＡＩをもってしても、すべてのセレンディピティを実現することは不可能である。まったく想定外の事象や荒唐無稽な組み合わせは捨象してしまうからである。これは、ノーベル賞級のイノベーションについても当てはまる。

たとえば、２０００年にノーベル化学賞を受賞した白川英樹博士は、樹脂を重合する際に使う触媒の濃度を誤って１０００倍に高めて使ってしまったことが、偉大な発見につながったという。２０１５年にノーベル生理学・医学賞を受賞した大村智博士は、ゴルフプレー中にたまたま採取した土から、世紀の大発見の微生物を発見した。

ＡＩが賢くなればなるほど、3桁もはずれたミスは犯さなくなる。ましてや、ゴルフコースにまで出て、土を採集しようという気にはならないだろう。いずれもビッグデータの外部性とも言うべき事象である。そして真のセレンディピティは、このような外部性からこそ生まれるのである。イノベーションがエッジ（辺境）から起こるのと同じ原理である。

したがって、ＡＩが進化すればするほど、真の進化やイノベーションを求めて、ヒトはＡＩが想定しない偶然に遭遇する努力をしなければならない。必然がコモディティとなり、偶然こそが希少価値を持つのである。

インターネットは、ロングテールな情報にアクセス可能なメディアであるだけに、セレンディピティに遭遇しやすいと考えられがちだ。すでにセレンディピティ・コマースと銘打ったサイトまである。アマゾンなどのような目的買いではなく、「衝動買い」を誘うことを目的としたものだ。また、SNSがセレンディピティエンジンなどと呼ばれることもある。

しかし、グーグルのエリック・シュミット前会長は、ネットでアクセスできる情報は、リアルの情報の5％にも満たないと語る。そしてそもそも、今だけ、ここだけのリアルな世界を、臨場感をもって体験することはできない。SNS上では、気の合った仲間同士のコミュニティが形成されていくため、いつの間にか前述したフィルターバブルのなかに引きこもってしまう。

真のセレンディピティに遭遇するためには、日常化したネットの世界を離れて、リアルの世界に飛び出さなければならない。いわゆるデジタル・デトックスだ。一定期間スマートフォンやパソコンなどのデジタルデバイスと距離を置いて、現実世界でのコミュニケーションや、自然とのつながりに浸ることを指す。すでにそのようなサービスやプログラムが、ブームになりつつあるという。

しかし、なにも特別なプログラムに加わらなくても、自分の意志でいくらでも始めることができる。筆者が学生の頃は、劇作家の寺山修司の「書を捨てよ、街へ出よう」というフレーズが若者の共感を呼んだ。寺山が今生きていれば、「スマホを閉じて野に出よう」とでも呼びかけていることだろう。

そしてそこにこそ、真の自由がある。ネットに縛られず、AIにコントロールされることなく、自らの意志で行動し、未来を選択する自由だ。そこには新しい出会いがあり、偶然に遭遇することができる。そしてその先には、イノベーションの萌芽が肥沃に広がっているはずだ。なぜなら、そこでこそ「ゆらぎ」が生まれ、「つなぎ」「ずらし」という進化のプロセスが始動するからである。

そしてそれは、合目的な必然の世界から、人間性を回復することにつながっていくはずである。

87　量から質へ

通説

現代社会の基軸と言えば、民主主義と資本主義である。そしてどちらも数の論理がものを言う。民主主義は言うまでもなく、多数決の原理で動く。そして、資本主義は功利主義に則っており、功利主義の基本原則は「最大多数の最大幸福」（ベンサム）である。

21世紀に入り、デジタル技術がこの傾向をますます加速させている。「いいね（Like）！」をいくつ取れるかが、成功のバロメーターだ。プラスの評価もマイナスの評価も、ＳＮＳ上であっという間に拡散していく。まさにネットワーク効果である。

そしてＧＡＦＡなどのプラットフォーマーが、ネットワークの結節点として、ひたすら規模を拡大していく。エグゾス（ExOs：Exponential Organizations）というデジタル怪物の出現である。

そこでものを言うのは、ビッグデータだ。データを集積すればするほど、アルゴリズムの精度が高まる。脳科学の知見をベースに、ビッグデータアナリティクスを駆使することで、幸福度などの感性すらも数値化されていく。

日本人は異常なほど品質にこだわる人種だ。顧客側も質にうるさいが、供給者側も職人技に磨きをかけようとする。結果、過剰品質となり、コスト高となってしまう。その結果、ニッチ市場に追いやられ、量がとれなくなる。ましてや成長著しい新興国市場では、まったく勝負にもならない。

しかもこれからは「モノからコトへ」のシフトが進む。品質ばかりにこだわるモノフェチのままでは、サービスエコノミーに乗り遅れることになりかねない。

これまでの日本の勝ちパターンは、匠の世界を追求することにあった。しかしこれからは、巧の技はＩｏＴによって見える化され、ビッグデータ解析によって定型化されていく。技能の経済が規模の経済に転換されてしまうのである。

昔から「量は質を凌駕する」ということわざがあった。これはこつこつと同じことを積み重ねていると、いずれ腕が上がっていくという一芸に秀でるための教えだった。

しかし、デジタルの世界では、すべての情報がビットに換算されるため、異質な情報が蓄積され、クラスター分析されていく。範囲の経済すらも規模の経済に転換されてしまうのである。

デジタル時代は、まさに情報量が質を生み出す時代だと言えよう。

真説

ビッグデータの時代には、量自体はコモディティでしかない。質の高さこそが、希少価値となる。意味のないデータをいくら集めても、ゴミの山になるだけだ。ではそもそも意味とは何か？　それは「誰にとって」「どのような場面で」「どのような価値を」もたらしうるかがわかることである。

データ分析を通じて、どこまでリアルの世界にインパクトをもたらすかが問われている。そのためには、マーケティングやイノベーション、オペレーションなどの領域における質の高い洞察力が必須となる。データの量ではなく、そこからどこまで質の高い意味合いを抽出できるかが勝負となる。

量の追求という20世紀的な価値観は、量がコモディティ化する21世紀には通用しない。

これからは、品質からＱｏＸへと主戦場が広がっていく。Ｘとは eXperience、すなわち顧客の経験価値の質を競う時代となる。たとえばＸに mobility を入れると、Quality of Mobility。クルマの品質だけでなく、移動の質が問われることになる。またXにlifeを入れるとQuality of Lifeとなる。衣食住のみならずあらゆるBtoC産業の主戦場が、このQoLをめぐる戦いにシフトしていっている。

日本人は古来、モノだけなく、サービスにおいても偏執的にこだわってきた。そのレベルの高さは、世界遺産級である。東京オリンピック招致活動で有名になった「お・も・て・な・し」は、さしずめその代表例だろう。QoXの時代になっても、質にこだわる日本人のDNAは、ますますパワーを発揮するはずだ。

筆者がそのように語っていると、質より「品」こそが日本の宝だという異論が聞こえてきた。声の主は中川政七商店会長の13代中川政七氏である。同社は３００年前、奈良晒の問屋としてスタートした老舗である。その後、21世紀に入ってこの13代目が社長に就任すると、麻織物の製造卸売業から生活雑貨工芸品の製造小売業へと業態転換を図っていった。その結果、同氏が社長に就任して以来、２０１６年までの10年間で、売上高は10倍以上に増えた。同社は２０１５年度にポーター賞を受賞しており、筆者もポーター賞委員の一人として、中川氏と面識を持っていた。

その中川氏は品の価値を説く。ただし品物（product）の「品（しな）」ではなく、気品の「品（ひん）」のことだという。風格や格調という意味に近い。英語で言うとclassinessあるいはeleganceといったところか。しかしどうも英語では真意が伝わりにくい。

中川氏は、この品こそ日本文化の粋（すい）だという。この粋という江戸時代から続く美学も、なかなか英語では表現しにくい価値観である。この説明しようのない究極の価値観こそ、まさに世界遺産にふさわしいと言えよう。

88　純（Pure）から融（Hybrid）へ

通説

「先が読めない時代」である。そのような環境のもとでは、意思決定が極めて困難になる。現在の延長線上には解はない。とはいえ、ビッグデータを集めれば集めるほど、混乱は増すばかり。現場は不安に駆られて浮足立つ。そのような時にこそ、真のリーダーシップが問われる。そしてそこでカギを握るのは、判断力ではなく決断力である。

判断力は客観的なファクトとロジックにもとづいて結論を出す力である。ある決まった枠組みのなかでは、常に正しい答えを再現することができる。しかし、非連続な未来に向けては、ファクトやロジックを積み上げても役に立たないどころか、致命的に間違った答えを出しかねない。

一方、決断力は、未来に対して主観的に方向性を示す力である。そこで求められるのは、真偽の判断力ではなく、強い信念と価値観である。そのためには、リーダーは自分のなかにぶれない軸を持つ必要がある。

軸を形成するうえで、宗教や哲学などが大きなよりどころとなる。プラトンがイデアと呼び、アリストテレスが形而上学と呼んだ精神の領域である。

宗教の世界をみると、ユダヤ教、キリスト教、イスラム教などは、すべて一神教である。一神教のもとでは、絶対的な善が存在する。そして善でないものは、悪である。そこには「あれかこれか」「Yes or No」という明確な価値軸が生まれる。

神の存在を否定することから出発した近代哲学も、倫理（ethics）という観点から善悪の基準を明確にしようとした。たとえば、現代にまで受け継がれている功利主義の元祖ベンサムは「最大多数の最大幸福」を提唱した。一方、もう一つの啓蒙主義の流れを汲んだカントは社会契約説を提唱し、他人に対する義務としての倫理を説いた。「白熱教室」でおなじみのサンデル教授の「正義とは何か」という論議も、その延長である。そしていずれもやはり、「あれかこれか」「Yes or No」という明確な価値軸をもたらす点では、一神教に通じるものがある。

それに対して、仏教やヒンズー教など、東洋発の宗教の多くは、多神教だ。いろいろな個性の神はいるが、唯一絶対の神は存在しない。また絶対善などというものも存在しない。

東洋哲学のなかでも、儒教が東アジアに及ぼした思想的影響は絶大だ。『論語』は「五常」を説く。〈仁・義・礼・智・信〉という5つの徳目である。そのうえで、「中庸」の美徳を説く。どちらかに偏るのではなく、全体観を俯瞰してバランスを大切にせよという教えだ。「あれかこれか」や「Yes or No」などという明確な価値軸を持ち込むこと自体を戒めている。

このような東洋思想を色濃く受け継いだ日本人は、決断力が弱いと言われている。「あれかこれか」を決め切れず、「Yes or No」と迫られても、態度を明確にすることを避ける。慮りがいつの間にか忖度につながり、周りの顔色を窺うようになる。決断ができずにずるずると意思決定が遅れ、現代のスピード競争から脱落していく。

かつて儒教を生んだ中国は、今や「利」という明確な軸で快進撃を続けている。日本も決断力に必要な軸を、改めて確立する必要に迫られている。

日本企業は未来の方向性を見定め、自らの事業を純化（purify）する知恵を身につけなければならない。そのためには「あれもこれも」という伝統的な価値観から訣別し、「あれかこれか」を見極める価値軸を確立する覚悟が求められる。

真説

一神教は絶対善へのゆるぎない忠誠を求める。その対象が中世では神であり、近代では理となり、現代では利へと姿を変えても、一つの軸を立てて価値体系を築こうとする伝統は変わらない。その結果、秩序や求心力を保ちやすい半面、教条主義になりやすく、遊びや進化の余地がない。さらに、狂信的で排他的になりがちで、紛争の火種となりやすい。

一方、多神教の世界には、絶対善という軸は存在しない。その結果、権威や秩序は確立しにくい半面、多様性と多義性に富み、遊びや進化の余地も大きい。

西欧では、むしろ古代ギリシア神話の世界に近いかもしれない。そこには、愛の神（エロス）、大地の神（ガイア）、海の神（ポントス）、夢の神（オネイロス）などが共存するおおらかな世界が広がっている。まさに「あれもこれも」である。

もっとも単にあるがままの多様性を肯定しているだけでは、進化も進歩も起こらない。ギリシアの栄光も今は昔である。日本も「あれもこれも」とすべてを受け入れるだけでは、いずれ、日出ずる国から日沈む国へと陰り続けていくだけだろう。

しかし、日本人の特技は、それら多様性を受け止めながら、さらに新しい次元に高めていこうとするパワーにあることを見逃してはならない。和魂漢才や和洋折衷などにしても、融合や折衷という中和作業を通じて、新しい様式を生み出している。

たとえば食一つとっても、日本人には独特のフュージョンを仕立てる才能がある。「世界一（ミシュランの）星を持つシェフ」として有名だった故ジョエル・ロブションは、生前、日本で食べるフレンチが世界で最高だと語っていた。

食から衣に目を転じると、ユニクロのコンポーネントウェアという思想が光る。これは、部品としての服という意味だ。一般にファッションはそれぞれに個性が強く、同じブランドでそろえないと統一感が生まれにくい。それに対してユニクロの服は、自らの個性をあえて前面に出さず、他のブランドと合わせやすいように作られている。

また、衣食住すべてを手掛ける無印良品には、Found MUJI、World MUJIという取り組みがある。Found MUJIは、国や地域ごとのさまざまな生活文化や歴史に根づいた良品を探し出して商品化するもの。一方のWorld MUJIは、世界中の文化や才能とコラボレートして、無印の新しい可能性を発見するものだ。

どの国や地域、どの民族にも独自の生活文化や知恵が衣食住の道具に織り込まれている。それらを掘り起こし、無印のフィルターを通して「感じ良いくらし」として商品化していく。世界と寄り添うことで、商品開発のアイデアは無尽蔵に広がっていくのである。

イノベーションは新結合によって生まれるというシュンペーター説に従えば、日本人は本来、イノベーションの名手であるはずだ。そしてその腕は、日本人シェフや無印良品のデザイナーのように、世界に飛び出していくことでさらに磨きがかかっていくはずだ。

測定機器メーカーの堀場製作所では、「ステンドグラス」というメタファーが好んで使われる。教会のステンドグラスは個々のガラスの破片が個性的な色を発しながら、それが全体としての美しい調和を奏でている。ホリバリアンと呼ばれる同社の従業員は、3人に2人は外国人という。その一人ひとりが、部分としての個性を保ちながら、全体としての一体感を同時に醸し出している。

同社の堀場厚会長は、コモンズ投信の渋澤健会長との対談で、次のように語っている。

「ステンドグラスは、恐らく皆さん、教会の壁を飾っている、さまざまな彩を持った綺麗なガラスというイメージだと思います。ところが、ステンドグラスに顔を近づけてじっと見ると、意外と歪で、あまり磨かれていないことに気付くと思います。そういうものの集合体がステンドグラスなんですね。いろいろなガラスが組み合わされていて、どれかひとつが抜けると、おかしなステンドグラスになってしまう。これを堀場製作所の人財に当てはめて話すのです。一人ひとりのホリバリアンが大事であり、ダイバーシティなどさまざまな活動をするにあたって、一枚一枚のガラス、一人ひとりのホリバリアンが、ステンドグラスというチームの一員でさえあれば光ることができる、そういう組織にしたいと思います。

また、スーパーマンやスーパーウーマンはいらないという話もしますね。社会はそれらを求めてしまいがちですが、皆がそうなるのはまず不可能です。でも会社の良いところは、何かひとつ良いものを持っていれば、一人ひとりが組み合わされることによって、スーパードリームチームが作れます。まさに多様性なのですが、堀場製作所は昔から海外の人たちと一緒に仕事をしてきたこともあり、肌に沁み込んでいます」（『コモンズ投信』２０１９年4月19日号）

教会という一神教の神殿に、多様性の美学を見出しているところも、いかにも日本的な目の付けどころではないだろうか。このように、多神教的な日本人の精神構造は、あらゆる異質なものを取り込み、そこから次の進化を生み出す原動力となりうる可能性が高い。

89 破壊（ディスラプション）から融和（インクルージョン）へ

通説

ダイバーシティの重要性が、呪文のように喧伝されている。とはいえ、女性活用をダイバーシティだと勘違いしている経営者がいまだに少なくない。

ダイバーシティとは多様性のことである。性別に限らず、人種、国籍、宗教、年齢、学歴、職歴、障害、趣味嗜好、価値観など、それこそ軸の多様性そのものが問われている。これらの軸のいずれからみても、日本企業はあまりにも同質的すぎる。経営者陣を見渡してみると、日本人、男性、50代以上、大学卒後生え抜きといった顔ぶれが大半だ。これではダイバーシティ経営からほど遠い。

そもそもなぜ、ダイバーシティが必要か？　たとえば、地球環境そのものが、約3000万種とも言われる生物が相互依存し合うことで、バランスを保っている。そして人間もこの地球の生態系の一員として、衣食住など暮らしにもたらす恵みを受けている。

人間社会におけるダイバーシティは、視点の多様性をもたらす。同質的な組織は教条主義（ドグマ）に陥りやすい。20世紀後半のような連続的な右肩上がりの時代は、それが日本企業の強みだった。全社一丸となって前進すればよかったからだ。しかし、これまでの常識が通じない非連続な競争環境においては、「当社の常識」「業界の常識」という名の非常識が、進化のボトルネックとなる。生物の世界と同様に、人間組織も多様性があって初めて環境変化に適応できるようになるのである。

さらに生物を超えた人間ならではのありようが問われる。特にシンギュラリティの到来を控えて、そもそも人間の尊厳とは何かが大きな課題となって浮上してきている。

そこで注目されるのが、新実在論を唱えるボン大学のマイケル・ガブリエル教授だ。この新進気鋭の哲学者は、世界的ベストセラー『なぜ世界は存在しないのか』（２０１３年）のなかで、「意味の場」という考え方を提唱している。それぞれの立場において、「意味＝価値観」はまちまちである。だからといってそれらはポストモダン思想が主張するように単なる幻想ではなく、その一つひとつが実在である。だからこそ、多次元的な意味の場の間を移行し続けることによって、重層的な存在の実体に迫ることができるというのである。

世界はますます複雑化し、多面化している。だからこそ、ますます多様性がカギとなるのである。日本でも、経産省が２０１８年3月に「ダイバーシティ２・０」、さらに同年6月、その改訂版を公表した。「ダイバーシティ２・０」とは「多様な属性の違いを活かし、個々の人財の能力を最大限に引き出すことにより、付加価値を生み出し続ける企業を目指して、全社的かつ継続的に進めていく経営上の取組み」を指すという。企業経営のガバナンスから現場までダイバーシティが浸透し、実践されることを目指したものだ。これによって、日本企業も、ようやく本格的なダイバーシティ経営に向けて、大きく舵を切っていくものと期待される。

真説

最近のダイバーシティ論議のように、単に異質なものを受け入れるだけではイノベーションは生まれない。そこで注目されるのが、インクルージョン（融合）である。

ダイバーシティが多様性を広げることであるのに対して、インクルージョンはその多様性を活用することを目指す。もちろん同質的な組織を、いくら融合してみたところでイノベーションは起こらない。ダイバーシティによって異質性を持ち込むことは、イノベーションの大前提となる。しかし、本質はそこからどうするかだ。

シュンペーターは、イノベーションを生成させるためには、創造的破壊が不可欠だと説いた。新しい価値を生み出すには、旧来の秩序を破壊しなければならない。ダイバーシティだけでは異質なものを取り込むだけで、組織は膨張するだけだ。より重要なことは、これまでの同質的なものを壊し、旧弊を捨て去ることによって、新陳代謝を進めることであるという。

しかし単に破壊し、新しいものに入れ替えても、真のイノベーションは起こらない。シュンペーターも唱えているように、イノベーションには「新結合」が不可欠である。ただし、同質なもの同士ではなく、異質なもの同士でなければならない。そこで筆者はあえて「異結合（クロスカプリング）」という言葉を使うことにしている。

新しいパラダイムが古いパラダイムを駆逐するのではなく、新旧が結合し合うことによってより独自の価値が生まれる。日本文化も漢や洋を取り込むことによって、独特の進化を遂げてきた。人工的に作られたスマートシティ、たとえば東京やシンガポール、深圳などより、古い伝統と未来が共存する古都、たとえば京都やリスボン、タリン（エストニア）などの方がより独創的な知恵が育まれる。

アメリカは「メルティングポット」と呼ばれている。人種のるつぼという意味だ。確かに移民の国にふさわしく、多様な国籍・人種が活躍している。西海岸で活躍するＣＥＯの顔ぶれをみても、マイクロソフトとグーグルの現在のトップはインド出身、自動運転用半導体などで急成長しているエヌビディアの創業者社長は台湾出身だ。

しかし、空間的広がりという意味での多種性と、時間的奥行きという意味での多層性は別だ。アメリカは建国してまだ240年。ヨーロッパやアジア諸国に比べて圧倒的に層が薄い。アップルの創業者スティーブ・ジョブズはシリアからの移民の子だったとはいえ、アメリカ生まれのアメリカ育ち。そこで精神の原点を求めてインドを放浪、中国のカリグラフィー（書）や日本の禅をたしなんだ。

時間的奥行きという点では、日本は極めて恵まれている。ユネスコの世界遺産ランキングでは、歴史の長い西欧主要国や中国、インド、イランなどがランクインしている。日本は残念ながら12位。ただし、自然遺産を除き、文化遺産だけであれば、日本はロシア、アメリカを抜いて10位になる。

さらに同じユネスコの無形文化遺産ランキングをみると、日本の健闘ぶりが際立つ。数では1位の中国の半分程度ではあるものの、堂々2位につけている。明治維新や敗戦というメガトン級のディスラプションを経験しながらも、日本がいかに文化の伝承に力を入れてきたかを物語っている。

伝統と未来をつなぐことで、日本独特のイノベーションが生まれる可能性が高い。たとえば清水建設の創業は、今から200年以上前。日光東照宮の修理を手掛けた宮大工が創業者だ。同社は、今も日本の伝統技術と最先端技術を融合させる技を誇っている。2013年に完成したGINZA KABUKIZAは、伝統建築の様式を受け継ぐ新生歌舞伎座と高層のオフィスビルが一体となった複合施設として異彩を放っている。

同社のタグラインは日本語では「子供たちに誇れる仕事を」だが、英語はさらに秀逸だ。Today's Work, Tomorrow's Heritage、すなわち今日の仕事が明日の伝統につながるというのである。200年の歳月を重ねて、なお未来に向かう同社ならではの志である。

先に紹介した中川政七商店はさらに古く、創業300年を超える。これはアメリカの歴史より長い。ちなみに300年企業が600社以上存在する日本は、人間だけでなく、企業の長寿ぶりも圧倒的に世界ナンバーワンである。

同社は「日本の工芸を元気にする！」という社会価値の創出をパーパスに掲げる。そしてそれをテコに自社の商材を増やして経済価値の向上につなげている点で、見事にＣＳＶを実践している。同社が２０１５年のポーター賞に輝いたのも、この点が高く評価されたからだ。

さらに、同社のモデルはＪ－ＣＳＶが向かうべき方向を示唆している。第１に、日本の生活雑貨への着目。生活の知恵に根差した日本雑貨の質感の豊かさは、世界に通じるパワーを秘めている。第２に、伝統を革新させるという視点。「とらわれるな」という先代の言葉に込められた「ずらす」力こそ、日本復活の切り札となる。

日本は確かに人種の多様性という意味では、世界でも稀に見るほど閉鎖的だ。島国としての地理的特殊性、長く続いた鎖国、そして移民を制約する法律などがあいまって、閉鎖性をかたくなに守り抜いてきた。

しかし、少子高齢化がすすむなか、移民や移住者には門戸がより開かれていくはずだ。伝統的国技である相撲、あるいは最近のラグビー日本代表チームをみても、異質性を取り込むことによってより質の高いレベルを目指していけることに気づかされる。

そもそも日本人は本当に島国根性を背負い込んだ閉鎖的な人種だったのだろうか？　歴史をみても、海洋国家という地の利を生かして世界で活躍した民族は少なくない。古くは、カルタゴやベネチア、近代における大英帝国などは代表例だ。そして、日本も立派な海洋国家である。

日本人の祖先は、島国に閉じこもらず、海を渡って海外に乗り出していた。縄文時代の日本人は、木をくり抜いたカヌーで、太平洋の島々まで漕ぎ出していたという記録が残っている。鎖国前の日本人は、果敢に東南アジアに渡って行った。その際に、中国人と違って、日本人村を作らなかった。現地の人たちに溶け込み、農業やものづくりの知識を伝授して、現地にしっかりと同化していったのだ。ベトナムやカンボジアなどに行くと、そういう日本人の墓が残っている。

和僑と呼ばれた日本人の祖先。彼らは日本人としての伝統芸を現地に植え替えることで、見事に第2の創業を果たしていたのだ。まさにインクルージョンの名手だったと言えよう。

今でも海外に雄飛する日本人は、数多い。タイやベトナムなどでは、現地に骨を埋める覚悟で活躍する企業戦士たちが和僑会を形成している。前述のように「土地っ子になれ」を標榜するＹＫＫでは、20年以上海外生活をして一人前という。さしずめ現代版和僑である。

日本を代表する国際政治学者だった故高坂正堯・京都大学教授は、かつて『海洋国家日本の構想』（１９６５年）で、海洋国家としての地政学的な見地から国家戦略を説いた。残念ながら今の日本の政界には、それだけ骨太の構想を描き、実践できる人財はいない。しかしより多くの日本人が、この海洋国家としての自覚と自負を取り戻せば、島国根性を脱ぎ捨て、世界に繰り出していく覚悟が生まれるはずだ。

シュンペーターは「破壊」と呼んだ。しかし、異結合を生み出すためには、そのような物理的な力のぶつかり合いではなく、化学反応の方がふさわしい。異質な物質が混ざり合って、新しい物質を作り出すプロセスだ。住友化学は、Creative Hybrid Chemistry for a Better Tomorrow を、自社のＲ＆Ｄビジョンとして掲げている。まさにこの Hybrid Chemistry、すなわち異結合こそがイノベーションの源泉なのである。

最近、Digital Disruption がキーワードとなっている。Disruption（破壊）は勇ましく聞こえるが、単に転化にすぎない。風景が新しくなったような気がするだけだ。

進化のためには、多様なものが溶け合い、化学反応を起こすプロセスが不可欠である。ダイバーシティは異化という化学反応の場を提供するだけで、そこからイノベーションを起こすためには結合、すなわちインクルージョンが必要となる。

先に紹介した堀場製作所のステンドグラスモデルは、ダイバーシティ＆インクルージョンを示す優れたメタファーだ。しかし、教会のたたずまいのような静謐さを感じさせる一方で、進化というダイナミズムが伝わってこないのが、いささか残念である。筆者であれば、万華鏡をメタファーとしたいところである。それぞれの異質な形と色が自在に融合し合って、常に新しい世界を繰り広げていくイメージだ。

ちなみに万華鏡は日本で生まれたものだと思いがちだが、実は１８１６年にスコットランドの物理学者が考案したものだという。それが3年後には日本に伝わり、独自の進化を遂げていった。いかにも日本人らしい文化の融和力を感じさせるストーリーだ。

日本人は和漢、和洋という空間軸、そして新旧、過去と未来という時間軸を融合させる独特の才能を持っている。空間を広げ、時間を長くとればとるほど、日本人は融和力を発揮できるはずだ。

世の中がディスラプションの到来に浮足立っている今こそ、融和による奥行きがあり骨太なイノベーションが求められている。日本人の和力を触媒として、世界中に創造的な異結合（Creative Hybrid Chemistry）をもたらす絶好の機会が到来しているのである。

90 利己から利他へ

通説

近代経済学の父アダム・スミスは、「神の見えざる手」が働く市場原理を唱えたことで知られている。市場経済においては、それぞれの個人が自ら利益を追求すれば、結果として社会全体において適切な資源配分が達成されるという考え方だ。スミスによれば、その見えざる手の正体は価格メカニズムである。ここから、価格を通じて需要と供給が自然に調節されていくという近代経済学の基本原理が生まれていった。

この市場原理は、短期的に機能不全に陥ることがある。たとえばバブル現象や最近のGAFAM並びに一部富裕層への富の集中だ。しかし、前者は、バブル崩壊やリーマンショックのようなハードランディングを伴って調整されてきた。

ロシアの経済学者コンドラチェフは、世界景気は約50年の周期で循環すると主張した。いわゆるコンドラチェフの波である。シュンペーターは、それは技術革新によってもたらされるとした。1995~2000年のITバブルの次の波は2045~2050年ごろ、まさにシンギュラリティを起点にやってくるものと予想される。そこで景気爆発のドライバーとなるのは、AI、IoT、ビッグデータ、ロボティクス、ナノテクノロジー、ライフサイエンスなど、デジタルを基軸とした技術革新だ。

サステナビリティ（持続可能性）が次の波の起点となるという見方もある。たとえばオーストラリアに拠点を置くシンクタンクの The Natural Edge Project は、環境、食糧、エネルギー、高齢化などの社会課題に注目する。２００４年のレポートでは、２０２０年には、これらの社会課題解決に向けて、バイオミミクリー、グリーン化学、工業エコロジー、再生可能エネルギー、グリーンナノテクノロジーなどの技術革新がビッグウェーブとなると予測した。それから15年経った今、かなり的を射た予測だったことがわかる。

一方の富の一極集中は、今なお進行中である。２０１９年1月、国際ＮＧＯのオックスファムが発表した Public Good or Private Wealth という報告によると、世界の金持ちのトップ26人が持つ富は、世界で最も貧しい38億人（世界人口の下位半分）の富に等しいという。

そのような事情を背景に、ベーシックインカム（ＢＩ）の是非が議論されている。政府が全国民に最低限の生活に必要な現金を支給するという最低限所得補償制度である。その際の主要な論点は、財源に加えて、「誰も働かなくなるのではないか？」という疑問である。そこで世界の各地で社会実験が行われている。

最近の実験として注目されるのが、２０１７年から2年間実施されたフィンランドのケースである。２０１９年2月に公表された暫定報告によると、給付されたから働かなくなるという傾向はみられなかった一方、健康状態の改善やストレスの軽減など、幸福度の向上につながったという。

生存欲求が満たされた後は、自己実現に向けた意欲が高まるというマズローの欲求段階説を踏まえれば、納得のいく結果である。今後さらに慎重な検討が続けられる予定だが、ＢＩは貧困層に対する一つの有効な解となりうるものと期待される。

ＢＩには、テスラのイーロン・マスクＣＥＯやフェイスブックのマーク・ザッカーバーグＣＥＯなどのデジタル長者も支持を表明している。ＡＩがもたらす富の集中や失業問題は、ＢＩによって緩和できるとでも言わんばかりだ。

いずれにせよ、利己心を基軸とした資本主義は、向上欲という人間の本性に深く根差した原理である。資本主義の終焉、ポスト資本主義などを唱える論者は少なくない。しかし、資本主義はさまざまな修正や補強を経て、今後も人類の成長のドライバーとしての役割を担い続けるだろう。

真説

アダム・スミスほど曲解されて後世に伝わっている思想家も珍しい。彼の『国富論』（1716年）には1カ所だけ「見えざる手（invisible hand）」という表現は出てくるが、「神の（of God）」というフレーズはどこにもない。

そもそもスミスは経済学を担当する前は、倫理学を教えていた。その時の著書が『道徳感情論』（1759年）である。そのなかでスミスは、共感（Sympathy）こそが社会秩序の基盤となると唱えている。共感とは、他人の感情や行為の適切性を評価する能力であり、利害対立を超えた公平な判断を下すには、賢人（Wise man）が必要だとしている。

スミスは決して利己的な意思を肯定していたわけではないのだ。それを是正する役割を担うのは、利益の最大化を図る市場原理ではなく、共感という社会原理だと考えていた。

新進気鋭の論客の一人、チェコの経済学者トーマス・セドラチェクも、このスミスに対する世の中の誤解を指摘する。スミスが言いたかったことを正確に表現すると、「神の見えざる手」ではなく「社会の見えざる手」だったはずだと論じる。そして『善と悪の経済学』（2015年）で、経済学に倫理を取り入れる必要性を説く。

日本においては、古くから、見識の高い経営者や企業は、経済と倫理は不可分ととらえてきた。たとえば住友の事業精神。約350年前、初代・住友政友が遺した『文殊院旨意書』に「浮利に趨らず」という家訓が記されている。そのような教えのなかから、「自利利他公私一如」という住友の事業精神が生まれ、今もなお、住友グループ企業の基軸となっている。

明治に入って、日本の資本主義の礎を築いたのが渋沢栄一翁だ。『論語と算盤』（1916年）では倫理と利益の両立を説いた。道徳経済同一論、あるいは倫理的資本主義とも呼ばれる思想である。

そもそも渋沢翁が説いたのは、資本主義ではなく「合本主義」だ。渋沢翁の玄孫（孫の孫）にあたるコモンズ投信会長の渋澤健氏は、この「合」という言葉に注目し、それを「共」に通じるものとする。共感、共助そして共創。日本の資本主義の父が目指したのは、共感経済であり、共創資本主義だったのである。渋澤健氏は、そのような思想をステークホルダー資本主義と呼ぶ。

企業を公器と位置付け、その利益を公益ととらえる思想は、松下幸之助翁をはじめ、日本を代表する企業経営者に脈々と受け継がれてきた。世界中で資本主義の限界が叫ばれ、ポスト資本主義が模索されているなか、この日本型の資本主義は、限界突破の有力な解の一つになりうるはずだ。

第16章 志本経営（Purpose-driven Management）を目指せ

91 Or から And へ

通説

日本企業は、現場のオペレーション力を磨き上げてきた。How への偏執狂的なこだわりだ。その結果、ジャパン・アズ・ナンバーワンと持ち上げられるまでに上り詰めていった。

右肩上がりの時代は、それでよかった。現場で同質的なカイゼン活動をひたすら繰り返すだけで確実に競争力を向上することができたからだ。しかし、非連続な時代においては、そのような現場力だけでは通用しなくなる。How の前に What が問われるからだ。

どの市場を選び、どの顧客を優先し、いかなる価値を提供するのか？　その価値を提供するためにはどのようなバリューチェーンを構築するのか？　価値を取り込むためにはどのような事業モデルを採用するのか？　どのような資源をどこから調達し、どこに投入するのか？

いずれもWhatをめぐる戦略的な命題である。そこで問われるのは、トレードオフを見極め、どこに集中し、何を切り捨てるかという高度な判断力である。「あれもこれも」ではなく、「あれかこれか」を決定する決断力である。

かつてポーター教授は、日本企業には戦略が不在だと断じた。そして、オペレーショナル・エクセレンスの戦いはいずれ平準化され、日本企業はグローバル競争から脱落すると警鐘を鳴らした。

事実、日本は１９９０年代のバブル崩壊以降、長期低迷期に突入する。現場力に依存しすぎた代償は大きい。戦略をにわか勉強しても、焼け石に水だ。平成の30年間は、まさに「失われた30年」となった。

日本が政府をあげて取り組んだ電子立国の夢は、その間にもろくも崩れ落ちた。その代表例が半導体産業である。90年代初めは、ＮＥＣ、日立、東芝、富士通など、日本の総合電機メーカーが隆盛を極めた。半導体事業においては、ＩＤＭ（Integrated Device Manufacturer）という垂直統合モデルが当時の勝ちパターンだった。「設計も製造も」という事業モデルである。

しかしその後、専業モデルが急速に台頭する。最先端の半導体工場の建設には、数千億円規模の設備投資が必要となる。しかも半導体のゲート長が数年単位で短くなるごとに、より巨大な設備投資をし続けなければならない。それを数年間で償却するためには、大規模な需要を取り込む必要がある。それに耐えられるのは、インテルやサムスンなど、世界トップ企業だけだ。

そこでまず、製造だけに特化したファウンドリーという新業態が出現した。代表例が台湾のＴＳＭＣだ。その結果、逆に回路設計だけに特化するファブレスというプレーヤーが多数出現することになる。携帯端末向けの半導体でチャンピオンとなったクアルコムなどが代表例だ。

こうして垂直統合から水平分業へと、大きく事業モデルがシフトしていった。この動きに完全に乗り遅れた日本のＩＤＭは、あっという間に負け組に転じてしまう。軸足を決め切れない優柔不断ぶりが命取りとなったのである。

真説

ポーター教授をはじめとするアメリカの経営学者は、トレードオフこそが戦略の要諦であると説く。しかし実際の経営は、それほど単純に割り切れない。たとえば、オペレーションか戦略かではなく、オペレーションも戦略も磨きをかける必要があるのだ。しかもその2つは独立関数ではない。オペレーションのなかから戦略が生まれ、戦略がオペレーションを異次元の高みに誘導していく。トレードオフではなく、トレードオンを目指すことこそが、真の競争力のカギとなるのである。

自動車業界を例にとろう。日本企業群が、世界的に優位性を確保し続けてきた数少ない（というより、唯一の）業界である。その優位性の源泉が、現場力、すなわちオペレーショナル・エクセレンスであったことはよく知られている。

その自動車業界が今、「１００年に1度の大変革」に見舞われている。ＣＡＳＥと称される動向、すなわち、Connected（つながるクルマ）、Autonomous（自動走行）、Shared（共有化）、Electrification（電動化）の4つである。いずれも、震源地はテスラ、グーグル、ウーバー、ＢＹＤ、百度、滴滴など、アメリカ西海岸と中国のＩＴ系新興企業である。これまで覇権を握ってきたドイツと日本の自動車メーカーは、大きな試練に立たされている。

しかし、自動車に求められる性能や安全性などの要求度の高さは、ＩＴ系新興企業が簡単に追いつけるレベルではない。テスラやウーバーが自動走行モードで大きな事故を起こしていることは、周知の通りだ。

また、量産には高度な生産技術が必要となることを、量産モデルの立ち上げに苦しむテスラは、痛感しているはずだ。デザインに定評があるアップルやダイソンも参入を試みたが、量産技術の欠如が致命的となることを痛感し、途中で断念せざるを得なかった。

自動車業界がかねてより培ってきた現場のモノづくり力は、このような時代になっても価値がすたれることはない。クルマが進化すればするほど、「走る・曲がる・止まる」といった基本的な機能の価値は増すばかりだ。それを担保するのは、伝統的なオペレーショナル・エクセレンスなのである。

ただし、だからと言って、いつまでも旧態依然としたクルマづくりにいそしんでいたのでは、時代の流れから大きく取り残される。いかに強みであるオペレーショナル・エクセレンスに磨きをかけつつ、新しい市場や事業モデルを構築する戦略脳を身につけるかが問われているのだ。「or」を見極める決断力ではなく、「and」を高いレベルで達成する統合力こそが、持続的な競争力の源泉となるのである。

渋澤健氏は、「論語と算盤」の両立を説いた渋沢栄一翁の思想の根底に流れるパワーを、「と」の力と呼ぶ。アメリカ流の「か（or）」ではなく「と（and）」こそが、経営の神髄であるというのである。最近注目されているインクルージョンやサステナビリティは、まさにこの「と」の力の重要性が再認識されたからにほかならないとも論じる。「誰一人取り残さない」というＳＤＧｓの理念は、まさに「と」が世界共通の潮流となっていることを如実に示している。

筋金入りのトレードオフ論者であったポーター教授ですら、最近になって社会価値と経済価値の両立を目指す必要性を主張し始めている。先に紹介したＣＳＶである。

ポーター教授はＣＳＶを「次世代経営モデル」と銘打っているが、実は渋沢栄一翁が１００年以上も前から唱えていたことにすぎない。ドラッカーが渋沢を高く評価していたのもよく理解できる。

トレードオフをトレードオンにするのは、簡単ではない。ポーター教授が警告するように、あぶはち取らず（stuck in the middle）に陥りやすいからだ。だからこそ、そこにイノベーション、すなわち新たな価値創造の機会があるとも言える。実現のためには、大きく3つの軸をシフトさせることが有効である。

第1に、資産軸のシフト。カネやモノなどの有形資産は専有性が高い。したがってどうしてもトレードオフの対象となる。しかし知恵やブランドなどの無形資産は多重化が利くどころか、使えば使うほど価値が上がる。活用の場や頻度に関して、トレードオフではなくトレードオンが期待できるのだ。このように、有形資産から無形資産へのシフトがカギとなる。

第2に、空間軸のシフト。自前主義に徹すると、どうしても投入できる資産には限界がある。カネについては、古くから外部資金が活用（レバレッジ）されてきた。モノについても、外部化が進み始めている。ファブレスやファブライトなどがその典型である。ヒトも例外ではない。外部人財の活用だけでなく、兼業や副業を通じた内部人財の多重化も広まりつつある、さらに内外の知恵を異結合させるオープンイノベーションは、経営の最先端の課題の一つとなっている。このように閉鎖系から開放系へのシフトが求められているのである。

第3に、時間軸のシフト。すぐに結果を出そうとすると、一点集中型が有利だ。たとえば当面の利益を最大化させるだけなら、一切投資を凍結すればよい。しかし、それでは当然、持続可能な経営とはならない。品質とコストも、短期的にはトレードオフとなりやすい。しかし、トヨタなどの日本の自動車会社は、初期コストをかけてでも品質を担保することが、長期的にはトータルコストを下げることにつながることを証明した。

日本では最近、アメリカ流のＲＯＥ経営を標榜するなど、周回遅れの風潮が多いが、そのような底の浅い経営からイノベーションが生まれることはない。時間軸を短期から長期に、連続から非連続に、そして微分から積分へと、大きくシフトさせる必要がある。

92　反（アンチテーゼ）から合（ジンテーゼ）へ

通説

ダーウィンによれば、進化は多様性の産物である。環境変化に合った種が生き残る。次世代につなげるためには、種の多様性が不可欠である。目まぐるしい環境変化に直面する現代企業にとって、人財の多様性（ダイバーシティ）は生き残りの前提条件である。

さらに、客観的に正しい答えを導き出すためには、論点の多様性も重要である。そのために西欧ではディベート（討論）が盛んに取り入れられてきた。古くはソクラテス流のディベートがよく知られている。今でもハーバードのロースクールやビジネススクールでは、ケースを材料にディベートを延々と戦わせる。討議というより闘技に近い。まさに白熱教室である。

それに対して、日本人は伝統的に対立ではなく和を重んじる。子供の頃から、「周りと仲良くしなさい」「人様に迷惑をかけてはいけない」と教えられる。自立心や独自性を求められる欧米の子供たちとは、真逆の価値観を刷り込まれているのである。

それが企業の理念や文化にも色濃く投影されている。「三方よし」などは、その典型例だ。しかし、それは価値観を共有するムラ社会のなかだけで通用する話だと、ポーター教授は指摘する。そもそも「三方よし」には、肝心の株主が入っていない。日本人だけに通じる美学は、海外の投資家にはまったく理解されないと切り捨てられる。

最大の問題は、そのような習慣が思考パターンに埋め込まれていることだ。西欧で教育を受けると、批判的精神（critical mind）を徹底的に鍛えられる。これまで当たり前と信じられてきたことに疑問を持つことが、新たな発見やイノベーションにつながる。コペルニクス的転回、ニュートンの重力の法則、そしてアインシュタインの相対性理論など、近代の科学はそのような批判的精神を起爆剤として進化してきたのである。

それに対して、日本は異質なものを排除するか、巻き取ろうとする。そのような精神は、玉虫色の答えと妥協しか生み出さない。

マッキンゼーが社員に刷り込む基本ルールの一つが、Obligation to Dissent である。異議を唱えること。しかもそれが権利ではなく義務だというのである。反論することが当たり前にならない限り、日本が大きく化けることは期待できないだろう。

真説

二項対立そのものは、何も新しいものを生み出さない。対立を超えた新たな地平にこそ、真のイノベーションが生まれる。弁証法で言えば、「正」と「反」の先にある「合」である。

ポストモダンの旗手ジャック・デリダは、二項対立を超える方法論として、脱構築（デコンストラクシオン）を唱えた。絶対知を目指すのではなく、あらゆるものが相対化されていく。二項どころか多項共存。「あれもこれも」というなんでもありの世界だ。

しかし、それはダイバーシティを受容するものの、対立を超えた新しい視座を初めから放棄することになる。脱構築から再構築に向かうためには、インクルージョン（合一）が伴わなければならない。新実在論を唱えるマルクス・ガブリエルは、要素還元主義的な自然科学を超えた精神の働きに、再構築の糸口を見出そうとしている。

日本では、そのような哲学的思弁ではなく、むしろ心技体全体が同期した進化が目指されてきた。「守破離」というプロセスである。武道や茶道などにおいて、学びの3つの段階を示したものだ。

守——師の教えや型を確実に身につける段階（習得）
破——他の良いものを取り入れ、工夫を凝らす段階（改善）
離——独自の新しいものを生み出し確立させる段階（創造）

まず一つの客体（師）に自らを寄せ、他の多様な客体を受け入れ自らのなかで融合させ、そして自ら独自の世界を拓く。これが日本ならではの進化のプロセスである。模倣の先に、イノベーションを

生み出す技でもある。

心技体が三位一体となって初めて達成できるという点も、ユニークだ。欧米では、精神（心）に軸足を置く観念論、工芸（技）に軸足を置く工学、身体性（体）に軸足を置く認知科学などが、それぞれ独自の世界を作り上げている。このような要素還元的な手法ではなく、常に全体性（ダイバーシティ）と包摂性（インクルージョン）を目指そうとする姿勢に、日本独特の知恵が見て取れる。

時間軸における守破離と空間軸における心技体。これこそが、日本流のイノベーションの本質である。欧米流の思想に引き込まれることなく、それを守破離のプロセスを通じて咀嚼・解体し、独自の世界に再構築していかなければならない。そのためには、ともすれば技に走りがちな習性を押しとどめ、精神性と身体性を取り戻す努力が求められる。

瞑想や坐禅などのマインドフルネス活動は、その一助となるかもしれない。旅行や社会奉仕などの異次元体験も、セレンディピティをもたらしてくれるかもしれない。

もっと身近なものでもよい。筆者の場合、音楽鑑賞であり、読書であり、散歩であり、入浴だ。昔から誰でもたしなんできたことであり、我ながらいささか爺臭い気もする。しかし、現代人が失ってしまった贅沢な時間と空間である。心と身体をオフにするちょっとした工夫が、明日のイノベーションの糧となる。青い鳥は、意外に庭先にいるのかもしれない。

93 ディスラプションからピボットへ

通説

20世紀は石油と機械の世紀であった。その象徴がガソリン自動車である。日本の自動車業界は、その頂点に上り詰め、全盛を極めた。

その自動車業界が、「100年に1度の破壊（ディスラプション）」の到来に浮足立っている。21世紀に入って、成長の原動力がデータとアルゴリズム（知恵）に大きくシフトしたからだ。ただ、自動車業界がまだ気づいていないことがある。デジタルの進化のスピードは、ディスラプションを常態化させてしまうということだ。「100年に1度」などという悠長な話ではない。これからは毎日ディスラプションに向き合わざるを得なくなる。

三河や天津、ウォルフスブルクやデトロイトなどの自動車城下町に引きこもっている場合ではない。シリコンバレーは言わずもがな、深圳やバンガロール、テルアビブやヘルシンキなど、デジタル革命の波打ち際に身を置く必要がある。

もう一つの大きな潮流が、サステナビリティだ。ガソリンエンジンからのシフトは、世界中で待ったなしだ。自動運転がいかに安全で健康な社会をもたらすかは、未知数である。フライト・シェイム（飛び恥）という名のもとに今は飛行機での移動がバッシングを受けているが、いずれ自動車での移動も反社会的として糾弾される可能性すら、否定できない。

このデジタルとサステナビリティという2つの大きな変革の波は、自動車に限らず、あらゆる産業を頭から呑み込んでいく。このディスラプションの波に乗り遅れた企業は、あっという間に負け組に転落する。逆にこれを好機ととらえて攻めに転じた企業は、次世代の勝者に躍り出ることができるだろう。

真説

既存企業にとって、セルフディスラプション（自己破壊）は最も勝算の低いオプションである。自ら持てるものを否定したところで、次のゲームで勝てる保証はまったくない。むしろ桁違いのスピードで勝負に出るベンチャー企業に、あっという間に置いて行かれてしまうだろう。もちろん、ベンチャー企業が成功する確率も、決して高くはないのだが。

第2の創業は、第1の創業よりはるかに難しい。既存の事業が大きすぎるからだ。ましてや既存の事業を破壊するような事業には、どうしても本腰が入らない。クリステンセン教授の言う「イノベーションのジレンマ」である。

大変革の時代には、本業を否定しても守っても、勝ち目はない。ではどうすればいいか？

答えは1つしかない。新しい事業機会に向けて、本業で培った本質的な強みを「ずらす」のである。ずらす際には、従来大きく2つの方向性が考えられた。市場をずらすか、製品・サービスをずらすか。半世紀以上前からアンゾフの成長マトリクスとして知られているフレームワークである。

市場をずらす軸としては、地域、業界、顧客セグメントなどがある。たとえば、未開拓の地域（例：新興国市場）、隣接業界（例：未病市場）、ニッチ層（例：スモールマス市場）など。

一方、製品・サービスをずらす軸としては、技術、バリューチェーン、事業モデルなどがある。オペレーション技術（たとえば計測技術）、バンドリング（たとえばソリューション）、ダイレクトモデル（たとえばＤ２Ｃ：Direct-to-Consumer）などである。

いずれの場合も、既存事業との距離が近いほど、成功確率は高い半面、新規性（破壊度）は当然乏しい。一方、ディスラプターは、既存市場のど真ん中（たとえばスマートコンシューマー層）を革新的な事業モデル（たとえばＳＰＣ：製造小売りモデル）でぶち抜いてくる。この場合、いかに既存の資産（たとえば顧客資産やオペレーショナル・エクセレンス）を活用して、自社が得意とする領域に戦いの場をずらすかが知恵の絞りどころとなる。

新機軸を自社で仕掛けても勝ち目はない。むしろ、ディスラプター自身と手を組むことで、勝算を飛躍的に高めることができる。たとえばアマゾンの脅威にさらされたウォルマートは、オンライン対オフラインという戦いから、ＯＭＯ（Online Merges with Offline）へと大きく主戦場をずらした。その際にオンライン事業側は、アマゾンの対抗馬であるベンチャーのJet.comを買収し、その創始者であるマーク・ロリー氏を、ウォルマート全社のＥコマース事業統括責任者に据えた。

一方のアマゾンは、ホールフーズ・マーケットを買収してオフラインに進出。しかし、店舗数ではウォルマートが圧倒的に有利だ。一方、アマゾンはアメリカのＥコマースの半分を押さえている。ＯＭＯという融合市場における戦いは、ますますヒートアップしている

ただし、必ずしも、ウォルマートのようにベンチャー企業を買収する必要はない。ベンチャーはベンチャーならではのスピードと技能に磨きをかけ、既存企業はその持てる規模と範囲を提供する。それができれば、スピード（speed）、技能（skill）、規模（scale）、範囲（scope）というS^4の経済性を獲得することが可能になる。

たとえば、トヨタ、ファナックなどの大手企業と日本の唯一のユニコーンであるプリファードネッ

トワークスとのタイアップ。あるいは、損害保険大手の損保ジャパン日本興和とＬＩＮＥやＤｅＮＡなどのベンチャー企業との提携。既存企業はベンチャーが持っていない資産を惜しみなく提供することによって、競争の場をずらすことができるのである。

セルフディスラプションは破滅への第一歩ではない。いかに自らの強みを、新しい現実や事業機会に向けてずらせるかが勝負となる。

このような動きを「ピボット」と呼ぶ。軸足はしっかり自分の本質的な強みに置きつつ、もう一方の足は、３６０度自由度を確保して、大きく踏み出す。バスケットボールのピボットと同じ要領だ。しかし、何百、何万という社員を大きくピボットさせることは、5人でプレーするバスケットボールとは桁違いに難しくなる。その際にキモとなるのが、〈ゆらぎ、つなぎ、ずらし〉という生命の進化のプロセスを、いかに組織に埋め込むかである（詳細は拙著『学習優位の経営』２０１０年を参照）。要諦は次の通りである。

ゆらぎ――顧客や市場、技術や他社の非連続な動向を素早く感知して、そこに自らをチューニングしていく運動。そのような動きは、本社や本業などの本丸ではなく、海外子会社や傍流事業などの辺境（edge）の現場で始まることがほとんどである。前に紹介したイノベーション@エッジの取り組みがカギを握る

つなぎ――辺境の現場で生まれたゆらぎのなかで、筋のいいものを見極め、それを他の辺境にもつなげることで、波動を広げて、うねりに変えていくプロセス。これこそ、本社が本来果たす

べき機能である。そのためには、前に紹介したクリエイティブ・ルーティンの仕組みをビルトインしなければならない

ずらし――大きなうねりに成長した運動を、既存事業、さらには他社の資産と融合させることによって、本業そのものを大きく進化させる活動。新しい動きを本業と切り離してしまったのでは、ベンチャーを産み落としただけで終わってしまう。出島を本体と陸続きにし、既存事業と融合させることで初めて、第2の創業が実現できる。しかしそれではまだ1×にすぎない。さらに他社を巻き込むことで、前に紹介した10×を目指す

このような運動論を展開するためには、ピボットを仕掛ける触媒が不可欠だ。その役割を担う恰好の役者がトリックスターだ。トリックスターは、神話や物語のなかで、秩序の破壊者として描かれることが多いが、実は秩序を再構築するための触媒にもなっている。

たとえば、日本神話に出てくるスサノオ。神の国では邪魔ものとして追放されるが、ヤマタノオロチを退治して人間界を救った人物である。フランスの文化人類学者レヴィ・ストロースは、トリックスターを「人間が世界を把握するために用いる基本的カテゴリーの対立を仲介し、世界についての統一的認識を与えるもの」だと位置付けている。

企業で言えば、「トヨタの敵はトヨタだ」という名言のもと、同社の全社変革を仕掛けた奥田碩・元社長（元経団連会長）は、さしずめその代表例だろう。現役の経営者としては、日立製作所の中西宏明会長（兼・経団連会長）、三菱ケミカルホールディングスの小林喜光会長（前・経済同友会代表幹事）、ＳＯＭＰＯホールディングスの櫻田謙悟社長（兼・経済同友会代表幹事）などの名前がすぐ

思い浮かぶ。

日本を代表する経営者を例に挙げるのは不謹慎かもしれないが、いずれも伝統的な日本企業に大変革をもたらせたスサノオ級のトリックスターである。そのような方々が、財界を代表する立場に立たれたことを考えると、日本の未来にはまだまだ期待が持てそうだ。

大変革の時代だからこそ、自らの本質的な強みを踏まえつつ、大きく一歩踏み出す必要がある。ディスラプションという流行語に惑わされることなく、ピボットする勇気を持つことが、日本企業に確実な明日をもたらすことになるだろう。

94　コーチングから相互学習へ

通説

ミレニアル世代（1980〜2000年生まれ）が、続々と企業の最前列に加わってきている。彼ら・彼女らは、世界中で共通した特性を持っていると言われている。なかんずく、以下の2点が特徴的だ。

第1に、デジタル・ネイティブであること。インターネットやスマホとともに育ってきたこの世代にとって、デジタルは日常そのものである。この世代の先端的な生き方の一つがデジタルノマドだ。場所や時間にとらわれず、気ままに生活しながらデジタルを駆使して仕事もこなすといったライフスタイルだ。まさにワーク・イン・ライフである。彼らから見ると、日本で政府を挙げて取り組まれているワーク・ライフ・バランスは、甚だしく時代錯誤な話である。

第2に、サステナビリティ・ネイティブであること。ソーシャルメディアを通じて他者とのつながりを大切にしてきたこの世代は、社会問題や環境問題への意識も高い。所有より共有に価値を置き、シェアリングエコノミーへの流れをドライブしている。エコライフやエコツーリズムを重視し、グリーン投資などへの関心も高い。精神性（マインドフルネス）に共感を持ち、お互いに助け合ったり、地球を救うために協力し合う気持ちも強い。まさにSDGsの申し子のような世代である。

このような世代をいかに職場で育成するかが、大きな課題となっている。一昔前は、仕事は上司から盗むものだと教えられてきた。その後、しっかりコーチングすることが重要だということで、メンター制度などを導入する企業が増えた。

しかし、最近はむしろ、古い世代が若い世代から学ぶことが少なくない。とくにデジタルやサステナビリティという最先端の経営課題は、むしろ彼らミレニアル世代の方が、よっぽど知識や熱意が高い。

そこで注目されるのが前述のリバースメンタリングだ。若い社員が先輩社員のメンターとなる仕組みである。GEのジャック・ウェルチ元CEOが1999年に、500名の経営幹部に導入したのが最初だと言われている。ウェルチ自身も若手メンターから、インターネットなどの新しい動向について学習した。リバースメンタリングは、その後欧米企業に着実に広がっていった。日本では導入が遅れたが、2017年から始まった資生堂のケースが話題となった。

リバースメンタリングのテーマに、今後はサステナビリティを加えるとさらに効果的だろう。事実、資生堂や味の素など、サステナビリティへの取り組みに熱心な企業は、ミレニアル世代の活気で溢れている。

真説

多くの企業で、ミレニアル世代は今や従業員の過半数を占めつつある。特に、一番脂がのっている30代はみな、ミレニアル世代である。しかしその割には、いつの間にか当初の活気を失ってしまっているケースが少なくない。

従来、日本企業では、M字カーブが問題とされてきた。結婚や育児のために、20代後半から30代の女性が職場を離れ、子育てが終わった時点でようやく職場に戻るという社会現象である。その後、産休・育休制度なども整備され、M字カーブの谷間がひところに比べると、かなり解消されてきた。

しかし、仕事への志の高さ(パーパス・ドリブン度)においては、今もM字カーブ現象が続いている。入社前や直後に高い志を持っていた若者も、仕事の現実にもまれるなかでそれを見失ってしまう。そして、より幅広い視野に立てる幹部レベルになってようやくまた、志に火がつくようになる。私が主宰しているCSVフォーラムの参加メンバーが、複数企業の従業員調査を通じて発見した社会現象である。これを新M字カーブと呼ぶ(図46)。

ミレニアル世代も例外ではない。高い数字目標を背負わされ、毎日必死に働いているなかで、せっかくの志がくすぶってしまっている。下手をすると、変革に最も抵抗する隠れ岩盤層にすらなりかねない。これは大きな社会的ロスであり、そのような状況を放置していることは、社会的な犯罪行為に等しい。

この新M字カーブの底にいるミレニアル世代の心に、今一度火をつけることが、企業リーダーの最大の役割である。そのためには、One-on-One ミーティングを通じて、本人に自らの志を描かせ、仕事を通じて何を実現したいのかをしっかり自覚させる必要がある。

先述したように、グーグルではGROWというフレームワークを使って、Goal すなわち志を起点とした深い対話を重ねる。そのような時間を十分とるためには、一チーム5人が限度であるという。

リクルートでも、上司がメンバー社員とこのような対話に徹底的に時間を使っている。その際に使われるのが WILL－CAN－MUST シートだ。「君は何がしたいのか？（WILL）」が、徹底的に掘り下げられる。

そのような対話を通じて、上司自身がメンバー社員から気づかされたり、教えられることも少なくない。しかし、リバースメンタリングのように、メンバーから学ぶだけでは効果は半減する。相手に深い洞察を促すような質問を投げかけ、自らの豊かな経験からアドバイスをする高いカウンセリング能力が求められる。そしてそのようなプロセスを通じて、自分自身の洞察力や対話力にも磨きがかかっていく。

一方的なメンタリングでも、逆（リバース）メンタリングでもな

図46　新M字カーブ

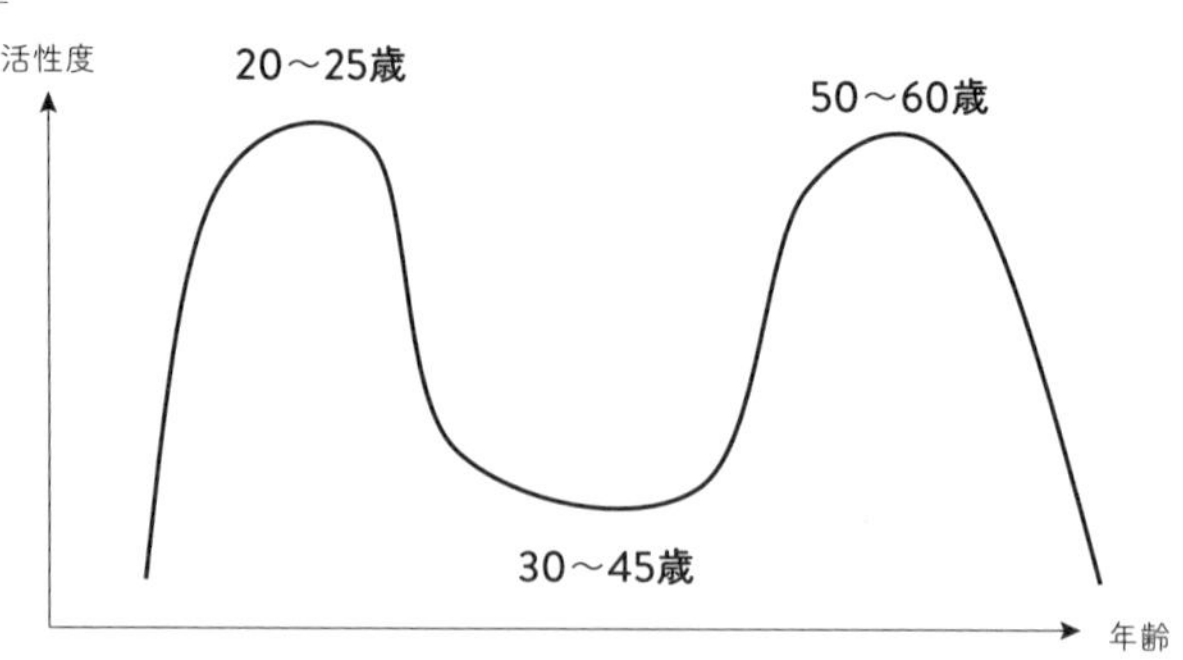

出所：筆者作成

く、レシプロカルラーニング（相互学習）。それが現状維持でも現状破壊（ディスラプション）でもなく、着実に進化し続ける組織が身につけるべき学習能力である。

95 危機感から使命感へ

通説

変化が常態化した今日、自己変革できない企業にも個人にも明日はない。

日本電産の永守重信会長は、「脱皮できない蛇は死ぬ」という比喩を好んで使う。ファーストリテイリングの柳井正社長は、端的にChange or Dieと言い切る。「失われた30年」のなかで最も成長し続けてきた2社のトップが、口をそろえて変革の必要性を説く。

チェンジマネジメント論といえば、ハーバードビジネススクールのジョン・コッター教授が大御所である。同教授は、名著『企業変革力』（１９９６年）で、企業変革を推進していくために進んでいくべき8段階のステップを提唱している。

その第1段階が、Sense of Urgencyだ。すぐに動かなければならないという思いである。変革の最大の敵は、complacency（慢心）であると、同教授は喝破する。その慢心から抜け出さない限り、変革は始まらない。

そのためには、危機感を組織にどれだけ醸成できるかがカギを握る。現状維持バイアスにとらわれがちな社員を、いかにコンフォートゾーンから追い立てるか。そのためには、ホラーストーリーを示すことが、最もパワフルだ。

すでに危機に直面しているのであれば、話は簡単である。今ここにある危機を直視させればよい。富士フイルムは、本業消失という事態を目前にして、古森重隆会長の強烈なリーダーシップのもと、全員で大きく舵を切ることに成功した。

厄介なのは、危機がまだ目前にまで迫っていないときだ。なぜ今、変革しなければならないのか（Why Now?）を、腹落ちさせることができないからである。その際には、空間軸か時間軸をずらしてゆさぶることが効果的だ。

空間軸としては、海外で起こっていること、他の業界で起こっていることに目を向けさせることである。たとえば常套手段はアマゾン効果だ。アマゾンが既存業界を次々に破壊していった過程を振り返る。まだ海外の話、他業界の話かもしれないが、ホラーストーリーとしては十分迫力がある。

時間軸としては、明日の事態をシミュレーションしてみせることが効果的だ。たとえば、ロイヤル・ダッチ・シェルがシナリオ・プランニングによって、石油危機に事前に対応することができたことは有名だ。このような将来予測は、現在の延長上に未来はないことを自覚させるツールとなる。

明治維新や戦後復興がそうであったように、日本人そして日本企業は、危機の際にこそ、強靭なパワーを発揮することができる。しかし今のような緩慢な衰退のなかでは、茹でガエル状態に陥りがちだ。今こそ危機感を煽って、変革のスイッチを入れなければならない。

真説

危機感は真の変革のトリガーにはなりえない。拙著『全社変革の教科書』でも詳述したが、この通説の誤解を払拭することが、変革を仕掛ける際の最大のポイントとなる。

危機に直面している以上、まずは危機から脱け出さなければならない。しかし、その時に打てる手は極めて限られてしまう。しかも、とりあえず危機から脱することができれば、ほっとして変革の手を緩めがちだ。

V字回復と謳われる企業再生は、ストーリーとしてはドラマチックだ。しかし、本質的な体質改善につながるケースは稀で、多くの場合、5年も経たないうちに、また危機が再発するため、V字回復ならぬW回復を目指さなければならなくなる。懲りない話である。

そのようなことを繰り返しているうちに、企業はどんどん疲弊していく。圧倒的な競争力を誇っていた半導体業界（たとえば東芝）や自動車業界（たとえば日産）も例外ではない。

危機に陥った時には、すでに手遅れである。変革をスタートするベストなタイミングは、むしろ絶好調の時なのである。

最高益の時に手を打たなければ、あとは下り坂が待っているだけである。新社屋建設など言語道断、配当や自己株買いなどで株主のご機嫌をとっている場合でもない。そのような時こそ、次世代成長に向けて大きな変革を仕掛ける絶好のチャンスなのである。

確かに危機に直面すると、通常では考えられないようなパワーを発揮することができる。火事場のバカ力のようなものだ。しかし瞬発力はあっても持続力はない。

危機の原動力は恐れ（fear）である。しかし恐れが遠のくと、危機感は跡形もなく消えてしまう。危機を変革のテコにするのは、極めて稚拙な経営手法である。

コッター教授は確かにSense of Urgencyが変革に不可欠と説く。しかしよく読めば、それは危機感のことではないとも語っている。むしろ、危機感を煽ると組織は硬直化するため逆効果とも説いている。

日本語訳は危機感となっているが、これは明らかに誤訳である。正確には、緊急意識。人気予備校教師の林修氏流に言えば「今でしょ！」である。

コッター教授自身、Sense of Urgencyを以下のように解説している。

大胆、かつワクワクするような機会に向けて変革することの必要性を理解させ、今すぐ行動することの重要性を訴求すること

脅威ではなく機会。それも大胆で「ワクワクするような」(aspirational)機会。先に紹介したMTP(Massive Transformative Purpose)そのものである。しかも、それが単なるビジョン(夢)ではなく、パーパス、すなわち志に直結していることがカギとなる。それが一人ひとりの使命感に火をつけるのだ。

MTPが高ければ高いほど、現状とのギャップは大きい。そこで、何としても大きく変わらなければならないという思いが募る。そのような一人ひとりの強い思いが、組織全体を変革に駆り立てるのである。

前にも述べたが、コップに半分水が入っているのを「半分しか残っていない」と悲観的(脅威)に受け止めてしまうと、途端に足がすくんでしまう。しかし「まだ半分ある」と楽観的(機会)に受け止められると、次の行動につながる。水をまたフルにするために、即座に動き出そうとするからだ。まさに「今でしょ！」感覚である。

危機感は百害あって一利なし。「使命感」(パーパス)こそが、人々を変革へと駆り立てるのだ。そ

のためには、リーダーはホラーストーリーではなくパーパスストーリーを語らなければならない。

我々はどこからきて、どこに向かおうとしているのか？　そもそも我々はなぜ存在し、何をやり遂げなければならないのか？　そのような原点と到達点をしっかり胸に刻むことができれば、人々は自らの意志で変革に向けて大きく踏み出していく。これが志本経営の要諦である。

96 「たくみ」から「しくみ」へ

通説

かつての日本企業の強みは、現場における「匠」の力だった。しかし、標準化・機械化が進むことによって、その強みを発揮できる場所が、どんどん狭まっていった。

それどころか、日本が誇っていたはずの現場力は、ここにきて大きなほころびを見せ始めている。最近多発している事故や不正・不祥事は、現場力の低下を如実に物語っている。

『日経ビジネス』２０１９年10月21日号は「さびつく現場」を特集した。コーポレートガバナンスのプレッシャーを受けて、固定費を削減するために現場スタッフを正規から非正規へとシフトさせていることが、大きな要因となっていると指摘している。

同特集はさらに、知の伝承が途絶えることで、今後事態はますます深刻化すると説く。少子高齢化の進展に伴い、シニア人財に蓄積されてきた「匠」が伝承されなくなるという危機感だ。売り手市場の若手が３Ｋ現場を敬遠し、非正規や外国人労働者に現場がシフトしていくなかで、匠を受け継ぐ者がいなくなる。そうなると日本の現場力は致命的にさびついてしまう。

だから今のうちに、現場の知恵をＡＩやロボットに早く移し替えなければならない。匠をアルゴリズム化することができれば、現場の知恵は伝承され続けるはずだ。

ドイツもかつては、マイスター制度で現場の匠力を深めてきた。しかし、ここにきて現場にＡＩやロボットを導入することで、生産性を飛躍的に高めている。「インダストリー４・０」である。

世界の工場の地位を確立した中国も、人海戦術からデジタル技術を駆使した製造業の高度化に邁進している。Made in China 2025と銘打たれた国家戦略だ。次世代情報技術や新エネルギーカーなど10の重点分野と23の品目を設定し、建国１００年を迎える２０４９年に世界の製造強国の先頭グループ入りを目指す長期戦略の根幹となる。

日本も待ったなしだ。匠（技能）が光るフィジカル（現実）空間を、知能（技術）がカギを握るサイバー（仮想）空間に融合させることにより、新たな未来社会を創生する。政府が大きく旗を振るソサエティ５・０構想だ。

「匠」の力がまだ残っている今こそ、世界を再度リードするラストチャンスである。それをいかに早く、デジタルの世界にシフトできるか？　ＤＸ（デジタル・トランスフォーメーション）への取り組みが、日本の未来を決すると言っても過言ではない。

真説

「匠」の技をＡＩやロボットに移植するだけでは、持続的な競争優位は築けない。ＡＩやロボットを通じて移植や再現が可能となり、コモディティ化を助長させるからだ。

半導体がまさにそのような運命をたどった。半導体のモノづくりの知恵は半導体製造装置にビルトインされ、それが韓国、台湾、中国へと渡っていった。

高度なすり合わせが求められる金型や精密機械、アルゴリズム化が難しい高機能素材などは、現場での匠の技がものを言う。日本がいまだに世界をリードしている数少ない産業である。しかしそのような現場の知恵をＡＩが学習してしまえば、人知に委ねるよりはるかに低コストかつ巨大なスケールで事業展開が可能になる。アナログの知恵は、デジタル化したとたんにコモディティ化の坂を転げ落ちていってしまう。

そこでなんとかブラックボックス化しようと努力する。お得意の「自前主義」だ。しかしそれでは、世の中のオープン技術に比べて、スケールにおいてもスピードにおいても後塵を拝することになる。

たとえば、トヨタのハイブリッド技術。トヨタは世界に冠たる生産技術をもってプリウスを世に送り出したが、それに追随できない中国メーカーなどは、ハイブリッド技術をバイパスして、ＥＶに一挙に舵を切っていった。燃料電池自動車（ＦＣＶ）においては、その轍を踏まないようにと、２０１５年１月に、約５６８０件の関連特許の実施権を無償で提供する方針を打ち出した。しかし最大の参入障壁は生産現場の匠の技であり、他社がどこまでＦＣＶに追随してくるかは予断を許さない。

自社の匠の技をもってしか作れないというのは、競争上、一見極めて有利に見える。しかし参入障壁が高すぎて仲間が増えなければ、量産効果が期待できない。社会インフラの整備も遅れ、基幹部品などの補完産業の裾野も育たず、標準化競争から脱落してしまう。自社の技術を過信した日本企業の多くが、ニッチ市場に追いやられていくお決まりのパターンである。

デジタル技術はオープン化を誘発し、コモディティ化につながる。アナログの匠の技はクローズな世界に閉じるため、ニッチ化から抜け出せない。ではどうすればいいのか？

答えは1つしかない。アナログからデジタルへの変換を永久運動としてやり続けることである。そのためには、次の3つの仕組みが必要となる。

---

①A/D Converter（アナデジ変換装置）――アナログ、すなわち匠を、デジタル、すなわちアルゴリズムに変換する仕組み。アルゴリズムを生むアルゴリズム、またはメタ・アルゴリズムとも言うべき進化のエンジンである
②Innovation@Edge――現場が匠の知恵を量産する仕組み。「ワカ者、ヨソ者、バカ者」が現状に疑問を持ち、新しい商品やプロセスにチャレンジし続ける風土をいかに醸成するか。そこでカギを握るのが異結合（クロスカプリング）である。現場が自社の現場に埋没するのではなく、異業種と共創する場を仕掛けなければならない
③Innovation@Scale――アルゴリズム化された知恵を広く流通させる仕組み。社内だけでなく、パートナー企業など外部に対しても開放する。知恵は多重化されるほど、収穫逓増の法則が働く。ブラックボックスに閉じ込めるのではなく、できるだけオープンにすることで、10×を実現する

デジタルがもたらすコモディティ化に対抗する最善の方策は、このようにコモディティ化を加速さ

せることである。もちろん、それだけではじり貧になる。そこで、現場が常にアナログの知恵を生み出し（②）、それをデジタルのアルゴリズムに変換し（①）、組織の内外に広く流通させる（③）という一連の組織運動を、継続し続けなければならない。そうすることで、常にイノベーションを生み続け、スケールさせていくことができるようになる。

勘のいい読者は、先に紹介したクリエイティブ・ルーティン（図23）を想起されたことだろう。クリエイティビティ（②）をルーティン（③）に落とし込むクリエイティブ・ルーティンの仕組み（①）そのものである。

匠という現場のアナログな知恵を、デジタル変換し流通させる。このように匠を仕組みに落とし込むことができれば、コモディティ化の波を味方につけて、非連続な成長を持続できるのである。

97　戦略転換から学習転換へ

通説

ハーバードビジネススクールのポーター教授は、『日本の競争戦略』（２０００年）で、「日本企業には戦略がない」と喝破した。現場は業務改善にいそしむが、経営者は常に横並びの競争しか頭にない。その結果、「あれもこれも」になりがちで、市場で明確なポジションが築けず、ずるずると後退していく。

この悪魔のサイクルを断ち切るためには、戦略転換が不可欠だ。日本にも、そのような戦略転換を果たした結果、競争優位を築くことができた企業が少なからず存在する。２００1年からスタートしたポーター賞は、そのような日本企業を、毎年3～4社表彰している。筆者もその運営委員の一人として10年間かかわってきた。

このような戦略転換を実現するためには、大きく3つの「否定」がカギを握る。

①業界常識の否定――同業者がまねしたくない戦略を構想する
②総どり発想の否定――トレードオフを明確にし、やらないことを決める
③過去の強みの否定――戦略のみならず、資産（例：人財）の入れ替えも辞さない

ポーター賞受賞企業のような突き抜けた例は、残念ながらまだ例外中の例外である。日本企業の大半は、自前主義、あれもこれも、積み上げ方式などといった旧来型の発想から抜け切れていない。非連続な変革期を迎えた今、ポーター流の大胆な戦略展開は待ったなしの状況である。

真説

そもそも戦略転換は、本当に持続的な優位性をもたらすのだろうか？　日本企業の惨状を見る限り、決してそうとは言い切れない。以下は、筆者の論文「学習優位の競争戦略」（『ダイヤモンド・ハーバード・ビジネス・レビュー』２０１8年10月号）からの引用である。

「例えば家電業界の雄だったソニー。ポーターが戦略ポジショニングを明確にしてきた例外的な日本企業の１つとして、取り上げていた企業だ。確かにソニーには、ベタなオペレーションを軽

視し、洗練された戦略論を好む傾向が強かった。しかし、ソニーの家電事業がその後失速していったのは、むしろ戦略論にかまけすぎていたからではなかったか？

実は、それはほかの多くの日本企業が陥った罠でもあった（詳細は、２０１４年7月22日『ダイヤモンド・ハーバード・ビジネス・オンライン』掲載の拙論「日本企業をダメにした3つの罪」を参照）。ポーター理論が一世を風靡した１９８０年代、勤勉な日本企業はポーター的な戦略論を我先にと取り入れようとした。そして、90年代以降、日本企業は一気に『失われた20年』（そしていまや30年になろうとしている）に突入していった。これはポーターの予言どおり、日本企業が戦略を学ばなかったからだろうか？　それとも、皮肉なことに戦略論にとらわれすぎたからだろうか？」

オペレーション力か戦略力かという議論は、これまで何度も蒸し返されてきた。非連続な変革期においては、日本企業が得意とするオペレーショナル・エクセレンスだけでは通用しない。とはいえ、戦略そのものはいくらでも描けるし、たやすくマネできてしまう。戦略こそ、コモディティ化しやすいのだ。

答えはここでも or ではなく and である。新たな構想を描き続ける戦略力も、それを徹底的に実践するオペレーション力のいずれも必要なのだ。先述したタイプX（図15）である。

したがって、日本企業にとっての課題は、以下の3つだ。

---

①ＯＥの磨き上げ――戦略論にずり上がるのではなく、まずオペレーショナル・エクセレンス（ＯＥ）に磨きをかけ続けること

②戦略のアルゴリズム化――オペレーションから自社独自のアルゴリズムを生み出し、それを横展開することでスケールアップを図ること

③学習優位の確立――同質的な世界に安住せず、異質な成長分野に自社の強みをずらし、そこで、前記の①と②を繰り返すことで、学習転換（脱学習）し続けること

日本企業本来の強みに立ち返りつつ（①）、日本企業が劣後している戦略脳を鍛えなければならない（②）。ただし、同じところにとどまっていては、学習効果はいずれピークアウトしてしまう。

ポーターの言う競争優位の時代は終わった。競争相手がいるとすれば、それは過去、そして現在の自分自身である。いかにこれまでの、そして現在のコンフォートゾーン（心地よい空間）を抜け出して一歩大きく踏み出せるかが、問われているのだ。

非連続な変化は、想定外の多くの機会の宝庫である。それを危機にすりかえてしまうのは、競争相手ではなく、現状維持バイアスに陥った自分自身なのだ。敵は外ではなく、内側にいるのである。そして、この自分との競争に勝ち続けることができるものだけが、真の競争力を身につけることができるのだ。

アンラーニングとラーニングのループを回し続けること。それができれば、非連続な変化の時代においても、日本企業が再度時代の先頭に立てるはずだ。

98 In から Out へ

通説

In が時代のキーワードとなっている。

マクロ的には、インバウンド消費から目が離せない。インバウンドの観光客は、2002年に始まったビジット・ジャパン・キャンペーン以降、増加の一途をたどっている。2018年の訪日外国人数は3000万人強、5年間で3倍増だ。インバウンド消費の合計額は、2018年には4兆5000億円を突破した。2020年の東京オリンピック・パラリンピック、2025年の大阪万博と、インバウンド景気は、ますます盛り上がりを見せることだろう。

マーケティングの世界でも、インバウンド・マーケティングが注目されている。

これまで広告はアウトバウンド、すなわち企業から一方的にメッセージを発信することが中心だった。これに対して、検索やSNSなどを通じて、顧客自身の自発的な行動によって企業からの情報を受け取り、購買行動を促す手法が、インバウンド・マーケティングである。顧客との共創を通じてエンゲージメントが高まり、顧客のファン化が進むため、今やデジタル時代の主流となっている。

事業開発では、マーケット・インがもはや常識となっている。従来のプロダクト・アウトでは、顧客にそっぽを向かれてしまう。いかに顧客が欲しがっている商品やサービスを提供できるかが勝負となる。アマゾンに代表される顧客起点、顧客第一主義は、そのようなマーケット・インの視点を、経営全体にまで徹底することを目指したものである。

経営のレベルでは、ズーム・インが大きなトレンドとなっている。ビッグデータやAIのパワーによって、情報の見える化の粒度が高まってきた。ズーム・イン効果である。その結果、経営そのもののディープラーニングが促進され、意思決定の精度とスピードが桁違いに向上する。ＤＸ（デジタル・トランスフォーメーション）の本質は、デジタルのパワーを使って、そのような経営変革を目指すことにある。

真説

In に目を奪われすぎると、その先にあるものが見えなくなる。逆に Out こそが、次世代の潮流なのである。

たとえば、いつまでもインバウンド消費という新しい内需にだけ頼っているわけにはいかない。日本への注目度が高まっている現状を引き金として、いかに外に打って出るかがこれからの勝負どころとなる。

すでに越境Ｅコマースを通じて、日本製品を自国に取り寄せる海外顧客は右肩上がりを続けている。従来、アウトバウンド消費は、日本人による海外での消費活動を指していた。今後は、海外で現地の消費者に日本の魅力を積極的にアピールすることで、現地における真のアウトバウンド消費の拡大を目指す必要がある。

マーケティングにおいても、消費者に見つけてもらうのを待っているだけのインバウンド・マーケティングでは、爆発する情報量の中に埋もれてしまう。いかにこちらから、消費者の関心を喚起できるような投げかけができるかが、勝負となる。世界的なブランドコンサルティング会社であるインターブランドは、このような動きを Iconic Move と呼んでいる。インバウンド・マーケティングの起爆剤として、いかにアウトバウンド・マーケティングを仕掛けるかがカギを握るのである。

マーケット・インも、今やコモディティ化している。顧客の要望を聴いて、それを提供するだけでは、気の利いた調達エージェントでしかない。これに対して、金型部品商社であったミスミの創業者・田口弘氏はマーケット・アウトという概念を提唱した。顧客視点に立ちつつ、まったく新しい市場を作り出すような商品やサービスを生み出すことである。新のイノベーションを起こすためには、御用聞き型のマーケット・インのアプローチではなく、市場創造型のマーケット・アウトのアプローチが求められる。

ズーム・イン思考は目の前のものはよく見えるようになるが、逆に全体や遠くが見えなくなる。木を見て森を見ず、そしてソフトバンクの孫正義社長流に言えば「100キロ先を見ないから(目先ばかり見て)船酔いをする」のである。近くはＡＩのディープラーニングに任せて、人間はもっと全体観と先見力に磨きをかけるべきである。ズーム・アウト思考こそが、シンギュラリティ時代に向けてますます重要になってくるはずだ。ＤＸの本質は、デジタルパワーを駆使して経営の精度を高める一方で、非線形かつ開放系な世界に向けて、人間らしい想像力と創造力を力強く羽ばたかせていくことにある。

99　サイエンスからアートへ

通説

経営を科学する力が、勝敗を決する時代になった。ＩｏＴが情報を見える化し、ビッグデータとＡＩが正確な数字とアルゴリズムにもとづく意思決定を支援する。世界を制覇しているＧＡＦＡＭや、中国の躍進を支えるＢＡＴＨは、まさにデジタル経済の申し子だ。失速気味の日本企業のなかでも快進撃を続けている日本電産やファーストリテイリングなどは、創業者の辣腕ぶりが話題になりがちだが、実はデータにもとづいた緻密、かつ迅速な意思決定を徹底している。

科学的アプローチの基本は、要素還元である。要因を要素分解して、問題の真因を突き止める。要素間の因果関係を明確にし、それをアルゴリズムに落とし込むことで、より望ましい結果を持続的に再現できるようになる。筆者がマッキンゼーで叩き込まれた、経営における問題解決の基本技だ。日本電産の永守重信会長が「千切り経営」と呼ぶ経営手法で、同社では徹底的に刷り込まれている。

このような緻密な経営を実践する際には、高度な認知能力が求められる。そもそも認知プロセスのもととなるデータは何で、それをいかに収集するか？　ビッグデータはゴミの山だ。しかも多くの場合、因果関係の解析に最も重要なデータが含まれていないことが多い。そのようなデータをいくらマイニングしても、ガベージ・イン、ガベージ・アウトに終わる。

またＡＩが抽出するアルゴリズムもブラックボックス化されてしまうと、肝心の因果関係が解明されない。そうなると人間によるロジックの検証や改善ができなくなる。最近ではホワイトボックス型ＡＩやＸＡＩ（Explainable AI）が登場、これが浸透すれば、人間の認知能力の重要性はますます高まるだろう。

ヘブライ大学のユヴァル・ノア・ハラリ教授は『ホモ・デウス』（２０１６年）で、ＡＩを駆使する一部の知的エリートが神となって世界を支配する未来を描いてみせた。そのようなディストピアの到来を阻止するためにも、一人ひとりの認知能力をいかに高度化させるかが問われている。

真説

経営科学への過度な依存は、企業の持続的な成長力を弱体化させる。ひところ定石であったポートフォリオマネジメントは、事業の新陳代謝を早め、腰の据わった経営を困難なものにしてしまった。最近のＲＯＥ経営のもとでは、先の見えない未来への長期にわたる投資は影をひそめてしまう。

もっとも、だからといってＫＫＤ（勘と経験と度胸）だけを頼りにしても、成功はおぼつかない。精度の高い情報や切れ味のいい分析で仮説を立て、検証するというプロセスが不可欠だ。経営の科学化は必須である。しかし、それだけだと当たり前の答えしか出てこない。ではどうすればいいか？

次世代成長へと大きく舵を切るためには、経営科学に加えて、経営哲学が必須となる。そこでの本質的な問いは、「なにを（What）」や「いかに（How）」ではなく、「なぜ（Why）」である。

- なぜこの会社は存在するのか？
- なぜ成長しなければならないのか？
- なぜ社会や顧客や社員や地域は、この会社を必要としているのか？

このような問いの前に、経営科学は立ち往生してしまう。ロジックだけでは答えは出ないし、もっと言えば、どこにも正解はないからだ。そこで必要になるのが人々の思いであり、信念である。本書ではそれを、「志」と呼んでいる。

志を再発見し、それに磨きをかけるうえで、経営科学は有害無益である。かといって経営や事業の現場に出向いても、ますます視野狭窄に陥ってしまい、非連続な明日への視座は生まれない。

優れた経営者が意識して取り組んでいるリベラルアーツは、単なる教養だけではなく、経営や科学を超えた新しい視座を持つうえで役に立つ。哲学、宗教学、倫理学、文化人類学、歴史、美術、音楽、文学などに触れることで、非認知の世界を垣間見ることができるからだ。

また最近世界的な流行にすらなっているマインドフルネス活動も、忙しい日常のなかで退化しつつある五感、さらには第六感までを取り戻すいい機会になる。その結果、認知科学が光を当て切れてこなかった無意識の世界に踏み込むことができるようになるかもしれない。

そのうえで、経営科学が切り捨ててきた世界を取り戻す努力をすることが必要となる。たとえば、

- 要素還元を切り口とした分析力だけでなく、全体性・一体性を「体得」する直観力
- 環境や社会をネットワーク外部性として切り捨てずに、全体の系に取り込む開放系思考
- 現在の延長線ではなく、非連続な未来を構想できる非線形的発想
- 短期の結果指標だけでなく、長期に向けたプロセス指標も重視する複眼思考
- 「真善美」の「真」だけでなく、「善」と「美」も価値体系に包含する多義的視座

ビッグデータやＡＩの力を使って、科学的な分析で武装することは、デジタル時代の経営にとって必要条件だ。そのうえで、いかに科学を超えた知性や感性を磨くかが、人間には求められる。認知と非認知を融合させる「和力」こそが、ここでもカギを握るのである。

100　プロフィットからパーパスへ

通説

多くの企業が、ＥＳＧを経営の基軸に置き始めた。あいかわらずの日本企業のグローバルスタンダード好きには舌を巻くが、もちろん決して悪い話ではない。規定演技をはずすと、国際試合に出られなくなってしまう。もっとも、それだけでは国際競争に勝ち残れないのだが。

ＳＤＧｓも花盛りだ。小学校でも教えているため、知らない親は子供から教えられる。スーツの胸に17色のバッジを着けている姿も、東京ではすっかり定着した。

もっとも、このような同質的な光景は、海外ではまず見られない。アメリカの知人から、「あれは、何？　レインボーカラー？」と聞かれて思わず苦笑してしまった。ちなみにレインボーカラーはＬＧＢＴの象徴。日本の紳士淑女が誇らしげにＬＧＢＴのマークをつけて歩いていることに驚いたようだ。

皮肉なことに、ＳＤＧｓはサステナブルと謳いつつ、実は2つの理由で持続可能なものではない。第1に、そもそも２０３０年までの目標にすぎないからだ。賞味期限はあと10年である。

第2に、より本質的には、ＳＤＧｓという善意だけでは、実効性が担保されないからである。ＳＤＧｓを実現するためには、イノベーションが不可欠である。そしてイノベーションのためには、知恵や人財の投資が不可欠だ。利益を生み出す経済活動なくして、再投資し続けることはできない。ＮＰＯやＮＧＯだけでは、本質的な社会課題は解決しないのである。

ＥＳＧやＳＤＧｓを一過性の流行や掛け声だけに終わらせないためには、資本主義のメカニズムのなかに、しっかりビルトインする必要がある。資本主義の基本原理は生産活動を通じて利益を生み出し、それを未来に向けて再投資することにある。

そのような資本主義の基本原理に則った持続可能な経営モデルが、ＣＳＶである。社会課題を解決しつつ、同時に経済価値（利益）を生み出すことを旨としているからである。

ただし、社会課題は、通り一遍の方法では利益を生み出さないため、放置されている。そこでＣＳＶを実現するには、イノベーションが必須となる。企業が知恵を絞り、イノベーションによって社会課題を解決するとともに利益を生み出す。そしてその利益を再投資することによって、より大きな社会価値を生み出していく。ＣＳＶは、このようにサステナブルであり、かつ、スケーラブルな企業活動を目指す経営モデルである。

そもそもＥＳＧには、利益創造の観点が欠如している。ＥとＳは、環境課題であり社会課題である。それを解決して利益を創造することこそ、企業の本来の姿であるにもかかわらず、そのあとに来るのはＧ、すなわち統治となる。利益創造という持続可能性を担保する資本主義本来のダイナミズムが組み込まれていないのだ。

プロフィットではなく、ガバナンスに力点を置くとどうなるか？　利益を未知の可能性に投資することより、株主に還元することを優先してしまう。それは富の創造ではなく、富の分配、しかも株主だけへの偏った分配でしかない。

ヘブライ大学のユヴァル・ノア・ハラリ教授はベストセラー『サピエンス全史』（２０１６年）で、資本（Capital）と富（Wealth）を明確に区別している。前者は再投資されるものであるのに対して、後者は単に金庫に蓄えられるか、非生産的な活動に浪費されるものだとする。

厳しいガバナンスのもとでは、企業はキャッシュを金庫にためておくことも許されず、株主に還元する道を選ばざるを得なくなる。しかし企業がゴーイングコンサーン（継続的存在）として持続可能性を維持するには、富の分配ではなく、資本の再投資を本来業務とすべきである。

ガバナンスのプレッシャーのもとで、安易に株主還元に走る日本企業が少なくない。その結果、利益が長期投資に回らず、画期的なイノベーションが生まれる土壌が育たない。現に21世紀になって、日本発のイノベーションは影をひそめてしまった。利益の再投資が行われない限り、利益そのものが枯渇し、企業は競争力を失っていく。アメリカ流ガバナンス改革を徹底すればするほど、日本企業がますます弱体化していくばかりである。

ＥＳＧは、企業のリスク耐性を強化する効果は期待できる。しかし、それだけでは利益を生み出し、それを未来に再投資するという資本主義の基本原理はさびつく一方である。

ＳＤＧｓは、Value Creation（価値創出）するうえで、世の中にある当たり前の目標を示している。しかしそれだけでは、トップライン（売上）は増えても、ボトムライン（利益）にはつながらない。

ＣＳＶは、社会価値を創造するだけでなく、そこから利益を生み出すボトムライン指向型モデルである。利益を生み出すには、Value Creation だけでなく、Value Capture（価値獲得）が必須であり、そのカギを握るのが事業モデルである。

21世紀の企業に求められるのは、ＣＳＶ経営である。そして日本企業にとってＣＳＶ実現に向けた最大の経営課題は、利益を継続的に生み出す仕組み、すなわち事業モデル構築力をいかに確立するかにある。ＥＳＧやＳＤＧｓなどというお祭り騒ぎに、国をあげてかまけている場合ではないのである。

真説

資本主義の限界がまことしやかに喧伝されている。たとえば、海外ではトマ・ピケティの『21世紀の資本』（２０１４年）、日本では水野和夫『資本主義の終焉と歴史の危機』（２０１４年）など。

しかし、資本主義の先が何かは、誰も明らかにできていない。成長に背を向けると、人口が１００億人に膨らもうとしている地球は破綻する。イノベーションを通じた新しい価値創造は必須である。

では、価値創造の原資は、資本（キャピタル）だけだろうか？　ゼロ金利の世界で、カネそのものは何の利潤も生み出さない。そして投資先を求めて、世の中に溢れている。資本はもはやコモディティにすぎないのである。

21世紀の価値創造の原資はデータだという論者も少なくない。たとえば、ハラリは『ホモ・デウス』（２０１８年）で、データイズム（データ至上主義）がヒューマニズム（人間至上主義）を凌駕すると予言して、世界に衝撃を与えた。

しかし、データそのものが価値を生み出すわけではない。かといって、ディープラーニングなどの機械学習のアルゴリズムも、それ自体はコモディティでしかない。したがってデータをＡＩが解析して出てくる答えも、すぐにコモディティ化してしまう。

イノベーションに必要なものは何か？　それは、言うまでもなく知恵である。では知恵を生み出すものは何か？　それは人間の自由意志である。それが決定論的な世界や、因果律に縛られた硬い関係性から人間を解き放ち、未知の世界へと駆り立てる。

ビッグデータやＡＩによって人間の知性が拡張される時代となった。だからこそ、人間的な価値が改めて問われるのである。そのためには、自然科学的な知見を超えた人間性についての深い洞察が不可欠となる。学問で言えば、哲学であり、倫理学であり、宗教学などの領域である。

たとえば、現代哲学の旗手の一人であるボン大学のマルクス・ガブリエル教授は、『私は脳ではない』（２０１７年）で、人間の本質は「精神の自由」であると唱えている。人間はその自由な精神の営みを通じて、社会のなかで自分の存在意義を問い続けていく。

経済、そしてそのなかにおける企業活動も同様である。新たな価値を生み出すためには、データやＡＩのもたらす緻密な分析に立脚しつつも、自らの自由な発想で社会とかかわり、自社の存在意義を問い続けていかなければならない。それは極めて人間的な営みであり、その行為が他の人間（たとえば、顧客、従業員、株主など）の行為を誘発する

この再帰性（reflexibility）こそ、経済、そして企業活動の本質である。したがって、そこでは参加者各々の自由意志が共鳴し合って、活動の連鎖を作り上げていく。その共感力が強ければ強いほど、システム全体で大きな引き込み現象をもたらす。そしてこのような正の連鎖のなかから、新しいイノベーションが生まれてくるのである。

自由意志、すなわち志が、人間の心に正の連鎖を生み出す源泉である。志の高さが周囲の自由意志に火をつけ、大きな引き込み現象を生み出す。志こそが、デジタルとサステナビリティの時代における新たな通貨なのである。

筆者はこの新しい通貨をS（Social）コインと名付けている。Sコインは、すでに地域通貨や社内通貨として流通し始めている。

たとえば栃木県益子町のましこスマイル通貨。善意にもとづく行為に対して、感謝の気持ちを込めて支払われる。益子町のなかだけで流通しているので、地域経済やコミュニティの活性化に役立つ。ボランティア活動が中心だが、地域通貨としてより広い経済活動や社会活動に広がっていくポテンシャルは高い。

社内通貨では、世界トップのシリコンウェハー加工機器メーカーであるディスコの試みが好例だ。同社では、2013年から社内通貨Ｗｉｌｌ（ウィル）を導入した。他の社員に業務を依頼する際や業務改善のアイデアを出したときなどに付与される。また日常業務においても、提示されたＷｉｌｌによってその業務を受けるかどうかを選択できるという徹底ぶりだ。Ｗｉｌｌは意志という意味である。まさに志が仕事に対するモチベーションの起点となっている点が注目される。

これらはいずれも、閉域におけるSコインの例である。これからは、一地域や一企業を超えたSコインが登場してくるだろう。

フェイスブックが開発した仮想通貨リブラ（Libra）は、世界に大きな波紋を投げかけた。ドルやユーロなどの既存通貨によって価値が担保されている点でビットコインより優れており、全世界で27億人を超えるフェイスブックユーザーが利用すれば、国境をまたぐ巨大な通貨圏が出現する可能性があるからだ。しかし各国の規制当局の拒絶反応に遭い、同社のザッカーバーグCEOはリブラの発行延期を余儀なくされた。

筆者がザッカーバーグであれば、「いいね(Like)!」をSコインとして流通させることを真剣に検討するだろう。実際、「いいね!」を最も多く集めた企業に投資するLots of Likesというファンドが、高いパフォーマンスを出していることは、前にも紹介した通りだ。共感は、顧客を増やし、従業員のモチベーションを高め、社会からも歓迎される。結果として、株主価値も向上する。これこそ新時代の通貨にふさわしいのではないだろうか。

イノベーションに必要なものは、人間の高い志であり、熱意であり、執念である。それが周りの賛同を生み出し、新たな価値の創出につながる。カネ余りの時代には、資金は後からいくらでもついてくる。必要なのは、資本ではなく志である。

志は無形資産である。知識や人財、ブランドやネットワーク同様、バランスシートには表れない。一方、バランスシートに資産計上されているモノやカネなどの有形資産は、オペレーションの道具であって、イノベーションの原動力ではない。

しかもそのような有形資産は、デジタル時代には、自社の中に抱え込む必要はない。有形資産はアセットライトに、そして無形資産をアセットヘビーにしていく。次世代事業モデルではなく、次世代アセットモデルの構築こそ、次世代成長を目指すうえで、最大の経営課題となる。

有形資産は専有性が高く、かつ使えば使うほど減価する。一方、無形資産は多重性が高く、かつ使えば使うほど増価する。志も社内、社外に広め、共有化することで、ますます価値が高まっていく。志が人々の心に火をつけ、それが大きな夢の実現に向けて、人々を駆り立てていく。

日本が成長に向けて大きく踏み出すことができた時代には、常に高い志が原動力となっていた。明治時代には渋沢栄一翁が「論語と算盤」を唱えた。戦後の復興期には、松下幸之助翁が社会の公器としての企業のあるべき姿を説いた。

直近の失われた30年間は、日本の企業経営者の多くは、アメリカ流の戦略論やガバナンス改革に気をとられ、本来の志を見失ってしまっていた。それでも、その間最も成長を遂げた企業の一つであるファーストリテイリングの柳井社長は、「服を変え、常識を変え、世界を変えていく」という高い志を掲げ続けている。同様に、日本電産の永守会長は、情熱、熱意、執念を3大精神の筆頭に掲げている。まさに志に火をつける経営である。

ヨーロッパの優れた企業は、トリプルボトムライン（ＴＢＬ）を標榜してきた。21世紀の成長を駆動する企業は、3つのP、Planet, People, Profit の基盤に、もう1つのPを埋め込む必要がある。Purpose（志）である。

資本主義は終焉を迎えつつある。そしてその先には、志本主義の時代が必ずやってくるはずだ。

おわりに

2019年の初夏に、北欧を訪問する機会があった。酷暑のパリほどではないが、それでも多くの若者が昼は上半身裸で歩いていた。その北欧で、いくつかの新しい気づきがあった。

1つ目が、サステナビリティ（持続可能性）に関する人々の関心の高さ。スウェーデンでは「フライト・シェイム（飛行機に乗るのは恥）」という言葉が飛び交う。「フライト・ギルト（飛行機に乗るのは罪）」という言葉まで飛び出すほどだ。さすが、16歳の環境活動家として世界中で注目を集めたグレタ・トゥーンベリの母国である。

フィンランドでは、ガソリンスタンド最大手のネステ社が、再生可能エネルギーやバイオ燃料事業に大きく舵を切っている。ノルウェーでは、ＥＶが新車売り上げの過半数を占めている。そして、これらの国々の都市に共通する光景が、電動キックボードで町中を移動する市民の姿だ。実際に使ってみると、クルマでの移動よりはるかに便利だ。

2つ目が、デジタルが市民生活に浸透している点。フィンランドの首都ヘルシンキでは、市民が複数の移動手段の選択と決済に、スマホのアプリ Whim を使っている。MaaS Global というベンチャーが提供している世界初のＭａａＳ（Mobility-as-a-Service）だ。さすが、かつて携帯電話で世界を席巻したノキアの母国である。

ヘルシンキからフェリーで2時間足らずで、エストニアの首都タリンに到着する。同国は正確には、北欧ではなくバルト三国としてくくられている。中世にはハンザ同盟都市として栄えたが、最近は電子政府など、世界最先端のデジタル国家として話題を集めている。政府は、全国民130万人の3人に1人のゲノム情報を集め、パーソナライズド・メディスン（個別化医療）を提供する準備を進めている。また世界初のAI裁判官の登用が検討されている。

そして3つ目が、幸福（ハピネス）だ。国連関連企業が、毎年GNH（Gross National Hapiness）のランキングを発表している。その最新版（2019年）ではトップ3が、フィンランド、デンマーク、ノルウェーの北欧3国である（スウェーデンは7位）。ちなみに日本は58位で、OECD諸国中、最下位である。

気候（とりわけ冬）が厳しい北欧諸国の市民が、なぜそこまで幸福な気持ちが持てるのか？　税金が高い一方で、学費や医療費がかからないのはありがたい。しかし、自然や家族、人との触れ合いを愛し、シンプルなインテリア（IKEA）や遊び（レゴ）を好む気質のなかにこそ、真相が潜んでいる気がする。

これら3つは、北欧に限らず、21世紀を生き抜くうえでのキーワードではないだろうか？　世界中のミレニアル世代やその次のZ世代は、すでにサステナビリティ・ネイティブで、かつ、デジタル・ネイティブだ。そして彼ら・彼女らは、20世紀を牽引したやみくもな成長神話には踊らされず、幸福感（ハピネス）に価値を置く。それも自分だけではなく、周りのハピネスに気遣う。そこでは、マネーではなく共感が通貨となる。

ひるがえって、日本はどうか？

ミレニアル世代やZ世代は、北欧諸国、ひいては世界の同世代と変わらない。サステナビリティとデジタルに対する感度は高く、幸福（ハピネス）を求める気持ちも強い。日本人全体の幸福度指数が極端に低いのは、シニア層（X世代）やミドル層（Y世代）が、モノの豊かさを求める過程で、心の豊かさをどこかに置き忘れてしまったからかもしれない。

しかし、それはなんとも皮肉な話である。なぜなら、21世紀に入って、世界中で瞑想や坐禅などのマインドフルネスが静かに広がり始めているからだ。そして実は、その「聖地」は日本なのである。日本人が心の豊かさを取り戻すには、日本の原点を再発見することが近道のようだ。チルチルとミチルの童話ではないが、青い鳥は実は自分の庭先にいるのである。

企業経営についても、もう一度日本の原点に立ち返ってみる必要がありそうだ。

たとえば、昨今のガバナンス論議に象徴されるアメリカ型資本主義への傾斜は、時代錯誤も甚だしい。ROEという短期的、かつ株主偏重の指標を掲げて海外投資家に「へつらう」姿勢は、長期投資や「三方よし」などの日本企業の本来の持ち味を蝕んでいく。

しかも当のアメリカが、ここにきて株主資本主義の見直しに舵を切りだしている。本書執筆中にも、アメリカの主要企業の経営者団体であるビジネス・ラウンドテーブルが、株主第一主義からの訣別を宣言した（2019年8月19日）。筆者は一橋ビジネススクールや経営者研修でコーポレートガバナンスの講義も担当しているが、そこでも以前から一貫して主張し続けてきた通りである。

周回遅れのコーポレートガバナンスを推進してきた政府や一部のアカデミアは、アメリカの経済界同様、即刻自らの誤りを懺悔すべきである。そして経営の最前線を知らない役人や学者は、これからは一切余計な関与をしないことを宣言すべきである。

ガバナンスに限った話ではない。SDGs、働き方改革、デジタル変革など、最近の経営論議は、あまりにも表面的で、本質を見事にはずしている。このままでは日本企業の弱体化に拍車がかかるばかりだ。

そのようないわば「義憤」が、本書執筆の動機の一つである。筆者が大学1年生の時、名著『間違いだらけのクルマ選び』（1976年）の初版が出て、大変役に立った。それになぞらえて、『間違いだらけの経営モデル選び』とでも名付けたいところだ。

もっともそれではパロディ本になってしまう。そこで編集の労をとっていただいた日本経済新聞出版社の堀口祐介さんと相談のうえ、本書のタイトルとなった。なお、堀口さんには本書の企画の段階から、いろいろ助言をいただいた。深く感謝したい。

日本の経営モデルは、数世紀にわたり、日本企業の持続的な進化のバックボーンとなってきた。近江商人の「三方よし」、住友グループの「自利利他公私一如」、渋沢栄一翁の「論語と算盤」。20世紀のアメリカ資本主義は「一方（株主）よし」「自利排他私欲一徹」「算盤（コンピューティング）一辺倒」とも言うべき極めてデジタルなモデルだったわけで、日本の伝統的経営モデルが、いかに優れた思想であったかに改めて気づかされる。

もちろん、単なる懐古趣味に閉じこもっていても、未来を拓くことはできない。日本の伝統的モデルに、アメリカ型モデルの良質な部分をうまく取り込む必要がある。たとえば、「自前」から「共創」へ。「たくみ（匠）」から「しくみ（仕組み）」へ。隠徳善事から開放型コミュニケーションへ。そして、「足るを知る」から「スケールとスピードのあくなき追求」へ。

ただ、心配することはない。日本は古(いにしえ)より和の精神を基軸としてきた。和とは「異質なものを取り込んで、より上質なものへと昇華する力」である。この和の精神を取り戻せば、日本流とアメリカ流をうまく融合させた21世紀型経営モデルを構築できるはずだ。

世界中で、資本主義の終焉が唱えられている。そして、プロフィット（利益）ではなくパーパス（志）が、次世代の価値軸として標榜されている。それを筆者は志本主義と呼ぶ。

伊丹敬之・一橋名誉教授（現・国際大学学長）は、「人本主義」を提唱している。資本主義を超える経営の在り方を示した卓見である。

では「人本」で言うところの「人」とは何か？　20世紀には欲望が人を支配し、あくなき成長に向けて突き動かしていたのではないだろうか。成長の限界が叫ばれ、シンギュラリティ（人工知能が人間の知能を超える特異点）を迎える21世紀において、人の本質が改めて問われている。筆者はそれを志（パーパス）だと考える。本書では人本主義をさらに進化させたモデルとして志本主義を唱えたい。

資本主義の先に来るのは、志本主義の時代である。そして、日本企業はその旗手となって、21世紀のグローバル経済をリードできるはずだ。本書が一つのきっかけとなって、そのような高い志を持った方々の間に共感の輪を広がっていくことを、心から願っている。

著者略歴

名和高司

Takashi Nawa

京都先端科学大学教授、一橋大学ビジネススクール客員教授

東京大学法学部、ハーバード・ビジネススクール卒業（ベーカースカラー授与）卒業。三菱商事を経て、マッキンゼーで約20年間勤務。同社のディレクターとして、自動車・製造業プラクティスのアジア地区ヘッド、デジタル分野の日本支社ヘッドなどを歴任。２０１０年一橋大学ビジネススクール特任教授に就任、現在、客員教授。２０２１年京都先端科学大学ビジネススクール客員教授、２０２２年同教授に就任。デンソー、ファーストリテイリング、味の素、ＳＯＭＰＯホールディングスなどの社外取締役、朝日新聞社の社外監査役、ボストン・コンサルティング・グループ、アクセンチュア、インターブランドなどのシニアアドバイザーを歴任。『パーパス経営』『経営変革大全』『全社変革の教科書』『ＣＳＶ経営戦略』『稲盛と永守』『資本主義の先を予言した史上最高の経済学者 シュンペーター』『桁違いの成長と深化をもたらす10X思考』など著書多数。

経営改革大全

２０２０年２月19日　1刷
２０２３年10月５日　4刷

著者　名和高司

発行者　國分正哉
発行　株式会社日経ＢＰ
日本経済新聞出版
発売　株式会社日経ＢＰマーケティング
〒１０５–８３０８　東京都港区虎ノ門４–３–12
印刷／製本　中央精版印刷
本文組版　マーリンクレイン
造本　新井大輔

ISBN978-4-532-32328-8　Printed in Japan

本書籍に関するお問い合わせ、ご連絡は左記にて承ります。
https://nkbp.jp/booksQA